Coleção DEFENSORIA PÚBLICA

PONTO A PONTO

Direito Processual Penal

COORDENADOR
MARCOS VINÍCIUS MANSO LOPES GOMES

www.editorasaraiva.com.br/direito
Visite nossa página

COLEÇÃO **DEFENSORIA PÚBLICA**

PONTO A **PONTO**

Direito Processual Penal

COORDENADOR
MARCOS VINÍCIUS MANSO LOPES GOMES

- ATENDE ÀS PROVAS OBJETIVAS, DISSERTATIVAS E ORAIS DA DEFENSORIA PÚBLICA

Atualizada com o "pacote Anticrime", questões envolvendo o "coronavírus", e a atuação como *custos vulnerabilis*

Maurilio Casas Maia
Rachel Gonçalves Silva

2020

saraiva *jur*

DADOS INTERNACIONAIS DE CATALOGAÇÃO NA PUBLICAÇÃO (CIP)
ANGÉLICA ILACQUA CRB-8/7057

Maia, Maurilio Casas

Direito Processual Penal / Maurilio Casas Maia; Rachel Gonçalves Silva / coordenador Marcos Vinícius Manso Lopes Gomes. – São Paulo: Saraiva Educação, 2020. (Coleção Defensoria Pública – Ponto a Ponto)
360 p.

Bibliografia
ISBN 978-65-5559-119-4 (impresso)

1. Direito Penal - Brasil. 2. Inquérito policial. I. Título. II. Silva, Rachel Gonçalves. III. Gomes, Marcos Vinícius Manso Lopes.

20-0383   CDD 340

Índice para catálogo sistemático:
Processo Penal : Brasil   343.1(81)

saraiva EDUCAÇÃO | saraiva jur

Av. Paulista, 901, 3º andar
Bela Vista – São Paulo – SP – CEP: 01311-100

SAC sac.sets@somoseducacao.com.br

Direção executiva	Flávia Alves Bravin
Direção editorial	Renata Pascual Müller
Gerência editorial	Roberto Navarro
Gerência de produção e planejamento	Ana Paula Santos Matos
Gerência de projetos e serviços editoriais	Fernando Penteado
Consultoria acadêmica	Murilo Angeli Dias dos Santos
Planejamento	Clarissa Boraschi Maria (coord.)
Novos projetos	Melissa Rodriguez Arnal da Silva Leite
Edição	Liana Ganiko Brito
Produção editorial	Fernanda Matajs (coord.) Verônica Pivisan Reis
Arte e digital	Mônica Landi (coord.) Amanda Mota Loyola Camilla Felix Cianelli Chaves Claudirene de Moura Santos Silva Deborah Mattos Guilherme H. M. Salvador Tiago Dela Rosa
Projetos e serviços editoriais	Breno Lopes de Souza Josiane de Araujo Rodrigues Kelli Priscila Pinto Laura Paraíso Buldrini Filogônio Marília Cordeiro Mônica Gonçalves Dias
Projeto gráfico	Mônica Landi
Diagramação	Claudirene de Moura Santos Silva
Revisão	PBA Preparação e Revisão de Textos
Capa	Tiago Dela Rosa
Produção gráfica	Marli Rampim Sergio Luiz Pereira Lopes
Impressão e acabamento	Edições Loyola

Data de fechamento da edição: 24-6-2020

Dúvidas? Acesse www.editorasaraiva.com.br/direito

Nenhuma parte desta publicação poderá ser reproduzida por qualquer meio ou forma sem a prévia autorização da Saraiva Educação. A violação dos direitos autorais é crime estabelecido na Lei n. 9.610/98 e punido pelo art. 184 do Código Penal.

CL 606602   CAE 728425

AGRADECIMENTOS

Dedico esta obra a Deus, em primeiro lugar, seguido desde logo por meus amados pais e por toda minha família – nas pessoas de minha mãe, Wal, e meu pai, Luisinho, alcançando irmãs, irmão, sobrinha, primas, primos, avôs e avós, tias e tios, pessoas com as quais, de longe ou perto, compartilhamos torcida mútua. O trabalho e o estudo dignificam, mas também nos privam da companhia daquelas pessoas que mais amamos. Nada mais digno então que dedicar o fruto desse labor aos seres que amamos. *In memoriam,* registro os nomes de minha avó Iracy, avô Toinho e pai Amauri. Dedico o livro ainda aos amigos e às amigas pela paciência com minha ausência, de certo modo regular – cito alguns, correndo o risco de ser injusto: Rogério Gomes, Juliana Pereira, Camila Soares, Daniel, Messi, Helom, Arlindo, Arthur, Melissa, Flávia (*in memoriam*), Eduardo, Rafael Cró, Alexandre Morais da Rosa, Cassio Scarpinella Bueno... Contudo, não posso esquecer, geralmente as pessoas que mais sentem o peso do nosso plantio e do cultivar são nossas paixões e amores, os quais nem sempre podem acompanhar o início e o fim dos nossos projetos – no meu caso, tenho a sorte de dizer que "ela" acompanhou o início e o fim deste livro, teve paciência e amor suficientes para aguardar o tempo necessário: este agradecimento também é para você, Nicole, com amor. Não menos importante é o agradecimento à minha coautora, Rachel, e ao coordenador, Marcos Lopes, da coleção "Ponto a Ponto": por telefone, internet e aplicativos, a qualquer hora, compartilhamos a vontade de fazer nosso melhor para você, leitor, e por você pretendemos melhorar ainda mais – nosso muito obrigado a você também!

Maurilio Casas Maia

Dedico esta obra aos meus queridos pais, José e Maria, e aos meus amados avós, Ilídia e Antônio, que foram os alicerces que permitiram que os meus sonhos se concretizassem. A todos os meus familiares agradeço pela compreensão em inúmeros momentos de ausência e pelo constante incentivo. Às minhas amigas, muitas das quais tenho como irmãs, agradeço pelo apoio incondicional. Ao meu amigo Marcelo, o qual considero segundo pai, agradeço pela paciência e pelas lições de vida, sem as quais não seria quem hoje sou. Dedico este livro ainda ao meu amigo Alexandre Viana Schott, por ter me ensinado a dar os primeiros passos no Direito com os olhos voltados para a Justiça. A todos aqueles que amo, representados pelo meu irmão Pedro Henrique, destinatários do meu amor mais puro e incondicional, agradeço por serem minha inspiração para continuar e por perdoarem as minhas faltas. E, por fim, e mais importante, minha gratidão a Deus, que me demonstra a cada dia que as pessoas que amamos e que nos amam são os verdadeiros tesouros que possuímos na vida.

Rachel Gonçalves Silva

SUMÁRIO

Agradecimentos 5
Nota do Coordenador (Coleção Defensoria Pública – Ponto a Ponto) 11
Prefácio da Coleção 13
Apresentação 15

■ **EDITAIS PONTO A PONTO** ■

Tópicos dos Editais

1. SÃO PAULO E SANTA CATARINA Princípios que regem o processo penal. RIO DE JANEIRO Princípios do processo penal. ESPÍRITO SANTO Princípios aplicáveis ao direito processual penal 17

2. SÃO PAULO E SANTA CATARINA Direitos e garantias aplicáveis ao processo penal na Constituição Federal. ESPÍRITO SANTO Disposições constitucionais aplicáveis ao direito processual penal. 50

3. SÃO PAULO E SANTA CATARINA Direitos e garantias aplicáveis ao processo penal nos tratados e convenções internacionais ratificados pelo Brasil. 3.1. RIO DE JANEIRO Direitos humanos. 56

4. SÃO PAULO E SANTA CATARINA Conceito e características do devido processo penal. 4.1. RIO DE JANEIRO Teoria do garantismo penal 67

5. SÃO PAULO E SANTA CATARINA Conceito e características do processo penal inquisitório e acusatório. RIO DE JANEIRO Sistemas processuais penais 73

6. SÃO PAULO E SANTA CATARINA Fontes do processo penal. RIO DE JANEIRO Norma processual penal: fontes e eficácia. ESPÍRITO SANTO Fontes do direito processual penal 80

7. **SÃO PAULO E SANTA CATARINA** Lei processual penal no tempo e no espaço. **ESPÍRITO SANTO** Aplicação da lei processual penal no tempo, no espaço e em relação às pessoas. 7.1. **ESPÍRITO SANTO** Disposições preliminares do Código de Processo Penal... 83

8. **SÃO PAULO, RIO DE JANEIRO E SANTA CATARINA** Interpretação da lei processual penal 87

9. **SÃO PAULO E SANTA CATARINA** Sistemas de investigação preliminar. Inquérito policial. Identificação criminal. **RIO DE JANEIRO** Investigação criminal. **ESPÍRITO SANTO** Inquérito policial. 90

10. **RIO DE JANEIRO** Da prova penal. **SÃO PAULO** Ônus da prova. Procedimento probatório. Garantias aplicáveis à proposição, produção e valoração da prova. Meios de prova. Teoria da perda de uma chance. Cadeia de custódia da prova. **SÃO PAULO E SANTA CATARINA** Indícios no processo penal. **SANTA CATARINA** Ônus da prova. Procedimento probatório. Garantias aplicáveis à proposição, produção e valoração da prova. Meios de prova. Teoria da perda de uma chance. Cadeia de custódia da prova. 124

11. **SÃO PAULO** Meios de obtenção de prova na persecução criminal. Busca e apreensão. Interceptação telefônica. Quebra de sigilo telefônico, bancário e fiscal. Delação premiada. **SANTA CATARINA** Meios de obtenção de prova na persecução criminal. Busca e apreensão. Interceptação telefônica. Quebra de sigilo telefônico, bancário e fiscal. Delação premiada. Proteção a vítimas e testemunhas ameaçadas (Lei n. 9.807/99). **ESPÍRITO SANTO** Prova. Lei n. 9.296/96 (interceptação telefônica) 153

12. **SÃO PAULO E SANTA CATARINA** Ação penal de iniciativa pública e privada. Condições da ação. **RIO DE JANEIRO** Ação penal. **ESPÍRITO SANTO** Pretensão punitiva. Tipos de processo penal... 210

13. **SÃO PAULO** Denúncia e queixa-crime. Garantias do processo penal. **SANTA CATARINA** Denúncia e queixa-crime. 238

14. **SÃO PAULO E SANTA CATARINA** Ação civil *ex delicto*. **ESPÍRITO SANTO** Ação civil. 245

15. **SÃO PAULO E SANTA CATARINA** O papel da vítima no processo penal............ 251

16. **SÃO PAULO, RIO DE JANEIRO E ESPÍRITO SANTO** Jurisdição e competência. **SANTA CATARINA** Jurisdição, competência e atribuição......................... 253

17. `SÃO PAULO, RIO DE JANEIRO E SANTA CATARINA` Sujeitos processuais. `ESPÍRITO SANTO` Juiz, Ministério Público, acusado e defensor. Assistentes e auxiliares da justiça. Atos de terceiros. 278

18. `SÃO PAULO E SANTA CATARINA` O direito de defesa. Autodefesa e defesa técnica. 314

19. `SÃO PAULO E SANTA CATARINA` Interrogatório. 317

20. `SÃO PAULO E SANTA CATARINA` Questões e processos incidentes. 323

Referências **349**

NOTA DO COORDENADOR (COLEÇÃO DEFENSORIA PÚBLICA – PONTO A PONTO)

Esta coleção é **inovadora**! Um magnífico avanço em matéria de concursos públicos, principalmente para o concurso da Defensoria Pública. Sem dúvida, trata-se de obras que se tornarão livros de cabeceira de qualquer concurseiro dessa nobilíssima carreira.

O objetivo da **Coleção Defensoria Pública Ponto a Ponto** é facilitar e sistematizar os estudos dos candidatos que se dedicam ao concurso da Defensoria Pública. Para abordar cada matéria, foram selecionados pontos de editais referentes a um ou mais estados, os quais, muitas vezes, servem de base para a elaboração de outros editais.

Assim, separaram-se os editais por matérias. Após, busca-se abordá-las, **ponto a ponto**, facilitando o candidato a encontrar o conteúdo de cada tópico do edital, bem como a bibliografia para cada assunto.

Sem medo de errar, a **organização** e a **otimização** do tempo de estudos são surpreendentes! Nesse sentido, em cada tópico, destaca-se, objetivamente, aquilo que se considera importante em determinado ponto do edital, sem ter a pretensão de esgotar o assunto, o que seria, de todo modo, impossível!

A coleção é escrita por **ex-concurseiros aprovados**, todos Defensores Públicos, muitos deles com anos de experiência! Por isso, de forma pragmática, demonstram-se conceitos básicos, questões controvertidas, entendimento de doutrinadores, bem como a posição de diversos Tribunais, inclusive do Supremo Tribunal Federal e do Superior Tribunal de Justiça.

Ao longo do texto, estudam-se situações concretas de provas, relacionando-as com os assuntos abordados em cada ponto do edital. Assim, o candidato pode vislumbrar como, de fato, são questionados determinados temas em prova. Tanto nas **provas objetivas** como nas provas **dissertativas e orais**, o candidato economiza tempo e otimiza o conhecimento, pois todo conteúdo é elaborado em formato de dissertação.

Nesta coleção, não temos o escopo de esgotar toda a matéria dos pontos, até porque seria uma intenção utópica, diante do vasto conteúdo jurídico sobre os temas. O que se pretende é elaborar diretrizes para as respostas, considerando que os examinadores, inclusive, podem ter visões e posições diferentes das expostas pelos escritores. Por isso, existe o cuidado de alertar o leitor que se está diante de diretrizes jurídicas, de acordo com o entendimento de cada escritor.

Até mesmo a **DICA DO AUTOR**, presente em alguns volumes, possui o objetivo de prestar uma sugestão/diretriz para a resposta. Busca-se aproximar o concurseiro da realidade das provas e eventuais correções. Entrementes, conforme alertado acima, não necessariamente, o posicionamento sugerido pelo escritor poderá ser aquele adotado pelo examinador.

Iremos procurar **direcionar** o concurseiro para a prova, com temas específicos da carreira e do cotidiano do defensor público. Esperamos que, a partir da presente leitura, o estudioso passe a ter conhecimento do detalhe que faltava para a aprovação.

Agora, é momento de chegar na hora da prova com **segurança e conhecimento** dos pontos do edital. Bons estudos!

Marcos Vinícius Manso Lopes Gomes
(Coordenador)

Telegram: t.me/marcoslopesgomes
E-mail: marcosdefensoriagomes@hotmail.com
Instagram: @marcoslopesgomes

PREFÁCIO DA COLEÇÃO

Honrou-me o nobre Defensor Público Dr. Marcos Vinícius Manso Lopes Gomes, integrante da colenda Defensoria Pública do Estado de São Paulo, com o amável convite para prefaciar a **Coleção Defensoria Pública – Ponto a Ponto**, trabalho de índole coletiva submetido ao encargo de sua preclara coordenação.

A publicação em epígrafe, de inestimável valor científico, reúne trabalhos de apreciável conteúdo, subscritos por especialistas em cada um dos temas propostos, o que lhe empresta autoridade e foros de excelência.

O objetivo a ser atingido pela Coleção sob comento, consoante enunciado alhures pela sua ilustrada coordenação, é o de facilitar, sobremaneira, a sistematização dos estudos por parte daqueles que se preparam para certames da Defensoria Pública.

Exitosos em concursos públicos, a participação dos autores está crismada, o que se mostra evidente, com o timbre prestigioso de experiência bem-sucedida.

A obra é erudita, sendo o assunto de importância transcendental na tessitura do Estado de opção democrática – Assistência Jurídica, Defensoria Pública e Justiça Gratuita.

Os textos articulados, ainda que de forma acadêmica, são de fácil entendimento e compreensão.

A linguagem é clara, fluente e encadeada no seu desenvolvimento.

A dinâmica expositiva está acompanhada de parte prática, o que agrega valor incomum ao trabalho.

O exame das controvérsias de variados matizes, nelas incluídas as de cunho doutrinário e jurisprudencial, não fluiu ao largo das preocupações dos autores.

Estou convencido, por tudo que foi estadeado, de que a Coleção em referência constituirá marco importante de êxito editorial.

A produção nasce, induvidosamente, sob os signos da utilidade e do sucesso.

O tempo em sua inquietude revelará esta premonição.

Niterói-RJ, julho de 2015.

Humberto Peña de Moraes[1]

---

[1] Defensor Público da Defensoria Pública do Estado do Rio de Janeiro, aposentado. Ex-professor do Centro de Estudo, Pesquisa e Atualização em Direito (CEPAD) e da Escola da Magistratura do Estado do Rio de Janeiro (EMERJ). Membro do Instituto dos Advogados Brasileiros (IAB), todos sediados na cidade do Rio de Janeiro. Membro do Instituto "Pimenta Bueno", Associação Brasileira dos Constitucionalistas, sediado na Cidade de São Paulo.

APRESENTAÇÃO

A presente obra pretende elaborar uma análise dos pontos de direito processual penal dos principais editais de concurso da Defensoria Pública, atualmente inseridos em um cenário nacional marcado por violações de direitos e garantias fundamentais. Analisam-se, ponto a ponto, os principais conceitos, correntes doutrinárias, posições dos Tribunais Superiores e da Defensoria Pública, relacionando-os, com pertinência e adequação, às provas objetivas, dissertativas e orais. Busca-se, então, uma otimização dos estudos, de forma ética e segura, não mais distanciada da realidade dos concurseiros no momento das provas, para que se tenha uma perspectiva global e garantista do conteúdo que poderá ser cobrado nas provas da Defensoria Pública.

Com o escopo de alcançarmos os objetivos desta obra, ponto a ponto, por meio de uma abordagem defensorial e garantista, de forma inovadora, com base nos princípios convencionais, constitucionais e legais que regem o direito processual penal, serão analisados temas como investigação criminal, ação penal, meios de obtenção de prova, jurisdição e competência, entre outros.

Todavia, nesta obra não temos o escopo de esgotar toda a matéria, até porque seria uma intenção utópica, diante do vasto conteúdo jurídico sobre os temas, considerando que os examinadores, inclusive, podem ter entendimentos e posições diferentes das expostas pelos escritores. O que se pretende é elaborar diretrizes para as respostas, fornecendo, ponto a ponto, segurança para o concurseiro, seja nas provas objetivas, seja nas provas dissertativas e orais.

O presente volume traz pontos importantes do direito processual penal, o que se demonstra pelas questões de concurso – recentes, por exemplo, as oriundas dos concursos para defensor público de São Paulo (2019) e Minas Gerais (2019) –, que são trazidas ao longo dos pontos abordados, além dos debates estarem atualizados a partir da Lei n. 13.964/2019 (Pacote Anticrime).

A Declaração Universal de Direitos Humanos (DUDH), ao dispor em seu art. 11.1 que "Toda pessoa acusada de delito tem direito a que se presuma a sua inocência, enquanto não se prova sua culpabilidade, de acordo com a lei e em processo público no qual se assegurem todas as garantias necessárias para a sua defesa", acaba por enunciar a importância dos tópicos abordados neste volume, pois a garantia de que o investigado e, posteriormente, réu, no processo penal, seja tratado como sujeito de direitos perpassa a investigação criminal adequada, o respeito aos princípios constitucionais e legais do processo penal, a proibição de provas ilícitas e a vedação aos tribunais de exceção.

Dessa forma, a presente obra tem como proposta guiar o candidato que almeja ingressar na Defensoria Pública, por meio dos pontos do edital e com explicações dos temas com embasamento jurisprudencial, legal e doutrinário, a partir do ponto de vista do Estado defensor, sendo obra de viés defensorial e também com abordagem da prática da Defensoria, carreira que deve prezar muito pelas garantias constitucionais. Em outras palavras, sem a pretensão de esgotar o tema, o livro tem por escopo demonstrar como as matérias podem ser cobradas nas provas de ingresso para a Defensoria Pública, podendo servir ainda à postulação de defensores públicos e advogados e apoiar a pesquisa de professores e estudantes.

1. **SÃO PAULO E SANTA CATARINA** PRINCÍPIOS QUE REGEM O PROCESSO PENAL. **RIO DE JANEIRO** PRINCÍPIOS DO PROCESSO PENAL. **ESPÍRITO SANTO** PRINCÍPIOS APLICÁVEIS AO DIREITO PROCESSUAL PENAL

O direito processual penal, após a Constituição Federal de 1988 (CRFB/88), é, essencialmente, um direito de fundo constitucional. A Constituição da República – para além da explicitação dos direitos fundamentais como a verdadeira e legítima fonte de direitos e obrigações que deve orientar a solução dos conflitos sociais, individuais e coletivos – não deixa margem para dúvidas quanto à necessidade de se vincular a aplicação do direito à Constituição e, assim, do direito processual penal à tutela e à realização dos direitos humanos. De acordo com Luís Roberto Barroso[2], a Constituição passa a ser encarada como um **sistema aberto de princípios** e regras, permeável a valores jurídicos suprapositivos, no qual ideias de justiça e de realização dos direitos fundamentais desempenham um papel central. Os **princípios** contêm relatos com maior grau de abstração e não especificam a conduta a ser seguida e se aplicam a um conjunto amplo, por vezes indeterminado, de situações. Por tal razão, sua aplicação deverá ocorrer por meio da **ponderação**, ou seja, à vista do caso concreto, o intérprete irá aferir o peso que cada princípio deverá desempenhar na hipótese, mediante concessões recíprocas, preservando o máximo de cada um, na medida do possível.

Nesse viés, os princípios se apresentam como normas fundantes do sistema processual, sem as quais não se cumpriria a tarefa de proteção aos direitos fundamentais.

---

[2] BARROSO, Luís Roberto; BARCELLOS, Ana Paula de. O começo da história: a nova interpretação constitucional e o papel dos princípios no direito brasileiro. In: BARROSO, Luís Roberto (org.). *A nova interpretação constitucional*: ponderação, direitos fundamentais e relações privadas. 2. ed. Rio de Janeiro: Renovar, 2006. p. 327-378.

Consoante Humberto Ávila[3], os princípios jurídicos são normas que prescrevem fins a serem atingidos e servem de fundamento para a aplicação do ordenamento constitucional.

No processo penal pode-se afirmar que há dois tipos de princípios, os de cunho constitucional e os de processo penal propriamente dito. Neste tópico serão analisados os seguintes princípios constitucionais:

■ **Princípio da presunção de inocência ou da não culpabilidade (art. 5º, LVII, da CRFB/88)**

No contexto internacional, a Declaração Universal de Direitos Humanos (DUDH) dispõe em seu art. 11.1 que: "Toda pessoa acusada de delito tem direito a que se presuma a sua inocência, enquanto não se prova sua culpabilidade, de acordo com a lei e em processo público no qual se assegurem todas as garantias necessárias para a sua defesa".

Por outro lado, no ordenamento pátrio o princípio da presunção de não culpabilidade consta expressamente do art. 5º, LVII, da CRFB/88: "Ninguém será considerado culpado até o trânsito em julgado da sentença penal condenatória". Em outras palavras, no processo penal todo acusado é presumidamente inocente até o trânsito da sentença penal condenatória, devendo receber o tratamento processual equivalente a referida condição.

O **princípio da presunção** de inocência tem um **viés probatório** e um **viés de regra de tratamento**. O viés **probatório** significa que a parte acusadora tem o ônus de demonstrar a culpabilidade do acusado. E o viés de **tratamento** significa que o acusado não pode ser tratado como se fosse culpado antes do trânsito em julgado da sentença penal condenatória, o que torna, por exemplo, as prisões cautelares necessariamente excepcionais.

No que tange ao **uso constitucionalmente adequado de algemas**, relacionando-se com o princípio da presunção de inocência, deve-se questionar, por exemplo, a adequação constitucional do uso de algemas nos presos em flagrante apresentados para as audiências de custódia, contrariando o verbete 11[4] da

---

[3] ÁVILA, Humberto. *Teoria dos princípios*: da definição à aplicação dos princípios jurídicos. 4. ed. São Paulo: Malheiros, 2005. p. 15.

[4] "Só é lícito o uso de algemas em casos de resistência e de fundado receio de fuga ou de perigo à integridade física própria ou alheia, por parte do preso ou de terceiros, justificada a excepcionalidade por escrito, sob pena de responsabilidade disciplinar, civil e penal do agente ou da autoridade e de nulidade da prisão ou do ato processual a que se refere, sem prejuízo da responsabilidade civil do Estado" (Enunciado 11 da Súmula Vinculante do STF).

Súmula Vinculante do Supremo Tribunal Federal (STF), prevendo só ser lícito o uso de algemas em casos de resistência e de fundado receio de fuga ou de perigo à integridade física própria ou alheia, por parte do preso ou de terceiros, justificada a excepcionalidade por escrito, sob pena de responsabilidade disciplinar, civil e penal do agente ou da autoridade e de nulidade da prisão ou do ato processual a que se refere, sem prejuízo da responsabilidade civil do Estado. Sobre o tema, pronunciou-se o STF:

> Agravo regimental em reclamação. Processo penal. Violação à Súmula Vinculante 11. **Uso de algemas sem fundamentação adequada. Nulidade da integralidade dos atos processuais produzidos nessas condições.** [...]. Agravo regimental parcialmente provido. 1. A inobservância da Súmula Vinculante 11, por expressa previsão, acarreta a nulidade dos atos processuais produzidos em desacordo com sua enunciação. Acolhimento da irresignação para alcançar as provas testemunhais colhidas com a participação do acusado que, mesmo sem fundamentação adequada, permaneceu algemado durante toda a audiência de instrução. [...]. 3. Agravo regimental parcialmente provido (STF, Rcl 22.557 AgR, rel. Min. Edson Fachin, 1ª Turma, j. 24-5-2016).

Claramente, o uso indiscriminado das algemas sem fundamentação idônea ofende o devido processo legal, por ausência de motivação em concreto (art. 93, IX, da CRFB/88) – mas não é só. Tal arbitrariedade também coloca o preso em condição inferior, violando os princípios da dignidade da pessoa, da vedação de tratamento degradante, da ampla defesa e ainda da presunção de inocência. Observe-se que, mesmo em casos nos quais não há pressupostos para a prisão em flagrante ou mesmo em que esta é evidentemente ilegal, os presos, muitas vezes, são mantidos algemados, para ao final do ato serem liberados. No entanto, em diversas decisões monocráticas recentes do Superior Tribunal de Justiça (STJ), o referido tribunal tem validado as decisões prolatadas em sede de audiência de custódia, pela manutenção das algemas, sob o fundamento do "risco à integridade própria ou alheia", desde que **fundamentada idoneamente**, tais como no RHC 115.408. Por outro lado, em recente precedente do Tribunal de Justiça do Rio de Janeiro (TJRJ, Processo 0055630-75.2019.8.19.0000), o desembargador relator do caso concedeu a liminar para relaxar a prisão do paciente, aduzindo que a audiência foi realizada em local apropriado, presumindo-se que as condições dele são adequadas para garantir a segurança de todos os presentes, sendo certo que a autoridade coatora **não apontou os fundamentos excepcionais** para o uso de algemas.

No que tange à **execução provisória e automática da pena após segunda instância**, recente julgamento no STF sobre a prisão em segunda instância colocou em destaque novamente o tema.

No passado, entendia-se que o acusado, valendo-se do *duplo* grau de jurisdição, tinha o direito de obter, após sua condenação, a reavaliação do seu caso por um tribunal, que através de um colegiado discutiria todas as questões de direito e *de fato* a ele colocadas pela parte interessada. Findo o julgamento em segundo grau, encaminhava-se o processo para a execução da pena, considerando-se que o recurso especial (dirigido ao STJ) e o extraordinário (dirigido ao STF) não tinham *efeito suspensivo*, permitindo executar desde logo o julgado, sendo até então esse o entendimento adotado pelo STF.

Tal entendimento, contudo, não levava em consideração as **distinções epistemológicas e principiológicas entre o direito processual civil e o direito processual penal** –, aquele lidando predominantemente com questões patrimoniais, suscetíveis de retorno ao *status quo ante* via compensação material, ao contrário da restrição de liberdade, valor imaterial das pessoas. Assim, diante da **impossibilidade de reversão do tempo perdido na prisão**, a "execução provisória da pena" se convertia, concretamente, em pena definitiva, em tempo jamais devolvido. Criticamente, sobretudo nos concursos para Defensoria Pública, é preciso lembrar que o direito processual penal é instrumento de controle do poder punitivo voltado à proteção do cidadão, mais fraco, em face do poder punitivo do Estado com sua megaestrutura[5].

Sensível às críticas, em 2009, o Plenário do STF, no julgamento da HC 84.078, condicionou a execução da pena ao trânsito em julgado da condenação. Dessa forma, ninguém poderia cumprir pena, sendo considerado, ainda, inocente, antes do julgamento dos recursos especial e extraordinário, pois com a

---

[5] "[...] a democracia é um sistema político cultural que valoriza o indivíduo frente ao Estado e que se manifesta em todas as esferas da relação Estado-indivíduo. Inegavelmente, leva a uma democratização do processo penal, refletindo essa valorização do indivíduo no fortalecimento do sujeito passivo do processo penal. Pode-se afirmar, com toda a segurança, que o princípio que primeiro impera no processo penal é o da proteção dos inocentes (débil), ou seja, o processo penal como direito protetor dos inocentes. Esse *status* (inocência) adquiriu caráter constitucional e deve ser mantido até que exista uma sentença penal condenatória transitada em julgado" (LOPES JR., Aury. *Introdução crítica ao processo penal*: fundamentos da instrumentalidade garantista. 2. ed. Rio de Janeiro: Lumen Juris, 2005. p. 38-39).

interposição destes a decisão condenatória de segunda instância não havia transitado em julgado.

Em outros passos, no ano de 2016, ao negar o *Habeas Corpus* (HC) 126.292, o Plenário do STF, com outra composição, entendeu pela possibilidade de início da execução provisória da pena, após a confirmação de que a sentença condenatória em segundo grau não ofenderia o princípio constitucional da presunção da inocência. Para o relator do caso, ministro Teori Zavascki, a manutenção da sentença penal pela segunda instância encerraria a análise de fatos e provas que assentaram a culpa do condenado, o que autorizaria o início da execução da pena. O ministro ressaltou em seu voto que, até que seja prolatada a sentença penal, confirmada em segundo grau, deve-se presumir a inocência do réu. Mas, após esse momento, exaure-se o princípio da não culpabilidade, até porque os recursos cabíveis da decisão de segundo grau, ao STJ ou STF, não se prestam a discutir fatos e provas, mas apenas matéria de direito. Com efeito, foram múltiplas as críticas, entre as quais a ofensa à constitucional presunção de inocência[6] e à legalidade[7].

Recentemente, o STF revisitou o tema, quando do julgamento das Ações Declaratórias de Constitucionalidade (ADC) 43, 44 e 54, nas quais se discutia a possibilidade de início do cumprimento da pena antes de serem esgotadas todas as possibilidades de recurso (trânsito em julgado), entendendo, por maioria de votos, pela **impossibilidade de cumprimento "provisório" e automático de pena** após decisão de segunda instância, sendo necessário o trânsito em julgado para o início da execução. Assim, a partir das garantias constitucionais em face do Estado, somente após o trânsito em julgado a pessoa será considerada culpada e cumprirá a sua pena. Ou seja, o *status* de culpado é encontrado com o trânsito em julgado da decisão condenatória, portanto somente quando não couber nenhum recurso contra a referida decisão. Pouco importa se os recursos especial e extraordinário interpostos pela defesa não têm efeito suspensivo, pois o centro da questão não é esse, mas a observância do princípio constitucional da presunção de inocência.

---

[6] CRFB/88, "Art. 5º [...] LVII – ninguém será considerado culpado até o trânsito em julgado de sentença penal condenatória".

[7] CPP, "Art. 283. Ninguém poderá ser preso senão em flagrante delito ou por ordem escrita e fundamentada da autoridade judiciária competente, em decorrência de **sentença condenatória transitada em julgado** ou, no curso da investigação ou do processo, em virtude de prisão temporária ou prisão preventiva".

Ademais, a recente decisão do STF não afeta a legalidade de prisões cautelares e preventivas nos termos da lei processual penal[8].

Por fim, houve trâmite recente na Câmara dos Deputados de três Propostas de Emenda Constitucional (PECs) que tentam mudar a redação do dispositivo constitucional: PECs n. 409/2018 (devolvida ao autor da proposta), n. 410/2018 (arquivada) e n. 411/2018 (apensada à PEC n. 410/2018). A proposta é substituir esse trecho da Constituição para "ninguém será considerado culpado até a confirmação de sentença penal condenatória em grau de recurso". No entanto, principalmente na perspectiva do Estado defensor, a presunção de inocência deve ser vista como uma **cláusula pétrea (art. 60 da CRFB/88) limitadora dos abusos punitivos estatais**. Entretanto, a Comissão de Constituição, Justiça e Cidadania (CCJ) já se manifestou pela inadmissibilidade dessas propostas. Ademais, em 2011, tramitou a **PEC n. 15/2011** ("PEC dos recursos" ou "PEC Peluso"), com o objetivo de antecipar o trânsito em julgado e transformar os recursos excepcionais (extraordinário ao STF e especial ao STJ) em ações rescisórias. De maneira similar, a **PEC n. 199/2019** busca alterar o trânsito em julgado das ações penais para a segunda instância, transformando os recursos excepcionais em ações revisionais de competência originária do STF e STJ.

Deve-se ressaltar que recente reforma trazida pela Lei n. 13.964/2019, alterando a redação do art. 492, I, *e*, do Código de Processo Penal (CPP), vem na contramão da conclusão do julgamento das ADCs 43, 44 e 54, tendo o legislador modificado a redação da alínea *e* do art. 492, I, do CPP[9] para incluir hipótese de execução provisória da pena no caso de sentença condenatória a pena igual ou superior a quinze anos de reclusão prolatada em sede de julga-

---

[8] "Quando o STF, em 2016, declarou a possibilidade de prisão após a decisão de 2º grau, o que acabou acontecendo é que réus *sem nenhuma periculosidade* começaram a ser encarcerados ou obrigados a cumprir penas alternativas (note-se que, neste campo, o STJ não aprovou esse cumprimento precoce da pena, mas o STF disse sim). A minha posição é que o art. 5º, LVII, da CF, é cristalino. Após o trânsito em julgado, a pessoa é considerada culpada e deve cumprir a sua pena. Mas isto não impede a prisão cautelar, destinada a *todos os criminosos perigosos*. Então, é uma mentira que a decisão de hoje (7.11.2019) colocaria nas ruas uma imensidão de meliantes violentos. Tudo continua como antes. Quem tem que estar preso, por ser violento e ter antecedentes, está. Quem não precisa, responde o processo solto, aguardando o trânsito em julgado da decisão condenatória" (NUCCI, Guilherme de Souza. *O julgamento do STF e as inverdades lançadas na mídia*. Disponível em: <http://www.guilhermenucci.com.br/artigoprocesso-penal/o-julgamento-do-stf-e-as-inverdades-lancadas-na-midia>. Acesso em: 30 nov. 2019).

[9] CPP, "Art. 492, I, *e*: "mandará o acusado recolher-se ou recomendá-lo-á à prisão em que se encontra, se presentes os requisitos da prisão preventiva, ou, no caso de condenação a uma pena igual ou superior a 15 (quinze) anos de reclusão, determinará a execução provisória das penas, com expedição do mandado de prisão, se for o caso, sem prejuízo do conhecimento de recursos que vierem a ser interpostos".

mento pelo Tribunal do Júri. Tal dispositivo deve ser tido como inconstitucional, na linha do entendimento do STF.

■ Princípio do *favor rei, favor libertatis, in dubio pro reo, favor inocente* (art. 5º, LVII, da CRFB/88)

O **princípio do** *in dubio pro reo* decorre do princípio da presunção de inocência, e alguns autores o tratam como consequência do viés probatório daquele, pois, na dúvida, a decisão deve favorecer o imputado, pois não cabe a este a produção de prova de sua inocência. Outros, como Leonardo Barreto Moreira Alves[10], cuidam do princípio separadamente, embora pontuem que decorre da presunção de inocência: havendo dúvida entre admitir o direito de punir do Estado ou reconhecer o direito de liberdade do réu, deve-se privilegiar a situação desse último por ser ele parte hipossuficiente da relação jurídica estabelecida no processo penal. A importância do princípio do *favor rei* para o processo penal é tamanha, que Rômulo Moreira[11] o aponta como óbice à Teoria Geral do Processo: "O **princípio do** *favor libertatis* – Tal princípio, possivelmente, é um dos grandes obstáculos para a admissibilidade da Teoria Geral do Processo. Esse postulado **deve ser obrigatoriamente observado em toda e qualquer interpretação das normais processuais penais**".

DICA DO AUTOR : Embora existam precedentes do STJ no sentido de que o princípio *in dubio pro reo* não se aplicaria nas fases de oferecimento da denúncia e da prolação da decisão de pronúncia (RHC 71.460/SP, *DJe* 30-5-2018; HC REsp 1.279.458/MG, j. 4-9-2012; HC 44.499/RJ, *DJ* 26-9-2005; e AgRg no REsp 1.192.061/MG, *DJe* 1º-8-2011), o **STJ** tem um precedente importante (**HC 175.639**-AC, j. 20-3-2012), especialmente para provas da Defensoria Pública, no qual entendeu que o princípio *in dubio pro societate* não possui amparo legal nem decorre da lógica do sistema processual penal brasileiro, pois a sujeição ao juízo penal, por si só, já representa um gravame. Mais recentemente, o **STF (ARE 1.067.392)** também proferiu julgado acerca da temática:

> A Segunda Turma do Supremo Tribunal Federal (STF) restabeleceu decisão em que o juízo não verificou indícios de autoria de crime que justificas-

---

[10] ALVES, Leonardo Barreto Moreira. *Processo penal*: parte geral. 7. ed. rev., ampl. e atual. Salvador: JusPodivm, 2017. p. 44.
[11] MOREIRA, Rômulo de Andrade. *Uma crítica à teoria geral do processo*. Florianópolis: Empório do Direito, 2015. p. 19.

se o julgamento de dois homens perante o Tribunal do Júri (a chamada sentença de impronúncia). Por maioria, o colegiado seguiu o voto do ministro Gilmar Mendes (relator), segundo o qual, **havendo dúvida sobre a preponderância de provas, deve ser aplicado o princípio que favorece o réu em caso de dúvida (*in dubio pro reo*), previsto no artigo 5º, inciso LVII, da Constituição Federal**[12].

Assim, é imperioso exigir razoável grau de convicção e lastro probatório para a submissão do indivíduo aos rigores persecutórios, não devendo se iniciar uma ação penal carente de justa causa.

■ Princípio do contraditório ou da bilateralidade da audiência (art. 5º, LV, da CRFB/88)

Por força do **princípio do contraditório**, ambas as partes – acusação e defesa – têm a possibilidade de tomar ciência e se manifestar sobre todos os atos processuais, cabendo ao Judiciário analisar a respectiva manifestação para fins de possibilitar a influência sobre a decisão jurisdicional.

Geralmente, apresenta-se o direito fundamental ao contraditório com **dupla dimensão: direito à informação** (conhecimento) e **à participação igualitária**[13]. Nesse contexto, Renato Brasileiro de Lima[14] pontua que deve ser assegurada a participação real e igualitária dos sujeitos processuais ao longo do processo, de modo a se assegurar a efetividade do contraditório, em um **contraditório efetivo e equilibrado**. Logo, para que este ocorra, além de se assegurar os dois elementos mencionados, deve-se garantir a paridade de tratamento.

Ademais, o **contraditório substancial** possui **três dimensões básicas**: (1) **informativa** (obrigatória, no que se refere à "ciência" dos atos e decisões); (2) **participativa** (facultativa, pois seu exercitar do direito de "reação" é determinado livremente pela parte); (3) **de influência jurisdicional** (nesta dimensão, as manifestações realizadas devem ser seriamente analisadas pelo Poder Judiciário, fundamentalmente, pois de nada adiantaria a manifestação da parte se o juízo pudesse ignorá-la. Assim, o juízo deve "*considerar*" as alegações da reação da parte, permitindo-lhe influenciar sua decisão).

---

[12] BRASIL. STF. 2ª Turma restabelece sentença que rejeitou submissão de acusados ao Tribunal do Júri. *Notícias STF*, 26 mar. 2019. Disponível em: <http://www.stf.jus.br/portal/cms/verNoticiaDetalhe.asp?idConteudo=406894>. Acesso em: 15 maio 2019.

[13] LOPES JR., Aury. *Direito processual penal*. 15. ed. São Paulo: Saraiva, 2018. p. 99.

[14] LIMA, Renato Brasileiro de. *Manual de processo penal*. 5. ed. Salvador: JusPodivm, 2017. p. 52.

Em posição explanada por Fredie Didier Jr.[15], a qual pode ser transportada sem prejuízo ao processo penal, ter-se-ia no princípio do contraditório uma **dimensão formal-participativa** (direito de participar, ser comunicado, falar e ser ouvido em juízo) e uma **dimensão substancial** (direito de influência e proteção contra a decisão surpresa). Resenha-se a ideia no seguinte esquema:

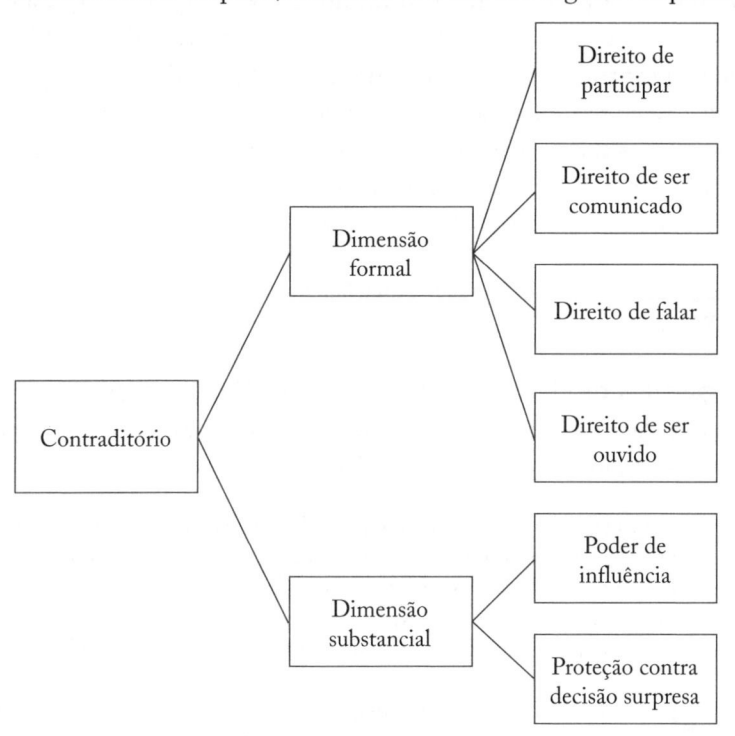

```
                              ┌── Direito de participar
                ┌── Dimensão ──┼── Direito de ser comunicado
                │   formal    ├── Direito de falar
Contraditório ──┤              └── Direito de ser ouvido
                │              ┌── Poder de influência
                └── Dimensão ──┤
                    substancial└── Proteção contra decisão surpresa
```

Nesse contexto, em *provas orais e discursivas*, principalmente de Defensoria Pública, convém a consideração crítica acerca da possibilidade da aplicação subsidiária do art. 10[16] do Código de Processo Civil (CPC) ao processo penal (art. 3º), com base na força normativa[17] constitucional, quanto ao princípio do contraditório (art. 5º, LV), salvo os casos da urgência provocadora do contraditório

---

[15] DIDIER JR., Fredie. *Curso de direito processual civil*: introdução ao direito processual civil, parte geral do processo de conhecimento. Salvador: JusPodivm, 2018. p. 106.

[16] CPC, "Art. 10. O juiz não pode decidir, em grau algum de jurisdição, com base em fundamento a respeito do qual não se tenha dado às partes oportunidade de se manifestar, ainda que se trate de matéria sobre a qual deva decidir de ofício".

[17] HESSE, Konrad. *A força normativa da Constituição*. Trad. Gilmar Ferreira Mendes. Porto Alegre: Sergio Antônio Fabris editor, 1991.

postergado[18], nas hipóteses previstas no CPP. O debate pode reforçar a **vedação de "decisão-surpresa"** no processo penal ou pelo menos abrandar a incidência dessa forma decisória enfraquecedora do direito ao contraditório prévio.

Ademais, o contraditório pode se dar **para a prova ou sobre a prova**[19]. O **contraditório para a prova (ou contraditório real)** é aquele em que a formação dos elementos de prova ocorre na presença das partes e do órgão julgador, enquanto o **contraditório sobre a prova, contraditório diferido ou postergado** traduz-se no reconhecimento da atuação do contraditório após a formação da prova. Em outras palavras, o contraditório ocorre posteriormente. Exemplo desse último: prova pericial realizada no curso do inquérito policial e que poderá ser contestada posteriormente em juízo.

■ **Princípio da igualdade processual e princípio da paridade das armas (art. 5º, *caput*, da CRFB/88)**

Alguns doutrinadores como Nestor Távora e Rosmar Rodrigues Alencar[20] tratam de forma autônoma do **princípio da igualdade processual** e da paridade de armas, estabelecendo a seguinte distinção:

> O princípio da paridade de armas, malgrado seja tratado como sinônimo de igualdade ou isonomia no processo penal, tem conteúdo mais rico, indicando o direito da defesa de desempenhar um papel proativo, mormente na produção de prova e no exercício de poderes que possibilitem a plena igualdade, tal como consta do art. 8, do Pacto de São José da Costa Rica. Sob esse prisma, não basta a outorga de prazos iguais, de contraditório e de defesa ampla. A paridade de armas impõe um *plus*, consistente no poder do acusado atuar com os mesmos instrumentos garantidos à acusação, a exemplo de formulação de pedidos de interceptações telefônicas e de busca e apreensão, bem como da admissibilidade de assistente de defesa, possibilitando uma real igualdade.

Outros doutrinadores, como Renato Brasileiro de Lima[21], conforme se viu no tópico anterior, entendem que a paridade de armas seria corolário para garantir um contraditório efetivo e equilibrado.

---

[18] CPC, "Art. 9º Não se proferirá decisão contra uma das partes sem que ela seja previamente ouvida. Parágrafo único. O disposto no *caput* não se aplica: I – à tutela provisória de urgência".

[19] LIMA, Renato Brasileiro de. *Manual de processo penal.* 5. ed. Salvador: JusPodivm, 2017. p. 53.

[20] TÁVORA, Nestor; ALENCAR, Rosmar. *Curso de direito processual penal.* 12. ed. Salvador: JusPodivm, 2017. p. 74.

[21] LIMA, Renato Brasileiro de. *Manual de processo penal.* 5. ed. Salvador: JusPodivm, 2017. p. 52.

■ **Princípio da ampla defesa (art. 5º, LV, da CRFB/88)**

Com base na **ampla defesa**, entende-se que **o réu pode valer-se de todos os meios de defesa em direito admitidos como forma de compensar sua posição desvantajosa no processo** em relação aos órgãos estatais que atuam na acusação, como polícia civil e o Ministério Público (MP), que têm acesso a dados restritos. Esse princípio subdivide-se em **autodefesa** e **defesa técnica**, conforme disposto no esquema seguinte:

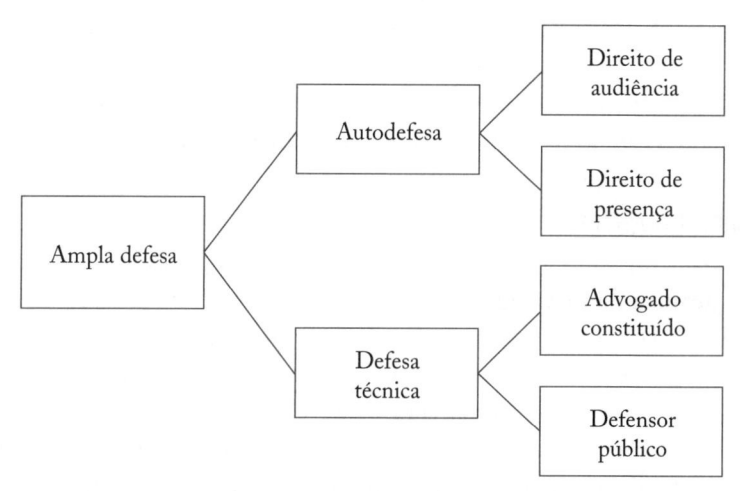

```
                          ┌─ Autodefesa ──┬─ Direito de audiência
                          │               └─ Direito de presença
Ampla defesa ─────────────┤
                          │               ┌─ Advogado constituído
                          └─ Defesa técnica ┤
                                          └─ Defensor público
```

A **autodefesa** desenvolve-se por toda e qualquer atividade do acusado no processo em prol de seus interesse e subdivide-se em **direito de audiência** (direito de o réu ser ouvido no processo penal) e **direito de presença** (direito de o réu estar presente aos atos processuais, seja diretamente por meio de comparecimento pessoal ao ato, seja por meio de videoconferência).

Outrossim, Aury Lopes Jr.[22] destaca ainda a existência de duas formas de autodefesa: (1) **autodefesa positiva**: configurada em um direito disponível exercitado por *ações* de *resistência* em prol do direito à *liberdade* e presunção de *inocência* do investigado ou processado, podendo participar dos atos processuais e colaborar como melhor entender cabível; (2) **autodefesa negativa**: configurada na possibilidade de silêncio, na vedação de não produzir provas contra si mesmo e de poder manter-se inerte processualmente sem ser prejudicado por tal medida.

---

[22] LOPES JR., Aury. *Direito processual penal*. 15. ed. São Paulo: Saraiva, 2018. p. 101.

A fim de se assegurar o exercício da autodefesa, o acusado deve ser **citado pessoalmente**, em regra. Caso ele não seja encontrado, e somente depois de esgotadas todas as diligências no sentido de localizá-lo, será possível sua citação por edital com o prazo de quinze dias[23]. Com a alteração do art. 362 do CPP pela Lei n. 11.719/2008, passou-se a admitir a citação por hora certa quando o réu se oculta para não ser citado.

O *interrogatório* tem sido considerado o ato mais expressivo da *autodefesa* de um acusado. Nesse contexto, é imperioso o respeito do seu *direito ao silêncio*. Embora se considere geralmente que o direito ao silêncio e à autodefesa permite até mesmo ao acusado mentir para se defender da imputação estatal na segunda parte do interrogatório – referente à visão defensiva dos fatos –, tem-se negado o direito de calar ou mentir na primeira parte[24] do interrogatório, ou seja, quanto à qualificação pessoal.

DICA DO AUTOR: Não obstante o tema seja tratado em outro tópico mais detalhadamente, cumpre observar que a doutrina sempre divergiu sobre a **natureza jurídica do interrogatório**, se seria meio de prova ou meio de defesa. No entanto, com o advento da Lei n. 10.792/2003, que alterou o art. 185 do CPP para estabelecer como obrigatória a presença do advogado durante a realização do interrogatório e ainda com a alteração do art. 400 do CPP, estabelecendo que o interrogatório passasse a último ato da instrução processual, o posicionamento no sentido de que o interrogatório é meio de defesa vem crescendo no âmbito doutrinário.

No que diz respeito ao **direito de presença**, discute-se se seria necessário deslocar o réu preso em outra unidade da federação para acompanhar a oitiva de testemunha por carta precatória. Há precedentes do STF no sentido de que é obrigatório o deslocamento do réu, sob pena de nulidade absoluta (HC 94.216/RJ), e nesse aspecto seriam irrelevantes quaisquer alega-

---

[23] A Súmula 351 do STF dispõe que: "É nula a citação por edital de réu preso na mesma unidade da federação em que o juiz exerce a sua jurisdição".

[24] No REsp 1.362.524, submetido à sistemática dos recursos repetitivos, a Terceira Seção do STJ firmou o entendimento de que é típica a conduta de atribuir-se falsa identidade perante autoridade policial, ainda que em situação de alegada autodefesa (art. 307 do CP). O STF – ao julgar a repercussão geral no RE 640.139/DF, *DJe* 14-10-2011 – reafirmou a jurisprudência dominante sobre a matéria controvertida, no sentido de que o princípio constitucional da autodefesa (art. 5º, LXIII) não alcança aquele que se atribui falsa identidade perante autoridade policial com o intento de ocultar maus antecedentes, sendo, portanto, típica a conduta praticada pelo agente (art. 307 do CP).

ções do Poder Público de dificuldade para o deslocamento, pois isso não poderia se sobrepor ao direito de presença do réu. No entanto, em julgado mais recente (HC 100.382/PR e HC 120.759/SE), as Turmas do STF têm se posicionado no sentido de que a ausência do réu preso em audiências deprecadas constitui nulidade relativa, devendo ser alegada na primeira oportunidade e ser provado o prejuízo. Ademais, em sede de **repercussão geral**, o Tribunal fixou que não há nulidade na realização de audiência de oitiva de testemunha por carta precatória, se ausente réu preso que não manifestou expressamente a sua intenção em participar da audiência (RE 602.543-QO-RG, rel. Min. Cezar Peluso).

A **defesa técnica**, por sua vez, é aquela realizada por um defensor técnico, bacharel em Direito, defensor público ou advogado, sendo indisponível (art. 261 do CPP)[25]. É certo que, como regra, o réu não poderá realizar sua própria defesa técnica), exceto se for advogado (art. 263, *caput*, do CPP).

Nesse cenário, a interpretação do art. 8, n. 2, "d", da Convenção Americana sobre Direitos Humanos (CADH), dispondo que toda pessoa acusada de delito tem o direito de se defender pessoalmente ou ser assistida por um defensor de sua escolha, deve ser feita de acordo com o exposto no parágrafo anterior.

Se o processo tiver curso sem que seja realizada a defesa técnica, seja por falta de intimação do defensor público[26], constituição de advogado ou nomeação de advogado dativo pelo juiz, o processo estará eivado de nulidade absoluta por afronta à ampla defesa (art. 564, III, do CPP).

DICA DO AUTOR: Deve ser afastada a aplicação da Súmula Vinculante 5 no caso de **processo disciplinar** no âmbito da **execução penal** para a apuração de falta disciplinar. Além de os precedentes que ensejaram a súmula não versarem sobre a hipótese, o eixo da execução penal é o direito à liberdade, o qual deve ser tutelado com os cuidados constitucionalmente devidos. Convém anotar que a **Súmula 533 do STJ** dispõe que: "Para o reconhecimento da prática de falta disciplinar no âmbito da execução penal, é imprescindível a instauração

---

[25] A Súmula 523 do STF dispõe que, "No processo penal, a falta de defesa constitui nulidade absoluta, mas a sua deficiência só o anulará se houver prejuízo para o réu".
[26] "Processual penal. Recurso ordinário em *habeas corpus*. Tentativa de homicídio qualificado. Falta de intimação pessoal do Defensor Público. Nulidade do julgamento. 1. **A falta de intimação pessoal do defensor público da data provável de julgamento do *habeas corpus* consubstancia nulidade processual que viola o exercício do direito de defesa. Precedentes.** 2. Recurso ordinário parcialmente provido para anular o acórdão recorrido de modo a permitir que a Defensoria Pública seja pessoalmente intimada para uma nova sessão de julgamento" (STF, RHC 117.029, rel. p/ acórdão Min. Luís Roberto Barroso, 1ª Turma, j. 17-11-2015).

de procedimento administrativo pelo diretor do estabelecimento prisional, assegurado o direito de defesa, a ser realizado por advogado constituído ou defensor público nomeado".

É corolário do princípio da ampla defesa o **direito da escolha de advogado,** caso tenha condições de fazê-lo. Logo, não sendo possível ao advogado prosseguir no patrocínio da causa penal, o juiz ordenará a intimação do réu para que este constitua novo advogado ou manifeste sua impossibilidade de fazê-lo, caso no qual será assistido pela Defensoria Pública. Antes da intimação e de exaurido o prazo para constituição de novo patrono, o juiz não poderá nomear dativo[27].

Observe-se a **Súmula 707 do STF**, que preconiza: "Constitui nulidade a falta de intimação do denunciado para oferecer contrarrazões ao recurso interposto da rejeição da denúncia, não a suprindo a nomeação de defensor dativo".

■ **Princípio da plenitude de defesa (art. 5º, XXXVIII, *a*, da CRFB/88)**

O **princípio da plenitude de defesa** é mais abrangente e específico em relação ao princípio da ampla defesa por haver algumas peculiaridades no procedimento do Tribunal do Júri, entre as quais a decisão por íntima convicção por jurados leigos. Por tal razão, alguns autores tratam esse princípio de forma individualizada. De acordo com Nestor Távora e Rosmar Rodrigues Alencar[28]:

> **a plenitude de defesa** revela uma dupla faceta, afinal, a defesa está dividida em técnica e autodefesa. A primeira, de natureza obrigatória, é exercida por profissional habilitado, ao passo que a última é uma faculdade do imputado, que pode efetivamente trazer a sua versão dos fatos, ou valer-se do direito ao silêncio. Prevalece no júri a possibilidade não só da utilização de argumentos técnicos, mas também de natureza sentimental, social e até mesmo de política criminal, no intuito de convencer o corpo de jurados.

Desse modo, o princípio da plenitude de defesa é circunscrito ao procedimento do Tribunal do Júri, ocasião em que o defensor poderá usar argumentos

---

[27] Reconhecendo a nulidade absoluta do feito em virtude da ausência de intimação do acusado para constituir novo patrono diante da renúncia apresentada pelo patrono constituído – HC 162.785/AC, rel. Min. Napoleão Nunes Maia Filho, j. 13-2-2010, *DJe* 3-5-2010. Precedentes citados: RHC 6.949/SP, *DJ* 22-6-1998; HC 22.157/RS, *DJ* 11-11-2002; e HC 137.527/RS, *DJe* 3-11-2009.

[28] TÁVORA, Nestor; ALENCAR, Rosmar. *Curso de direito processual penal.* 12. ed. Salvador: JusPodivm, 2017. p. 231.

não jurídicos para fazer a defesa, garantindo maior liberdade de atuação defensiva nesse cenário, e não à acusação, porquanto não exista um princípio de "plenitude acusatória".

■ **Princípio do juiz natural (art. 5º, LIII, da CRFB/88)**

O princípio do **juiz natural**[29] deve ser entendido como o **direito que cada cidadão tem de ser julgado – caso venha a ser indiciado ou acusado por praticar, em tese, conduta definida como infração penal** – por uma autoridade previamente definida conforme normas de competência estabelecidas por lei.

O referido princípio, embora não mencionado com a referida nomenclatura na Constituição, decorre da previsão do **inciso LIII do art. 5º da CRFB/88**: "ninguém será processado nem sentenciado senão pela autoridade competente"; e ainda do **inciso XXXVII do art. 5º da CRFB/88**, que preceitua: "não haverá juízo ou tribunal de exceção".

Saliente-se que juízo ou Tribunal de exceção é aquele instituído após a prática do ato delituoso com o objetivo específico de julgá-lo. Aury Lopes Jr.[30], citando Bonato[31], afirma que a garantia do *juiz natural* possui tríplice significado: (1) somente os órgãos instituídos pela Constituição podem exercer jurisdição; (2) ninguém será processado e julgado por órgão instituído após o fato; (3) há uma ordem taxativa de competência entre os juízes pré-constituídos, excluindo-se qualquer alternativa deferida à discricionariedade de quem quer que seja.

DICA DO AUTOR : Não há vedação à criação de "justiças" (ramos do Judiciário) ou varas especializadas, pois elas não se confundem com juízos de exceção. Nesses casos, a criação não ocorre para julgar, de forma excepcional, determinadas pessoas ou matérias, mas sim a conferência de competência a órgãos jurisdicionais inseridos na estrutura do Poder Judiciário para determinadas matérias como forma de melhorar a prestação jurisdicional.

---

[29] Sobre o tema, *vide*: BADARÓ, Gustavo Henrique. *Juiz natural no processo penal*. São Paulo: Revista dos Tribunais, 2014.

[30] LOPES JR., Aury. *Introdução crítica ao processo penal*: fundamentos da instrumentalidade garantista. 2. ed. Rio de Janeiro: Lumen Juris, 2005. p. 72.

[31] BONATO, Gilson. *Devido processo legal e garantias processuais penais*. Rio de Janeiro: Lumen Juris, 2003. p. 138.

■ Princípio do juiz imparcial

O **princípio do juiz imparcial** é um princípio constitucional implícito e decorre do princípio do juiz natural, até porque a existência de um terceiro imparcial é a própria razão do processo como forma de composição de conflitos. Saliente-se que o **art. 8. 1 do Pacto de São José da Costa Rica** dispõe que todo o acusado tem o direito de ser julgado por um juiz independente e imparcial, aprovado pelo Decreto n. 678/92, válido no Brasil como **norma supralegal**, conforme RE 466.343/SP. A imparcialidade judicial pode ser classificada como:

(1) **imparcialidade subjetiva** em perspectiva voltada à análise do estado anímico[32] do juiz acerca da causa, com inexistência de pré-julgamentos, cenário no qual a "**teoria da dissonância cognitiva**"[33] é importante para analisar se o juízo está afetado por viés de autoconfirmação da primeira impressão (*efeito inércia ou perseverança*) ladeado pelo viés de seletividade informativa, contexto extremamente prejudicial ao contraditório efetivo e paritário. Em algumas ocasiões, *vieses* afetam silenciosamente o magistrado judicante e, dessa maneira, ingressa em um estado de "cegueira cognitiva"[34] prejudicial ao julgamento imparcial;

(2) **imparcialidade objetiva**, a qual se relaciona com a estética e visibilidade da imparcialidade[35-36], exigindo do juízo conduta compatível com tal característica – a aparência de imparcialidade inspira a própria confiança do jurisdicionado para com o Poder Judiciário. Desse modo, a imparcialidade objetiva é responsável também por fixar um padrão de conduta aguardado de um julga-

---

[32] LOPES JR., Aury. *Fundamentos do processo penal*: introdução crítica. 4. ed. São Paulo: Saraiva Educação, 2018. p. 99-101.

[33] SCHÜNEMANN, Bernd. *Estudos de direito penal, direito processual penal e filosofia do direito*. Coordenação Luís Greco. São Paulo: Marcial Pons, 2013. p. 207.

[34] WOJCIECHOWSKI, Paola Bianchi; ROSA, Alexandre Morais da. *Vieses da justiça*: como as heurísticas e vieses operam nas decisões penais e a atuação contraintuitiva. Florianópolis: EModara, 2018. p. 77 e 81.

[35] LOPES JR., Aury. *Fundamentos do processo penal*: introdução crítica. 4. ed. São Paulo: Saraiva Educação, 2018, p. 103 e 105.

[36] No debate sobre a **estética da imparcialidade**, insere-se também a discussão sobre a **disposição cênica** e alocação dos **assentos** das salas do Judiciário, por vezes prestigiando, desigualmente, o MP em detrimento da defesa. Sobre o tema, *vide*: CASAS MAIA, Maurilio. A inconstitucionalidade do "assento ministerial privilegiado" por ofensa à isonomia na disposição cênica processual e o papel constitucional da Defensoria Pública em favor dos segmentos sociais vulneráveis (*custos vulnerabilis*). In: PASSADORE, Bruno de Almeida; COSTA, Renata Tavares da; OLIVEIRA, Vitor Eduardo Tavares de (org.). *O tribunal do júri e a Defensoria Pública*. Florianópolis: Tirant Brasil, 2018. p. 55-68 (Coleção Biblioteca do Estado Defensor, coord. da Coleção Maurilio Casas Maia).

dor imparcial, à semelhança com os padrões de conduta decorrentes da boa-fé objetiva.

A Lei n. 13.964/2019 ("**Pacote Anticrime**") buscou positivar o instituto do "**Juiz das Garantias**"[37-38] – entre os arts. 3º-B e 3º-F do CPP, dispositivos de leitura recomendada aos estudantes –, o qual representaria um importante mecanismo em prol da imparcialidade judicial, pois evitaria contaminações indevidas do julgador do mérito com o clima inquisitivo da investigação. Tal mecanismo combateria enviesamentos que degradam silenciosamente a imparcialidade. Contudo, apesar do progresso constitucional da nova lei, a **implantação** do instituto foi **suspensa** liminarmente pelo STF (**ADI 6.298**), seguindo ainda pendente de julgamento de mérito até o fechamento da presente edição.

■ Princípio do promotor natural

O **princípio do promotor natural** é um corolário dos princípios do juiz natural por analogia, da inamovibilidade e da independência funcional, significando que a pessoa que pratica, em tese, um ato definido no ordenamento como delitivo tem o direito de ser acusada por órgão investido anteriormente em suas atribuições, nos termos legais, sendo vedada a indicação de membro do MP para casos específicos, como se fosse um "acusador de exceção".

A doutrina majoritária – podendo-se citar exemplificativamente Paulo Rangel[39] e Nestor Távora e Rosmar Rodrigues Alencar[40] – entende pela existência desse princípio. Contudo, na jurisprudência das cortes superiores, no STJ, há entendimento pacificado no sentido da existência desse princípio, enquanto no STF há precedentes por vezes admitindo o princípio[41] e por vezes

---

[37] CPP, "Art. 3º-B. O juiz das garantias é responsável pelo controle da legalidade da investigação criminal e pela salvaguarda dos direitos individuais cuja franquia tenha sido reservada à autorização prévia do Poder Judiciário, competindo-lhe especialmente:".

[38] Sobre o tema, *vide*: RODRIGUES, Nicole Farias. *Juiz das garantias, sistemas processuais e garantismo penal*. Florianópolis: Emais Editora, 2019.

[39] RANGEL, Paulo. *Direito processual penal*. 8. ed. Rio de Janeiro: Lumen Juris, 2004. p. 36.

[40] TÁVORA, Nestor; ALENCAR, Rosmar. *Curso de direito processual penal*. 12. ed. Salvador: JusPodivm, 2017. p. 85.

[41] "[...] 5. Consoante o postulado do promotor natural, a definição do membro do Ministério Público competente para oficiar em um caso deve observar as regras previamente estabelecidas pela instituição para distribuição de atribuições em um determinado foro de atuação, obstando-se a interferência hierárquica indevida da chefia do órgão por meio de eventuais designações especiais. 6. A proteção efetiva e substancial **ao princípio do promotor natural impede que o superior hie-**

diminuindo ou negando a sua aplicabilidade no caso concreto[42]. O tema será retomado em tópico específico sobre o MP.

DICA DO AUTOR : O Plenário do STF, no julgamento do HC 67.759/RJ, de relatoria do ministro Celso de Mello, reconheceu, por maioria de votos, a existência do princípio do promotor natural, no sentido de proibirem-se designações casuísticas efetuadas pela chefia da instituição, que criariam a figura do promotor de exceção, incompatível com a determinação constitucional de que somente o promotor natural deve atuar no processo.

■ Princípio do advogado natural

Considerando que é direito da parte escolher seu advogado de confiança, caso tenha condições para constituí-lo, ela possui direito fundamental a ver seu advogado movimentando a marcha processual, razão pela qual o juízo não pode ignorar a constituição de advogado pela parte para remeter a representação processual a um advogado *ad hoc*, dativo ou defensor público, sob pena de nulidade – conforme será explicitado mais à frente em tópicos sobre o advogado e a Defensoria Pública. Por esse motivo, pode-se falar na concepção implícita na Constituição (art. 133 c/c art. 5º, LIII), em leis (art. 263 do CPP[43]) e em Convenções (art. 8, 2, "d", da CADH[44]) do princípio do advogado natural[45].

O princípio do advogado natural pode repercutir na atuação da Defensoria Pública como órgão autônomo. Nesse sentido, a Corregedoria da Defensoria Pú-

---

rárquico designe o promotor competente bem como imponha a orientação técnica a ser observada. [...]" (STF, HC 137.637, rel. Min. Luiz Fux, 1ª Turma, j. 6-3-2018).

[42] "*Habeas corpus*. Denúncia oferecida por membro do Ministério Público atuante em vara criminal comum e recebida pelo juízo do Tribunal do Júri. **Violação ao princípio do promotor natural. Inocorrência. Princípios unidade e indivisibilidade do Ministério Público.** Precedentes. 1. O Plenário do Supremo Tribunal Federal, no julgamento do HC 67.759/RJ, de relatoria do Ministro Celso de Mello, reconheceu, por maioria de votos, a existência do princípio do promotor natural, no sentido de proibirem-se designações casuísticas efetuadas pela chefia da Instituição, que criariam a figura do promotor de exceção, incompatível com a determinação constitucional de que somente o promotor natural deve atuar no processo. Hipótese não configurada no caso. 2. *Habeas corpus* denegado" (STF, HC 114.093, rel. p/ acórdão Min. Alexandre de Moraes, 1ª Turma, j. 3-10-2017).

[43] CPP, "Art. 263. Se o acusado não o tiver, ser-lhe-á nomeado defensor pelo juiz, ressalvado o seu direito de, a todo tempo, nomear outro de sua confiança, ou a si mesmo defender-se, caso tenha habilitação".

[44] CADH, "Art. 8 [...] 2. [...] d. direito do acusado de defender-se pessoalmente ou de ser assistido por um defensor de sua escolha e de comunicar-se, livremente e em particular, com seu defensor".

[45] CASAS MAIA, Maurilio. Os (des)conhecidos princípios do advogado natural e do defensor natural. *Prática Jurídica*, Brasília, n. 174, p. 52-53, set. 2016.

blica do Espírito Santo[46] expediu **recomendação** aos defensores atuantes como *terceiro interveniente* pró-defesa *custos vulnerabilis* no direito processual penal no sentido de que, em suas manifestações institucionais, pugnassem pela intimação sobre seu teor para a parte por seu advogado, em respeito ao contraditório, e ainda que a intimação da Defensoria Pública, como órgão de execução penal, não supre a ausência de intimação do advogado devidamente constituído.

■ Princípio do defensor natural

O **princípio do defensor natural** é expressamente previsto na Lei Complementar (LC) n. 80/94 como direito do assistido (ou usuário) da Defensoria Pública. O art. 4º-A, IV, dessa LC dispõe que constitui direito do assistido: "o patrocínio de seus interesses e direitos pelo defensor natural". Noutro passo, Távora e Alencar[47] fundamentam o princípio do defensor natural por analogia ao princípio do juiz natural e ainda com base na inamovibilidade (art. 134, § 1º, da CF; arts. 43, I, 88, II, e 127, II, da LC n. 80/94) e independência funcional (arts. 3º, 43, I, 88, I, e 127, I, da LC n. 80/94). Em termos basilares, o princípio do defensor natural consiste na vedação de nomeação de defensor diverso daquele defensor público que tem atribuição legal para atuar na causa.

Aponta-se duplo **fundamento** ao princípio do defensor natural: (1) **constitucionalmente**, na concepção de se observar a marcha processual provocada pela autoridade competente (no caso, para a defesa pública) se percebe implícito no inciso LIII do art. 5º da CRFB/88[48]; e (2) **convencionalmente**, na ideia de que o defensor público é aquele atuante em razão do modelo adotado pelo respectivo Estado (art. 8, 2, "e", da CADH[49]), sendo o modelo brasileiro via Defensoria Pública (art. 134 c/c art. 5º, LXXIV, da CRFB/88).

---

[46] "[...] III – requeiram a intimação da parte, por seu advogado constituído, quanto à manifestação defensorial como *custos vulnerabilis* apresentada nos autos, em respeito ao contraditório da parte destinatária da intervenção institucional; IV – manifestem-se pela imprescindibilidade da intimação do advogado constituído, uma vez que a intimação institucional da Defensoria Pública, na qualidade de terceiro interveniente como *custus vulnerabilis*, não supre a ausência de intimação do advogado constituído pela parte; [...]" (Recomendação Geral CGDP n. 028, de 3-12-2019, Corregedora Lívia Souza Bittencourt, DPE-ES, *Diário Oficial* 5-12-2019).

[47] TÁVORA, Nestor; ALENCAR, Rosmar. *Curso de direito processual penal*. 12. ed. Salvador: JusPodivm, 2017. p. 87.

[48] CASAS MAIA, Maurilio. Os (des)conhecidos princípios do advogado natural e do defensor natural. *Prática Jurídica*, Brasília, n. 174, p. 52-53, set. 2016.

[49] CADH, "Art. 8 [...] 2. [...] e. direito irrenunciável de ser assistido por um defensor proporcionado pelo Estado, remunerado ou não, segundo a legislação interna, se o acusado não se defender ele próprio nem nomear defensor dentro do prazo estabelecido pela lei".

Diogo Esteves e Franklyn Roger Alves Silva[50] tecem considerações importantes sobre o tema, afirmando que num primeiro viés esse princípio protege os destinatários da assistência jurídica prestada pela defensoria pública, reconhecendo-lhes o direito de serem patrocinados apenas pelo defensor público com atribuição legal para atuar no caso, sem qualquer espécie de favoritismo ou perseguições. Sob outro prisma, o princípio assegura ao membro da Defensoria Pública não ser arbitrariamente removido de suas funções institucionais.

■ **Princípio da publicidade (arts. 5º, LX e XXXIII, e 93, IX, da CRFB/88 e art. 792, *caput*, do CPP)**

O **princípio da publicidade** consiste em que os cidadãos tenham, via de regra, acesso aos atos processuais praticados no curso do processo, sendo seu objetivo precípuo assegurar a transparência da atividade jurisdicional, através de sua fiscalização democrática por todos.

A CADH prevê que "o processo penal deve ser público, salvo quando for necessário para preservar os interesses da justiça" (art. 8, n. 5, do Decreto n. 678/92). Em nosso ordenamento interno, os arts. 93, IX, e 5º, LX, da CRFB/88 reafirmam a publicidade dos atos processuais[51].

A doutrina classifica a **publicidade** como **ampla** ou **restrita**. A **publicidade ampla** é a regra e ocorre quando os atos processuais são praticados perante as partes e abertos a todo público. Já a **publicidade restrita** ocorre quando o interesse público à informação deve ceder em virtude de outro interesse de caráter preponderante, e, no caso concreto, alguns ou todos os atos são praticados somente perante as pessoas interessadas no feito e seus procuradores, ou apenas perante estes. A **publicidade restrita** é chamada de forma "atécnica" de segredo de justiça. Um exemplo de publicidade restrita ocorre nos feitos de

---

[50] ROGER, Franklyn; ESTEVES, Diogo. *Princípios institucionais da Defensoria Pública*. 2. ed. Rio de Janeiro: Forense, 2017. p. 593.

[51] O art. 93, IX, da CRFB/88 dispõe que "todos os julgamentos dos órgãos do Poder Judiciário serão públicos, e fundamentadas todas as decisões, sob pena de nulidade, podendo a lei limitar a presença, em determinados atos, às próprias partes e a seus advogados, ou somente a estes, em casos nos quais a preservação do direito à intimidade do interessado no sigilo não prejudique o interesse público à informação", e o art. 5º, LX, da CRFB/88 preceitua que: "a lei só poderá restringir a publicidade dos atos processuais quando a defesa da intimidade ou o interesse social o exigirem".

apuração de crimes contra a dignidade sexual, nos quais a ampla publicidade poderia trazer mais sofrimento para a vítima.

DICA DO AUTOR: O art. 217 do CPP dispõe que o juiz poderá determinar a retirada do réu da sala de audiências caso perceba que sua presença causa humilhação, temor ou sério constrangimento à testemunha ou ao ofendido. O STJ possui precedentes pelos quais admite a retirada do acusado da sala de audiência nessas hipóteses. Contudo, tal retirada deve observar **duplo requisito**: (1) fundamentação bastante e concreta; (2) presença do defensor do acusado durante o ato. *Vide*: STJ, AgRg no REsp 1.371.800/PR, *DJe* 27-10-2017; e RHC 87.370/SP, *DJe* 22-6-2018.

■ **Princípio da duração razoável do processo (art. 5º, LXXVIII, da CRFB/88)**

O **princípio da razoável duração processual** impõe ao Estado-juiz dar a resposta jurisdicional *efetiva* e *justa* no tempo *adequado* de acordo com a complexidade do caso, no menor tempo possível para tal adequação. Em tal contexto, a razoável duração processual e a garantia do uso dos meios garantidores da celeridade processual devem, logicamente, respeitar o devido processo legal, a ampla defesa e o contraditório, pois o Estado não poderá, sob argumento da necessária celeridade, cercear a defesa do réu.

O princípio da razoável duração processual se aplica à **fase judicial** e também ao **inquérito policial**, existindo, além do cômputo de prazos, três **parâmetros** importantes na aferição da razoável duração processual: (1) complexidade do caso; (2) conduta defensiva, devendo inexistir conduta de má-fé com fins protelatórios; (3) conduta das autoridades[52].

---

[52] "[...] 3. A EC 45/2004 introduziu norma que assegura a **razoável duração do processo judicial** e administrativo (art. 5º, LXXVIII). Conforme a doutrina, esta norma deve ser projetada **também para o momento da investigação**. As Cortes Internacionais adotam três parâmetros: a) a **complexidade** do caso; b) a atividade **processual do interessado**; c) a **conduta das autoridades** judiciárias. No caso de inquéritos em tramitação perante o STF, os arts. 230-C e 231 do RISTF estabelecem os prazos de 60 dias para investigação e 15 dias para oferecimento da denúncia ou arquivamento, com possibilidade de prorrogação (art. 230-C, § 1º, RISTF). [...]. 5. Caso em que inexistem indícios mínimos de materialidade e autoria delitiva, mesmo após 15 meses de tramitação do inquérito. Depoimentos genéricos e inespecíficos relatando o recebimento de recursos eleitorais em pleito no qual o investigado sequer disputou qualquer mandato eletivo. Apresentação apenas de elementos de corroboração produzidos pelos próprios investigados. Arquivamento do inquérito, na forma do art. 21, XV, 'e', art. 231, § 4º, 'e', ambos do RISTF, e art. 18 do CPP" (STF, Inq. 4.458, rel. Min. Gilmar Mendes, 2ª Turma, j. 11-9-2018).

Por outro lado, registra-se que a delonga processual, aliada ao receio de ineficácia do provimento final, é um elemento a ser analisado nos casos dos Incidentes de Deslocamento de Competência (IDC) – "incidente de federalização" para caso de graves violações de direitos humanos[53-54] –, sendo tais elementos analisados no IDC n. 1 (Caso "Irmã Dorothy") e n. 2 (Caso do Grupo de Extermínio).

Por outro lado, no processo penal, a duração razoável do processo interessa tanto à vítima quanto ao acusado, pois este pode sofrer, por vezes, uma perseguição estigmatizadora e até mesmo cruel que praticamente antecipa a sua pena, não raras vezes injustamente.

DICA DO AUTOR : Havendo **excesso de prazo** na prisão cautelar, estará caracterizada **ilegalidade prisional**[55], por isso a defesa deve requerer o **relaxa-**

---

[53] CRFB/88, "Art. 109. [...] § 5º Nas hipóteses de grave violação de direitos humanos, o Procurador-Geral da República, com a finalidade de assegurar o cumprimento de obrigações decorrentes de tratados internacionais de direitos humanos dos quais o Brasil seja parte, poderá suscitar, perante o Superior Tribunal de Justiça, em qualquer fase do inquérito ou processo, incidente de deslocamento de competência para a Justiça Federal" (Incluído pela EC n. 45/2004).

[54] Enquanto se escrevia o presente texto, foi aprovada na Comissão de Constituição e Justiça (CCJ) da Câmara dos Deputados (14-5-2019) a admissibilidade da Proposta de Emenda à Constituição (PEC) 61/2019, conferindo legitimidade ao defensor público-geral federal para propor Ação Direta de Inconstitucionalidade (ADI), Ação Declaratória de Constitucionalidade (ADC) e ainda o Incidente de Deslocamento de Competência (IDC).

[55] "[...] Processo penal. *Habeas corpus*. Tráfico de drogas e respectiva associação. Fundamentação da prisão preventiva. Supressão de instância. Excesso de prazo. Flagrante ilegalidade. Ocorrência. *Writ* parcialmente conhecido e, nessa extensão, concedido. [...]. A questão do excesso de prazo na formação da culpa não se esgota na simples verificação aritmética dos prazos previstos na lei processual, devendo ser analisada à luz do princípio da razoabilidade, segundo as circunstâncias detalhadas de cada caso concreto. 3. *In casu*, os pacientes estão presos preventivamente há aproximadamente um ano e sete meses (desde fevereiro de 2016), sendo que já houve dois adiamentos da audiência de instrução, a qual havia sido inicialmente designada para o dia 30 de novembro de 2016, não tendo ocorrido porque o magistrado foi 'convocado para o curso de vitaliciamento pelo Tribunal de Justiça'; redesignada para o dia 1º de fevereiro de 2017, a audiência novamente não se realizou 'ante a não apresentação dos acusados pelo sistema penitenciário', sendo que, na mesma oportunidade, foi determinada a expedição de carta precatória para a cidade de Recife, para oitiva das testemunhas da acusação, de modo que o processo encontra-se aguardando, até o presente momento, o cumprimento da referida precatória. 4. Percebe-se claramente que a delonga decorre de ineficiência do aparato estatal, não podendo ser imputada à defesa, sendo irrazoável, portanto, prolongar ainda mais o encarceramento antecipado. 5. *Writ* parcialmente conhecido e, nessa extensão, concedido para determinar o relaxamento da prisão dos pacientes, sem prejuízo de que o juízo *a quo*, de maneira fundamentada, examine se é caso de aplicar as medidas cautelares implementadas pela Lei n. 12.403/11, ressalvada, inclusive, a possibilidade de decretação de nova prisão, caso demonstrada sua necessidade, condicionada, contudo, ao surgimento de fato novo" (STJ, HC 412.874/PE, rel. Min. Maria Thereza de Assis Moura, 6ª Turma, j. 21-9-2017, *DJe* 4-10-2017).

mento da prisão – se for o caso, com base nos arts. 400[56] e 412[57] do CPP e art. 22, parágrafo único[58], da Lei n. 12.850/2013 –, tendo como um dos fundamentos a duração razoável do processo.

■ **Princípio do devido processo legal (art. 5º, LIV, da CRFB/88)**

O art. 5º, LIV, da CRFB/88 dispõe que ninguém será privado da liberdade ou de seus bens sem o devido processo legal. O **princípio do devido processo legal** assegura que as garantias fundamentais sejam observadas. Sob essa perspectiva, o princípio do devido processo legal desencadeia vários outros, sendo elemento norteador e delineador de toda atividade processual.

O princípio deve ser analisado sob duas perspectivas: **material** (*substantive due process of law*) e **processual** (*procedural due process of law*). No **aspecto material**, reclama no campo da aplicação e elaboração normativa uma atuação substancialmente adequada, razoável e proporcional. No **aspecto processual**, liga-se ao procedimento e à ampla possibilidade de o réu produzir provas, exigindo que o processo seja instrumento de garantia contra os excessos do Estado. O tema será mais bem desenvolvido no item 4.

■ **Princípio da vedação às provas ilícitas (art. 5º, LVI, da CRFB/88)**

A vedação à utilização de provas ilícitas no processo está prevista em sede constitucional no art. 5º, LIV, da CRFB/88. Por outro lado, com o advento da Lei n. 11.690/2008, o CPP passou a disciplinar a matéria no art. 157[59].

---

[56] CPP, "Art. 400. Na audiência de instrução e julgamento, a ser realizada no prazo máximo de 60 (sessenta) dias, proceder-se-á à tomada de declarações do ofendido, à inquirição das testemunhas arroladas pela acusação e pela defesa, nesta ordem, ressalvado o disposto no art. 222 deste Código, bem como aos esclarecimentos dos peritos, às acareações e ao reconhecimento de pessoas e coisas, interrogando-se, em seguida, o acusado".

[57] CPP, "Art. 412. O procedimento será concluído no prazo máximo de 90 (noventa) dias".

[58] Lei n. 12.850/2013, "Art. 22. [...] Parágrafo único. A instrução criminal deverá ser encerrada em prazo razoável, o qual não poderá exceder a 120 (cento e vinte) dias quando o réu estiver preso, prorrogáveis em até igual período, por decisão fundamentada, devidamente motivada pela complexidade da causa ou por fato procrastinatório atribuível ao réu".

[59] CPP, "Art. 157. São inadmissíveis, devendo ser desentranhadas do processo, as provas ilícitas, assim entendidas as obtidas em violação a normas constitucionais ou legais. § 1º São também inadmissíveis as provas derivadas das ilícitas, salvo quando não evidenciado o nexo de causalidade entre umas e outras, ou quando as derivadas puderem ser obtidas por uma fonte independente das primeiras. § 2º Considera-se fonte independente aquela que por si só, seguindo os trâmites típicos e de praxe, próprios da investigação ou instrução criminal, seria capaz de conduzir ao fato objeto da prova. § 3º Preclusa a decisão de desentranhamento da prova declarada inadmissível, esta será inutilizada por decisão judicial, facultado às partes acompanhar o incidente".

Embora a lei não faça essa distinção, a doutrina[60] considera **gênero** a prova ilegal, proibida, vedada ou inadmissível, sendo **espécies** a **prova ilícita** e a **prova ilegítima**.

A prova será considerada **ilícita** quando violadora de norma de direito material (ex.: prova obtida mediante tortura), e **ilegítima** quando violadora de norma de direito processual.

Observe-se que o CPP, no § 1º do art. 157, consagrou a proibição das "provas ilícitas por derivação" **(teoria dos frutos da árvore envenenada)**. As **provas ilícitas por derivação** são aquelas que, não obstante produzidas validamente em momento posterior, estão contaminadas por vício de ilicitude originária[61].

Referido princípio será abordado com mais propriedade em outro capítulo.

DICA DO AUTOR : O estudante deve estar atento para uma situação que vem ocorrendo regularmente na prática do defensor com atuação na área criminal, como prisões em flagrante embasadas exclusivamente na violação de dados constantes em aplicativos de mensagens como WhatsApp. Caso ques-

---

[60] LIMA, Renato Brasileiro de. *Manual de processo penal*. 5. ed. Salvador: JusPodivm, 2017. p. 621.

[61] "[...] 5. Ninguém pode ser investigado, denunciado ou condenado com base, unicamente, em provas ilícitas, quer se trate de ilicitude originária, quer se cuide de ilicitude por derivação. Qualquer novo dado probatório, ainda que produzido, de modo válido, em momento subsequente, não pode apoiar-se, não pode ter fundamento causal nem derivar de prova comprometida pela mácula da ilicitude originária. – A exclusão da prova originariamente ilícita – ou daquela afetada pelo vício da ilicitude por derivação – representa um dos meios mais expressivos destinados a conferir efetividade à garantia do 'due process of law' e a tornar mais intensa, pelo banimento da prova ilicitamente obtida, a tutela constitucional que preserva os direitos e prerrogativas que assistem a qualquer acusado em sede processual penal. Doutrina. Precedentes. A doutrina da ilicitude por derivação (teoria dos 'frutos da árvore envenenada') repudia, por constitucionalmente inadmissíveis, os meios probatórios, que, não obstante produzidos, validamente, em momento ulterior, acham-se afetados, no entanto, pelo vício (gravíssimo) da ilicitude originária, que a eles se transmite, contaminando-os, por efeito de repercussão causal. Hipótese em que os novos dados probatórios somente foram conhecidos, pelo Poder Público, em razão de anterior transgressão praticada, originariamente, pelos agentes da persecução penal, que desrespeitaram a garantia constitucional da inviolabilidade domiciliar. – Revelam-se **inadmissíveis**, desse modo, **em decorrência da ilicitude por derivação, os elementos probatórios a que os órgãos da persecução penal somente tiveram acesso em razão da prova originariamente ilícita, obtida como resultado da transgressão, por agentes estatais, de direitos e garantias constitucionais e legais,** cuja eficácia condicionante, no plano do ordenamento positivo brasileiro, traduz significativa limitação de ordem jurídica ao poder do Estado em face dos cidadãos. (RHC 90376/STF, Relator Min. Celso de Mello, Segunda Turma, julgado em 3-4-2007, *DJe* de 18-5-2007) 6. Assim, uma vez eivada de ilicitude a entrada em domicílio, por agente público, a prova da materialidade de todos os crimes ora imputados ao paciente – tráfico de drogas, associação e porte ilegal de arma – constitui-se também em ilícita, ou seja, a apreensão de tóxicos, armas e outros objetos deve ser desconsiderada, bem como todos os demais meios de prova contaminados/derivados. [...]" (STJ, HC 442.363/RJ, rel. Min. Reynaldo Soares da Fonseca, 5ª Turma, j. 2-8-2018, *DJe* 5-9-2018).

tionado, a resposta constitucionalmente adequada deve abordar a ideia de que a proteção constitucional abrange os dados constantes de dispositivos eletrônicos – como *smartphones* e *tablets* –, sendo necessário prévia e expressa autorização judicial. Nesse sentido, *vide* o STJ:

> Processo penal. *Habeas corpus*. Tráfico de entorpecentes. Associação para o tráfico. Nulidade. Prisão em flagrante. Interceptação telefônica. Devassa não autorizada. Prova ilícita. Provas derivadas. Anulação. Teoria dos frutos da árvore envenenada. 1. **A proteção aos dados privativos constantes de dispositivos eletrônicos como *smartphones* e *tablets* encontra guarida constitucional**, importando a necessidade de prévia e expressa autorização judicial motivada para sua mitigação. 2. No caso, ocorrida a prisão em flagrante, os agentes policiais realizaram, sem autorização judicial, devassa nos dados dos celulares apreendidos, dando origem à investigação posterior sobre os contatos neles armazenados. 3. **"Em verdade, deveria a autoridade policial, após a apreensão do telefone, ter requerido judicialmente a quebra do sigilo dos dados nele armazenados, de modo a proteger tanto o direito individual à intimidade quanto o direito difuso à segurança pública"** (RHC n. 67.379/RN, relator Ministro Ribeiro Dantas, Quinta Turma, julgado em 20-10-2016, *DJe* de 9-11-2016). 4. O reconhecimento da ilicitude de prova torna imprestáveis todas as que dela são derivadas, exceto se de produção independente ou de descoberta inevitável, conforme entendimento doutrinário, jurisprudencial e legal de aplicação da teoria dos frutos da árvore envenenada. 5. Ordem concedida para anular as provas obtidas por devassa ilegal dos aparelhos telefônicos e as delas derivadas (STJ, HC 445.088/SC, rel. Min. Antonio Saldanha Palheiro, 6ª Turma, j. 3-9-2019, *DJe* 10-9-2019).

O denominado **"Pacote Anticrime"** incluiu o § 5º[62] ao art. 157 do CPP, com a finalidade de afastar do processo o juízo contaminado por conhecer a prova inadmissível. Contudo, decisão liminar do STF (j. 22-1-2020) suspendeu a eficácia de tal dispositivo até o julgamento de mérito da Ação Direta de Inconstitucionalidade **(ADI) 6.298**.

Na prova preliminar para ingresso na **Defensoria Pública do Estado de São Paulo (2019, FCC)**, constou como questão: "Tício foi preso, em flagrante delito, pela prática do crime de tráfico de entorpecentes. Policiais Militares, com o celular de Tício, acessaram o aplicativo de troca de mensagens e localizaram conversas com Mévio sobre a movimentação do ponto de venda de dro-

---

[62] "O juiz que conhecer do conteúdo da prova declarada inadmissível não poderá proferir a sentença ou acórdão."

gas naquele dia. Pelo mesmo aplicativo, obtiveram informações sobre o endereço de Mévio, foram até sua residência e prenderam-no em flagrante, por tráfico de entorpecentes e associação para o tráfico. A utilização dessas conversas por aplicativo, como prova em eventual processo, é": Foi considerada CORRETA a alternativa que considerava nula essa prova, já que não havia autorização judicial para que a Polícia tivesse acesso às conversas travadas pelo aplicativo entre Tício e Mévio.

■ Princípio da inexigibilidade de autoincriminação (*nemo tenetur se detegere*)

Esse princípio é um consectário lógico dos princípios constitucionais da ampla defesa, do direito ao silêncio e da presunção de inocência. Embora não esteja previsto explicitamente na Constituição Federal, ele consta no art. 8 do Pacto de São José da Costa Rica, incorporado ao ordenamento jurídico pelo Decreto n. 678, com força supralegal. Em linhas gerais, pode-se afirmar que o presente princípio assegura que ninguém é obrigado a produzir provas contra si mesmo.

Segundo Nestor Távora e Rosmar Rodrigues Alencar[63], o conteúdo do *nemo tenetur se detegere* envolve os direitos de: (1) permanecer em silêncio; (2) não ser obrigado a confessar o cometimento de infração penal; (3) não ser exigível dizer a verdade; (4) não adotar conduta ativa que possa lhe causar incriminação; (5) não produzir prova incriminadora invasiva.

Em recurso submetido ao sistema dos **recursos repetitivos**, o **STJ** decidiu pela observância ao princípio da inexigibilidade de autoincriminação, considerando que o réu não seria obrigado a participar de atividades probatórias que impliquem produzir provas contra si. Nesse sentido:

> Processual penal. Provas. Averiguação do índice de alcoolemia em condutores de veículos. Vedação à autoincriminação. Determinação de elemento objetivo do tipo penal. Exame pericial. Prova que só pode ser realizada por meios técnicos adequados. Decreto regulamentador que prevê expressamente a metodologia de apuração do índice de concentração de álcool no sangue. Princípio da legalidade. 1. O entendimento adotado pelo Excelso Pretório, e encampado pela doutrina, reconhece que o indivíduo não pode ser compelido a colaborar com os referidos testes do "**bafômetro**" ou do exame de sangue, em respeito ao princípio segundo o qual ninguém é obrigado a se autoincriminar (*nemo tenetur se detegere*). Em todas essas situações

---

[63] TÁVORA, Nestor; ALENCAR, Rosmar. *Curso de direito processual penal*. 12. ed. Salvador: JusPodivm, 2017. p. 97.

prevaleceu, para o STF, o direito fundamental sobre a necessidade da persecução estatal. 2. Em nome de adequar-se a lei a outros fins ou propósitos não se pode cometer o equívoco de ferir os direitos fundamentais do cidadão, transformando-o em réu, em processo crime, impondo-lhe, desde logo, um constrangimento ilegal, em decorrência de uma inaceitável exigência não prevista em lei. 3. O tipo penal do art. 306 do Código de Trânsito Brasileiro é formado, entre outros, por um elemento objetivo, de natureza exata, que não permite a aplicação de critérios subjetivos de interpretação, qual seja, o índice de 6 decigramas de álcool por litro de sangue. 4. O grau de embriaguez é elementar objetiva do tipo, não configurando a conduta típica o exercício da atividade em qualquer outra concentração inferior àquela determinada pela lei, emanada do Congresso Nacional. 5. O decreto regulamentador, podendo elencar quaisquer meios de prova que considerasse hábeis à tipicidade da conduta, tratou especificamente de 2 (dois) exames por métodos técnicos e científicos que poderiam ser realizados em aparelhos homologados pelo CONTRAN, quais sejam, o exame de sangue e o **etilômetro**. 6. Não se pode perder de vista que numa democracia é vedado ao judiciário modificar o conteúdo e o sentido emprestados pelo legislador, ao elaborar a norma jurídica. Aliás, não é demais lembrar que não se inclui entre as tarefas do juiz, a de legislar. 7. Falece ao aplicador da norma jurídica o poder de fragilizar os alicerces jurídicos da sociedade, em absoluta desconformidade com o garantismo penal, que exerce missão essencial no estado democrático. Não é papel do intérprete-magistrado substituir a função do legislador, buscando, por meio da jurisdição, dar validade à norma que se mostra de pouca aplicação em razão da construção legislativa deficiente. 8. Os tribunais devem exercer o controle da legalidade e da constitucionalidade das leis, deixando ao legislativo a tarefa de legislar e de adequar as normas jurídicas às exigências da sociedade. Interpretações elásticas do preceito legal incriminador, efetivadas pelos juízes, ampliando-lhes o alcance, induvidosamente, violam o princípio da reserva legal, inscrito no art. 5º, inciso II, da Constituição de 1988: "ninguém será obrigado a fazer ou deixar de fazer alguma coisa senão em virtude de lei". 9. Recurso especial a que se nega provimento (STJ, REsp 1.111.566/DF, rel. para o acórdão Min. Adilson Vieira Macabu, j. 28-3-2012, *DJe* 4-9-2012).

Um ponto relevante e atual, conforme mencionado anteriormente, refere-se à salutar proibição de o juiz contaminado pela prova ilícita se manter no processo, como medida de resguardo à imparcialidade e maior efetividade à proibição das provas ilícitas. Com essa finalidade, o **"Pacote Anticrime"** incluiu o § 5º ao art. 157, determinando: "O juiz que conhecer do conteúdo da prova declarada inadmissível não poderá proferir a sentença ou acórdão". Ocorre que, por decisão liminar de 22 de janeiro de 2020, o ministro Luiz Fux suspendeu a eficácia de tal dispositivo até o julgamento de mérito da **ADI 6.298** – analisada em conjunto com as ADIs 6.299, 6.300 e 6.305 –, ainda sem julgamento final até a data de fechamento desta edição.

O referido princípio será abordado com mais propriedade no tópico 10, pertinente às provas.

■ **Princípio da motivação das decisões judiciais**

O art. 93, IX, da CRFB/88 e o art. 381[64] do CPP exigem a motivação nas decisões judiciais, o que possibilita à parte a impugnação dessas decisões, conferindo a segurança à sociedade de julgamentos em conformidade com a lei.

No que diz respeito às sentenças condenatórias, a fundamentação não pode ser genérica, ou seja, o juiz não pode fazer vaga alusão às provas dos autos, devendo explicitar as razões que o levaram ao seu convencimento. Fundamentação genérica leva à nulidade da sentença.

Outrossim, após alteração pela Lei n. 11.690/2008, o art. 155 do CPP[65] claramente privilegia as **provas** produzidas sob o crivo do **contraditório judicial**, pois proíbe decisões baseadas exclusivamente em provas produzidas na fase investigativa, ressalvadas as cautelares não repetíveis e antecipadas.

O **"Pacote Anticrime"** (Lei n. 13.964/2019) reproduziu regra similar ao CPC (art. 489, § 1º) no **§ 2º**[66] **do art. 315 do CPP**, cuja inobservância acarreta nulidade (art. 564, V[67], do CPP), passando-se a falar em regra de fundamenta-

---

[64] CPP, "Art. 381. A sentença conterá: [...] III – a indicação dos motivos de fato e de direito em que se fundar a decisão; IV – a indicação dos artigos de lei aplicados; V – o dispositivo".

[65] CPP, "Art. 155. O juiz formará sua convicção pela livre apreciação da prova produzida em contraditório judicial, não podendo fundamentar sua decisão exclusivamente nos elementos informativos colhidos na investigação, ressalvadas as provas cautelares, não repetíveis e antecipadas".

[66] CPP, "Art. 315. [...] § 2º Não se considera fundamentada qualquer decisão judicial, seja ela interlocutória, sentença ou acórdão, que: I – limitar-se à indicação, à reprodução ou à paráfrase de ato normativo, sem explicar sua relação com a causa ou a questão decidida; II – empregar conceitos jurídicos indeterminados, sem explicar o motivo concreto de sua incidência no caso; III – invocar motivos que se prestariam a justificar qualquer outra decisão; IV – não enfrentar todos os argumentos deduzidos no processo capazes de, em tese, infirmar a conclusão adotada pelo julgador; V – limitar-se a invocar precedente ou enunciado de súmula, sem identificar seus fundamentos determinantes nem demonstrar que o caso sob julgamento se ajusta àqueles fundamentos; VI – deixar de seguir enunciado de súmula, jurisprudência ou precedente invocado pela parte, sem demonstrar a existência de distinção no caso em julgamento ou a superação do entendimento" (Incluído pela Lei n. 13.964/2019).

[67] CPP, "Art. 564. A nulidade ocorrerá nos seguintes casos: [...] V – em decorrência de decisão carente de fundamentação" (Incluído pela Lei n. 13.964/2019).

ção qualificada, que inclui, aliás, noções de **teoria dos precedentes**, a qual passa a ter importância crescente no estudo e na prática processual da pena. Destacam-se os seguintes conceitos: (1) *ratio decidendi* (razão de decidir): referente ao motivo determinante da decisão, a qual representa critério para aferição de aplicação do julgado a casos futuros, como precedente; (2) *obiter dictum*: elementos decisórios utilizados como reforço argumentativo, os quais não compõem a *ratio decidendi*, ou seja, não são elementos centrais para definição de aplicação de um precedente; (3) *overruling* (superação): trata-se de técnica de afastamento e superação total de um entendimento jurisprudencial em razão de alteração contextual decisória, seja por critério sociais, econômicos etc.; (4) *distinguishing* (distinção): trata-se, em princípio, de técnica de afastamento *pontual* de um precedente quanto a um determinado caso por força da inexistência de identidade fática ou jurídica. Diferentemente do *overruling*, a técnica de *distinguishing* não revoga totalmente um entendimento jurisprudencial, somente o afastando no caso concreto.

Outro ponto importante decorrente do "Pacote Anticrime" se refere à fundamentação de prisões preventivas e medidas cautelares (art. 315, § 1º[68]), para as quais se exige: (1) fundamentação concreta; (2) contemporaneidade ou novidade dos elementos fundantes. Ademais, todo requerimento ou análise de prisão preventiva deve perpassar, necessariamente, por um **juízo de substituição** ou **juízo de suficiência** das cautelares diversas de prisão. Assim, tais juízos são partes componentes do dever de fundamentação quanto à análise do cabimento de eventual prisão preventiva, devendo ser analisado no caso concreto, nos termos do § 6º[69] do art. 282 do CPP.

A prisão preventiva também está submetida, de certo modo, à **teoria dos motivos determinantes**. Assim, deixando de existir os fundamentos motivadores de seu decreto, o juízo deve revogá-la, nos termos do art. 316[70] do CPP.

---

[68] CPP, "Art. 315. A decisão que decretar, substituir ou denegar a prisão preventiva será sempre motivada e fundamentada. § 1º Na motivação da decretação da prisão preventiva ou de qualquer outra cautelar, o juiz deverá indicar *concretamente* a existência de fatos novos ou *contemporâneos* que justifiquem a aplicação da medida adotada".

[69] CPP, "Art. 282. [...] § 6º A prisão **preventiva somente será determinada quando não for cabível a sua substituição** por outra medida cautelar, observado o art. 319 deste Código, e o não cabimento da substituição por outra medida cautelar **deverá ser justificado de forma fundamentada nos elementos presentes do caso concreto, de forma individualizada**".

[70] CPP, "Art. 316. O juiz poderá, de ofício ou a pedido das partes, revogar a prisão preventiva se, no correr da investigação ou do processo, **verificar a falta de motivo para que ela subsista**, bem como novamente decretá-la, se sobrevierem razões que a justifiquem".

Ademais, cria-se, por meio do **"Pacote Anticrime"**, o **"dever de revisão continuada"**, como se submetendo a prisão preventiva, considerada excepcional em face da liberdade como direito fundamental, à cláusula revisional *rebus sic stantibus*, sendo considerada ilegal – devendo ser relaxada[71], portanto –, a prisão não reavaliada no prazo legal: "Art. 316. [...] Parágrafo único. Decretada a prisão preventiva, deverá o órgão emissor da decisão revisar a necessidade de sua manutenção a cada 90 (noventa) dias, mediante decisão fundamentada, de ofício, sob pena de tornar a prisão ilegal".

Juízo de revisão da prisão preventiva, fato superveniente e COVID-19 (Coronavírus): no dia 17 de março de 2020, o ministro Marco Aurélio proferiu decisão monocrática na **ADPF 347 do STF**, destinada a conter a expansão da COVID-19 (Coronavírus). Entre as medidas, conclamou os juízes a analisarem a possibilidade de "substituição da prisão provisória por medida alternativa em razão de delitos praticados sem violência ou grave ameaça". Em outras palavras, diante do Estado de Coisas Inconstitucionais (**ECI**) do sistema carcerário brasileiro e da **pandemia** do Coronavírus, o ministro Marco Aurélio conclamou juízes para, entre outras medidas, avaliarem a possibilidade de substituir prisões preventivas por medidas cautelares diversas de prisão. Embora a liminar não tenha sido referendada em 18 de março de 2010 pelo Plenário do STF, o pleito de revisão diante de fato social grave é possível aos advogados, defensores públicos e até mesmo ao MP. Ou seja, o estado de **calamidade pública**[72] decorrente da pandemia pode representar um excelente exemplo de alteração fática superveniente, socialmente relevante, capaz de ensejar a revisão da necessidade e substituição da prisão preventiva. O Conselho Nacional de Justiça (CNJ), por meio da **Recomendação do CNJ n. 62/2020**[73], diante do relevante fato social, ainda recomendou:

> Art. 4º Recomendar aos magistrados com competência para a fase de conhecimento criminal que, com vistas à redução dos riscos epidemiológicos

---

[71] CRFB/88, "Art. 5º [...] LXV – a prisão ilegal será imediatamente relaxada pela autoridade judiciária".

[72] Decreto legislativo n. 6/2020 ("Reconhece, para os fins do art. 65 da Lei Complementar n. 101, de 4 de maio de 2000, a ocorrência do estado de calamidade pública, nos termos da solicitação do Presidente da República encaminhada por meio da Mensagem n. 93, de 18 de março de 2020").

[73] "Recomenda aos Tribunais e magistrados a adoção de medidas preventivas à propagação da infecção pelo novo coronavírus – Covid-19 no âmbito dos sistemas de justiça penal e socioeducativo."

e em observância ao contexto local de disseminação do vírus, considerem as seguintes medidas:

I – a **reavaliação** das prisões provisórias, **nos termos do art. 316, do Código de Processo Penal**, priorizando-se:

a) mulheres gestantes, lactantes, mães ou pessoas responsáveis por criança de até doze anos ou por pessoa com deficiência, assim como idosos, indígenas, pessoas com deficiência ou que se enquadrem no grupo de risco;

b) pessoas presas em estabelecimentos penais que estejam com ocupação superior à capacidade, que não disponham de equipe de saúde lotada no estabelecimento, que estejam sob ordem de interdição, com medidas cautelares determinadas por órgão do sistema de jurisdição internacional, ou que disponham de instalações que favoreçam a propagação do novo coronavírus;

c) prisões preventivas que tenham excedido o prazo de 90 (noventa) dias ou que estejam relacionadas a crimes praticados sem violência ou grave ameaça à pessoa;

II – a suspensão do dever de apresentação periódica ao juízo das pessoas em liberdade provisória ou suspensão condicional do processo, pelo prazo de 90 (noventa) dias;

III – a máxima excepcionalidade de novas ordens de prisão preventiva, observado o protocolo das autoridades sanitárias.

Saliente-se que, nesse contexto, a **Defensoria Pública do Estado de São Paulo (DPSP)** enviou ao STF um pedido para que sejam colocadas em prisão domiciliar as mulheres já condenadas e que estejam gestantes ou que sejam mães de filhos menores de 12 anos ou com deficiência, em razão da pandemia do novo coronavírus, tal como já determinado às mulheres presas preventivamente no *HC coletivo 143.641*. Por outro lado, a DPSP também impetrou *habeas corpus* coletivo ao TJSP visando evitar a proliferação do vírus entre a população carcerária do Estado. Uma das ações postula a prisão domiciliar ou a progressão para regime aberto de todas as pessoas presas preventivamente, que se enquadrarem em grupo de risco, entre outras hipóteses[74]. A **Defensoria Pública do Estado do Rio de Janeiro (DPRJ)**, nessa mesma linha, impetrou HC coletivo ao TJRJ (Proc. 0016751-62.2020.8.19.0000) em favor de todas as pessoas idosas privadas de liberdade provisoriamente (pessoas com idade igual ou superior a 60 anos, nos termos da Lei n. 10.741/2003), com base no art. 4º, I, *a*, da **Recomendação**

---

[74] SÃO PAULO. Defensoria Pública do Estado de São Paulo. *Em razão da pandemia de Covid-19, Defensoria pede ao STF que seja determinada prisão domiciliar a mulheres já condenadas que sejam gestantes ou mães de crianças de até 12 anos.* Disponível em: <https://www.defensoria.sp.def.br/dpesp/Conteudos/Noticias/NoticiaMostra.aspx?idItem=88534&idPagina=3086>. Acesso em: 26 mar. 2020.

do CNJ n. 62/2020[75]. A liminar do referido HC fora deferida pelo TJRJ em 20 de março de 2020; contudo, o MPRJ propôs pedido de suspensão à presidência do TJRJ, o qual suspendeu a decisão em 23 de março de 2020. Todavia, em 26 de março de 2020, o STJ, por decisão liminar, findou por restabelecer a decisão liminar nos seguintes termos:

> Dessa forma, verifica-se flagrante incompetência e ilegalidade no uso da suspensão de segurança para cassação de liminar de *habeas corpus* da mesma Corte, a pedido do Ministério Público local, o que exige a imediata intervenção deste Superior Tribunal de Justiça, para restaurar a via procedimental adequada da proteção à liberdade. Ante o exposto, defiro liminarmente o *habeas corpus* para anular a decisão de suspensão proferida pela Presidência do Tribunal de Justiça do Rio de Janeiro, restabelecendo os efeitos da concessão parcial da liminar deferida no *writ* originário, que merecerá o enfrentamento recursal cabível ante a competente Turma Criminal local (STJ, decisão monocrática no **HC coletivo 568.752/RJ**, Min. Nefi Cordeiro, 16-3-2020).

Em processo individual e também seguindo a recomendação do CNJ, o ministro Nefi Cordeiro concedeu liminar em *Habeas Corpus* (**HC 566.128/SP**, liminar do dia 19-3-2020) com base na Recomendação do CNJ 62/2020, para determinar a adoção de medidas cautelares diversas da prisão no caso de um réu acusado de tráfico de drogas. O ministro reconheceu a situação de vulnerabilidade da população carcerária do país diante da crise de COVID-19. Segundo ele, o risco da pandemia é ampliado nas condições de aprisionamento, em razão da concentração excessiva, da dificuldade de higiene e das deficiências de alimentação, comuns no sistema prisional.

■ Princípio da intranscendência

Significa que a ação penal não pode ultrapassar a pessoa do réu: caso este venha a falecer, a ação penal não poderá prosseguir contra seus herdeiros, como ocorre nas ações patrimoniais cíveis. As ações processuais penais são *intransmissíveis* em face da morte do acusado. Tem assento no art. 5º, XLV[76], da CRFB/88.

---

[75] "Recomenda aos Tribunais e magistrados a adoção de medidas preventivas à propagação da infecção pelo novo coronavírus – Covid-19 no âmbito dos sistemas de justiça penal e socioeducativo."

[76] CRFB/88, Art. 5º, XLV: "nenhuma pena passará da pessoa do condenado, podendo a obrigação de reparar o dano e a decretação do perdimento de bens ser, nos termos da lei, estendidas aos sucessores e contra eles executadas, até o limite do valor do patrimônio transferido".

O tema foi objeto de questionamento na prova preliminar do **Concurso Público da Defensoria Pública do Estado da Bahia (2014, FCC)**, tendo como alternativa CORRETA a que trazia exemplo do princípio da intranscendência nos seguintes termos: "a ação penal seja ajuizada, unicamente, contra o responsável pela autoria ou participação no fato típico delituoso, não havendo de incluir corresponsáveis civis".

	Princípios constitucionais explícitos ou implícitos aplicáveis ao processo penal
1	Princípio da presunção de inocência ou não culpabilidade (art. 5º, LVII, da CRFB/88)
2	Princípio *favor rei, favor libertatis, in dubio pro reo, favor inocente* (art. 5º, LVII, da CRFB/88)
3	Princípio do contraditório ou da bilateralidade da audiência (art. 5º, LV, da CRFB/88)
4	Princípio da igualdade processual e princípio da paridade das armas (art. 5º, *caput*, da CRFB/88)
5	Princípio da ampla defesa (art. 5º, LV, da CRFB/88)
6	Princípio da plenitude de defesa (art. 5º, XXXVIII, *a*, da CRFB/88)
7	Princípio do juiz natural e imparcial (art. 5º, LIII, da CRFB/88)
8	Princípio do promotor natural
9	Princípio do advogado natural
10	Princípio do defensor natural
11	Princípio da publicidade (arts. 5º, LX e XXXIII, e 93, IX, da CRFB/88 e art. 792, *caput*, do CPP)
12	Princípio da duração razoável do processo (art. 5º, LXXVIII, da CRFB/88)
13	Princípio do devido processo legal (art. 5º, LIV, da CRFB/88)
14	Princípio da vedação às provas ilícitas (art. 5º, LVI, da CRFB/88)
15	Princípio da inexigibilidade de autoincriminação (*nemo tenetur se detegere*)
16	Princípio da motivação das decisões judiciais
17	Princípio da intranscendência

2. SÃO PAULO E SANTA CATARINA DIREITOS E GARANTIAS APLICÁVEIS AO PROCESSO PENAL NA CONSTITUIÇÃO FEDERAL. ESPÍRITO SANTO DISPOSIÇÕES CONSTITUCIONAIS APLICÁVEIS AO DIREITO PROCESSUAL PENAL

Neste tópico serão tratados os princípios que regem o processo penal, que encontram guarida infraconstitucional, aplicáveis a todas as ações penais. Como há princípios que só são aplicáveis às ações penais públicas e outros apenas às ações penais privadas, por questões didáticas, eles serão tratados em tópico diverso.

■ Princípio da ação, demanda, iniciativa das partes (*ne procedat judex ex officio*)

O **princípio da ação** (também chamado de princípio da demanda ou iniciativa das partes) impede ao juiz deflagrar a ação penal de ofício, exigindo para tanto a iniciativa do titular da ação, que, em regra, é o MP (art. 129, I, da CRFB/88 e art. 257, I, do CPP) nos casos de ação penal pública, ou o particular, no caso de ação penal privada ou ação penal privada subsidiária da pública no caso de esta não ser intentada pelo *parquet* no prazo legal (art. 5º, LIX, da CRFB/88).

Em razão desse princípio, veda-se o processo judicialiforme (ou ação penal *ex officio*), que consistia na possibilidade de início da ação penal nas contravenções penais, por meio do auto de prisão em flagrante delito ou portaria do delegado ou magistrado.

■ Princípio do duplo grau de jurisdição

O **princípio do duplo grau de jurisdição** consiste na possibilidade de revisão das decisões judiciais em razão do sistema recursal. Em outras palavras, o réu tem o direito de ter revista a decisão que lhe foi aplicada por instância superior. Decorre dos sistemas de competências e da estrutura do Judiciário prevista em diversas normas, inclusive na Constituição.

A doutrina diverge acerca da sua existência e da sua própria localização no sistema normativo. Há quem defenda que se trata de princípio constitucional implícito, como Leonardo Barreto Moreira Alves[77], e outros, como

---

[77] ALVES, Leonardo Barreto Moreira. *Processo penal*: parte geral. 7. ed. Salvador: JusPodivm, 2017. p. 54.

Nestor Távora e Rosmar Rodrigues Alencar[78], afirmam que o referido princípio não encontra assento constitucional, não se aplicando indistintamente a todos os processos penais, a exemplo dos processos de competência originária do STF.

■ Princípio da busca da verdade substancial, real ou material

A "ambição da verdade"[79] deve sofrer depuração pelo sistema acusatório de rígida separação constitucional de funções entre os atores processuais para afastar heranças inquisitivas.

Tradicionalmente, o **princípio da verdade substancial, real ou material** significaria que no processo penal devem ser realizadas as diligências e as providências dirigentes ao resultado congruente com a realidade dos fatos ("da verdade real"); consequentemente, o *jus puniendi* seria exercido em consonância com a verdade supostamente identificada.

Processualmente, a verdade absoluta[80] é intangível ou ao menos questionável. Ou seja, não será possível reproduzir em uma sala de audiências a verdade plena, mas a busca da verdade real é uma meta no processo penal. Dessa forma, **diferentemente do processo civil**, não se admitem a aplicação da "verdade ficta" decorrente da presunção de veracidade dos fatos e o julgamento antecipado da lide no caso de revelia do réu[81].

De **duvidosa constitucionalidade** em face da separação constitucional de funções decorrentes do sistema acusatório (e não inquisitivo), o CPP permite

---

[78] TÁVORA, Nestor; ALENCAR, Rosmar. *Curso de direito processual penal*. 12. ed. Salvador: JusPodivm, 2017. p. 84.

[79] Para uma análise crítica do tema, *vide*: KHALED JR., Salah. *Ambição da verdade no processo penal*: uma introdução. 2. ed. Rio de Janeiro: Lumen Juris, 2018.

[80] "[...] É preciso destacar **que a descoberta da verdade é sempre relativa**, pois o verdadeiro para uns, pode ser falso para outros. **A meta da parte, no processo, portanto, é convencer o magistrado**, por meio do raciocínio, de que a *sua* noção da realidade é a correta, isto é, de que os fatos se deram no plano real exatamente como está descrito em sua petição. [...] **Para haver condenação, exige-se que o magistrado tenha chegado ao estado de certeza, não valendo a mera probabilidade** (juízo que enumera motivos convergentes e divergentes acerca da ocorrência de um fato, prevalecendo os primeiros)" (NUCCI, Guilherme de Souza. *Manual de processo penal e execução penal*. 13. ed. Rio de Janeiro: Forense, 2016. p. 234).

[81] Não sem polêmica, convém destacar a mitigação da dicotomia entre verdade material (processo penal) e verdade formal (processo civil). Mesmo no âmbito civil, e em caso de direitos disponíveis, já houve aceitação de que o magistrado possa determinar provas de ofício, quando necessárias ao esclarecimento da verdade, por ser o processo um meio efetivo de realização da justiça.

ao **juízo** a determinação de **prova** *ex officio*, nos moldes similares aos antigos inquisidores, em diversos artigos: 156[82], 201[83], 209[84], 234[85], 242[86] e 404[87]. Contudo, em questões objetivas perquirindo o texto legal, deve ser reconhecida a possiblidade legal das referidas atuações oficiosas dos juízes.

Outrossim, pontua Norberto Avena[88], **a busca da verdade real não pode implicar violação a direitos e garantias estabelecidos em normas jurídicas**, citando como exemplos de exceções à busca da verdade real: (1) a inadmissibilidade das provas obtidas por meios ilícitos; (2) o descabimento de revisão criminal contra sentença absolutória transitada em julgado, mesmo que surgindo novas provas contra o réu; (3) a vedação de depoimento de testemunhas que tenham conhecimento do fato em razão de sua profissão, função, ofício ou ministério, salvo se, desobrigadas, quiserem depor (art. 207 do CPP); (4) a possibilidade de transação penal, aplicando-se ao autor de infração de menor potencial ofensivo sanção privativa de liberdade, independentemente da apuração de sua efetiva participação quanto ao fato (art. 72 da Lei n. 9.099/95).

DICA DO AUTOR : **O princípio da verdade real não deveria autorizar o juiz a atuar como inquisidor na busca de provas.** Em uma prova para a Defensoria Pública, caso seja abordado o tema, sugere-se ao candidato pon-

---

[82] CPP, "Art. 156. A prova da alegação incumbirá a quem a fizer, sendo, porém, facultado ao juiz de ofício: I – ordenar, mesmo antes de iniciada a ação penal, a produção antecipada de provas consideradas urgentes e relevantes, observando a necessidade, adequação e proporcionalidade da medida; II – determinar, no curso da instrução, ou antes de proferir sentença, a realização de diligências para dirimir dúvida sobre ponto relevante" (Incluído pela Lei n. 11.690/2008).

[83] CPP, "Art. 201. Sempre que possível, o ofendido será qualificado e perguntado sobre as circunstâncias da infração, quem seja ou presuma ser o seu autor, as provas que possa indicar, tomando-se por termo as suas declarações. § 1º Se, intimado para esse fim, deixar de comparecer sem motivo justo, o ofendido poderá ser conduzido à presença da autoridade".

[84] CPP, "Art. 209. O juiz, quando julgar necessário, poderá ouvir outras testemunhas, além das indicadas pelas partes. § 1º Se ao juiz parecer conveniente, serão ouvidas as pessoas a que as testemunhas se referirem".

[85] CPP, "Art. 234. Se o juiz tiver notícia da existência de documento relativo a ponto relevante da acusação ou da defesa, providenciará, independentemente de requerimento de qualquer das partes, para sua juntada aos autos, se possível".

[86] CPP, "Art. 242. A busca poderá ser determinada de ofício ou a requerimento de qualquer das partes".

[87] CPP, "Art. 404. Ordenado diligência considerada imprescindível, de ofício ou a requerimento da parte, a audiência será concluída sem as alegações finais".

[88] AVENA, Norberto Cláudio Pâncaro. *Processo penal*. 9. ed. Rio de Janeiro: Forense, São Paulo: Método, 2017. p. 45.

tuar que a acusação deve ser exercida pelo MP, assistente de acusação ou querelante no caso de ação penal privada, não podendo o juiz assumir o referido papel. Quando muito, apenas de forma subsidiária e em favor da defesa – para que a autoridade judicial não assuma a função de produzir prova contra o cidadão que julgará –, o juízo poderia determinar a produção de provas, sob pena de se ferir o sistema acusatório constitucional. Com a instituição do juiz de garantias (ainda com a eficácia suspensa pelo STF), pela Lei n. 13.964/2019, é possível defender a revogação do art. 156 do CPP, que permite atuação probatória ao juiz.

DICA DO AUTOR: Especialmente nas provas de ingresso da Defensoria Pública, caso seja questionada a necessidade de utilizar o sistema audiovisual de gravação de audiências disponível ao Judiciário, o candidato deve atentar para precedente do STJ[89] acerca da nulidade de audiência realizada sem utilização dos recursos de gravação quando à disposição o sistema de gravação sem qualquer justificativa concreta, importando em violação aos princípios da razoável duração do processo, da celeridade processual (art. 5º, LXXVIII, da CRFB/88) e também do contraditório e da ampla defesa (art. 5º, LX, da CRFB/88), na medida em que o e,mprego de meios ou recursos de gravação audiovisual, para o registro de depoimentos, é "destinado a obter maior fidelidade das informações", resguardando a segurança jurídica do acusado.

■ **Princípio da oralidade e subprincípios da imediatidade, da concentração e da identidade física do juiz**

O **princípio da oralidade** assegura a produção dos atos processuais de forma verbal, concentrada e sob a condução do juízo. O referido princípio ganhou força com o advento da Lei n. 9.099/95, previsto expressamente no art. 62, e ainda com a reforma introduzida pela Lei n. 11.719/2008, porque a instrução probatória passou a ser produzida em uma só audiência de instrução e julgamento (arts. 400, § 1º, e 411, § 2º, do CPP), na qual as alegações finais são, em

---

[89] "Processo penal. *Habeas corpus* substitutivo de recurso próprio. Inadequação. Roubo majorado. Instrução processual. Colheita de depoimentos. **Sistema de registro audiovisual. Disponibilidade. Utilização. Obrigatoriedade.** Art. 405, § 1º, do CPP. **Nulidade.** Ocorrência. *Writ* não conhecido. Ordem concedida de ofício. [...]" (STJ, HC 428.511/RJ, rel. Min. Ribeiro Dantas, 5ª Turma, j. 19-4-2018, *DJe* 25-4-2018).

regra, orais (arts. 403 e 411, § 4º, do CPP), podendo a sentença também ser prolatada oralmente (arts. 403 e 411, § 9º, do CPP).

O princípio da oralidade dá origem a três outros princípios: (1) **concentração**, (2) **imediatidade** e (3) **identidade física do juiz**.

De acordo com o princípio da **concentração,** tanto a colheita de provas quanto o julgamento do processo devem ocorrer em uma única audiência ou no menor número de audiências possível (já que é possível ao juiz cindir a audiência de instrução em julgamento). Essa passou a ser a regra do CPP, conforme se observa dos arts. 400, § 1º, e 411, § 2º.

Pelo princípio da **imediatidade,** o magistrado deve ter contato direto com a prova, formando mais facilmente sua convicção.

O princípio da **identidade física do juiz** foi introduzido diretamente no CPP com a reforma de 2008 no § 1º do art. 99[90], significando que o juiz presidente da instrução processual deve ser o mesmo a julgar o feito, assegurando-se o contato real do julgador final com as provas produzidas. Sua inobservância poderá dar causa à nulidade[91].

Antes[92] da vigência do CPC/2015, as exceções processuais civis ao princípio da identidade física do CPC/73 (art. 132[93]) eram aplicadas ao processo penal. Contudo, o CPC/2015 não reprisou norma equivalente ao CPC/73.

---

[90] CPP, "Art. 399. [...] § 2º O juiz que presidiu a instrução deverá proferir a sentença".

[91] "Recurso especial. Processo penal. Princípio da identidade física do juiz. Juiz instrutor que deixa de prolatar a sentença por ter se manifestado anteriormente acerca do mérito. Violação do art. 399, § 2º, do CPP. Hipótese não prevista no art. 132 do CPC. Ofensa caracterizada. 1. Há violação do princípio da identidade física do juiz, consagrado no art. 399, § 2º, do Código de Processo Penal, na hipótese de prolação da sentença por magistrado diverso do que presidiu a instrução do feito em razão exclusivamente de sua anterior manifestação nos autos acerca do mérito, ao converter o julgamento em diligência nos termos do art. 384, *caput*, do CPP em vigor à época. 2. Recurso especial provido" (STJ, REsp 1.508.167/SP, rel. Min. Maria Thereza de Assis Moura, 6ª Turma, j. 23-6-2015, *DJe* 3-8-2015).

[92] "[...] 2. Este Superior Tribunal tem reiteradamente decidido que não há ofensa ao princípio da identidade física do juiz no caso de substituição do magistrado em decorrência de férias, exceção prevista no Código de Processo Civil (art. 132), aplicável nos termos do art. 3º do Código de Processo Penal. [...]" (STJ, AgRg no HC 174.014/RJ, rel. Min. Sebastião Reis Júnior, 6ª Turma, j. 17-11-2015, *DJe* 4-12-2015).

[93] CPC/73, "Art. 132. O juiz, titular ou substituto, que concluir a audiência julgará a lide, salvo se estiver convocado, licenciado, afastado por qualquer motivo, promovido ou aposentado, casos em que passará os autos ao seu sucessor. Parágrafo único. Em qualquer hipótese, o juiz que proferir a sentença, se entender necessário, poderá mandar repetir as provas já produzidas".

Ainda assim, de certo modo, as antigas exceções legais ao princípio da identidade física do juiz presentes no revogado art. 132 do CPC/73 – juiz convocado, aposentado, licenciado, afastado por qualquer motivo ou promovido – continuam[94] a ser aplicadas ao processo penal, caso em que os feitos serão passados ao juiz que suceder ao primeiro.

■ **Princípio da comunhão, abstração ou da aquisição processual da prova**

Segundo o **princípio da comunhão das provas**, após a produção de uma prova, esta pertence ao processo e pode ser utilizada por qualquer das partes e pelo juiz, independentemente de quem a tenha requerido ou produzido[95].

■ **Princípio da persuasão racional ou do livre convencimento motivado**

Pelo **princípio da persuasão racional ou do livre convencimento motivado**, o juiz é livre para formar sua convicção a partir das provas dos autos e do ordenamento jurídico, devendo fundamentar o seu convencimento por escrito no momento de prolatar qualquer decisão. Contudo, a doutrina critica o uso da expressão "livre" por força da vinculação decisória dos juízes a vários critérios prévios, tais como a Constituição, as leis, os elementos semântico-normativos, os fatos e as provas. Nesse contexto, Lenio Streck é um dos críticos a destacar:

> [...] o Direito não é o que os Tribunais dizem que é. [...] o Direito não é um exercício retórico sobre o nada ou um mero exercício de poder. [...] Portanto, decidir é um ato de responsabilidade política que se dá mediante critérios de justificação pública e não por livres apreciações e/ou convencimento[96].

---

[94] "[...] 4. O entendimento do Tribunal de origem está em consonância com a jurisprudência desta Corte Superior no sentido da flexibilização do princípio da identidade física do juiz, em razão da ausência de outras normas específicas que a regulamentem em casos de convocação, licença, promoção ou de outro motivo que impeça o juiz da instrução de sentenciar o feito, tornando competente o seu sucessor. Precedentes. [...]" (STJ, AgRg no AREsp 1.242.011/SP, rel. Min. Joel Ilan Paciornik, 5ª Turma, j. 11-4-2019, *DJe* 29-4-2019).

[95] Por aplicação subsidiária do CPC ao CPP (art. 3º), *vide* o estatuto processual civil: "Art. 371. O juiz apreciará a prova constante dos autos, independentemente do sujeito que a tiver promovido, e indicará na decisão as razões da formação de seu convencimento".

[96] STRECK, Lenio Luiz. O que é isto, – livre convencimento motivado e livre apreciação da prova? In: NUNES, Dierle; LEITE, George Salomão; STRECK, Lenio. *O fim do livre convencimento motivado*. Florianópolis: Tirant Lo Blanch, 2018. p. 25-26.

Por outro lado, a **exceção constitucional** à regra está no Tribunal do Júri, pois os jurados decidem por íntima convicção, sendo a respectiva votação mantida em sigilo[97].

	Princípios do processo penal
1	Princípio da ação, demanda, iniciativa das partes (*ne procedat judex ex officio*)
2	Princípio do duplo grau de jurisdição
3	Princípio da busca da verdade substancial, real ou material
4	Princípio da oralidade e subprincípios (imediatidade, concentração e da identidade física)
5	Princípio da comunhão, abstração ou da aquisição processual da prova
6	Princípio da persuasão racional ou do livre convencimento motivado

3. SÃO PAULO E SANTA CATARINA DIREITOS E GARANTIAS APLICÁVEIS AO PROCESSO PENAL NOS TRATADOS E CONVENÇÕES INTERNACIONAIS RATIFICADOS PELO BRASIL. **3.1.** RIO DE JANEIRO DIREITOS HUMANOS

No cenário jurídico-processual-penal brasileiro, têm especial importância os direitos e garantias previstas na CADH[98], por vários motivos: (1) a República Federativa do Brasil possui como um de seus fundamentos a **dignidade humana**[99]; (2) a **primazia dos direitos humanos na ordem internacional**[100]; (3) a adoção pelo STF do entendimento segundo o qual os tratados de direitos humanos incorporados à ordem jurídica brasileira possuem o *status* mínimo de *supralegalidade*[101], podendo alcançar até mesmo o nível de emenda constitucional[102].

---

[97] CRFB/88, "Art. 5º [...] XXXVIII – é reconhecida a instituição do júri, com a organização que lhe der a lei, assegurados: *a*) a plenitude de defesa; *b*) *o sigilo das votações*; *c*) a soberania dos veredictos; *d*) a competência para o julgamento dos crimes dolosos contra a vida".

[98] Assinada na Conferência Especializada Interamericana sobre Direitos Humanos, São José, Costa Rica, em 22 de novembro de 1969.

[99] CRFB/88, "Art. 1º A República Federativa do Brasil, formada pela união indissolúvel dos Estados e Municípios e do Distrito Federal, constitui-se em Estado Democrático de Direito e tem como fundamentos: [...] III – a dignidade da pessoa humana".

[100] CRFB/88, "Art. 4º A República Federativa do Brasil rege-se nas suas relações internacionais pelos seguintes princípios: [...] II – prevalência dos direitos humanos".

[101] "[...] O *status* normativo supralegal dos tratados internacionais de direitos humanos subscritos pelo Brasil, torna inaplicável a legislação infraconstitucional com ele conflitante, seja ela anterior ou posterior ao ato de ratificação. [...]" (STF, HC 88.240, rel. Min. Ellen Gracie, 2ª Turma, j. 7-10-2008).

[102] CRFB/88, "Art. 5º [...] § 3º Os tratados e convenções internacionais sobre direitos humanos que

Em relação à CADH e seus impactos no processo penal, dois artigos merecem especial atenção: (1) o art. 7, relativo à tutela da liberdade pessoal; e (2) o art. 8, concernente à tutela das garantias judiciais do cidadão e da cidadã.

■ A CADH, o direito à liberdade pessoal e os direitos humanos

Toda cidadã e cidadão, em regra, possuem direito à liberdade e à segurança pessoal (art. 7, 1, da CADH). Contudo, *excepcionalmente* e de acordo com regras estipuladas *previamente* respeitosas à Constituição – por força da ideia de *anterioridade da Lei Penal* –, é possível a privação de liberdade.

Assim sendo, a partir dos itens 1 e 2 do art. 7[103] da CADH, é possível extrair a seguinte norma: **toda prisão é excepcional e deve estar submetida às disposições constitucionalmente estabelecidas previamente**. Ou seja, na prática, toda prisão deve ser submetida ao **controle de** *constitucionalidade* **e ainda de** *convencionalidade* (respeito às convenções internacionais de direitos humanos incorporadas pelo Brasil).

A partir da submissão das privações de liberdade às regras constitucionais previamente estabelecidas e às disposições de *direitos humanos*, desdobra-se outra regra da CADH (art. 7, 3): "Ninguém pode ser submetido a detenção ou encarceramento arbitrários". Destacam-se:

Proibição de prisões arbitrárias: há proibição convencional das prisões arbitrárias, entendendo-se estas como as privações de liberdade em desacordo com a Constituição, as convenções internacionais e as leis.

Direito à informação prisional: a fim de viabilizar o exercício dos atos de cidadania do encarcerado ante as restrições de liberdade, a CADH prevê o *direito à informação* (art. 7, 4[104]), possibilitando a ciência informativa imprescindível ao exercitar do contraditório e da ampla defesa.

---

forem aprovados, em cada Casa do Congresso Nacional, em dois turnos, por três quintos dos votos dos respectivos membros, serão equivalentes às emendas constitucionais".

[103] CADH, "**Art. 7. Direito à liberdade pessoal** 1. Toda pessoa tem direito à liberdade e à segurança pessoais. 2. Ninguém pode ser privado de sua liberdade física, salvo pelas causas e nas condições previamente fixadas pelas constituições políticas dos Estados Partes ou pelas leis de acordo com elas promulgadas".

[104] CADH, "Art. 7 [...] 4. Toda pessoa detida ou retida deve ser informada das razões da sua detenção e notificada, sem demora, da acusação ou acusações formuladas contra ela".

Direito ao controle jurisdicional do ato prisional e audiência de custódia (ou de apresentação): com o objetivo de viabilizar e garantir o *controle judicial* da regularidade prisional a partir da Constituição, das convenções e das leis, a CADH (art. 7[105]) determina a condução em prazo breve ("sem demora") à autoridade judicial.

Convém ressaltar caber exclusivamente à autoridade judiciária o controle da legalidade do ato prisional em "audiência de custódia" ou de "apresentação", em razão da rígida **separação funcional** entre os órgãos judiciais, as funções essenciais à justiça no texto constitucional e os agentes de segurança pública, tais como os delegados de polícia.

Em suma, no Brasil, o controle definitivo da regularidade prisional é missão judiciária e não das demais funções essenciais à justiça, muito menos será de qualquer órgão de segurança pública. Em geral, o juiz da audiência de apresentação ou de custódia funciona como uma espécie de **"juiz de garantias"**[106-107]. Sobre a audiência de apresentação, é importante ato normativo de leitura obrigatória a **Resolução CNJ n. 213, de 15 de dezembro de 2015**, dispondo sobre "a apresentação de toda pessoa presa à autoridade judicial no prazo de 24 horas".

Com o advento da Lei n. 13.964/2019 (**"Pacote Anticrime"**), a audiência de custódia – antes com central fundamento convencional (CADH) – passa a contar com expressa previsão legal a partir da Lei n. 13.964/2019 ("Pacote Anticrime"):

> Art. 310. Após receber o auto de prisão em flagrante, no prazo máximo de até 24 (vinte e quatro) horas após a realização da prisão, **o juiz deverá promover audiência de custódia** com a presença do acusado, seu advogado constituído ou membro da Defensoria Pública e o mem-

---

[105] CADH, "Art. 7 [...] 5. Toda pessoa detida ou retida deve ser conduzida, sem demora, à presença de um juiz ou outra autoridade autorizada pela lei a exercer funções judiciais e tem direito a ser julgada dentro de um prazo razoável ou a ser posta em liberdade, sem prejuízo de que prossiga o processo. Sua liberdade pode ser condicionada a garantias que assegurem o seu comparecimento em juízo".

[106] "*Habeas corpus*. Processual penal [...]. Audiência de apresentação. [...] *In casu*, o juízo plantonista [...] presidiu a audiência de custódia [...] **juízo de garantia** [...] limitado à regularidade da prisão [...] absolutamente incompetente para o mérito da causa. [...]" (STF, HC 157.306, rel. Min. Luiz Fux, 1ª Turma, j. 25-9-2018).

[107] Sobre o tema, *vide*: RODRIGUES, Nicole Farias. *Juiz das garantias, sistemas processuais e garantismo penal*. Florianópolis: Emais Editora, 2019.

bro do Ministério Público, e, nessa audiência, o juiz deverá, fundamentadamente:

Com efeito, a não realização da audiência de custódia no prazo legal deve ensejar responsabilização da autoridade omissa[108]. O CPP passou a contar com previsão expressa da sanção de ilegalidade da prisão[109] quando descumprida a regra da audiência de custódia; contudo, tal regra do § 4º[110] do art. 310 do CPP foi suspensa liminarmente na **ADI 6.298**, em 22 de janeiro de 2020.

Sem sombra de dúvidas, a audiência de custódia representa um grande ganho para o custodiado e para a defesa. Uma autoridade judicial poderá desde logo analisar a legalidade da prisão, a necessidade da prisão (se não seria cabível a liberdade provisória) e, ainda, determinar a apuração de práticas de tortura contra o custodiado de forma eficiente, pois, considerando o pequeno tempo decorrido entre a prisão captura e a apresentação para a audiência de custódia, o custodiado ainda estaria com marcas das agressões, caso a apresentação de fato ocorresse dentro do prazo estabelecido na norma. Todavia, na prática nem sempre isso ocorre – existindo problemas em alguns estados, como no Rio de Janeiro, onde ainda são comuns as audiências de custódia ocorrerem depois do prazo de 24 horas.

Na audiência de apresentação, o custodiado possui direito a defesa técnica, por decorrência lógica da CRFB/88 (art. 5º, LV) e do CPP (art. 261). Ainda assim, a Resolução n. 213 do CNJ dispõe expressamente que, não havendo defensor constituído, a pessoa presa será atendida pela Defensoria Pública (art. 5º, parágrafo único).

Na audiência de apresentação ou custódia, a entrevista da autoridade judicial não poderá versar sobre os fatos a serem futuramente apurados, devendo

---

[108] CPP, "Art. 310. [...] § 3º A autoridade que deu causa, sem motivação idônea, à não realização da audiência de custódia no prazo estabelecido no *caput* deste artigo responderá administrativa, civil e penalmente pela omissão" (Incluído pela Lei n. 13.964/2019).

[109] CPP, "Art. 310. [...] § 4º Transcorridas 24 (vinte e quatro) horas após o decurso do prazo estabelecido no *caput* deste artigo, a não realização de audiência de custódia sem motivação idônea ensejará também a ilegalidade da prisão, a ser relaxada pela autoridade competente, sem prejuízo da possibilidade de imediata decretação de prisão preventiva" (Incluído pela Lei n. 13.964/2019).

[110] CPP, "Art. 310. [...] § 4º Transcorridas 24 (vinte e quatro) horas após o decurso do prazo estabelecido no *caput* deste artigo, a não realização de audiência de custódia sem motivação idônea ensejará também a ilegalidade da prisão, a ser relaxada pela autoridade competente, sem prejuízo da possibilidade de imediata decretação de prisão preventiva".

a autoridade judicial esclarecer o que é a audiência de custódia e as finalidades dela. Segundo a resolução do CNJ, as algemas só devem ser mantidas no custodiado em caráter excepcional e justificado. Outrossim, o custodiado deve ser cientificado sobre seu direito de permanecer em silêncio e questionado se lhe foi dada ciência e efetiva oportunidade de exercício dos direitos constitucionais inerentes à sua condição, particularmente o direito de consultar-se com advogado ou defensor público, o de ser atendido por médico e o de comunicar-se com seus familiares. Um aspecto importante, como já mencionado, são as perguntas acerca das circunstâncias da prisão e da ocorrência de tortura e maus-tratos, devendo ser determinada a adoção das providências cabíveis. Por fim, o juiz deve averiguar se houve a realização de exame de corpo de delito e hipóteses de gravidez, existência de filhos ou dependentes sob cuidados da pessoa presa em flagrante delito, histórico de doença grave, incluídos os transtornos mentais e a dependência química, para analisar o cabimento de encaminhamento assistencial e da concessão da liberdade provisória, sem ou com a imposição de medida cautelar.

O objetivo das audiências de custódia no Brasil é diminuir o risco de prisões arbitrárias, bem como a manutenção desnecessária das prisões cautelares por meio da concessão de liberdades provisórias ou da imposição de medidas cautelares diversas da prisão. Ainda no mesmo cenário, dados acerca da ocorrência de abuso estatal e tortura deverão ser coletados para os fins legais.

A audiência de apresentação ou de custódia foi tema de questão no **Concurso da Defensoria Pública do Amapá (2018, FCC)**, sendo considerada CORRETA a assertiva ditando que tal audiência "tem por objetivo tanto a garantia dos direitos fundamentais da pessoa que foi presa em flagrante quanto a prevenção da tortura e maus-tratos no momento da prisão".

Também foi tema de questão no **Concurso da Defensoria Pública de São Paulo (2019, FCC)**, sendo formulada a seguinte proposição: "Segundo alguns parlamentares, que querem acabar com as audiências de custódia, 'pessoas que cometem crimes são apresentadas ao juiz e são soltas em menos de quatro horas. Essas audiências são necessárias, mas foram desvirtuadas. Elas só prejudicam os policiais que fizeram a prisão e servem para soltar bandidos'". No projeto de Decreto Legislativo (PDC 39/19), apresentado por parlamentares, a Resolução n. 213 do CNJ, que trata das audiências de custódia, seria suspensa. Na justificativa, afirmam que a competência para legislar em matéria de direito penal e processual é exclusiva do Poder Legislativo. Caso o projeto seja aprovado, foi considerada CORRETA a assertiva que dispunha: "não irá de fato suspender as audiências de custódia, uma vez que elas estão previstas no Pacto de São José da Costa Rica (art. 7º, n. 5), que ingressou em nosso ordenamento em 1992, sendo que, em razão disso, a sua previsão está em patamar superior à legislação ordinária".

O tema "audiência de custódia" foi objeto de diversas proposições do **Concurso da Defensoria do Distrito Federal (2019, CEBRASPE)**. O enunciado abrangia as proposições: "Valter, preso em flagrante por suposta prática de furto simples, não pagou a fiança arbitrada pela autoridade policial, tendo permanecido preso até a audiência de custódia, realizada na manhã do dia seguinte a sua prisão". A partir dessa situação hipotética, o candidato necessitava avaliar os seguintes itens: (1) Na audiência de custódia, ao entrevistar Valter, o juiz deverá abster-se de formular perguntas com a finalidade de produzir provas sobre os fatos objeto do auto da prisão em flagrante, mas deverá indagar acerca do tratamento recebido nos locais por onde o autuado passou antes da apresentação à audiência, questionando sobre a ocorrência de tortura e maus-tratos. JUSTIFICATIVA DA BANCA – CERTO – Segundo a Resolução n. 213 do CNJ, que implementou a audiência de custódia, o juiz deve abster-se de formular perguntas com finalidade de produzir prova para a investigação ou ação penal relativas aos fatos objeto do auto de prisão em flagrante e indagar sobre o tratamento dos agentes de polícia. (2) Na audiência de custódia, caso não tenha advogado particular, Valter poderá contar com a assistência de defensor público, que acompanhará o ato na presença do juiz, do promotor de justiça, do secretário de audiência e dos policiais que promoveram a prisão. JUSTIFICATIVA DA BANCA – ERRADO – Segundo a Resolução n. 213 do CNJ, o preso contará com a presença de defensor público, caso não tenha advogado particular, que acompanhará o ato na presença do juiz, do promotor de justiça, do secretário de audiência, mas vedada a presença dos agentes policiais responsáveis pela prisão ou pela investigação durante a audiência de custódia. (3) Segundo o Código de Processo Penal, na audiência de custódia, diante da constatação da desnecessidade de prisão preventiva e da situação de pobreza de Valter, o juiz deverá estabelecer a liberdade provisória desvinculada e sem fiança. JUSTIFICATIVA DA BANCA – ERRADO – Segundo a literalidade do art. 350 do CPP, a liberdade provisória será vinculada às condições dos arts. 327 e 328 do CPP, na hipótese de pobreza do liberando.

Direito de recorrer ao Judiciário e *ius postulandi* em favor da liberdade: a CADH (art. 7, item 6[111]) prevê o direito a recurso (em sentido amplo, incluindo ações constitucionais como o *habeas corpus*) ao Poder Judiciário para a obtenção do controle da regularidade do ato prisional.

Audiência de custódia, competência e videoconferência: o **informativo n. 663/2020-STJ** divulgou o acórdão exarado no CC 168.522/PR, o qual destaca a importância da audiência de custódia e discute a **competência** para a realização da **audiência de custódia** quando a prisão ocorrer fora da jurisdição do juízo que decretou a prisão e o **veto à videoconferência**:

> [...] 1. A audiência de custódia, no caso de mandado de prisão preventiva cumprido fora do âmbito territorial da jurisdição do Juízo que a determinou, deve ser efetivada por meio da **condução do preso à autoridade judicial competente na localidade em que ocorreu a prisão**. Não se admite, por ausência de previsão legal, a sua realização **por meio de videoconferência**, ainda que pelo Juízo que decretou a custódia cautelar. [...] (STJ, CC 168.522/PR, rel. Min. Laurita Vaz, 3ª Seção, j. 11-12-2019, *DJe* 17-12-2019).

Veto às prisões por dívida: a CADH (art. 7, item 7[112]) veta a prisão por dívida – porém, admite-a em relação aos débitos decorrentes de obrigação alimentar. No referido contexto, deve-se considerar que débitos oriundos do processo penal se tornam "dívidas de valor"[113], motivo pelo qual devem ser executadas[114-115-116] enquanto tal, não podendo ser convertidas em prisão – sob pena de lesão à ordem convencional.

---

[111] CADH, "Art. 7 [...] 6. Toda pessoa privada da liberdade tem direito a recorrer a um juiz ou tribunal competente, a fim de que este decida, sem demora, sobre a legalidade de sua prisão ou detenção e ordene sua soltura se a prisão ou a detenção forem ilegais. Nos Estados Partes cujas leis preveem que toda pessoa que se vir ameaçada de ser privada de sua liberdade tem direito a recorrer a um juiz ou tribunal competente a fim de que este decida sobre a legalidade de tal ameaça, tal recurso não pode ser restringido nem abolido. O recurso pode ser interposto pela própria pessoa ou por outra pessoa".

[112] CADH, "Art. 7. Ninguém deve ser detido por dívidas. Este princípio não limita os mandados de autoridade judiciária competente expedidos em virtude de inadimplemento de obrigação alimentar".

[113] CP, "Art. 51. Transitada em julgado a sentença condenatória, a multa será considerada dívida de valor, aplicando-se-lhes as normas da legislação relativa à dívida ativa da Fazenda Pública, inclusive no que concerne às causas interruptivas e suspensivas da prescrição".

[114] Sobre o tema, convém conhecer a ADI 3.150, com a seguinte resenha: "O Plenário, por maioria, julgou parcialmente procedente o pedido formulado em ação direta de inconstitucionalidade ajuizada em face do art. 51 do Código Penal (CP) (1) e, em conclusão de julgamento e por maioria, resolveu questão de ordem em ação penal no sentido de assentar a legitimidade do

■ A CADH, as garantias judiciais e os direitos humanos

Noutro passo, existem as **garantias judiciais** do art. 8 da CADH a ser destacadas:

Direito de oitiva, às garantias e à razoável duração do processo: o item 1[117] do art. 8 da CADH prevê expressamente o direito à "oitiva" do cidadão submetido à perquirição criminal perante o juiz em "prazo razoável", com respeito às "devidas garantias" – ou seja, aquelas decorrentes da Constituição, convenções, leis e demais atos normativos incidentes.

Direito ao juízo natural ("competente"), independente e imparcial: por outro lado, o mesmo item 1 do art. 8 da CADH dispõe sobre a concepção de respeito ao juízo natural, entendido como aquele competente e estabelecido mediante lei anterior para apuração da causa, existindo ainda a previsão do dever judicial de imparcialidade, tutelada por regras garantidoras de sua independência.

Direito à presunção de inocência e de reconhecimento de culpa regulada por disposições normativas prévias: todo humano submetido à perquirição criminal está protegido pela regra da presunção de inocência[118], impeditiva de

---

Ministério Público (MP) para propor a cobrança de multa decorrente de sentença penal condenatória transitada em julgado, com a possibilidade subsidiária de cobrança pela Fazenda Pública (Informativo 848). O colegiado assentou que a Lei 9.268/1996, ao considerar a multa penal como dívida de valor, não retirou dela o caráter de sanção criminal que lhe é inerente, por força do art. 5º, XLVI, *c*, da Constituição Federal (CF) (2). Como consequência, a legitimação prioritária para a execução da multa penal é do MP, perante a vara de execuções penais [...]" (*Informativos STF*, n. 927).

[115] LEP, "Art. 164. Extraída certidão da sentença condenatória com trânsito em julgado, que valerá como título executivo judicial, o Ministério Público requererá, em autos apartados, a citação do condenado para, no prazo de 10 (dez) dias, pagar o valor da multa ou nomear bens à penhora".

[116] Por contrariar a decisão proferida na ADI 3.150, deixa de ter aplicabilidade o Enunciado Sumular 521 do STJ ("A legitimidade para a execução fiscal de multa pendente de pagamento imposta em sentença condenatória é *exclusiva* da Procuradoria da Fazenda Pública" – 3ª Seção, j. 25-3-2015, *DJe* 6-4-2015).

[117] CADH, "Art. 8. Garantias judiciais 1. Toda pessoa tem direito a ser ouvida, com as devidas garantias e dentro de um prazo razoável, por um juiz ou tribunal competente, independente e imparcial, estabelecido anteriormente por lei, na apuração de qualquer acusação penal formulada contra ela, ou para que se determinem seus direitos ou obrigações de natureza civil, trabalhista, fiscal ou de qualquer outra natureza".

[118] CADH, "Art. 8 [...] 2. Toda pessoa acusada de delito tem direito a que se presuma sua inocência enquanto não se comprove legalmente sua culpa. Durante o processo, toda pessoa tem direito, em plena igualdade, às seguintes garantias mínimas:".

que se considere alguém culpado de modo divergente das regras legalmente estabelecidas.

O respeito à presunção de inocência é de extremo relevo para obstar o regresso a um quadro processual penal medievalesco – das práticas inquisitórias da Baixa Idade Média –, no qual a presunção de inocência foi ofuscada ou até mesmo invertida, como registra lição de Luigi Ferrajoli[119]. Daí a razão de se repelir toda e qualquer teoria que inverta o ônus da prova em favor da acusação, por exemplo.

Direito à igualdade plena: o item 2 do art. 8 da CADH dispõe sobre a existência de *garantias mínimas* da pessoa em processo judicial, e o respeito a tais garantias se dará em máxima igualdade ("plena igualdade"), ou seja, sem qualquer distinção (de origem, raça, cor, condição econômica, opção sexual etc.).

Direito ao tradutor: a fim de garantir os corolários do devido processo legal, contraditório e ampla defesa, é garantido ao processado o acesso a tradutor[120].

Direito à informação criminal e comunicação prévia e detalhada: mais um corolário do direito à informação, o acesso aos dados criminais e à comunicação prévia e detalhada também é previsto[121] na CADH.

Direito ao tempo e aos instrumentos adequados de defesa: toda pessoa tem direito à *adequação* de tempo e de meios para a respectiva defesa[122].

Direito à defesa: toda pessoa tem direito à defesa em juízo, direito esse bifurcado em duas vertentes: (1) autodefesa e (2) defesa técnica:

(1) **Direito à autodefesa**: toda pessoa tem direito de defender-se a si mesma em juízo (*autodefesa*[123]). Dito de outro modo, as pessoas possuem o direito de defenderem a si mesmas, decorrendo disso o direito a ter ciência das impu-

---

[119] FERRAJOLI, Luigi. *Direito e razão*: teoria do garantismo penal. 4. ed. São Paulo: Revista dos Tribunais, 2014. p. 506.

[120] CADH, "Art. 8 [...] 2. [...] a. direito do acusado de ser assistido gratuitamente por tradutor ou intérprete, se não compreender ou não falar o idioma do juízo ou tribunal".

[121] CADH, "Art. 8 [...] 2. [...] b. comunicação prévia e pormenorizada ao acusado da acusação formulada".

[122] CADH, "Art. 8 [...] 2. [...] c. concessão ao acusado do tempo e dos meios adequados para a preparação de sua defesa".

[123] CADH, "Art. 8 [...] 2. [...] d. direito do acusado de defender-se pessoalmente ou de ser assistido por um defensor de sua **escolha** e de comunicar-se, livremente e em **particular**, com seu defensor".

tações contra ela formuladas, de se manifestar, sendo ouvidas, e de terem seus argumentos levados em consideração.

(2) **Direito à defesa técnica**: o direito à defesa técnica possui desdobramentos: (2.1) **direito à escolha livre do defensor**: em regra, a pessoa pode escolher livremente o defensor privado (advogado) que lhe assistirá; (2.2) **direito à comunicação particular**: é consequência do direito à defesa técnica que se possa dialogar, comunicar-se com seu respectivo defensor em reservado, sem qualquer interveniente inibidor da relação; (2.3) **direito (irrenunciável) ao defensor proporcionado pelo Estado (defensor público)**[124]: em caso de (2.3.1) inércia defensiva (hipossuficiência jurídica) ou (2.3.2) ausência de condições econômicas (hipossuficiência econômica), é irrenunciável o direito da pessoa de ser defendida em juízo por um defensor remunerado pelo Estado, nos termos da legislação interna. No caso do Brasil, a *legislação interna* adota o modelo público de assistência jurídica via Defensoria Pública (art. 134 da CRFB/88 e LC n. 80/94), sendo a advocacia dativa por nomeação judicial **excepcional** para casos de impossibilidade da Defensoria Pública (art. 22, § 1º, do EOAB[125]). A advocacia dativa é custeada pelos cofres do Estado[126] (Justiça

---

[124] CADH, "Art. 8 [...] 2. [...] e. direito irrenunciável de ser assistido por um defensor proporcionado pelo Estado, remunerado ou não, segundo a legislação interna, se o acusado não se defender ele próprio nem nomear defensor dentro do prazo estabelecido pela lei".

[125] Lei n. 8.906/94, "Art. 22. [...] § 1º O advogado, quando indicado para patrocinar causa de juridicamente necessitado, **no caso de impossibilidade da Defensoria Pública** no local da prestação de serviço, tem direito aos honorários fixados pelo juiz, segundo tabela organizada pelo Conselho Seccional da OAB, e pagos pelo Estado".

[126] "[...] Penal e processo penal. Apelação criminal. Assistência judiciária gratuita. Dever do Estado. Ausência de defensor público na comarca. Necessidade de nomeação de defensor dativo. Precedentes. Art. 22, § 1º, da Lei n. 8.906/1994. Honorários advocatícios corretamente arbitrados. Montante razoável. Sentença mantida. Apelação criminal conhecida e desprovida. 1. É pacífica a jurisprudência do colendo Superior Tribunal de Justiça no sentido do arbitramento de honorários advocatícios a Defensor Dativo, **quando não for possível a atuação da Defensoria Pública, sendo este um ônus que deve ser suportado pelo Estado** e cujo valor deve ser estipulado conforme a tabela da Seccional da Ordem dos Advogados do Brasil correspondente. 2. *In casu*, diante da inexistência de Defensor Público na Comarca, à época da instrução do Feito, necessária a nomeação de Defensor Dativo para atuar na defesa do Réu, conforme o art. 22, § 1º, da Lei n. 8.906/1994. 3. A Constituição da República estabeleceu que é dever do Estado prestar assistência jurídica, integral e gratuita, por meio da Defensoria Pública, dotada de autonomia e orçamento próprio. Entretanto, em não havendo a prestação desse serviço, compete ao próprio Estado supri-lo, por meio do pagamento dos honorários devidos aos defensores dativos, para que estes deem concretude ao direito ao acesso à justiça, até que o órgão constitucionalmente designado para tanto possua, suficientemente, a estrutura prevista pela Carta Política, tal como propugnado pela Emenda Constitucional n. 80/2014. [...]" (TJAM, rel. José Hamilton Saraiva dos Santos, Apelação Criminal 0000017-48.2016.8.04.4800, 1ª Câmara Criminal, j. 14-3-2020, registro 14-3-2020).

Estadual) ou da União (Justiça Federal), os quais não municiam a Defensoria Pública com orçamento bastante para nomeação de defensores públicos suficientes e proporcionais à demanda, conduzindo a assistência jurídica nacional a um estado de coisas inconstitucionais (ECI)[127].

Direito de ouvir testemunhas: a defesa possui direito de inquirir testemunhas presentes em juízo e, não somente, de obter o comparecimento delas pelos instrumentos legais[128].

Não produção de provas contra si: trata-se do clássico brocardo *nemo tenetur se detegere*[129], evitando-se mecanismos que venham a compelir os processados a produzirem provas contra si mesmos ou se declararem culpados – com isso, almeja-se evitar quaisquer *arbitrariedades estatais* causadoras de autoincriminação, inclusive vetando a "inversão do ônus da prova penal" em desfavor dos acusados.

Direito ao recurso: o direito ao recurso é também direito humano previsto na CADH[130]. Tal direito, entretanto, pode se revelar problemático nos casos de instância única no STF.

Garantia contra coação nas confissões: a confissão, à luz dos direitos humanos, é sempre *condicionada*, no sentido de que somente terá *validade* se realizada sem qualquer coação a quem confessar[131]. No **Concurso da Defensoria Pública do Espírito Santo (2016, FCC)**, o candidato analisou a seguinte assertiva: "Segundo a Convenção Americana de Direitos Huma-

---

[127] "[...] 5. *Obiter dictum*: Recurso ministerial insistentemente expondo as consequências do pequeno orçamento da Defensoria Pública do Amazonas – A ausência de preenchimento das vagas de defensores públicos causando dano de nível regional (CDC, art. 93, I, c/c Lei n. 7.347/1985, art. 21), recomendando que as ações sobre o tema sejam de competência absoluta da capital do Estado. Fato decorrente do antigo e contínuo *estado de coisas inconstitucionais* do orçamento da Defensoria Pública do Amazonas – Determina-se o envio de cópia do presente recurso e acórdão ao Governo do Estado do Amazonas para a análise de soluções do subfinanciamento orçamentário da Defensoria no Amazonas – Resolvido extrajudicialmente no âmbito político, o tema afetará positivamente toda coletividade e ao claro anseio do recorrente 6. Recurso não conhecido" (TJAM, Agravo Regimental em Revisão Criminal 0003697-80.2019.8.04.0000, rel. Des. Ernesto Anselmo Chíxaro, Câmaras Reunidas, j. 25-9-2019, registro 25-9-2019, g.n.).

[128] CADH, "Art. 8 [...] 2. [...] f. direito da defesa de inquirir as testemunhas presentes no tribunal e de obter o comparecimento, como testemunhas ou peritos, de outras pessoas que possam lançar luz sobre os fatos".

[129] CADH, "Art. 8 [...] 2. [...] g. direito de não ser obrigado a depor contra si mesma, nem a declarar-se culpada".

[130] CADH, "Art. 8 [...] 2. [...] h. direito de recorrer da sentença para juiz ou tribunal superior".

[131] CADH, "Art. 8 [...] 3. A confissão do acusado só é válida se feita sem coação de nenhuma natureza".

nos, a confissão do acusado só é válida se feita sem coação de nenhuma natureza, de modo que não há mácula na confissão informal feita no momento da prisão quando apenas induzida por policiais". Considerou-se a assertiva FALSA, porque – embora a primeira parte da assertiva seja verdadeira – a segunda parte é falsa por admitir "confissão informal" no momento prisional por "induzimento policial".

Proteção da coisa julgada: a fim de evitar arbítrios e perseguições contínuas[132], a coisa julgada absolutória em matéria penal impedirá a submissão a processo pelos mesmos fatos.

Publicidade: em regra, o processo penal é **público**[133], com a finalidade precípua de evitar perseguições silenciosas do Estado e seus agentes contra os acusados. Excepcionalmente e de modo fundamentado, pode-se utilizar da cláusula geral do "interesse da justiça" para restringir a publicidade processual.

4. SÃO PAULO E SANTA CATARINA CONCEITO E CARACTERÍSTICAS DO DEVIDO PROCESSO PENAL. 4.1. RIO DE JANEIRO TEORIA DO GARANTISMO PENAL

O processo penal é o ramo do direito público destinado a procedimentalizar, de acordo com o devido processo legal, a aplicação das normas de direito penal material (ex.: Código Penal e legislações penais especiais, tais como a lei antidrogas, Lei n. 11.343/2006), de modo a impedir o arbítrio do Estado e seus agentes na persecução penal. Em outras palavras, o direito processual penal é moderador do exercício do poder punitivo, nos termos da Constituição, das leis e dos tratados internacionais incorporados ao país – em especial a CADH. Assim, tem-se o **devido processo penal** como a confluência de **normas constitucionais, convencionais e legais**[134] reguladoras das relações processuais penais, que, ao fim, de alguma forma, culminarão na análise da existência ou não de responsabilidade penal dos acusados.

O processo penal tem como **objeto a relação processual penal** para apuração da "**pretensão acusatória**" exercida, em princípio, pelo MP[135], tratando-se

---

[132] CADH, "Art. 8 [...] 4. O acusado absolvido por sentença passada em julgado não poderá ser submetido a novo processo pelos mesmos fatos".
[133] CADH, "Art. 8 [...] 5. O processo penal deve ser público, salvo no que for necessário para preservar os interesses da justiça".
[134] GIACOMOLLI, Nereu José. *O devido processo penal*. 3. ed. São Paulo: Atlas, 2016. p. 106.
[135] LOPES JR., Aury. *Direito processual penal*. 15. ed. São Paulo: Saraiva Educação, 2018. p. 51.

da "verificação concreta da imputação formulada com base em norma de direito material penal, **não** servindo para construir, sobre a pessoa física ou jurídica submetida à persecução, juízos morais ou culturais"[136].

Democraticamente, o **objetivo** do direito processual penal é voltado ao exercício da cidadania, sendo uma de suas mais importantes funções a **função limitadora do poder punitivo estatal** – isso porque o processo penal está a serviço da imposição de limites ao poder punitivo[137], minimizando violência[138], reações sociais e arbítrios dos agentes estatais. Desse modo, o processo penal atua com lastro em **regras** previamente previstas de atuação estatal na perquirição dos fatos e aplicação da norma penal.

■ A Teoria do Garantismo Penal

A Teoria do Garantismo Penal tem **origem italiana** com **Luigi Ferrajoli**. Embora a referida teoria não se limite[139-140-141] ao processo penal e ao direitopenal, foi exatamente nesse último cenário que nasceu, com a obra *Direito e razão*[142]. No **Concurso da Defensoria Pública do Amapá (2018, FCC)**,

---

[136] CHOUKR, Fauzi Hassan. *Iniciação ao processo penal*. Florianópolis: Empório do Direito, 2017. p. 21-22.

[137] PAIVA, Caio. *Audiência de custódia e o processo penal brasileiro*. 3. ed. Belo Horizonte: CEI, 2018. p. 37.

[138] "[...] o processo, como de resto a pena, justifica-se precisamente enquanto técnica de minimizar a reação social do delito: minimizar a violência, mas, também, o arbítrio que de outro modo seria produzido de modo ainda mais selvagem e desenfreada" (FERRAJOLI, Luigi. *Direito e razão*: teoria do garantismo penal. 4. ed. São Paulo: Revista dos Tribunais, 2014. p. 556).

[139] "O garantismo jurídico, gestado no direito penal, evoluiu para a condição de uma teoria do direito" (SANTIAGO, Nestor Eduardo Araruna; CHAVES, Luciano Athayde. A prospectividade da alteração da jurisprudência como expressão do constitucionalismo garantista: uma análise expansiva do art. 927, § 3º, do CPC. *Revista do Processo*, São Paulo, v. 259, p. 441, set. 2016).

[140] "A teoria do garantismo, principiada por Luigi Ferrajoli, buscou legitimar a atuação do Estado por meio do Direito Penal, visando a conter o expansionismo penal. Essa doutrina inovou a teoria geral do direito, servindo de *standard* para uma Ciência Jurídica que busque a efetivação dos direitos fundamentais e o respeito à dignidade da pessoa humana" (SANTIAGO, Nestor Eduardo Araruna; CAVALCANTE SEGUNDO, Antônio de Holanda. Íntima convicção, veredictos dos jurados e o recurso de apelação com base na contrariedade à prova dos autos: necessidade de compatibilidade com um processo de base garantista. *Revista Brasileira de Ciências Criminais*, São Paulo, v. 116, p. 149-172, set./out. 2015).

[141] "Ferrajoli ganhou espaço no Brasil a partir de sua reflexão no Direito Penal, demandando, entretanto, uma reconstrução da Teoria do Direito" (ROSA, Alexandre Morais da. *Garantismo jurídico e controle de constitucionalidade material*: aportes hermenêuticos. Rio de Janeiro: Lumen Juris, 2011. p. 4).

[142] FERRAJOLI, Luigi. *Direito e razão*: teoria do garantismo penal. 4. ed. São Paulo: Revista dos Tribunais, 2014.

o enunciado de questão cobrava conhecimento sobre a temática do garantismo e registrava de modo CORRETO: "O desenvolvimento teórico do Garantismo é atribuído especialmente a Luigi Ferrajoli".

Um dos pontos relevantes da **Teoria do Garantismo Penal** é a submissão do Direito à **força normativa**[143] do texto da Constituição, de modo que um modelo jurídico garantista terá por objetivo a efetividade dos direitos fundamentais[144] e constitucionais[145], buscando fazer da sociedade um reflexo[146] da Constituição, com atenção da normatividade constitucional ao atendimento das necessidades vitais das pessoas[147]. Nesse contexto, reconhece-se no garantismo ferrajoliano um mecanismo para a atuação constitucional do direito penal em casos necessários, motivo pelo qual o **Concurso da Defensoria Pública do Amapá (2018, FCC)** considerou CORRETA a afirmativa de que no Garantismo, "mais que evitar a prática de crimes, a pena se legitima por coibir reações informais violentas".

Luigi Ferrajoli aponta a existência de três **significados**[148] de *garantismo*, conectados entre si:

(1) **Garantismo – modelo jurídico**: voltado à concretização do Estado de Direito e da Democracia, buscando-se o respeito à estrita legalidade, com mi-

---

[143] HESSE, Konrad. *A força normativa da Constituição*. Trad. Gilmar Ferreira Mendes. Porto Alegre: Sergio Antônio Fabris editor, 1991.

[144] "O modelo preconizado pela Teoria Geral do Garantismo está baseado no respeito à dignidade da pessoa humana e seus Direitos Fundamentais, com sujeição formal e material das práticas jurídicas aos conteúdos constitucionais [...]" (ROSA, Alexandre Morais da. *Garantismo jurídico e controle de constitucionalidade material*: aportes hermenêuticos. Rio de Janeiro: Lumen Juris, 2011. p. 5).

[145] "Não basta enunciação de direitos. A democracia substancial, no viés garantista, demanda concretização de direitos fundamentais" (SANTIAGO, Nestor Eduardo Araruna; CHAVES, Luciano Athayde. A prospectividade da alteração da jurisprudência como expressão do constitucionalismo garantista: uma análise expansiva do art. 927, § 3º, do CPC. *Revista do Processo*, São Paulo, v. 259, p. 443, set. 2016).

[146] "O garantismo [...] propõe que a Constituição seja o reflexo da própria sociedade" (VALLE, Juliano Keller do. *Paradoxos penais*: ensaio sobre o arbítrio estatal *versus* garantismo. Florianópolis: Empório do Direito, 2015. v. I. p. 49).

[147] Em outros termos, Alfredo Copetti Neto aduz que a característica da autonomia do direito em um estado constitucional impõe "a direção de sua normatividade à tutela das necessidades vitais das pessoas, por meio do reconhecimento dessas necessidades como direitos fundamentais" (COPETTI NETO, Alfredo. *Democracia constitucional sob o olhar do garantismo jurídico*. Florianópolis: Empório do Direito, 2016. p. 126).

[148] FERRAJOLI, Luigi. *Direito e razão*: teoria do garantismo penal. 4. ed. São Paulo: Revista dos Tribunais, 2014. p. 785-788.

nimização da violência e maximização das liberdades (plano político), mantendo a função punitiva sob controle impositivo da legalidade estrita, como forma de garantia dos cidadãos (*plano jurídico*).

(2) **Garantismo – teoria do direito**: o garantismo também pode ser visto como *teoria do direito e* ainda uma teoria *crítica do direito*. No referido cenário, os juristas devem sempre avaliar criticamente o plano normativo-prescritivo (o cenário das normas) com o plano fático-descritivo (o cenário fático). Ainda nesse contexto, deve-se distinguir o *modelo normativo* das práticas operacionais reais, a fim de avaliar criticamente o cenário do "dever ser" e do "ser". Importante, ainda no mesmo cenário, separar as ideias de existência, validade, efetividade e vigor.

(3) **Garantismo – filosofia**: em outro contexto, a teoria do garantismo se destaca como crítica da política e filosofia do direito. Assim, o garantismo impõe ao Estado e ao Direito o denominado "ônus da justificação externa" – devendo-se respeitar bens e interesses juridicamente protegidos, respeito esse visto como a finalidade das tutelas e garantias previstas normativamente. Para Luigi Ferrajoli, o *ônus da justificação externa* é instrumento de evitabilidade de *justificações autoritárias ou totalitárias*, servindo à análise da legitimação ou não legitimação *ético-política* do direito e do Estado[149]. Nessa senda, deve existir um constante diálogo entre o ponto de vista interno (*ex parte principis*) ao sistema jurídico e o ponto de vista externo (*ex parte populi*), evitando-se a confusão[150] entre ambos, o que poderia resultar em cultura política autoritária.

Noutro passo, à luz da obra *Direito e razão*, um *processo penal garantista* deve se ocupar de algumas questões instrumentais importantes:

Submissão à jurisdição e à presunção de inocência: a aplicação das regras penais, guiadas pelas normas processuais penais, deve ser submetida à atuação jurisdicional – como garantia do cidadão em face do poder punitivo –, e mais: cada passo da atuação jurisdicional também deve ser respeitoso à presunção de inocência, em consonância com a *dignidade* do acusado e impedindo juízos punitivos antecipados à instrução final.

Separação entre juiz, acusação e demais poderes estatais: com objetivo de se apartar de um inconstitucional modelo inquisitório – no qual a atividade judicante se confunde com a atividade de acusador –, é deveras importante a

---

[149] FERRAJOLI, Luigi. *Direito e razão*: teoria do garantismo penal. 4. ed. São Paulo: Revista dos Tribunais, 2014. p. 787.

[150] Idem, ibidem, p. 788.

um processo penal constitucionalizado, de base garantista, a separação de agentes responsáveis por julgamentos, acusação e defesa – e a separação destes dos agentes de segurança pública.

Independência e imparcialidade judicial: os juízes devem ser garantidos e protegidos de pressões externas e internas à instituição, a fim de exercitarem sua atividade com independência e imparcialidade. Com a finalidade de garantir a efetividade à Constituição por meio de um Sistema Garantista (SG), diversas formas de garantias são previstas, a saber:

(1) **Garantias processuais**: a partir da separação e divisão das funções processuais – *agentes parciais*, pela acusação e defesa, e *agente imparcial*, pelo órgão julgador –, resultará uma "estrutura trigonal ou triangular", assegurada por três **garantias processuais**[151], ditas **garantias primárias ou epistemológicas** do sistema garantista:

(1.1) **Formulação da pretensão acusatória** (*nullum iudicium sine accusatione*): o sujeito legitimado ao exercício da pretensão acusatória deve formular sua hipótese acusatória e submetê-la ao contraditório do acusado perante o órgão jurisdicional.

(1.2) **Ônus probatório da acusação** (*nulla accusatio sine probatione*): a confirmação da hipótese acusatória cabe, sempre, ao órgão de acusação, como formulador da pretensão acusatória, no modelo garantista de processo.

(1.3) **Direito de defesa** (*nulla probatio sine defensione*): o direito de defesa deve ser garantido ao acusado, como garantia-direito processual penal.

(2) As três *garantias primárias ou epistemológicas* do SG devem ser acompanhadas de **garantias de segundo nível ou secundárias**[152]:

(2.1) **Publicidade**: com vistas a garantir o controle interno e externo da atividade processual.

(2.2) **Oralidade**: a fim de remeter a atividade à concentração de atos e imediação judicial na atividade probatória.

(2.3) **Legalidade**: a legalidade processual remete à ideia de respeito aos ritos normativamente estabelecidos para a marcha processual.

---

[151] FERRAJOLI, Luigi. *Direito e razão*: teoria do garantismo penal. 4. ed. São Paulo: Revista dos Tribunais, 2014. p. 558.

[152] Idem, ibidem.

(2.4) **Motivação**: promove a documentação fundamentada da procedência ou improcedência da pretensão acusatória, com lastro nas provas e contraprovas produzidas, confirmando o caráter cognitivo do sistema garantista.

Um dos pontos relevantes de um SG é o alto nível de exigência para com a jurisdição, submetendo-a à lei, posicionando-a como *contrapoder* e impondo a imparcialidade na atuação judicial – até porque o "juiz não deve ter qualquer interesse, nem geral nem particular"[153].

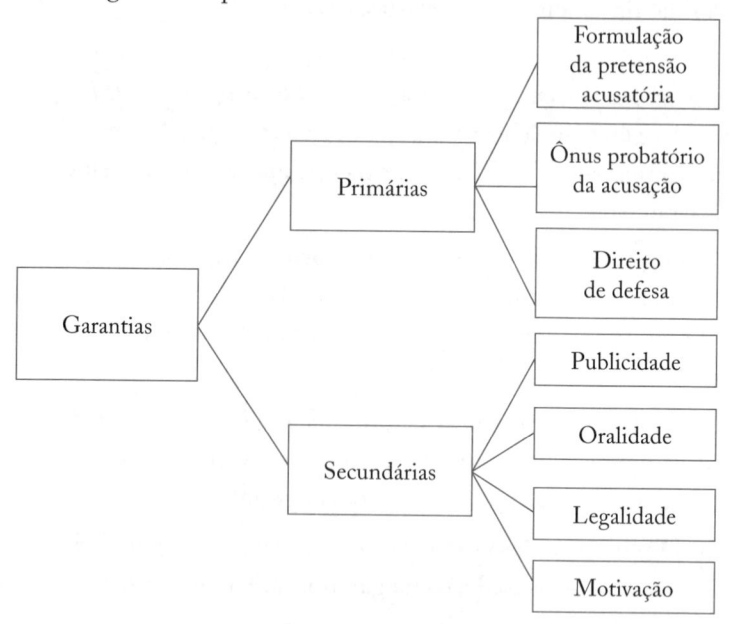

```
                              ┌─ Formulação da pretensão acusatória
                   ┌─ Primárias ─┼─ Ônus probatório da acusação
                   │              └─ Direito de defesa
        Garantias ─┤
                   │              ┌─ Publicidade
                   └─ Secundárias ┼─ Oralidade
                                  ├─ Legalidade
                                  └─ Motivação
```

Com a finalidade de manutenção da imparcialidade em seus três perfis (equidistância, independência e naturalidade), Ferrajoli[154] narra a necessidade de garantias orgânicas que impõem separações – seriam assim **garantias orgânicas** da imparcialidade judicial: (1) separação institucional entre juiz e acusação pública; (2) separação institucional de outros poderes do Estado; (3) difusão interna dos poderes judiciários entre sujeitos que não tenham vínculo de dependência entre si; (4) naturalidade decorrente da determinação legal prévia de suas competências.

---

[153] FERRAJOLI, Luigi. *Direito e razão*: teoria do garantismo penal. 4. ed. São Paulo: Revista dos Tribunais, 2014. p. 534.
[154] Idem, ibidem.

Luigi Ferrajoli[155] arrola ainda **garantias procedimentais**: (1) processo como garantia de liberdade; (2) contraditório defensivo; (3) ônus probatório acusatório; (4) publicidade e oralidade; (5) legalidade (observância do rito legal); (6) motivação judicial.

No contexto de um sistema jurídico garantista, as garantias mencionadas formam um todo interconectado visando garantir efetividade à Constituição e respeito aos direitos dos cidadãos.

5. SÃO PAULO E SANTA CATARINA Conceito e características do processo penal inquisitório e acusatório. RIO DE JANEIRO Sistemas processuais penais

■ Sistema acusatório

O sistema acusatório caracteriza-se pela distinção absoluta entre as funções de acusar, defender e julgar. Assim, no sistema acusatório há um **processo penal de partes**[156], marcado pela **divisão de funções entre os principais sujeitos processuais**. É típico de modelos processuais prestigiadores do princípio democrático. Segundo Geraldo Prado[157]: "[...] por sistema acusatório compreendem-se normas e princípios fundamentais, ordenadamente dispostos e orientados a partir do principal princípio, tal seja, aquele do qual herda o nome: acusatório".

Ainda para Prado[158], além da separação de funções entre os sujeitos processuais centrais, as principais características do sistema acusatório são: (1) **oralidade**: marcada pela predominância da (1.1) palavra falada, (1.2) imediatidade judicial para com as partes e meios de prova, (1.3) identidade física do órgão julgador e (1.4) concentração da causa no tempo, acarretando maior celeridade;

---

[155] FERRAJOLI, Luigi. *Direito e razão*: teoria do garantismo penal. 4. ed. São Paulo: Revista dos Tribunais, 2014. p. 556-574.

[156] "Ao aludirmos ao princípio acusatório falamos, pois, de um **processo de partes**, visto, quer do ponto de vista **estático**, por intermédio da análise das funções significativamente designadas aos três principais sujeitos, quer do ponto de vista **dinâmico**, ou seja, pela observação de como se relacionam juridicamente autor, réu, e seu defensor, e juiz, no exercício das mencionadas funções" (PRADO, Geraldo. *Sistema acusatório*: a conformidade constitucional das leis processuais penais. 3. ed. Rio de Janeiro: Lumen Juris, 2005. p. 106).

[157] Idem, ibidem, p. 104.

[158] Idem, ibidem, p. 153 e s.

(2) **publicidade**, pois o segredo é característica agregada de modelos autoritários e inquistórios.

Consoante Renato Brasileiro de Lima[159], o sistema acusatório vigorou durante quase toda a Antiguidade grega e romana, bem como na Idade Média, nos domínios do direito germano. Contudo, a partir do século XII entra em declínio, passando a ter prevalência o sistema inquisitivo. Atualmente, o processo penal inglês é aquele que mais se aproxima de um sistema acusatório puro.

Pode-se enumerar como **características do sistema acusatório**:

1	garantia ao acusado do direito ao contraditório e à ampla defesa, bem como o direito de se manifestar após a acusação;
2	garantia da isonomia processual;
3	garantia da publicidade com atos processuais, em regra, públicos;
4	produção probatória atribuída às partes, não cabendo ao juiz se substituir a elas;
5	excepcionalidade da segregação cautelar ao longo do processo.

Com efeito, a Lei n. 13.964/2019 (**"Pacote Anticrime"**) registrou de maneira expressa a adoção da estrutura processual acusatória no CPP (art. 3º-A[160]). Contudo, tal dispositivo foi suspenso liminarmente pelo STF na **ADI 6.298**, ainda pendente de julgamento até o fechamento da presente edição.

Outra novidade da Lei n. 13.964/2019 ("Pacote Anticrime") relevante ao sistema acusatório seria a obrigatoriedade da ação do "**Juiz das Garantias**"[161], um importante instituto de garantia da imparcialidade judicial, ao evitar contaminações indevidas do juízo julgador do mérito com o clima inquisitivo da investigação, combatendo enviesamentos nocivos à imparcialidade. Apesar do progresso constitucional citado, a implantação do instituto foi suspensa liminarmente pelo STF (**ADI 6.298**), seguindo ainda pendente de julgamento de mérito até o fechamento desta edição.

DICA DO AUTOR: Em polêmica atual, o presidente do STF determinou, *ex officio*, a abertura de inquérito (Inq. 4.781) junto à Corte Suprema com o escopo

---

[159] LIMA, Renato Brasileiro de. *Manual de processo penal*. 5. ed. Salvador: JusPodivm, 2017. p. 40.

[160] CPP, "Art. 3º-A. O processo penal terá estrutura acusatória, vedadas a iniciativa do juiz na fase de investigação e a substituição da atuação probatória do órgão de acusação".

[161] Sobre o tema, *vide*: RODRIGUES, Nicole Farias. *Juiz das garantias, sistemas processuais e garantismo penal*. Florianópolis: Emais Editora, 2019.

de apurar notícias fraudulentas (Caso "*fake News*"), ofensas e ameaças que atingiriam a honorabilidade e segurança de membros do STF. A questão é tormentosa, todavia entende-se ter ocorrido grave violação ao sistema acusatório[162].

■ Sistema inquisitivo

Para Geraldo Prado[163], "a função predominante do processo inquisitório consiste na realização do direito penal material. [...] portanto, os atos atribuídos ao juiz devem ser compatíveis com o citado objetivo. Em linguagem contemporânea equivale a dizer que o juiz cumpre função de segurança pública no exercício do magistério penal".

Desse modo, o juiz inquisidor tem papel proativo em risco perene à imparcialidade. O sistema inquisitivo ou inquisitório caracteriza-se, em geral, pela concentração das funções de investigar, acusar, defender e julgar em figura única. O processo é escrito e sigiloso, estando a persecução, a produção de provas e o julgamento a cargo do magistrado julgador. Em tal sistema, o acusado é coisificado. **O réu está em posição de absoluta sujeição aos desígnios estatais**, sendo mero figurante, podendo ser definido como objeto da persecução, e não sujeito de direitos.

Conforme apontamentos de Nestor Távora e Rosmar Rodrigues Alencar[164], o Código de Processo Penal (CPP) de 1941 seguiu essa linha de raciocínio, por ter sido inspirado no Código Rocco[165] da Itália, de inspiração fascista. Assim, o juiz é colocado em uma posição hierarquicamente superior às partes, centralizando-se nele a gestão das provas, com possibilidade de sua produção sem provocação das partes, conferindo-lhe ainda poderes de iniciar a ação penal por meio de procedimento denominado *judicialiforme*.

Pode-se enumerar como características do sistema inquisitivo ou inquisitório:

---

[162] GOMES, Marcos Vinícius Manso Lopes; CASAS MAIA, Maurilio; SILVA, Rachel Gonçalves. Inquérito aberto por Toffoli para apurar ameaças ao STF viola sistema acusatório. *Conjur*. Disponível em: <https://www.conjur.com.br/2019-abr-18/opiniao-inquerito-aberto-toffoli-viola-sistema-acusatorio>. Acesso em: 19 maio 2019.

[163] PRADO, Geraldo. *Sistema acusatório*: a conformidade constitucional das leis processuais penais. 3. ed. Rio de Janeiro: Lumen Juris, 2005. p. 105.

[164] TÁVORA, Nestor; ALENCAR, Rosmar. *Curso de direito processual penal*. 12. ed. Salvador: JusPodivm, 2017. p. 55.

[165] GIACOMOLLI, Nereu José. *O devido processo penal*. 3. ed. São Paulo: Atlas, 2016. p. 87.

1	atuação oficiosa pelo juiz;
2	inexistência ou insuficiência de garantias ao acusado (como contraditório, ampla defesa etc.), ou seja, o acusado é enfraquecido diante do poder punitivo;
3	desigualdade entre as partes, com supremacia autoritária do suposto interesse público estatal;
4	inexistência ou enfraquecimento da presunção da inocência, facilitando que o réu permaneça, como regra, preso durante todo o período de julgamento.

■ **Sistema misto, inquisitivo garantista, acusatório formal ou francês**

De acordo com Renato Brasileiro de Lima[166], o sistema misto surge com o *Code d'Instruction Criminelle* francês, de 1808, daí sua denominação de sistema francês. Ele possui características tanto do modelo acusatório quanto do modelo inquisitivo.

O sistema misto é assim denominado porque se desdobra em duas fases distintas: (1) a primeira fase é tipicamente inquisitorial, com instrução escrita e secreta, sem acusação e também sem contraditório. Busca-se apurar a materialidade e a autoria do fato delituoso; (2) na segunda fase, de caráter acusatório, o órgão acusador apresenta a acusação, o réu se defende e o juiz julga, vigorando em regra a publicidade e oralidade.

■ **Sistema adotado pelo ordenamento jurídico brasileiro**

A doutrina e a jurisprudência divergem em relação ao sistema processual adotado no Brasil. Majoritariamente, aponta-se o **sistema acusatório**, mas há entendimento no sentido de que o direito brasileiro teria adotado o **sistema misto**.

Para o primeiro entendimento, a consagração do modelo acusatório está clara em vários dispositivos da Constituição, em especial nos que dispõem sobre a obrigatoriedade da motivação das decisões judiciais (art. 93, IX), sobre o juiz natural (art. 5º, XXXVII e LIII), devido processo legal (art. 5º, LIV), isonomia processual (art. 5º, I), contraditório e ampla defesa (art. 5º, LV), presunção de inocência (art. 5º, LVII) e publicidade (art. 93, IX).

Já para os adeptos da segunda corrente, o direito brasileiro teria adotado o sistema misto, pois haveria resquícios do sistema inquisitivo em vários disposi-

---

[166] LIMA, Renato Brasileiro de. *Manual de processo penal*. 5. ed. Salvador: JusPodivm, 2017. p. 41.

tivos infraconstitucionais, podendo ser citado o art. 156 do CPP, que permite ao juiz de ofício – ou seja, sem qualquer requerimento das partes – determinar a produção de provas em geral, seja durante a investigação criminal, seja no curso do processo, tais como busca e apreensão, interceptação telefônica e oitiva de testemunhas.

Norberto Avena[167] afirma que, embora inexista dispositivo expresso na Constituição, do seu conjunto de princípios e regras extrai-se que o direito brasileiro agasalhou o sistema acusatório. Não obstante admite a existência de dispositivos legais pelos quais muitos autores defendam ter o Brasil adotado o sistema misto, entende que tais dispositivos ou devem ser considerados inconstitucionais, ou deve ser dada interpretação conforme à Constituição a tais dispositivos. O referido autor não admite a coexistência do sistema inquisitivo e do acusatório, por entender que isso seria negar vigência à Constituição.

Renato Brasileiro de Lima[168] segue a mesma linha adotada por Norberto Avena, ao afirmar que as leis devem ser interpretadas à luz dos direitos, garantias e princípios introduzidos na Constituição e que, com o advento da Constituição prevendo de maneira expressa a separação das funções do sistema de justiça criminal (de acusar, defender e julgar), assegurando os princípios do contraditório e da ampla defesa, além da presunção de não culpabilidade, sem sombra de dúvidas estar-se-ia diante do sistema acusatório.

DICA DO AUTOR: O art. 156 do CPP e os demais dispositivos consagradores da possibilidade da produção de provas *ex officio* pelo juiz poderiam ser interpretados de forma a torná-los compatíveis com o sistema acusatório por meio da interpretação conforme a CRFB/88? A polêmica circundante de tal questão foi acirrada a partir da nova redação dada ao art. 156[169] do CPP pela Lei n. 11.690/2008, a qual dispôs que, conquanto o ônus da prova incumba a quem alega, o juiz poderá ordenar, mesmo **antes** de iniciada a ação penal, a produção antecipada de provas consideradas urgentes e relevantes, observando a necessidade, adequação e proporcionalidade da medida (inciso I), bem como

---

[167] AVENA, Norberto Cláudio Pâncaro. *Processo penal*. 9. ed. São Paulo: Método, 2017. p. 42.
[168] LIMA, Renato Brasileiro de. *Manual de processo penal*. 5. ed. Salvador: JusPodivm, 2017. p. 41.
[169] CPP, "Art. 156. A prova da alegação incumbirá a quem a fizer, sendo, porém, facultado ao juiz de ofício: I – ordenar, mesmo antes de iniciada a ação penal, a produção antecipada de provas consideradas urgentes e relevantes, observando a necessidade, adequação e proporcionalidade da medida; II – determinar, no curso da instrução, ou antes de proferir sentença, a realização de diligências para dirimir dúvida sobre ponto relevante".

determinar, **no curso** da instrução, ou antes de proferir sentença, a realização de diligências para dirimir dúvida sobre ponto relevante (inciso II).

Quanto ao inciso II do art. 156 do CPP, o legislador reproduziu o que já dispunha o CPP antes da vigência da Lei n. 11.690/2008, não implicando qualquer inovação. Nesse caso predomina o entendimento de que não há incompatibilidade com o sistema penal acusatório, pois aquela disposição limita-se a possibilitar ao juiz ordenar a realização de diligências a partir das provas previamente requeridas pela acusação e pela defesa, destinadas a solucionar dúvidas surgidas no curso da instrução ou antes de proferir sentença.

No que diz respeito ao inciso I do art. 156 do CPP, este possibilita ao juiz determinar a produção de provas *ex officio* antes de iniciada a ação penal. Nesse contexto, no **Concurso da Defensoria Pública do Amazonas (2018, FCC)** considerou-se ERRADA a seguinte assertiva: "o juiz não poderá ordenar, de ofício, a produção antecipada de provas, sob pena de comprometer sua imparcialidade e atuar como investigador". Isso porque o art. 156, I, do CPP está harmonioso com a posição majoritária de que a iniciativa probatória do dispositivo não afetaria negativamente a posição do julgador.

Contudo, em *provas orais e discursivas* de Defensoria Pública, é interessante analisar criticamente os resquícios inquisitórios, e – a despeito de esse dispositivo condicionar a atuação do juiz à urgência e relevância das provas a serem antecipadas, bem como à necessidade, adequação e proporcionalidade da providência ordenada – deve-se questionar o possível deslocamento do magistrado da função de julgador para o papel de investigador ou acusador, em ofensa ao modelo acusatório. Logo, pela abrangência de sua redação e pela amplitude da faculdade que confere ao magistrado, o art. 156, I, do CPP – analisado constitucionalmente e de modo crítico – não deveria comportar interpretação literal, requerendo, isto sim, uma exegese que o torne compatível com o sistema acusatório, por exemplo, a exigência de requerimento da parte interessada[170]. Com efeito, a Lei n. 13.964/2019 (**"Pacote Anticrime"**) registrou de maneira expressa a adoção da estrutura

---

[170] "[...] a primeira parte do art. 156 do CPP deve ser lida à luz da garantia constitucional da inocência. O dispositivo determina que 'a prova da alegação incumbirá a quem a fizer'. Mas a **primeira (e principal) alegação feita é a que consta na denúncia e aponta para autoria e materialidade; logo, incumbe ao MP o ônus total e intransferível de provar** a existência do delito" (LOPES JR., Aury. *Direito processual penal*. 15. ed. São Paulo: Saraiva, 2018. p. 357).

processual acusatória no CPP (art. 3º-A[171]), sendo possível defender, diante da alteração legislativa, a incompatibilidade do art. 156 do CPP e a sua revogação. Contudo, o art. 3º-A da Lei n. 3.694/2019 foi suspenso liminarmente pelo STF na **ADI 6.298**, ainda pendente de julgamento até o fechamento desta edição.

Dessa forma, especialmente em *provas discursivas* e orais para ingresso na Defensoria Pública, o candidato deve debater criticamente o dispositivo legal que permite que o juiz, em qualquer tempo e segundo o seu arbítrio próprio, realize atos de investigação sob o rótulo de produção antecipada de provas, devendo-se condicionar sua atuação (1) à existência de investigação em andamento; (2) à existência de um procedimento submetido à análise do juiz (ex.: pedido de prisão temporária); (3) ao *periculum in mora*; (4) ao *fumus boni iuris*. É certo que tudo deve estar permeado da excepcionalidade da atuação judicial, detectada a partir de critérios de necessidade, adequação e proporcionalidade da medida probatória, em conformidade com o que dispõe a parte final do art. 156, I, do CPP. Ausente qualquer uma dessas condições, a prova realizada *ex officio* pelo juiz antes do início da ação penal deve ser considerada ilícita.

O STF possui paradigmático precedente pelo qual reconhece que o modelo constitucional de processo penal é acusatório, devendo-se rechaçar práticas inquisitivas:

> [...] *Habeas corpus*. [...] **Requisição de indiciamento pelo magistrado** após o recebimento denúncia. **Medida incompatível com o sistema acusatório** imposto pela Constituição de 1988. Inteligência da Lei 12.830/2013. **Constrangimento ilegal** caracterizado. Superação do óbice constante na Súmula 691. Ordem concedida. 1. Sendo o ato de indiciamento de atribuição exclusiva da autoridade policial, não existe fundamento jurídico que autorize o magistrado, após receber a denúncia, requisitar ao Delegado de Polícia o indiciamento de determinada pessoa. A rigor, **requisição dessa natureza é incompatível com o sistema acusatório, que impõe a separação orgânica das funções concernentes à persecução penal, de modo a impedir que o juiz adote qualquer postura inerente à função investigatória**. Doutrina. Lei 12.830/2013. 2. Ordem concedida" (STF, HC 115.015, rel. Min. Teori Zavascki, Segunda Turma, j. 27-8-2013, *DJe* 12-9-2013).

---

[171] CPP, "Art. 3º-A. O processo penal terá estrutura acusatória, vedadas a iniciativa do juiz na fase de investigação e a substituição da atuação probatória do órgão de acusação".

Em síntese, a separação orgânica firmada da persecução penal incide fortemente no processo penal, a fim de evitar resquícios inquisitivos no modelo constitucional de processo penal.

6. SÃO PAULO E SANTA CATARINA FONTES DO PROCESSO PENAL. RIO DE JANEIRO NORMA PROCESSUAL PENAL: FONTES E EFICÁCIA. ESPÍRITO SANTO FONTES DO DIREITO PROCESSUAL PENAL

Umas das classificações possíveis e mais reiteradas para as fontes do direito processual penal é a divisão entre fontes *materiais* (são as fontes de produção[172] da norma, ocasionando[173] o surgimento desta) e fontes *formais* (as quais revelam um direito já criado, formalmente):

(1) **fontes materiais**: revelam-se as fontes de produção da norma, de onde ela emana, tais como a União (art. 22 da CRFB/88[174]) – e, excepcionalmente[175], o estado-membro (arts. 22, parágrafo único[176], e 24, IV, X e XI, da CRFB/88[177]);

(2) **fontes formais**: a principal fonte formal do direito processual penal é a legislação em sentido amplo, incluindo as leis em sentido estrito, a Constituição e os tratados internacionais. As **fontes formais principais** seriam as normas legais – relevantíssimas em sistemas nos quais a principal influência é do Sistema de *Civil Law* (com a centralidade das leis) –, enquanto as **fontes for-**

---

[172] "As fontes que criam o direito são chamadas fontes materiais ou fontes de produção, e têm como origem a União (CF, art. 22, I) e, em casos excepcionais, o Estado-membro (CF, arts. 22, parágrafo único, e 24, IV, X, XI)" (BULGALHO, Nelson Roberto. Processo penal: conceitos básicos. In: PRADO, Luiz Regis [coord.]. *Direito processual penal*: Parte I. São Paulo: Revista dos Tribunais, 2009. p. 35).

[173] Sergio Pinto Martins, em sentido sociológico, aponta que: "Fontes materiais são o complexo de fatores que ocasionam o surgimento de normas, compreendendo fatos e valores. São analisados fatores sociais, psicológicos, econômicos etc. São fatores reais que irão influenciar na criação da norma jurídica [...]. As fontes materiais dependem da investigação de causas sociais que influenciaram na edição da norma jurídica, matéria que é objeto da Sociologia do Direito" (MARTINS, Sergio Pinto. *Teoria geral do processo*. 2. ed. São Paulo: Saraiva, 2017. p. 40).

[174] CRFB/88, "Art. 22. Compete privativamente à União legislar sobre: I – direito civil, comercial, penal, **processual**, eleitoral, agrário, marítimo, aeronáutico, espacial e do trabalho".

[175] BULGALHO, Nelson Roberto. Processo penal: conceitos básicos. In: PRADO, Luiz Regis (coord.). *Direito processual penal*: Parte I. São Paulo: Revista dos Tribunais, 2009. p. 35.

[176] CRFB/88, "Art. 22. [...] Parágrafo único. Lei complementar poderá autorizar os Estados a legislar sobre questões específicas das matérias relacionadas neste artigo".

[177] CRFB/88, "Art. 24. Compete à União, aos Estados e ao Distrito Federal legislar concorrentemente sobre: [...] IV – custas dos serviços forenses; X – criação, funcionamento e processo do juizado de pequenas causas; XI – procedimentos em matéria processual".

mais secundárias seriam o costume e a doutrina – conforme classificação de Rodolfo de Camargo Mancuso[178].

Ada Pellegrini Grinover, Cândido Rangel Dinamarco e Antônio Carlos de Araújo Cintra apontam a seguinte distinção entre as fontes da norma processual:

(1) **fontes abstratas da norma processual**: legislação, usos e costumes, negócio jurídico e, sem pacificação, a jurisprudência;

(2) **fontes concretas da norma processual**: são aquelas "através das quais as fontes legislativas já examinadas em abstrato efetivamente atuam no Brasil"[179], sendo divididas em: (2.1) **fontes constitucionais** (com normas de: superdireito; de criação, organização e funcionamento de órgãos jurisdicionais; sobredireitos e garantias processuais; e normas sobre remédios processuais específicos); (2.2) **fontes de legislação complementar** (como a necessidade de lei complementar regulando o Estatuto da Magistratura, nos termos do art. 93 da CRFB/88 – cuja função é exercida pela Lei Orgânica da Magistratura Nacional); e (2.3) **fontes ordinárias** (cenário no qual se inserem o CPP e a Lei n. 9.099/95, regulando os Juizados Especiais).

As fontes do processo penal podem ser ainda classificadas em: (1) **fontes imediatas**: leis em sentido amplo (Constituição, tratados internacionais formalmente incorporados e súmulas vinculantes). Com o avanço do sistema de precedentes e a adoção da obrigatoriedade[180] de adoção dos verbetes de Súmula Vinculante (SV) pela Administração Pública e órgãos jurisdicionais inferiores, sendo cabível inclusive reclamação constitucional[181], é preciso visualizar os enunciados de SV como fonte imediata do processo penal; (2)

---

[178] MANCUSO, Rodolfo de Camargo. *Teoria geral do processo*. Rio de Janeiro: Forense, 2018. p. 17-18.

[179] CINTRA, Antônio Carlos de Araújo; GRINOVER, Ada Pellegrini; DINAMARCO, Cândido Rangel. *Teoria geral do processo*. 19. ed. São Paulo: Malheiros, 2003. p. 94.

[180] CRFB/88, "Art. 103-A. O Supremo Tribunal Federal poderá, de ofício ou por provocação, mediante decisão de dois terços dos seus membros, após reiteradas decisões sobre matéria constitucional, aprovar súmula que, a partir de sua publicação na imprensa oficial, terá efeito vinculante em relação aos demais órgãos do Poder Judiciário e à administração pública direta e indireta, nas esferas federal, estadual e municipal, bem como proceder à sua revisão ou cancelamento, na forma estabelecida em lei" (Redação dada pela EC n. 45/2004).

[181] CRFB/88, "Art. 103-A. [...] § 3º Do ato administrativo ou decisão judicial que contrariar a súmula aplicável ou que indevidamente a aplicar, caberá reclamação ao Supremo Tribunal Federal que, julgando-a procedente, anulará o ato administrativo ou cassará a decisão judicial reclamada, e determinará que outra seja proferida com ou sem a aplicação da súmula, conforme o caso" (Redação dada pela EC n. 45/2004).

fontes mediatas: caracterizadas pelo uso da analogia, dos costumes e dos princípios gerais do direito[182-183].

Convém breve aprofundar da questão da **teoria dos precedentes processuais penais** como fonte do direito processual penal. Apesar das polêmicas, o Brasil assiste ao crescimento da importância da **jurisprudência** em razão da forte influência do sistema jurídico de *common law*[184], de modo que o legislador vem empenhando-se para a formação de um **Sistema Brasileiro de Precedentes (SBP)**, emprestando maior força cogente e paradigmática a algumas decisões judiciais. No referido contexto, relembram-se: (1) enunciados de SV, incluídos no sistema jurídico brasileiro pela EC n. 45/2004; (2) procedimentos de julgamento de casos repetitivos (art. 928 do CPC[185]), incluindo os recursos repetitivos (recurso especial e extraordinário) e o Incidente de Resolução de Demandas Repetitivas (IRDR); (3) determinação legal de observância dos julgadores dos precedentes em suas decisões (arts. 926[186], 927[187] e 489, V e VI, do CPC[188]) – a qual pode ser invocada no processo penal de modo

---

[182] CPP, "Art. 3º A lei processual penal admitirá interpretação extensiva e aplicação analógica, bem como o suplemento dos princípios gerais de direito".

[183] LINDB (Decreto-lei n. 4.657/42), "Art. 4º Quando a lei for omissa, o juiz decidirá o caso de acordo com a analogia, os costumes e os princípios gerais de direito".

[184] Vale a lembrança a Cândido Rangel Dinamarco e Bruno Vasconcelos Carrilho Lopes: "O ordenamento jurídico brasileiro sempre foi tratado como um típico ordenamento de *civil law*, em que a jurisprudência não constitui fonte do direito, mas essa é uma afirmação que, dada a evolução experimentada nas últimas décadas, foi gradualmente se tornando insustentável" (DINAMARCO, Cândido Rangel; LOPES, Bruno Vasconcelos Carrilho. *Teoria geral do novo processo civil*. 2. ed. São Paulo: Malheiros, 2017. p. 42).

[185] CPC, "Art. 928. Para os fins deste Código, considera-se julgamento de casos repetitivos a decisão proferida em: I – incidente de resolução de demandas repetitivas; II – recursos especial e extraordinário repetitivos".

[186] CPC, "Art. 926. Os tribunais devem uniformizar sua jurisprudência e mantê-la estável, íntegra e coerente".

[187] CPC, "Art. 927. Os juízes e os tribunais observarão: I – as decisões do Supremo Tribunal Federal em controle concentrado de constitucionalidade; II – os enunciados de súmula vinculante; III – os acórdãos em incidente de assunção de competência ou de resolução de demandas repetitivas e em julgamento de recursos extraordinário e especial repetitivos; IV – os enunciados das súmulas do Supremo Tribunal Federal em matéria constitucional e do Superior Tribunal de Justiça em matéria infraconstitucional; V – a orientação do plenário ou do órgão especial aos quais estiverem vinculados".

[188] CPC, "Art. 489. São elementos essenciais da sentença: [...] V – se limitar a invocar precedente ou enunciado de súmula, sem identificar seus fundamentos determinantes nem demonstrar que o caso sob julgamento se ajusta àqueles fundamentos; VI – deixar de seguir enunciado de súmula, jurisprudência ou precedente invocado pela parte, sem demonstrar a existência de distinção no caso em julgamento ou a superação do entendimento".

subsidiário (art. 3º do CPP[189]) –, não sendo inútil ressaltar a existência de múltiplos enunciados sumulares e casos repetitivos versando sobre matéria processual penal no STJ e no STF.

Convém esclarecer que os direitos e garantias processuais são *integrados* pelos **Tratados Internacionais de Direitos Humanos incorporados** à legislação nacional. No referido contexto, poderão ingressar em um dos seguintes níveis normativos: (1) **supralegal**: em razão da regra estampada no § 2º[190] do art. 5º da CRFB/88, bem como da respectiva posição do STF[191] sobre o tema; (2) **constitucional**: caso o tratado de *direitos humanos* seja incorporado pela mesma via procedimental de uma emenda constitucional, terá *status* de emenda à Constituição, nos termos do § 3º[192] do art. 5º da CRFB/88, implementado pela EC n. 45, de 30 de dezembro de 2004.

7. SÃO PAULO E SANTA CATARINA LEI PROCESSUAL PENAL NO TEMPO E NO ESPAÇO ESPÍRITO SANTO APLICAÇÃO DA LEI PROCESSUAL PENAL NO TEMPO, NO ESPAÇO E EM RELAÇÃO ÀS PESSOAS. **7.1.** ESPÍRITO SANTO DISPOSIÇÕES PRELIMINARES DO CÓDIGO DE PROCESSO PENAL

■ **A lei penal no espaço**

Quanto à lei penal no espaço, prevalece a regra do **princípio da territorialidade** (art. 1º do CPP[193]). Desse modo, o CPP terá aplicabilidade na apuração

---

[189] CPP, "Art. 3º A lei processual penal admitirá interpretação extensiva e aplicação analógica, bem como o suplemento dos princípios gerais de direito".

[190] CRFB/88, "Art. 5º [...] § 2º Os direitos e garantias expressos nesta Constituição não excluem outros decorrentes do regime e dos princípios por ela adotados, ou dos tratados internacionais em que a República Federativa do Brasil seja parte".

[191] "[...] Posição hierárquico-normativa dos tratados internacionais de direitos humanos no ordenamento jurídico brasileiro. Desde a adesão do Brasil, sem qualquer reserva, ao Pacto Internacional dos Direitos Civis e Políticos (art. 11) e à Convenção Americana sobre Direitos Humanos – Pacto de San José da Costa Rica (art. 7º, 7), ambos no ano de 1992, não há mais base legal para prisão civil do depositário infiel, pois o caráter especial desses diplomas internacionais sobre direitos humanos lhes reserva lugar específico no ordenamento jurídico, estando abaixo da Constituição, porém acima da legislação interna. O *status* normativo supralegal dos tratados internacionais de direitos humanos subscritos pelo Brasil torna inaplicável a legislação infraconstitucional com ele conflitante, seja ela anterior ou posterior ao ato de adesão. [...]" (STF, RE 349.703, rel. Min. Carlos Britto, rel. p/ acórdão Min. Gilmar Mendes, Tribunal Pleno, j. 3-12-2008).

[192] CRFB/88, "Art. 5º [...] § 3º Os tratados e convenções internacionais sobre direitos humanos que forem aprovados, em cada Casa do Congresso Nacional, em dois turnos, por três quintos dos votos dos respectivos membros, serão equivalentes às emendas constitucionais".

[193] CPP, "Art. 1º O processo penal reger-se-á, em todo o território brasileiro, por este Código [...]".

de fatos criminais no Poder Judiciário. Entretanto, o próprio CPP traz exceções nos incisos do seu art. 1º:

(1) **tratados, convenções e regras de direito internacional**: quando formalmente integrados à ordem jurídica brasileira, os tratados internacionais e afins podem afastar a aplicação do CPP. É o exemplo da incidência das Convenções de Viena sobre relações diplomáticas[194] e relações consulares[195] e da incidência do Estatuto de Roma e consequente submissão ao Tribunal Penal Internacional;

(2) **prerrogativas constitucionais**: quanto a determinadas autoridades, tais como o Presidente da República; os ministros de Estado, nos crimes conexos com os do Presidente da República; e os ministros do STF, nos crimes de responsabilidade. Trata-se aqui de infrações político-administrativas, com especial relação à competência do Senado Federal **(art. 52, I, da CRFB/88**[196]**)**, sendo seu procedimento regulado pela **Lei n. 1.079/50**;

(3) **processos de competência da Justiça Militar ("Judiciário Militar")**: em relação aos crimes militares, sob competência da Justiça Militar, deve-se observar o Código de Processo Penal Militar (CPPM – Lei n. 1.002/69).

Noutro passo, hoje sem força jurídica por ausência de base normativa válida, o CPP (art. 1º, IV e V) prevê ainda hipóteses de sua não aplicação: (1) processos de competência de Tribunal Especial existindo sob o crivo da Constituição de 1934; (2) processos sobre crimes de imprensa, cuja lei não foi recepcionada pela Constituição, conforme entendimento firmado pelo STF na ADPF 130-7/DF.

Ademais, **leis especiais** podem prever regras procedimentais específicas que afastam a aplicação do CPP, tais como a Lei Antidrogas (Lei n. 11.343/2006), a Lei dos Juizados Especiais (Lei n. 9.099/95) e a Lei de Crimes Falimentares (Lei n. 11.101/2005).

---

[194] Incluso na ordem jurídica pátria com a promulgação via Decreto n. 56.435, de 8 de junho de 1965.
[195] Integrado à ordem jurídica brasileira por meio da promulgação via Decreto n. 61.078, de 26 de julho de 1967.
[196] CRFB/88, "Art. 52. Compete privativamente ao Senado Federal: I – processar e julgar o Presidente e o Vice-Presidente da República nos crimes de responsabilidade, bem como os Ministros de Estado e os Comandantes da Marinha, do Exército e da Aeronáutica nos crimes da mesma natureza conexos com aqueles" (Redação dada pela EC n. 23, de 2-9-1999).

Observe-se ainda que, em casos de extraterritorialidade da lei penal[197] brasileira, quando a ação tramitar no Brasil seguirá, por esse motivo, a lei processual penal brasileira.

■ A lei penal no tempo

A Lei Processual Penal (art. 2º[198]) tem aplicação imediata aos processos em tramitação. Entretanto, os atos *anteriormente* praticados devem ser resguardados e avaliados sob a ótica da regra processual penal em vigor quando de sua prática – aplicando-se o brocardo segundo o qual "o tempo rege o ato" (*"tempus regit actum"*).

Prevalece a lógica de que normas processuais penais não se submetem ao veto de aplicação retroativa da Lei Penal prevista na Constituição (art. 5º, XL[199]). A polêmica foi ampliada quando a Lei n. 11.689/2008 revogou o recurso denominado "protesto por novo júri".

Nesse contexto do debate sobre a aplicação da lei processual penal no tempo e para fins de aplicabilidade da retroatividade da lei penal mais benéfica e irretroatividade da lei penal gravosa prevista na Constituição (art. 5º, XL), deve-se ter atenção com dois tipos de normas bem peculiares:

(1) **normas heterotópicas**: reconhecer a natureza processual ou material de uma norma independe de sua inserção em estatuto processual ou material. Isso porque existem determinadas normas alocadas pelo legislador em instrumentos normativos nominalmente distintos da natureza de certa regra. Um exemplo disso é a estipulação de interpelação judicial[200] (*norma de direito processual*) nos crimes contra a honra, prevista na norma de *direito material*, o Código Penal (CP);

---

[197] CP, "Art. 7º Ficam sujeitos à lei brasileira, embora cometidos no estrangeiro: I – os crimes: *a*) contra a vida ou a liberdade do Presidente da República; *b*) contra o patrimônio ou a fé pública da União, do Distrito Federal, de Estado, de Território, de Município, de empresa pública, sociedade de economia mista, autarquia ou fundação instituída pelo Poder Público; *c*) contra a administração pública, por quem está a seu serviço; *d*) de genocídio, quando o agente for brasileiro ou domiciliado no Brasil; II – os crimes: *a*) que, por tratado ou convenção, o Brasil se obrigou a reprimir; *b*) praticados por brasileiro; *c*) praticados em aeronaves ou embarcações brasileiras, mercantes ou de propriedade privada, quando em território estrangeiro e aí não sejam julgados".

[198] CPP, "Art. 2º A lei processual penal aplicar-se-á desde logo, sem prejuízo da validade dos atos realizados sob a vigência da lei anterior".

[199] CRFB/88, "Art. 5º [...] XL – a lei penal não retroagirá, salvo para beneficiar o réu".

[200] CP, "Art. 144. Se, de referências, alusões ou frases, se infere calúnia, difamação ou injúria, quem se julga ofendido pode pedir explicações em juízo. Aquele que se recusa a dá-las ou, a critério do juiz, não as dá satisfatórias, responde pela ofensa".

(2) **normas mistas (híbridas)**: são normas cuja natureza atende concomitantemente à ordem material e processual; para tais normas, a regra constitucional do inciso XL do art. 5º será integralmente aplicável. São exemplos: (2.1) decadência e prescrição, institutos que afetam o andamento processual e geram extinção da punibilidade; (2.2) *sursis processual*, a suspensão condicional do processo (art. 89 da Lei n. 9.099/95), pois suspende a tramitação processual e pode gerar, ao fim, extinção da punibilidade.

Em matéria de competência processual penal, o estudante deve estar atento ao *direito jurisprudencial*, visto que muitas questões e debates têm lastro nas respectivas redações de enunciados sumulares e julgados:

– **Enunciado Sumular 528-STJ**: "Compete ao juiz federal do local da apreensão da droga remetida do exterior pela via postal processar e julgar o crime de tráfico internacional" (S3, j. 13-5-2015, *DJe* 18-5-2015).

– **Enunciado Sumular 48-STJ**: "Compete ao juízo do local da obtenção da vantagem ilícita processar e julgar crime de estelionato cometido mediante falsificação de cheque" (S3, j. 20-8-1992, *DJ* 25-8-1992).

– **Enunciado Sumular 104-STJ**: "Compete à Justiça Estadual o processo e julgamento dos crimes de falsificação e uso de documento falso relativo a estabelecimento particular de ensino" (S3, j. 19-5-1994, *DJ* 26-5-1994, p. 13088).

– **Enunciado Sumular 122-STJ**: "Compete à justiça federal o processo e julgamento unificado dos crimes conexos de competência federal e estadual, não se aplicando a regra do art. 78, II, *a*, do Código de Processo Penal" (S3, j. 1º-12-1994, *DJ* 7-12-1994, p. 33970).

– **Enunciado Sumular 140-STJ**: "Compete à Justiça Comum Estadual processar e julgar crime em que o indígena figure como autor ou vítima" (S3, j. 18-5-1995, *DJ* 24-5-1995, p. 14853).

– **Enunciado Sumular 151-STJ**: "A competência para o processo e julgamento por crime de contrabando ou descaminho define-se pela prevenção do Juízo Federal do lugar da apreensão dos bens" (S3, j. 14-2-1996, *DJ* 26-2-1996, p. 4192).

– **Enunciado Sumular 165-STJ**: "Compete à justiça federal processar e julgar crime de falso testemunho cometido no processo trabalhista" (S3, j. 14-8-1996, *DJ* 23-8-1996, p. 29382).

– **Enunciado Sumular 200-STJ**: "O juízo federal competente para processar e julgar acusado de crime de uso de passaporte falso é o do lugar onde o delito se consumou" (S3, j. 22-10-1997, *DJ* 29-10-1997).

– **Enunciado Sumular 209-STJ**: "Compete à Justiça Estadual processar e julgar prefeito por desvio de verba transferida e incorporada ao patrimônio municipal" (S3, j. 27-5-1998, *DJ* 3-6-1998).

– **Enunciado Sumular 244-STJ**: "Compete ao foro do local da recusa processar e julgar o crime de estelionato mediante cheque sem provisão de fundos" (S3, j. 13-12-2000, *DJ* 1º-2-2001, p. 302).

– **Enunciado Sumular 546-STJ**: "A competência para processar e julgar o crime de uso de documento falso é firmada em razão da entidade ou órgão ao qual foi apresentado o documento público, não importando a qualificação do órgão expedidor" (S3, j. 14-10-2015, *DJe* 19-10-2015).

8. SÃO PAULO, RIO DE JANEIRO E SANTA CATARINA | INTERPRETAÇÃO DA LEI PROCESSUAL PENAL

Ao contrário da lei penal (direito material), a lei processual penal admite interpretação extensiva e aplicação analógica, sendo cabível ainda a suplementação por princípios gerais do direito – conforme disposição expressa do art. 3º[201] do CPP.

A interpretação da lei processual penal comporta as seguintes classificações:

(1) **Quanto à origem**: (1.1) *autêntica ou legislativa*: compreendida como aquela interpretação efetivada pelo próprio legislador, como ocorreu na conceituação de casa pelo CP (art. 150, §§ 4º e 5º); (1.2) *doutrinária ou teórica*: é a interpretação realizada pelos teóricos do direito e cientistas em suas obras, conferências e afins; (1.3) *jurisprudencial*: é a interpretação levada a cabo pelo Poder Judiciário, com especial destaque aos entendimentos das Cortes Superiores, tais como o STJ e o STF, destacando nestes últimos casos com eficácia vinculante, como em controle concentrado de constitucionalidade, repercussão geral e súmula vinculante.

(2) **Quanto ao modo**: (2.1) *gramatical*: é método linguístico levado na literalidade de suas acepções para fins de interpretação. Trata-se de interpretação realizada a partir do significado das palavras; (2.2) *teleológica ou finalística*:

---

[201] CPP, "Art. 3º A lei processual penal admitirá interpretação extensiva e aplicação analógica, bem como o suplemento dos princípios gerais de direito".

por tal método interpretativo, deve-se observar as finalidades previstas no dispositivo a ser aplicado, a fim de compreendê-lo; (2.3) *histórica*: por este método interpretativo, o foco de observação do intérprete é o histórico de criação da norma, seu contexto de surgimento, método no qual a exposição de motivos é instrumento bastante relevante à finalidade normativa; (2.4) *sistemática*: é o método que observa a norma integrada ao estatuto legal e sistema no qual o dispositivo normativo está inserido.

(3) **Quanto ao resultado**: (3.1) *declarativa*: é a interpretação na qual é concluída a coincidência total entre redação legal e alcance normativo; (3.2) *restritiva*: é a interpretação cujo alcance é reduzido em relação à literalidade do texto normativo, por se compreender que o legislador disse mais que almejava; (3.3) *extensiva*: por este método, amplia-se o alcance da norma para além daquilo previsto expressamente no texto de lei, por se entender que o legislador disse menos do que pretendia.

O art. 3º do CPP menciona a possibilidade de *interpretação extensiva* sobre a lei processual penal, devendo-se entender por tal expressão uma espécie interpretativa quanto ao resultado, quando o intérprete opera concluindo por resultado que, embora similar, é mais amplo que a dicção expressa da norma penal. Em matéria processual penal, mais especificamente na interpretação do rol taxativo do art. 581 do CPP para o cabimento de recurso em sentido estrito, o STJ[202] **admitiu a interpretação extensiva dos incisos do art. 581 do CPP, porém vedando a interpretação analógica** para alcançar hipóteses sem relação com o respectivo rol. No caso, *não* se admitiu o recurso ministerial contra indeferimento de prova.

Por outro lado, a *interpretação analógica*, prevista no art. 3º do CPP, decorre de dispositivos legais com formulação genérica, remetendo ao intérprete o complemento concreto da regra. São exemplos da possibilidade de interpretação analógica: (1) a referência a "outra circunstância pessoal", logo após mencionar as enfermidades como causa de se aplicar a excepcional videoconferên-

---

[202] "[...] 1. As hipóteses de cabimento do recurso em sentido estrito, elencadas no art. 581 do Código de Processo Penal, são taxativas, admitindo-se, quanto a tais hipóteses, interpretação extensiva, mas não interpretação analógica. 2. Por não estar elencada entre as situações que admitem o recurso em sentido estrito nem com elas possuindo relação que admita interpretação extensiva, é descabido o manejo deste recurso contra a decisão do Juízo de primeiro grau que indeferiu a produção de prova requerida pelo *Parquet* (REsp 1.078.175/RO, rel. Ministro Sebastião Reis Júnior, Sexta Turma, *DJe* 26-4-2013). [...]" (STJ, AgRg no REsp 1.630.121/RN, rel. Min. Nefi Cordeiro, 6ª Turma, j. 19-4-2018, *DJe* 2-5-2018).

cia para interrogatório de réu preso; (2) a expressão "outro motivo relevante" para separação processual após declinar alguns casos nos quais seria possível tal conduta judicial.

Em razão da existência de **normas heterotópicas** – normas cuja natureza não corresponde à natureza do diploma no qual se encontram, a exemplo de norma processual prevista no CP, como é a regra da interpelação judicial em crimes contra a honra (art. 144 do CP) –, não se pode afirmar de modo açodado que uma regra corresponderá necessariamente à natureza predominante do instrumento em que inserida. Nesse sentido, no **Concurso da Defensoria Pública do Rio Grande do Norte (2015, CESPE)**, considerou-se FALSA a assertiva vinculante da natureza da norma reguladora à natureza do diploma: "Para o uso da analogia, é importante considerar a natureza do diploma de onde se deve extrair a norma reguladora".

Quanto aos métodos de *integração da norma processual*, o processualista penal deve buscar apoio na *Lei de Introdução às normas do Direito Brasileiro* (LINDB)[203], para reconhecer-lhe aplicáveis os métodos gerais de integração do direito: analogia, costumes e princípios gerais do direito.

Na dicção do STJ[204], **analogia** "é técnica de integração, vale dizer, recurso de que se vale o operador do direito diante de uma lacuna no ordenamento jurídico", enquanto "a **interpretação**, seja ela extensiva ou analógica, objetiva desvendar o sentido e o alcance da norma, para então defini-lhe, com certeza, a sua extensão. A norma existe, sendo o método interpretativo necessário, apenas, para precisar-lhe os contornos".

A *analogia* já foi admitida pelo STF em matéria processual penal para fins de aplicabilidade do art. 28 do CPP caso o promotor natural se recuse a propor a suspensão condicional do processo quando presentes os pressupostos legais – *vide* **Enunciado Sumular 696**[205].

Os *costumes*, práticas reiteradas, também surgem como instrumento de integração da norma, tais como a concessão de prazo para localização de teste-

---

[203] LINDB (Decreto-lei n. 4.657/42), "Art. 4º Quando a lei for omissa, o juiz decidirá o caso de acordo com a analogia, os costumes e os princípios gerais de direito".

[204] STJ, REsp 121.428/RJ, rel. Min. Castro Meira, 2ª Turma, j. 1º-6-2004, *DJ* 16-8-2004, p. 156.

[205] "Reunidos os pressupostos legais permissivos da suspensão condicional do processo, mas se recusando o promotor de justiça a propô-la, o juiz, dissentindo, remeterá a questão ao Procurador-Geral, aplicando-se por analogia o art. 28 do Código de Processo Penal" (STF, Enunciado Sumular 696).

munhas não encontradas no endereço inicialmente indicado, a concessão de vistas à Defensoria Pública como órgão de execução penal (intervenção de *custos vulnerabilis*)[206] mesmo em processos de execução penal, quando as partes têm advogado e a concessão de vista ao MP (intervenção de *custos legis*) em ações penais privadas para verificação ministerial de eventual conexão ou ocorrência de crime de ação penal pública incondicionada.

Os *princípios gerais do direito* também são métodos de integração do processo penal. Assim, em certos casos, quando houver omissão legislativa, poderá o juízo se socorrer do clássico princípio *favor rei*, em benefício do processado, embora tal princípio não encontre guarida expressa no ordenamento jurídico brasileiro.

9. SÃO PAULO E SANTA CATARINA SISTEMAS DE INVESTIGAÇÃO PRELIMINAR. INQUÉRITO POLICIAL. IDENTIFICAÇÃO CRIMINAL. RIO DE JANEIRO INVESTIGAÇÃO CRIMINAL. ESPÍRITO SANTO INQUÉRITO POLICIAL

Investigação criminal é o gênero do qual fazem parte o Inquérito Policial (IP) e as peças de informação das demais investigações preliminares. Quando a investigação é feita pela polícia, trata-se do **IP**; quando não é feita pela polícia, mas por outras pessoas, é denominada simplesmente **peças de informação**. A Comissão Parlamentar de Inquérito (CPI) é exatamente um exemplo de seara em que se produzem peças de informação: se há a investigação pela CPI, o seu produto é enviado para o MP, a fim de que este ofereça ou não a denúncia, se encontrar ou não justa causa a partir do relatório da CPI. Todavia, como o IP é tradicionalmente a principal forma de investigação criminal, vejamo-lo amiúde.

■ Inquérito policial

O **IP** é o conjunto de diligências investigatórias realizadas pela *Polícia Investigativa* – Polícia Civil (âmbito estadual) ou Polícia Federal (âmbito federal), também denominadas, classicamente, Polícias Judiciárias – com a finalidade de apurar um fato criminoso, suas circunstâncias e autoria, possibilitando ao MP

---

[206] Sobre o tema, *vide*: SANTIAGO, Nestor Eduardo Araruna; CASAS MAIA, Maurilio. O garantismo penal, o encarcerado vulnerável e a intervenção da Defensoria Pública na execução penal: *custos vulnerabilis*? *Revista Brasileira de Ciências Criminais*, São Paulo, v. 152, p. 173-209, fev. 2019.

(*dominus litis*) o oferecimento de denúncia nos crimes de ação penal pública e ao ofendido o oferecimento de queixa nos crimes de ação penal privada.

O IP tem, portanto, duas **funções**: (1) **preservadora**: serve para evitar que seja instaurado processo penal de forma infundada, medida demasiadamente interessante à defesa; (2) **preparatória**: fornece elementos de informações para que o titular da ação penal ingresse em juízo, além de acautelar meios de prova que poderiam desaparecer com o tempo.

O IP tem **natureza jurídica** de procedimento administrativo e informativo; é um **procedimento** porque não se trata de um ato isolado, mas sim de um conjunto de atos, conectados entre si, em busca da finalidade; é **administrativo** porque quem o preside e executa é a administração pública por seus órgãos de segurança pública, na figura do delegado e seus agentes de polícia investigativa; e é **informativo** porque esta é sua finalidade última, qual seja, informar o MP da existência ou não da justa causa para denúncia de natureza jurídica de procedimento administrativo. Como ainda não há o exercício de pretensão acusatória, não há falar em partes.

Tem prevalecido que o inquérito é mera peça informativa e, por esse motivo, inexistiria contaminação do processo penal por nulidade em razão de eventuais vícios na origem administrativa. A jurisprudência do STJ[207] e STF[208] já se firmou nesse sentido, conforme se observa dos precedentes.

DICA DO AUTOR: Não obstante o entendimento dos Tribunais Superiores acima expostos, o pensamento crítico impõe a realização de *distinguishing* (distinção) quanto ao entendimento geral diante de casos realmente graves, tais como provas ilícitas e provas obtidas mediante tortura. Caso determinada prova tenha sido produzida com violação a normas de direito

---

[207] "[...] 1. A jurisprudência desta Superior Corte de Justiça já se firmou no sentido de que **eventuais irregularidades ocorridas na fase inquisitorial não possuem o condão de macular todo o processo criminal** (HC n. 216.201/PR, Ministra Alderita Ramos de Oliveira [Desembargadora convocada do TJ/PE], Sexta Turma, *DJe* 13-8-2012). [...]" (STJ, AgRg no AREsp 584.121/SP, rel. Min. Sebastião Reis Júnior; 6ª Turma, *DJe* 18-12-2014).

[208] "[...] 2. A jurisprudência do Supremo Tribunal Federal estabelece que a suspeição de autoridade policial não é motivo de nulidade do processo, pois o inquérito é mera peça informativa, de que se serve o Ministério Público para o início da ação penal. Precedentes. 3. É **inviável anulação do processo penal por alegada irregularidade no inquérito**, pois, segundo jurisprudência firmada neste Supremo Tribunal, as nulidades processuais concernem tão somente aos defeitos de ordem jurídica pelos quais afetados os atos praticados ao longo da ação penal condenatória. Precedentes. [...]" (STF, RHC 131.450/DF, rel. Min. Cármen Lúcia, 2ª Turma, *DJe* 17-5-2016).

material, há de ser reconhecida sua ilicitude (art. 5º, LV, da CRFB/88) com o seu consequente desentranhamento dos autos, bem como de todas as provas que dela derivem por nexo causal. Nesse caso, nem todo inquérito será considerado nulo, pois pode haver elementos de informação que não derivem da prova ilícita.

O IP tem como *finalidade* a colheita de elementos de informação de materialidade e autoria que possam ajudar a formar a convicção do titular da ação penal sobre a viabilidade da ação penal (existência de lastro probatório mínimo ou justa causa).

Como os elementos de informação da fase de IP não são colhidos sob a égide do contraditório, o **valor probatório** do IP é **relativo**, sendo vedadas condenações lastreadas exclusivamente na prova policial (art. 155 do CPP[209]).

Noutro passo, atenção às *características* do IP:

(1) **Escrito**: todas as informações obtidas no curso da investigação deverão ser reduzidas a escrito (art. 9º do CPP). Com os avanços tecnológicos, é possível admitir o registro de depoimentos por meio audiovisual, por interpretação ao art. 405, § 1º, do CPP.

(2) **Dispensável**: o IP é peça informativa cuja finalidade é a colheita de informações sobre a infração penal e sua autoria; logo, forçoso reconhecer que, se o titular da ação penal já dispuser de substrato necessário para o oferecimento da peça acusatória, o inquérito será dispensável (arts. 12[210], 27[211] e 39, § 5º[212], do CPP).

(3) **Sigiloso**: como o inquérito objetiva coletar informações sobre a materialidade e autoria de infrações penais, parece inerente que isso ocorra com restrição

---

[209] CPP, "Art. 155. O juiz formará sua convicção pela livre apreciação da prova produzida em contraditório judicial, **não podendo fundamentar sua decisão exclusivamente nos elementos informativos colhidos na investigação**, ressalvadas as provas cautelares, não repetíveis e antecipadas".

[210] CPP, "Art. 12. O inquérito policial acompanhará a denúncia ou queixa, sempre que servir de base a uma ou outra".

[211] CPP, "Art. 27. Qualquer pessoa do povo poderá provocar a iniciativa do Ministério Público, nos casos em que caiba a ação pública, fornecendo-lhe, **por escrito, informações** sobre o fato e a autoria e indicando o tempo, o lugar e os elementos de convicção".

[212] CPP, "Art. 39. [...] § 5º O órgão do Ministério Público **dispensará o inquérito**, se com a representação forem oferecidos elementos que o habilitem a promover a ação penal, e, neste caso, oferecerá a denúncia no prazo de quinze dias".

à publicidade. Conforme o art. 20 do CPP, a autoridade assegurará no inquérito o sigilo necessário à elucidação do fato ou exigido pelo interesse da sociedade.

DICA DO AUTOR: O sigilo do inquérito não se aplica ao juiz, MP, advogado ou defensor. A despeito do art. 20 do CPP, o advogado constituído ou defensor público atuante na causa deve ter acesso às diligências já documentadas, tratando-se de entendimento firmado em **súmula vinculante**[213]. A característica do sigilo foi mitigada com o advento da **Lei n. 13.245/2016**, que incluiu o novo inciso XIV[214] do art. 14 no Estatuto da Advocacia – EOAB[215] (Lei n. 8.906/94). No entanto, o investigado ou seu patrono não são previamente comunicados da realização de certas diligências cujo pressuposto de eficácia seria seu desconhecimento, por exemplo, a realização de uma interceptação telefônica, pois, caso contrário, a investigação poderia ser considerada ineficaz. É o chamado *sigilo interno*. Ademais, no inciso XV[216] do art. 3º-B da Lei n. 13.946/2019 fica clara a intenção do legislador de dar acesso ao investigado e ao seu advogado às provas já produzidas em sede de investigação. No entanto, tal norma foi suspensa liminarmente pelo STF (**ADI 6.298**), em decisão que suspendeu todas as normas pertinentes à implantação do **"juiz das garantias"**, seguindo ainda pendente de julgamento de mérito até o fechamento da presente edição.

(4) **Inquisitorial**: é presidido pela autoridade policial, órgão condutor com certa margem de discricionariedade nas investigações, sem participação neces-

---

[213] Enunciado 14 da Súmula Vinculante do STF: "É direito do defensor, no interesse do representado, ter acesso amplo aos documentos de prova que, já documentados, em procedimento investigatório realizado por órgão com competência de polícia judiciária, digam respeito ao exercício do direito de defesa".

[214] EOAB, "Art. 7º São direitos do advogado: [...] XIV – examinar, em qualquer instituição responsável por conduzir investigação, mesmo sem procuração, autos de flagrante e de investigações de qualquer natureza, findos ou em andamento, ainda que conclusos à autoridade, podendo copiar peças e tomar apontamentos, em meio físico ou digital" (Redação dada pela Lei n. 13.245/2016).

[215] Com importância similar, cita-se também a alteração promovida pela **Lei n. 13.793/2019** no EOAB para permitir a acessibilidade de autos processuais junto ao Poder Judiciário, Legislativo e Administração Pública em geral: "Art. 7º São direitos do advogado: [...] XIII – **examinar**, em qualquer órgão dos Poderes Judiciário e Legislativo, ou da Administração Pública em geral, autos de processos findos ou em andamento, mesmo sem procuração, quando não estiverem sujeitos a sigilo ou segredo de justiça, assegurada a obtenção de cópias, com possibilidade de tomar apontamentos; [...] § 13. O disposto nos incisos XIII e XIV do *caput* deste artigo aplica-se integralmente a **processos e a procedimentos eletrônicos**, ressalvado o disposto nos §§ 10 e 11 deste artigo" (Incluído pela Lei n. 13.793/2019).

[216] "XV – assegurar prontamente, quando se fizer necessário, o direito outorgado ao investigado e ao seu defensor de acesso a todos os elementos informativos e provas produzidos no âmbito da investigação criminal, salvo no que concerne, estritamente, às diligências em andamento."

sária do investigado (art. 14[217] do CPP). Contudo, a característica da inquisitorialidade foi mitigada com a edição da Lei n. 13.245/2016, conferindo a atual redação ao inciso XXI do art. 7º[218] do EOAB.

DICA DO AUTOR: Em provas discursivas, o examinando deve aprofundar a controvérsia. Nesse contexto, com o advento da Lei n. 13.245/2016, a qual modificou a redação dos incisos XIV e XXI do art. 7º do EOAB, acirraram-se as discussões acerca dessa característica do inquérito[219]. Duas correntes se formaram:

Investigação preliminar como procedimento sujeito ao contraditório diferido e à ampla defesa: uma das correntes doutrinárias defende que qualquer procedimento investigatório – seja ele um IP, seja um procedimento investigatório criminal presidido pelo MP – está sujeito ao contraditório diferido e à ampla defesa, ainda que com um alcance mais limitado que aquele reconhecido na fase processual, em razão das alterações introduzidas pela Lei n. 13.245/2016 e, principalmente, do art. 5º, LV e LXIII, da CRFB/88. De acordo com esse entendimento, o inciso LV do art. 5º da CRFB/88 deve ser interpretado de forma ampla, a fim de se entender que a expressão "processo administrativo" ali empregada alcance as investigações preliminares, cuja natureza jurídica é de procedimento administrativo, e que o fato de mencionar acusados e não investigados ou indiciados não seja um impedimento para sua aplicação na fase pré-processual. Outrossim, do art. 5º, LXIII[220], da CRFB/88 poder-se-ia extrair que devem ser assegurados o contraditório e a ampla defesa também em sede de investigação preliminar, pois, a partir do momento em que a CRFB/88 assegura ao preso o direito de permanecer calado, aí estaria também compreendidos o suspeito, o investigado ou o indiciado, os quais também teriam o direito de serem ouvidos e cientificados da existência de investigação contra si. Noutro passo, com a nova redação do **art. 14-A do CPP** – conferida pelo "Pacote Anticrime" (2019) –, os **agentes da segurança pública** passam a ter direi-

---

[217] CPP, "Art. 14. O ofendido, ou seu representante legal, e o indiciado poderão requerer qualquer diligência, que será realizada, ou não, a juízo da autoridade".

[218] EOAB, "Art. 7º São direitos do advogado: [...] XXI – assistir a seus clientes investigados durante a apuração de infrações, **sob pena de nulidade absoluta** do respectivo interrogatório ou depoimento e, subsequentemente, de todos os elementos investigatórios e probatórios dele decorrentes ou derivados, direta ou indiretamente, podendo, inclusive, no curso da respectiva apuração:" (Incluído pela Lei n. 13.245/2016).

[219] LIMA, Renato Brasileiro de. *Manual de processo penal*. 5. ed. Salvador: JusPodivm, 2017. p. 41.

[220] CRFB/88, "Art. 5º [...] LXIII – o preso será informado de seus direitos, entre os quais o de permanecer calado, sendo-lhe assegurada a assistência da família e de advogado".

to expresso a assistência jurídica pública em razão de sua **vulnerabilidade jurídico-funcional** quando houver inércia defensiva e a investigação decorrer de ato praticado em atividade, debate esmiuçado mais à frente ao tratar do papel da Defensoria Pública no IP (art. 4º, XI c/c XIV da LC n. 80/94).

Investigação preliminar como procedimento inquisitorial: cuida-se a investigação de mero procedimento de natureza administrativa, com caráter instrumental, o qual não se confundiria com um processo como procedimento em contraditório (Fazzallari). Logo, em tal percepção, não se poderia exigir a observância do contraditório e da ampla defesa. De acordo com esse entendimento, as alterações produzidas pela Lei n. 13.245/2016 não teriam o condão de afastar a natureza inquisitorial das investigações ou tornar obrigatória a presença de advogado no IP, mas tão somente, repetindo a norma do art. 5º, LXIII, CRFB/88, de assegurar a presença do advogado e seu acompanhamento do ato, quando estiver presente.

(5) **Discricionário**: por tal aspecto, as diligências seriam conduzidas de forma discricionária pela autoridade policial, a depender do caso concreto, vale dizer, não haveria rigor procedimental nesse ponto. Logo, os arts. 6º e 7º do CPP apenas sugeririam as principais medidas a serem adotadas. No entanto, essa discricionariedade não é absoluta. A interpretação do art. 14 do CPP em conjunto com o art. 184 do CPP faz concluir que o delegado não poderá negar a perícia requerida pelo investigado quando se tratar de exame destinado a comprovar a materialidade do delito, logo a autoridade policial não pode negar o requerimento de diligências que guardem importância com o esclarecimento dos fatos.

(6) **Oficial**: o IP é presidido pelo delegado de polícia. Assim sendo, o IP fica a cargo de órgão oficial do Estado (art. 144 da CRFB/88).

(7) **Oficioso**: ao tomar conhecimento de *notícia crime* potencialmente ensejadora de ação penal pública incondicionada, a autoridade policial é obrigada a instaurar IP de ofício, independentemente da manifestação da vítima ou de qualquer outra pessoa. Outrossim, não cabe à autoridade policial analisar a existência de causas excludentes da ilicitude ou da culpabilidade.

(8) **Autoexecutório**: característica típica de alguns atos administrativos, a autoexecutoriedade do IP éconsectário da oficiosidade, e determina que toda investigação tenha curso de forma automática, sem que seja necessária a impulsão por quem quer que seja. O delegado determina, ele próprio, as providências para o desenvolvimento regular do inquérito, com exceção de atos sob reserva jurisdicional. Assim, não só a instauração, mas também o curso do inquérito se dará oficiosamente.

(9) **Indisponível**: o delegado não poderá determinar o arquivamento do IP, medida essa circunscrita ao pedido do titular da ação penal, com ulterior apreciação pela autoridade judiciária competente.

No **Concurso da Defensoria Pública do Estado de Minas Gerais (2019, FUNDEP)** foi formulada questão com a seguinte hipótese: "No curso do inquérito policial, a autoridade policial que o presidia constatou que teria ocorrido extinção da punibilidade pela prescrição da pretensão punitiva", indagando do candidato a resposta correta, a qual perpassava justamente pelo princípio da indisponibilidade: C) A Autoridade Policial deverá remeter de imediato os autos do inquérito ao Poder Judiciário, em razão do **princípio da indisponibilidade** do IP.

■ Formas de instauração do inquérito policial

Visualizadas as características do IP, convém observar as **formas de instauração do IP** a partir de cada modalidade de ação penal:

(1) *Nos crimes de ação penal pública incondicionada*:

(1.1) **oficiosamente**, quando a autoridade policial instaura inquérito para apurar determinado fato delituoso independentemente da provocação de qualquer pessoa (art. 5º, I, do CPP), por ter tomado conhecimento diretamente da infração penal;

(1.2) **requisição** da autoridade judiciária ou do MP (art. 5º, II, do CPP);

DICA DO AUTOR : Não obstante o dispositivo faça menção à possibilidade de a autoridade judiciária requisitar a instauração de IP, isso não se **compatibiliza** com o sistema acusatório adotado constitucionalmente. Assim sendo, caso a autoridade judiciária tome conhecimento da prática de infração penal, o magistrado deve encaminhá-la ao MP (art. 40[221] do CPP).

(1.3) **requerimento do ofendido ou de quem tenha qualidade para representá-lo** (art. 5º, § 1º, do CPP): na hipótese, o delegado não está obrigado a instaurar o inquérito, devendo averiguar a procedência das informações;

(1.4) **notícia oferecida por qualquer do povo** (art. 5º, § 3º, do CPP): cuida-se da *delatio criminis*. Trata-se como regra de mera faculdade do cidadão,

---

[221] CPP, "Art. 40. Quando, em autos ou papéis de que conhecerem, os juízes ou tribunais verificarem a existência de crime de ação pública, remeterão ao Ministério Público as cópias e os documentos necessários ao oferecimento da denúncia".

salvo nas hipóteses previstas no art. 66²²² do **Decreto-lei n. 3.688/41** (Lei das Contravenções Penais – LCP): (1.4.1) crime de ação pública incondicionada; (1.4.2) crime de ação pública incondicionada, de que teve conhecimento no exercício da medicina ou outra profissão sanitária;

(1.5) **auto de prisão em flagrante:** é uma das formas de instauração do IP, embora não conste do art. 5º do CPP, até porque usualmente é acompanhado de justa causa para a propositura da ação penal.

(2) *Nos crimes de ação penal pública condicionada e de ação penal privada*: em tais casos, a instauração de IP está condicionada à representação do ofendido ou à requisição do Ministro da Justiça.

■ Notícia crime (*notitia criminis*)

A notícia crime ou *notitia criminis* é o conhecimento espontâneo ou provocado, por parte da autoridade policial, acerca de um fato delituoso. Subdivide-se²²³ em:

(1) *noticia criminis* **de cognição imediata** (ou espontânea): ocorre quando a autoridade policial toma conhecimento do fato delituoso por meio de suas atividades rotineiras;

(2) *noticia criminis* **de cognição mediata** (ou provocada): ocorre quando a autoridade policial toma conhecimento da infração penal por meio de outra pessoa, por exemplo, por representação do ofendido ou requisição do MP;

(3) *noticia criminis* **de cognição coercitiva**: ocorre quando a autoridade policial toma conhecimento do fato delituoso por meio da apresentação do indivíduo preso em flagrante;

(4) *noticia criminis* **inqualificada ou apócrifa** (denúncia anônima): é aquela em que o noticiante não se qualifica, ou seja, é feita de forma anônima. A jurisprudência do STF²²⁴ é assente no sentido de que a denúncia anônima não

---

²²² LCP, "Art. 66. Deixar de comunicar à autoridade competente: I – crime de ação pública, de que teve conhecimento no exercício de função pública, desde que a ação penal não dependa de representação; II – crime de ação pública, de que teve conhecimento no exercício da medicina ou de outra profissão sanitária, desde que a ação penal não dependa de representação e a comunicação não exponha o cliente a procedimento criminal: Pena – multa, de trezentos mil réis a três contos de réis".

²²³ LIMA, Renato Brasileiro de. *Manual de processo penal*. 5. ed. Salvador: JusPodivm, 2017. p. 131.

²²⁴ "[...] Persecução penal e **delação anônima**. Viabilidade, desde que a instauração formal do inquérito tenha sido **precedida de averiguação sumária, 'com prudência e discrição'**, destinada a apu-

invalidaria o inquérito ou processo quando seguido por diligências de averiguação da veracidade dos fatos noticiados, isto é, quando são realizadas diligências para averiguar a veracidade das informações. Desse modo, *a contrario sensu*, inadmissível é o IP baseado somente na denúncia anônima sem qualquer averiguação sumária prévia das informações anônimas.

■ **Atribuição para a presidência do inquérito policial**

A presidência do IP cabe à Polícia Investigativa (ou Judiciária), função exercida pela Polícia Civil, em âmbito estadual, e pela Polícia Federal, em âmbito federal. Dessa feita, os IPs serão presididos por um delegado da Polícia Civil ou por delegado da Polícia Federal (art. 144, §§ 1º[225] e 4º[226], da CRFB/88). Em um **sistema constitucional com separação funcional entre os órgãos do Sistema de Justiça e do Sistema de Segurança Pública**, deve-se defender a impossibilidade de o magistrado requisitar o indiciamento[227], não obstante as

---

rar a verossimilhança dos fatos delatados e da respectiva autoria. Doutrina. Precedentes do Supremo Tribunal Federal [...]" (STF, HC 109.598 AgR, rel. Min. Celso de Mello, 2ª Turma, j. 15-3-2016, public. 27-4-2016).

[225] CRFB/88, "Art. 144. [...] § 1º A **polícia federal**, instituída por lei como órgão permanente, organizado e mantido pela União e estruturado em carreira, destina-se a: I – apurar infrações penais contra a ordem política e social ou em detrimento de bens, serviços e interesses da União ou de suas entidades autárquicas e empresas públicas, assim como outras infrações cuja prática tenha repercussão interestadual ou internacional e exija repressão uniforme, segundo se dispuser em lei; II – prevenir e reprimir o tráfico ilícito de entorpecentes e drogas afins, o contrabando e o descaminho, sem prejuízo da ação fazendária e de outros órgãos públicos nas respectivas áreas de competência; III – exercer as funções de polícia marítima, aeroportuária e de fronteiras; IV – exercer, com exclusividade, as **funções de polícia judiciária da União**".

[226] CRFB/88, "Art. 144. [...] § 4º Às **polícias civis**, dirigidas por delegados de polícia de carreira, incumbem, ressalvada a competência da União, as **funções de polícia judiciária** e a apuração de infrações penais, exceto as militares".

[227] "Recurso ordinário em *habeas corpus*. Estatuto do Idoso. Infração de menor potencial ofensivo. Audiência preliminar. Recusa dos acusados à proposta de suspensão condicional do processo. **Determinação de indiciamento pelo magistrado singular. Impossibilidade.** Inteligência do artigo 2º, § 6º, da Lei 12.830/2013. Violação ao **sistema acusatório**. Constrangimento ilegal caracterizado. Provimento do reclamo. 1. É por meio do indiciamento que a autoridade policial aponta determinada pessoa como a autora do ilícito em apuração. 2. Por se tratar de medida ínsita à fase investigatória, por meio da qual o Delegado de Polícia externa o seu convencimento sobre a autoria dos fatos apurados, não se admite que seja requerida ou determinada pelo magistrado, já que tal procedimento obrigaria o presidente do inquérito à conclusão de que determinado indivíduo seria o responsável pela prática criminosa, em nítida violação ao sistema acusatório adotado pelo ordenamento jurídico pátrio. Inteligência do artigo 2º, § 6º, da Lei 12.830/2013. Doutrina. Precedentes do STJ e do STF. 3. Recurso provido para anular a decisão que determinou o indiciamento dos recorrentes" (STJ, RHC 47.984/SP, rel. Min. Jorge Mussi, 5ª Turma, j. 4-11-2014, *DJe* 12-11-2014).

polêmicas que reverberam a partir do caso "*Fake News*", no qual se determinou a abertura oficiosa de Inquérito no STF (Inq. 4.781)[228].

■ Indiciamento

O indiciamento é ato formal e privativo do delegado de polícia[229] consistente em tornar indiciado alguém que tem contra si elementos convergentes indicativos de ser o provável autor de uma infração penal. Em outras palavras, é a imputação formal da *investigação* contra uma pessoa. Somente após esse ato formal, o acusado, suspeito, passa a ser identificado como indiciado. É ato escrito, fundamentado juridicamente e subscrito por duas testemunhas, na forma do inciso V do art. 6º do CPP.

Quanto ao **sujeito passivo**, em regra, qualquer pessoa pode ser indiciada. Contudo, deve ser feita observação sobre as autoridades com **foro por prerrogativa de função**. Sobre tal tema, na Questão de Ordem no Inq. 2.411, o Pleno do STF passou a exigir autorização prévia do ministro-relator do inquérito antes do indiciamento da autoridade com foro por prerrogativa de função, sendo certo que a própria instauração de procedimento investigatório também ficaria condicionada à autorização – o precedente merece leitura:

> [...] Questão de Ordem em Inquérito. 1. Trata-se de questão de ordem suscitada pela defesa de Senador da República, em sede de inquérito originário promovido pelo Ministério Público Federal (MPF), para que o Plenário do Supremo Tribunal Federal (STF) defina a legitimidade, ou não, da instauração do inquérito e do indiciamento realizado diretamente pela Polícia Federal (PF). 2. Apuração do envolvimento do parlamentar quanto à ocorrência das supostas práticas delituosas sob investigação na denominada "Operação Sanguessuga". 3. Antes da intimação para prestar depoimento sobre os fatos objeto deste inquérito, o Senador foi previamente indiciado por ato da autoridade policial encarregada do cumprimento da diligência. 4. Considerações doutrinárias e jurisprudenciais acerca do tema da instauração de inquéritos em geral e dos inquéritos originários de competência do STF: i) a jurisprudência do STF é pacífica no sentido de que, nos inquéritos

---

[228] GOMES, Marcos; CASAS MAIA, Maurilio; SILVA, Rachel. Inquérito aberto por Toffoli para apurar ameaças ao STF viola sistema acusatório. *Conjur*. Disponível em: <https://www.conjur.com.br/2019-abr-18/opiniao-inquerito-aberto-toffoli-viola-sistema-acusatorio>. Acesso em: 19 maio 2019.

[229] Lei n. 12.830/2013, "Art. 2º [...] § 6º O indiciamento, privativo do delegado de polícia, dar-se-á por ato fundamentado, mediante análise técnico-jurídica do fato, que deverá indicar a autoria, materialidade e suas circunstâncias".

policiais em geral, não cabe a juiz ou a Tribunal investigar, de ofício, o titular de prerrogativa de foro; ii) qualquer pessoa que, na condição exclusiva de cidadão, apresente "notitia criminis", diretamente a este Tribunal é parte manifestamente ilegítima para a formulação de pedido de recebimento de denúncia para a apuração de crimes de ação penal pública incondicionada. Precedentes: INQ n. 149/DF, rel. Min. Rafael Mayer, Pleno, *DJ* 27.10.1983; INQ (AgR) n. 1.793/DF, rel. Min. Ellen Gracie, Pleno, maioria, *DJ* 14.6.2002; PET – AgR – ED n. 1.104/DF, rel. Min. Sydney Sanches, Pleno, *DJ* 23.5.2003; PET n. 1.954/DF, rel. Min. Maurício Corrêa, Pleno, maioria, *DJ* 1º.8.2003; PET (AgR) n. 2.805/DF, rel. Min. Nelson Jobim, Pleno, maioria, *DJ* 27.2.2004; PET n. 3.248/DF, rel. Min. Ellen Gracie, decisão monocrática, *DJ* 23.11.2004; INQ n. 2.285/DF, rel. Min. Gilmar Mendes, decisão monocrática, *DJ* 13.3.2006 e PET (AgR) n. 2.998/MG, 2ª Turma, unânime, *DJ* 6.11.2006; iii) diferenças entre a regra geral, o inquérito policial disciplinado no Código de Processo Penal e o inquérito originário de competência do STF regido pelo art. 102, I, "b", da CF e pelo RI/STF. A prerrogativa de foro é uma garantia voltada não exatamente para os interesses dos titulares de cargos relevantes, mas, sobretudo, para a própria regularidade das instituições. Se a Constituição estabelece que os agentes políticos respondem, por crime comum, perante o STF (CF, art. 102, I, "b"), não há razão constitucional plausível para que as atividades diretamente relacionadas à supervisão judicial (abertura de procedimento investigatório) sejam retiradas do controle judicial do STF. A iniciativa do procedimento investigatório deve ser confiada ao MPF contando com a supervisão do Ministro-Relator do STF. 5. A Polícia Federal não está autorizada a abrir de ofício inquérito policial para apurar a conduta de parlamentares federais ou do próprio Presidente da República (no caso do STF). **No exercício de competência penal originária do STF (CF, art. 102, I, "b" c/c Lei n. 8.038/1990, art. 2º e RI/STF, arts. 230 a 234), a atividade de supervisão judicial deve ser constitucionalmente desempenhada durante toda a tramitação das investigações desde a abertura dos procedimentos investigatórios até o eventual oferecimento, ou não, de denúncia pelo *dominus litis*.** 6. Questão de ordem resolvida no sentido de anular o ato formal de indiciamento promovido pela autoridade policial em face do parlamentar investigado (STF, Inq. 2.411 QO, rel. Min. Gilmar Mendes, Tribunal Pleno, j. 10-10-2007).

■ **Diligências investigatórias (arts. 6º e 13 do CPP)**

As diligências investigatórias estão elencadas em grande parte no art. 6º do CPP. Contudo, não se trata de rol taxativo. O art. 13 do CPP também elenca outras providências que incumbem à autoridade policial, algumas, inclusive, praticadas no curso da ação penal.

A partir do CPP, são diligências investigatórias: (1) dirigir-se ao local, providenciando para que não se alterem o estado e a conservação das coisas, até a chegada dos peritos criminais (é fundamental, dada a importância da perícia para solucionar certos crimes); (2) apreender os objetos que tiverem relação com o fato, após liberados pelos peritos criminais; (3) colher todas as provas que servirem para o esclarecimento do fato e suas circunstâncias; (4) ouvir o ofendido; (5) ouvir o indiciado; (6) proceder ao reconhecimento de pessoas (art. 226 do CPP) e coisas (art. 227 do CPP) e a acareações; (7) determinar, se for o caso, que se proceda a exame de corpo de delito e a quaisquer outras perícias (art. 158 do CPP); (8) ordenar a identificação do indiciado pelo processo datiloscópico, se possível, e fazer juntar aos autos sua folha de antecedentes; (9) averiguar a vida pregressa do indiciado, sob o ponto de vista individual, familiar e social, sua condição econômica, sua atitude e estado de ânimo antes e depois do crime e durante ele, e quaisquer outros elementos que contribuírem para a apreciação do seu temperamento e caráter; (10) colher informações sobre a existência de filhos, respectivas idades e se possuem alguma deficiência e o nome e o contato de eventual responsável pelos cuidados dos filhos, indicado pela pessoa presa; (11) reconstituição do fato delituoso – está previsto no art. 7º do CPP que a autoridade policial poderá proceder à reprodução simulada dos fatos, desde que esta não contrarie a moralidade ou a ordem pública (ex.: crime contra a dignidade sexual). Por força do direito de não produzir prova contra si mesmo, não se pode exigir um comportamento ativo do acusado caso desse ato possa resultar a autoincriminação; assim, sempre que o acusado tiver que praticar uma ação, será necessário o seu consentimento.

DICA DO AUTOR: O inciso XXI, *a*, do art. 7º do EOAB, incluído pela Lei n. 13.245/2016, expressamente confere ao advogado o direito de assistir a seus clientes investigados durante a apuração de infrações, sob pena de "nulidade absoluta" do respectivo interrogatório ou depoimento e, subsequentemente, o de todos os elementos investigatórios e probatórios dele decorrentes ou derivados, direta ou indiretamente, podendo, inclusive, no curso da respectiva apuração apresentar razões (o que inclui a argumentação e defesa do seu ponto de vista sobre algo que será decidido pelo delegado ou sobre alguma diligência a ser praticada) e quesitos (o que inclui a formulação de perguntas ao investigado, às testemunhas, ao ofendido, perito etc.). Em linhas gerais, garante-se ao advogado o direito de estar presente ao interrogatório do investigado, podendo formular perguntas. Tal lógica é aplicada também à atividade do defensor público, via diálogo das fontes (STJ, REsp 1.710.155) e integração com a LC n. 80/94, conforme se esclarece no próximo item.

■ Participação defensorial no inquérito e investigação defensiva

De acordo com Diogo Esteves e Franklyn Roger Alves Silva[230], quanto à atuação da Defensoria Pública,

> a necessidade de atuação no inquérito policial decorre da **função institucional** prevista no **art. 4º, XIV**[231], **da LC n. 80/1994**, bem como do aprofundamento da instituição no **exercício da investigação defensiva**, quando houvesse pertinência ao exercício da defesa. É por essa razão que a nova disciplina da advocacia em nada inova a realidade da Defensoria Pública, posto que o dever de atuação no inquérito policial já existe há muito tempo.

Em caso de inexistência de regramento específico no âmbito da Defensoria Pública, com lastro no "diálogo das fontes"[232], protetivo do assistido defensorial, o Estado defensor pode se socorrer, no que aplicável, do **Provimento n. 188/2018**[233] do Conselho Federal da OAB nos autos da Proposição n. 49.0000.2017.009603-0/COP.

■ Defesa dos agentes de segurança pública no inquérito policial a partir da Lei n. 13.964/2019 ("Pacote Anticrime")

Por reconhecer a *relevância social* e a *vulnerabilidade jurídico-funcional* dos profissionais de segurança pública, a Lei n. 13.964/2019 (**"Pacote Anticrime"**) determinou que, em caso de inércia defensiva do policial indiciado, o órgão ao qual pertence o agente seja intimado para indicar seu defensor. As-

---

[230] ROGER, Franklyn; ESTEVES, Diogo. *Princípios institucionais da Defensoria Pública*. 2. ed. Rio de Janeiro: Forense, 2017. p. 432.

[231] LC n. 80/94, "Art. 4º São funções institucionais da Defensoria Pública, dentre outras: [...] XIV – acompanhar inquérito policial, inclusive com a comunicação imediata da prisão em flagrante pela autoridade policial, quando o preso não constituir advogado".

[232] Por analogia, aplica-se a mesma lógica do seguinte julgado: "[...] 6. À vista dessas premissas, e promovendo o necessário **diálogo das fontes**, tem-se que o **Estatuto da Advocacia não é de todo inaplicável aos Defensores Públicos**, dada a similitude com a advocacia privada das atividades que realizam. Dessa forma, **impensável afastar, por exemplo, a inviolabilidade por atos e manifestações (art. 2º, § 3º, da Lei 8.906/1994) ou o sigilo da comunicação (art. 7º, III)**. Entretanto, por todas as diferenças, aceita-se regime díspar previsto em legislação especial. [...]" (STJ, REsp 1.710.155, rel. Min. Herman Benjamin, j. 1º-3-2018).

[233] "Regulamenta o exercício da prerrogativa profissional do advogado de realização de diligências investigatórias para instrução em procedimentos administrativos e judiciais."

sim dispõe a nova redação do CPP – a qual possui certa equivalência com o novo art. 16-A do CPPM:

> CPP, Art. 14-A. Nos casos em que **servidores vinculados** às instituições dispostas no **art. 144 da Constituição Federal** figurarem como investigados em inquéritos policiais, inquéritos policiais militares e demais procedimentos extrajudiciais, cujo **objeto** for a investigação de **fatos relacionados ao uso da força letal praticados no exercício profissional**, de forma consumada ou tentada, incluindo as situações dispostas no art. 23 do Decreto-Lei n. 2.848, de 7 de dezembro de 1940 (Código Penal), o indiciado poderá constituir defensor.
>
> § 1º Para os casos previstos no *caput* deste artigo, o investigado deverá ser citado da instauração do procedimento investigatório, podendo constituir defensor no **prazo de até 48** (quarenta e oito) horas a contar do recebimento da citação.
>
> § 2º Esgotado o prazo disposto no § 1º deste artigo com **ausência de nomeação de defensor** pelo investigado, a autoridade responsável pela investigação deverá intimar **a instituição** a que estava vinculado o investigado à época da ocorrência dos fatos, para que essa, no prazo de 48 (quarenta e oito) horas, **indique defensor** para a representação do investigado.
>
> [...]
>
> § 6º As disposições constantes deste artigo se aplicam aos servidores militares vinculados às instituições dispostas no art. 142 da Constituição Federal, desde que os fatos investigados digam respeito a missões para a Garantia da Lei e da Ordem.

Lido o dispositivo, aprovado com vetos presidenciais mais à frente comentados, o ponto de controvérsia é se a assistência jurídica ao servidor da segurança pública deve ou não ser submetida ao crivo constitucional do art. 134, ou seja, à atividade da Defensoria Pública. Com efeito, tratando-se do reconhecimento de uma vulnerabilidade jurídica decorrente do risco jurídico da função de segurança pública, constitucionalmente tal atribuição deveria ser conectada ao Estado defensor[234] (art. 134 da CRFB/88). Contudo, a questão não é tão simples, e duas correntes jurídicas se abrem:

---

[234] Sobre o tema, recomenda-se ainda: (1) OLIVEIRA, Thiago Belotti de. A defesa técnica no processo penal comum e militar: a ampla defesa na primeira etapa da persecução penal – art. 14-A do CPP e art. 1º-A do CPPM. In: SILVA, Franklyn Roger Alves. *O processo penal contemporâneo e a perspectiva da Defensoria Pública*. Belo Horizonte: CEI, 2020. p. 353-374; (2) ESTEVES, Diogo; SILVA, Franklyn Roger Alves. A assistência jurídica da Defensoria Pública no processo penal – múltiplas funções. A atuação da Defensoria Pública na assistência jurídica criminal. In: SILVA, Franklyn Roger Alves. *O processo penal contemporâneo e a perspectiva da Defensoria Pública*. Belo Horizonte: CEI, 2020. p. 101-103.

(1) **Atuação defensorial**: é a tese adotada pelo Poder Legislativo (antes do veto presidencial) e por Nucci[235], sendo a Defensoria Pública o único órgão voltado à assistência jurídica constitucional (art. 134) – inclusive na fase de inquérito (art. 4º, XIV, da LC n. 80/94) –, prestando tal serviço com exclusividade[236] na esfera pública. Assim, os membros da Defensoria Pública possuem missão constitucional distinta da Advocacia Pública (arts. 131-132), sendo esta última função essencial voltada somente à defesa estatal. Sendo assim, cabe aos membros da Defensoria Pública a defesa policial diante da vulnerabilidade jurídico-funcional decorrente da inércia defensiva e o consequente reconhecimento legislativo implícito da vulnerabilidade jurídico-funcional, conectando a nova regra (art. 14-A do CPP e art. 16-A do CPPM) à sua lei orgânica (art. 4º, XIV).

Por tal tese, realiza-se um *distinguishing* (distinção) ao entendimento da ADI 3.022 do STF, porquanto naquele caso foi reputada inconstitucional a defesa defensorial de todo e qualquer servidor processado em razão da atividade. No caso atual, contudo, a assistência pública é **limitada** e decorre do **interesse social** em abrandar o maior risco jurídico dos profissionais da segurança pública, que são mais demandados que os demais servidores públicos em razão da natureza da atividade; existente *"discrímen" razoável*, a justificar a atuação do Estado defensor diante da vulnerabilidade jurídico-funcional relatada (art. 4º, XI, da LC n. 80/94), observados os requisitos legais da (1) inércia defensiva e de o fato apurado decorrer de sua (2) atividade funcional.

Ademais, com os devidos aportes orçamentários, a tese defensorial permitirá, em princípio, maior crescimento e aproximação da Defensoria Pública da atividade de inquérito, permitindo sua expansão a médio ou longo prazo para outros grupos vulneráveis, em especial o necessitado econômico.

(2) **Atuação da Advocacia Pública (ou "não defensorial")**: para esta corrente, adotada em veto presidencial e por Renato Brasileiro[237], segue-se, sem maiores reflexões sobre a *ratio decidendi*, o entendimento do julgado da **ADI 3.022/RS** do STF. Assim, sem observar que o dispositivo declarado inconstitucional nessa ADI era regra excessivamente mais abrangente e, por

---

[235] NUCCI, Guilherme de Souza. *Pacote Anticrime comentado*. Rio de Janeiro: Forense, 2020. p. 57.
[236] OLIVEIRA, Patrícia Elias Cozzolino de. *A legitimidade exclusiva da Defensoria Pública na prestação de assistência jurídica gratuita*. São Paulo: Verbatim, 2018.
[237] LIMA, Renato Brasileiro de. *Manual de processo penal*. 8. ed. São Paulo: JusPodivm, 2020. p. 193.

essa razão, refutada pelo STF, tal corrente nega atuação da assistência jurídica constitucional do Estado defensor.

Ademais, há fator de fragilização da ampla defesa na tese adotada pelo veto presidencial, pois, apesar de os membros da Advocacia Pública serem devidamente capacitados, eles correm o risco de serem limitados funcionalmente quanto à alegação de teses defensivas nocivas ao ente estatal – como aquelas potencialmente ensejadoras de ações regressivas e responsabilidade do Estado. Além disso, tal corrente permite o patrulhamento pelos advogados públicos do alegado pelo servidor de segurança pública, franqueando-lhes, de certo modo, o controle do uso de teses mais benéficas ao poder público em detrimento eventual às melhores teses em prol do investigado – as quais podem incluir ataques à estrutura e organização das corporações. Ainda assim, para a tese do veto caberia aos advogados públicos, e não aos defensores públicos, a defesa estampada no art. 14-A do CPP e art. 16-A do CPPM. E isso não somente fragilizaria a ampla defesa constitucional (art. 5º, LV) dos agentes de segurança pública, como também a ausência de garantias constitucionais de independência funcional aos advogados públicos, como gozam os defensores públicos, por exemplo, por meio da garantia da inamovibilidade (art. 134, § 1º) e do princípio da independência funcional-defensorial (art. 134, § 4º).

Por fim, registra-se: contra a ideia de que a Advocacia Pública poderia prestar assistência jurídica em lugar do constitucional papel da advocacia (art. 133) e da Defensoria Pública (art. 134), a OAB, na **ADI 2.888**, atacou a inconstitucionalidade e o desvio de função da atuação defensiva em assistência jurídica por advogados públicos.

Cabe ao estudante conhecer ambas as teses possíveis ao debate.

■ **Do veto constitucional à incomunicabilidade do indiciado preso**

A CRFB/88 veda a incomunicabilidade, no art. 5º, LXII e LXIII, motivo pelo qual o art. 21[238] do CPP não foi recepcionado no novel ordenamento jurídico.

---

[238] CPP, "Art. 21. A incomunicabilidade do indiciado dependerá sempre de despacho nos autos e somente será permitida quando o interesse da sociedade ou a conveniência da investigação o exigir. Parágrafo único. A incomunicabilidade, que não excederá de três dias, será decretada por despacho fundamentado do Juiz, a requerimento da autoridade policial, ou do órgão do Ministério Público, respeitado, em qualquer hipótese, o disposto no artigo 89, inciso III, do Estatuto da Ordem dos Advogados do Brasil (Lei n. 4.215, de 27 de abril de 1963)".

■ Conclusão do inquérito policial

De acordo com o art. 10 do CP, o inquérito deve terminar no prazo de dez dias se o indiciado estiver preso provisoriamente, contado o prazo da ordem de prisão, ou trinta dias, quando estiver solto. No entanto, o prazo para conclusão de IP federal no caso de indiciado preso será de quinze dias[239], consoante art. 66 da Lei n. 5.010/66.

Outrossim, o inquérito que investiga *tráfico de drogas* tem prazos especiais para conclusão previstos no art. 51[240] da Lei n. 11.343/2006, de trinta dias para indiciado preso e noventa dias para indiciado solto.

O inquérito é concluído com a elaboração de relatório, que se trata de resumo das diligências realizadas ou não e do rumo que foi tomado nas investigações. Entretanto, é dispensável para o oferecimento da inicial acusatória, assim como o próprio inquérito.

Após a conclusão do IP, em se tratando de inquérito para apuração de crime de **ação penal de iniciativa privada**, o juiz deve determinar a permanência dos autos em cartório, aguardando-se a iniciativa do ofendido ou de seu representante legal. No caso de IP para apuração de crime de **ação penal pública** abrem-se, via de regra, cinco possibilidades: (1) oferecimento de denúncia; (2) requisição de diligências; (3) arquivamento do inquérito (será tratado em outro tópico); (4) declínio de competência; (5) conflito de competência.

O **oferecimento da denúncia** ocorrerá quando o membro do MP entender que há justa causa para início da ação penal. A denúncia será mais bem estudada em tópico próprio.

Considerando que o MP é o *dominus litis*, o titular da ação penal pública (art. 129, I, da CRFB/88), e, portanto, em regra, o destinatário das informa-

---

[239] O art. 3º-B da Lei n. 13.964/2019 – "Pacote Anticrime" – dispõe: "§ 2º Se o investigado estiver preso, o juiz das garantias poderá, mediante representação da autoridade policial e ouvido o Ministério Público, prorrogar, uma única vez, a duração do inquérito por até 15 (quinze) dias, após o que, se ainda assim a investigação não for concluída, a prisão será imediatamente relaxada", no entanto a eficácia desse dispositivo e dos demais sobre o "juiz de garantias" foi suspensa liminarmente pelo STF (ADI 6.298), seguindo ainda pendente de julgamento de mérito até o fechamento desta edição.

[240] Lei n. 11.343/2005, "Art. 51. O inquérito policial será concluído no prazo de 30 (trinta) dias, se o indiciado estiver preso, e de 90 (noventa) dias, quando solto. Parágrafo único. Os prazos a que se refere este artigo podem ser duplicados pelo juiz, ouvido o Ministério Público, mediante pedido justificado da autoridade de polícia judiciária".

ções do IP, sem sombra de dúvidas poderá **requisitar diligências imprescindíveis** à formação da *opinio delicti*, o que inclusive está previsto nos arts. 13, II, e 16 do CPP e no art. 129, VIII, da CRFB/88. Ressalvem-se nesse caso as hipóteses em que houver necessidade de intervenção judicial (reserva de jurisdição), por exemplo para decreto de interceptação telefônica, em que o pedido deve ser formulado ao juiz competente.

Quanto ao **arquivamento do IP**, o delegado de polícia não poderá determiná-lo (art. 17 do CPP), nem a autoridade judiciária poderá fazê-lo de ofício. Cabe ao MP, o *dominus litis* constitucional, a análise dos elementos de informação contidos no inquérito e se estes são ou não suficientes para ao ajuizamento da ação penal, sendo certo que todo arquivamento dependerá de requerimento prévio do órgão natural do MP. Em verdade, o arquivamento é ato complexo, dependendo de requerimento do MP e de posterior decisão da autoridade judiciária.

O pedido de **declínio de competência** ocorre quando o promotor de justiça, ao vislumbrar que o juízo perante o qual atua não é dotado de competência para o julgamento do feito, requer a remessa dos autos ao juiz natural.

A suscitação de **conflito de competência** ocorre quando o promotor entender que aquele juízo perante o qual atua não é competente, mas já houve manifestação de outro juízo em sentido contrário.

■ **Arquivamento do inquérito policial**

Por questão de atualização, ressalta-se desde logo que o art. 28 do CPP sofreu alterações por meio da Lei n. 13.964/2019 ("Pacote Anticrime"), a qual, em harmonia com o texto constitucional, clareava ainda mais a separação entre as funções do Estado acusador e Estado-juiz. Todavia, a nova redação[241] conferida ao art. 28 foi suspensa liminarmente pelo STF na ADI 6.298, em janeiro de 2020. Com a reforma, o principal ponto de alteração no arquivamento do inquérito é que deixa de haver a participação do juiz, buscando aliar o procedimento com o sistema acusatório, sendo os autos do inquérito ou de elementos informativos da mesma natureza encaminhados para a instân-

---

[241] Não obstante a nova redação do art. 28 do CPP se encontre suspensa por ordem liminar na ADI 6.298 do STF, estudantes e profissionais devem sempre ficar atentos à eventual superveniente decisão que possa vir a restabelecer o dispositivo legal, sendo possível sua cobrança prática e em provas.

cia de revisão ministerial para homologação do arquivamento. Ademais, passou o legislador a prever que a vítima, o investigado e a autoridade policial serão comunicados do arquivamento e que a vítima ou seu representante legal passam a ter legitimidade para submeter a questão, caso discordem da decisão, à instância de revisão do MP, dispondo do prazo de trinta dias da comunicação para tanto. Nas ações penais relativas a crimes praticados em detrimento da União, Estados e Municípios, a revisão do arquivamento do IP poderá ser provocada pela chefia do órgão a quem couber a sua representação judicial.

Contudo, conforme já se pontuou, e segundo a redação em vigor até o fechamento desta edição, o arquivamento do IP é ato complexo, dependendo de requerimento do MP e ulterior decisão judicial. No arquivamento do inquérito, tem prevalecido a ideia de que o juiz exerce certo papel de fiscal do princípio da *obrigatoriedade* da ação penal pública, razão pela qual sua divergência com requerimento ministerial de arquivamento pode ensejar a intimação do Procurador-Geral de Justiça (art. 28 do CPP), conforme será visto à frente.

O requerimento de **arquivamento do inquérito** pode ocorrer nas seguintes situações[242]: (1) **ausência de pressuposto processual para a propositura da ação**; (2) **falta de justa causa para o exercício da ação penal**; (3) **quando o fato não for típico**[243]; (4) **quando houver causa excludente de ilicitude manifesta**; (5) **quando houver outra causa manifesta excludente de culpabilidade que não a inimputabilidade**; (6) **existência de causa extintiva de punibilidade**.

Importante destacar que a decisão de arquivamento fará coisa julgada formal ou formal e material, a depender do seu fundamento.

Necessário retomar alguns conceitos: a **coisa julgada formal** é aquela que torna imutável e indiscutível uma decisão dentro do processo em que fora prolatada, seja porque não houve interposição de recursos, seja porque a via recursal foi exaurida. Trata-se de fenômeno *endoprocessual*, pois a imutabilidade da decisão está restrita ao processo em que foi proferida. Já a **coisa julgada material** é a imutabilidade e indiscutibilidade da decisão além dos limites do processo em que foi proferida, ou seja, a coisa julgada material possui também efeitos extraprocessuais, além de intraprocessuais.

---

[242] LIMA, Renato Brasileiro de. *Manual de processo penal*. 5. ed. Salvador: JusPodivm, 2017. p. 164.

[243] "*Habeas corpus*. Em casos excepcionais, pode ser concedido para **trancar a investigação policial**. [...]. **Absoluta atipicidade penal do fato**. [...]. Ordem concedida para fazer cessar o constrangimento a que está submetido o paciente" (STF, RHC 42.538, rel. Min. Evandro Lins, Tribunal Pleno, j. 18-8-1965).

Desta feita, haverá apenas coisa julgada formal quando a decisão de arquivamento tiver como fundamento a ausência de pressupostos processuais ou justa causa para a propositura da ação. Nas demais hipóteses, haverá dupla coisa julgada – formal e material.

Quanto ao procedimento de arquivamento do IP, na justiça estadual é formulado requerimento de arquivamento pelo membro do MP ao juiz competente. Requerido o arquivamento, com base em uma das hipóteses que são presentes no art. 395 do CPP, se o juiz crê na sua correção, encampando a tese do MP, simplesmente arquiva o inquérito. Contudo, se o juiz entender não ser o caso legítimo para arquivamento, o juízo remeterá os autos ao PGJ com lastro no art. 28 do CPP, a fim de que ele se manifeste sobre o impasse. Na hipótese, o Procurador-Geral de Justiça (PGJ) poderá: (1) **denunciar**; (2) **requisitar** diligências; (3) **designar** outro órgão do MP – denominado pela doutrina *longa manus* – para oferecer denúncia; (4) **reiterar** pedido de arquivamento pelo MP, hipótese em que o juiz está obrigado a atender.

Já na **Justiça federal**, o art. 28 do CPP deve ser interpretado em consonância com a LC n. 75/93. Dessa feita, discordando o juiz federal ou juiz do Distrito Federal do pedido de arquivamento formulado pelo Procurador da República ou pelo promotor do MP do Distrito Federal e Territórios, deverá remeter os autos à Câmara de Coordenação e revisão do Ministério Público Federal ou Ministério Público do Distrito Federal e Territórios, em consonância com os arts. 62, IV, e 171, V, da LC n. 75/93.

Na instância superior a situação é diversa: quem oficia perante o STJ, em ações penais, originalmente, é o Procurador-Geral da República (PGR), mas ele delega essa atribuição aos subprocuradores. Da mesma forma se dá no STF. Destarte, o requerimento de arquivamento pelo subprocurador perante o STJ ou STF não pode ser rejeitado por essas Cortes: simplesmente não há para quem remeter os autos, pois os subprocuradores já estão oficiando em nome do PGR, e o requerimento do PGR é irrecusável, unilateral e irretratável, pois não há instância de controle, superior ao PGR, no âmbito do MPF.

Em âmbito estadual há diferenças. O requerimento do PGJ nos feitos em que oficia originariamente não tem força obrigatória, não é irrecusável, porque o magistrado poderá, aplicando o art. 28 do CPP, remeter a promoção ao controle do Colégio de Procuradores, órgão que tem essa atribuição revisora sobre atos do PGJ, e que não existe no MPF – tudo nos termos do art. 12, XI[244], da Lei n. 8.625/93 apresenta essa atribuição.

---

[244] Lei n. 8.625/93, "Art. 12. O Colégio de Procuradores de Justiça é composto por todos os Procuradores de Justiça, competindo-lhe: [...] XI – rever, mediante requerimento de legítimo interessado, nos termos da Lei Orgânica, decisão de arquivamento de inquérito policial ou peças de informações determinada pelo Procurador-Geral de Justiça, nos casos de sua atribuição originária".

Cumpre ainda mencionar o conceito de *arquivamento implícito* trazido pela doutrina, o qual ocorre quando o titular da ação penal deixar de incluir na denúncia algum fato investigado ou algum dos indiciados, sem justificar esse procedimento e sem que o magistrado aplique o art. 28 do CPP. A maior parte da doutrina e jurisprudência não admite esse tipo de arquivamento[245], pois o pedido de arquivamento deve ser fundamentado, e nesse caso o que ocorreu foi uma omissão. O **arquivamento objetivo implícito** ocorre quando o silêncio do MP recair sobre fatos: havendo mais de um fato criminoso em inquérito, se o MP pede arquivamento em relação a um dos crimes, mas nada fala em relação ao outro, dar-se-ia o *arquivamento implícito objetivo*. Por outro lado, o arquivamento implícito poderia decorrer também se, havendo pluralidade de indiciados, o MP oferece denúncia apenas em face de um deles, haveria o **arquivamento subjetivo implícito** em relação ao outro, em face do qual o MP se omitiu. Atualmente, tal conceito não é admitido pelo STF[246] e STJ[247-248].

DICA DO AUTOR: No **Concurso da Defensoria Pública do Estado de São Paulo (2015, FCC)** foi formulada questão arguindo justamente sobre o arquivamento implícito e cuja resposta almejada pelo examinador era: "o fenômeno decorrente de o MP deixar de incluir na denúncia algum fato investigado ou algum suspeito, sem expressa justificação".

Por outro lado, o **arquivamento indireto** ocorre quando o membro do MP deixa de oferecer denúncia, sob o fundamento de que não teria atribuição e de que a autoridade jurisdicional seria incompetente. Se o juiz estadual discorda

---

[245] Não admitindo: LIMA, Renato Brasileiro de. *Manual de processo penal*. 5. ed. Salvador: JusPodivm, 2017. p. 176, e pela admissão: JARDIM, Afrânio Silva. *Direito processual penal*. 11. ed. Rio de Janeiro: Forense, 2002. p. 170.

[246] "[...] 2. A jurisprudência deste Supremo Tribunal é firme no sentido de que não há arquivamento implícito de ação penal pública. [...]" (STF, HC 127.011-AgR, rel. Min. Cármen Lúcia, 2ª Turma, j. 12-5-2015).

[247] "[...] 2. O arquivamento implícito não encontra guarida no ordenamento jurídico brasileiro. Por isso nada obsta que o *Parquet* proceda ao aditamento da exordial acusatória, no momento em que se verificar a presença de indícios suficientes de autoria de outro corréu. (Precedentes do STF) [...]" (STJ, RHC 80.144/ES, rel. Min. Rogerio Schietti Cruz, 6ª Turma, j. 3-10-2017, *DJe* 16-10-2017).

[248] "[...] 3 – Não vigora o princípio da indivisibilidade na ação penal pública. O *Parquet* é livre para formar sua convicção incluindo na increpação as pessoas que entenda terem praticado ilícitos penais, ou seja, mediante a constatação de indícios de autoria e materialidade, não se podendo falar em arquivamento implícito em relação a quem não foi denunciado. 4 – Recurso não conhecido" (STJ, RHC 34.233/SP, rel. Min. Maria Thereza de Assis Moura, 6ª Turma, j. 6-5-2014, *DJe* 14-5-2014).

do promotor, entendendo-se competente, surge um dissenso entre eles, dissenso que, além de ser sobre a competência, é também sobre a atribuição daquele órgão do MP: o promotor se entende carente de atribuição, e o juiz entende que o promotor tem tal atribuição. Nesse caso, há o entendimento de que o promotor promoveu o arquivamento indireto, e o juiz, discordando, aplica o art. 28 do CPP. É simples: o arquivamento indireto é uma criação pretoriana, decorrente de uma integração analógica do art. 28 do CPP. A solução do conflito entre o juiz que se achar competente e o promotor que se achar sem atribuição para o processo é aplicar o art. 28, remetendo a discussão ao PGJ ou à Câmara de Coordenação e Revisão do Ministério Público da União.

■ Do acordo de não persecução penal (ANPP)

A Lei n. 13.964/2019 introduziu no CPP o art. 28-A, que traz a figura do **"acordo de não persecução penal" (ANPP)**, ampliando o chamado espaço de consenso ou justiça negociada no processo penal, ao lado da transação penal e da suspensão condicional do processo, dispondo que poderá ser proposto pelo MP desde que necessário e suficiente para reprovação e prevenção do crime e observados os seguintes pressupostos e requisitos: (1) não seja hipótese de arquivamento do inquérito (art. 28-A, *caput*, do CPP); (2) que o investigado tenha confessado formal e circunstancialmente a prática de infração penal (art. 28-A, *caput*, do CPP); (3) crime praticado sem violência ou grave ameaça contra a pessoa (art. 28-A, *caput*, do CPP); (4) crime com pena mínima inferior a quatro anos (art. 28-A, *caput*, do CPP – sendo consideradas as causas de aumento e diminuição de pena aplicáveis ao caso concreto – § 1º); (5) não seja cabível transação penal (§ 2º, I); (6) não ser o investigado reincidente (§ 2º, II); (7) não existirem elementos probatórios que indiquem conduta criminal habitual, reiterada ou profissional, exceto se insignificantes as infrações penais pretéritas (§ 2º, II); (8) não ter sido o agente beneficiado nos cinco anos anteriores ao cometimento da infração, em acordo de não persecução penal, transação penal ou suspensão condicional do processo (§ 2º, III); (9) não seja crime de violência doméstica (§ 2º, IV). Criticamente, Afrânio Silva Jardim[249] impugna a denominação "acordo de não persecução penal" ao fundamento de que:

---

[249] JARDIM, Afrânio Silva; AMORIM, Pierre Souto Maior Coutinho de. *Primeiras impressões sobre a Lei 13.964/19, aspectos processuais*. Disponível em: <https://www.migalhas.com.br/depeso/318477/primeiras-impressoes-sobre-a-lei-13964-19-aspectos-processuais>. Acesso em: 26 mar. 2020.

> a persecução penal é atividade estatal que busca elucidar a existência e a autoria de uma infração penal, dividindo-se em duas fases: uma administrativa, feita pela polícia investigativa, e outra processual, desenvolvida perante o Poder Judiciário, num processo acusatório. Dessa forma, a persecução penal, quando da realização do acordo previsto no novo art. 28-A, já se iniciou (a primeira fase até findou), eis que o Ministério Público só fará tratativas com seu parceiro no negócio, o eventual criminoso, após receber os autos do inquérito policial ou peças de informações. E se efetivado o acordo, a persecução penal será ultimada com êxito, aplicando-se uma sanção penal. Daí decorre com clareza que o acordo não se pode denominar como de "não persecução penal", pois já iniciada. Inclusive, caso efetivado o acordo, a persecução penal será ultimada com êxito, aplicando-se uma sanção penal.

Com muita propriedade, Rômulo de Andrade Moreira[250] comenta o pressuposto – "necessário e suficiente para a reprovação e prevenção do crime", tecendo as seguintes observações:

> Como se vê, trata-se de uma repetição, *ipsis litteris*, da última parte do que contém o art. 59 do CP que estabelece os parâmetros para a determinação da sanção aplicável em caso de uma condenação (ao lado do art. 68, CP). O que seria mesmo um acordo necessário e suficiente para a reprovação e prevenção do crime? Esta é uma matéria extremamente delicada, pois toca a questão das finalidades da pena, razão pela qual é absolutamente imprópria para constar como requisito a um acordo penal, ainda mais em uma fase em que nem sequer houve uma acusação formal contra alguém.

O requisito de que o investigado terá que confessar formal e circunstancialmente a prática da infração para realizar o ANPP vem gerando discussões, sendo objeto da **ADI 6.304**, ajuizada pela Associação Brasileira dos Advogados Criminalistas (ABRACRIM). A principal crítica é de que a obrigação de confessar imposta pela lei fere o princípio da presunção da inocência.

Além dos requisitos elencados, para que seja celebrado o acordo de não persecução penal, a lei prevê diversas condições, que podem ser estabelecidas de forma cumulativa ou alternativa, cuja leitura é importante:

> I – reparar o dano ou restituir a coisa à vítima, exceto na impossibilidade de fazê-lo;
> II – renunciar voluntariamente a bens e direitos indicados pelo Ministério Público como instrumentos, produto ou proveito do crime;

---

[250] MOREIRA, Rômulo de Andrade. *O acordo de não persecução penal*. Disponível em: <http://www.justificando.com/2020-1-31/o-acordo-de-nao-persecucao-penal/>. Acesso em: 26 mar. 2020.

III – prestar serviço à comunidade ou a entidades públicas por período correspondente à pena mínima cominada ao delito diminuída de um a dois terços, em local a ser indicado pelo juízo da execução, na forma do art. 46 do Decreto-Lei n. 2.848, de 7 de dezembro de 1940 (Código Penal);

IV – pagar prestação pecuniária, a ser estipulada nos termos do art. 45 do Decreto-Lei n. 2.848, de 7 de dezembro de 1940 (Código Penal), a entidade pública ou de interesse social, a ser indicada pelo juízo da execução, que tenha, preferencialmente, como função proteger bens jurídicos iguais ou semelhantes aos aparentemente lesados pelo delito; ou

V – cumprir, por prazo determinado, outra condição indicada pelo Ministério Público, desde que proporcional e compatível com a infração penal imputada.

Aury Lopes Júnior e Higyna Josita[251] esclarecem diversos pontos sobre o instituto, afirmando que: (1) o ANPP é aplicável aos processos em curso, ainda não sentenciados até a entrada em vigor da lei, pois, ao criar uma causa extintiva da punibilidade (art. 28-A, § 13, do CPP), adquiriu natureza mista de norma processual e norma penal, devendo retroagir para beneficiar o agente (art. 5º, XL, da CRFB/88), já que é algo mais benéfico do que uma possível condenação criminal; (2) cabe ANPP para as ações penais privadas, por ausência de vedação legal, devendo, no entanto, nesses casos a vítima ser intimada perante a primeira audiência junto ao MP com vistas a discutir as condições. Caso não compareça ou se negue a oferecer o acordo, isso não impede que o membro do *Parquet* o proponha, na qualidade de *custos legis*; (3) em caso de descumprimento do ANPP, a confissão feita pelo investigado não poderá ser usada contra ele durante o curso do processo que a caso venha a surgir.

No que diz respeito à obrigatoriedade de oferecimento de ANPP, duas correntes se formaram, e Aury e Higyna, citados anteriormente[252], divergem sobre esse ponto: (1) pela obrigatoriedade, Aury Lopes Júnior entende que, "preenchidos os requisitos legais, trata-se de direito público subjetivo do imputado, um direito processual que não lhe pode ser negado, ou seja, presentes os requisitos legais, ele tem direito aos benefícios do acordo. O imputado postularia o reconhecimento de um direito (o direito ao ANPP) que lhe está sendo

---

[251] LOPES JR., Aury; JOSITA, Higyna. Questões polêmicas do acordo de não persecução penal. *Conjur*, 6 mar. 2020. Disponível em: <https://www.conjur.com.br/2020-mar-06/limite-penal--questoes-polemicas-acordo-nao-persecucao-penal>. Acesso em: 25 mar. 2020.

[252] Idem, ibidem.

negado pelo MP, e o juiz decide, mediante invocação. O papel do juiz aqui é o de garantidor da máxima eficácia do sistema de direitos do réu, ou seja, sua verdadeira missão constitucional. Entretanto, tal posição possivelmente encontrará resistência, sendo tendência a aplicação do art. 28 do CPP (seja o art. 28 antigo, seja o novo dispositivo – cuja liminar suspendeu a eficácia – quando entrar em vigor)"; 2) pela faculdade do MP – Higyna Josita entende que não é direito subjetivo, mas faculdade do MP. Como já decidiu o STJ (AgRg no RHC 74.464/PR), a suspensão condicional do processo não é direito subjetivo do acusado, mas sim um poder-dever do MP, titular da ação penal, a quem cabe, com exclusividade, analisar a possibilidade de aplicação do referido instituto, desde que o faça de forma fundamentada. Esse mesmo raciocínio pode ser aplicado para o instituto do ANPP, já que ambos têm o mesmo caráter de instrumento da Justiça penal consensuada. O MP não é obrigado a ofertar o acordo, mas, nesse caso, precisa fundamentar a razão pela qual está deixando de fazê-lo, até mesmo porque o agente tem direito a saber a razão da recusa pelo MP para ter como desenvolver sua argumentação no pedido de revisão que poderá fazer junto ao Órgão Ministerial Revisional, para o qual poderá dirigir um pedido de reconsideração, com remessa dos autos (art. 28, § 14, do CPP). Isso se chama exercício do direito à ampla defesa.

Se houver o oferecimento da peça acusatória, nada obstante ser caso de acordo, sob a ótica do Estado defensor, o réu poderá impetrar HC para trancar o processo, afinal, trata-se de exercício abusivo do dever de acusar.

O ANPP será formalizado por escrito e será firmado pelo membro do MP, pelo investigado e por seu defensor[253]. Para sua homologação será realizada audiência na qual o juiz deverá verificar a sua voluntariedade, por meio da oitiva do investigado na presença do seu defensor, e sua legalidade (§§ 3º e 4º do art. 28-A da Lei n. 13.964/2019).

A celebração e o cumprimento do ANPP não constarão de certidão de antecedentes criminais, exceto para os fins previstos no inciso III do § 2º desse

---

[253] Lei n. 13.964/2019, "Art. 28-A. [...] "§ 5º Se o juiz considerar inadequadas, insuficientes ou abusivas as condições dispostas no acordo de não persecução penal, devolverá os autos ao Ministério Público para que seja reformulada a proposta de acordo, com concordância do investigado e seu defensor. [...] § 7º O juiz poderá recusar homologação à proposta que não atender aos requisitos legais ou quando não for realizada a adequação a que se refere o § 5º deste artigo. § 8º Recusada a homologação, o juiz devolverá os autos ao Ministério Público para a análise da necessidade de complementação das investigações ou o oferecimento da denúncia".

artigo, ou seja, para impedir a realização de novo ANPP. Descumpridas quaisquer das condições estipuladas nele, o MP deverá comunicar ao juízo, para fins de sua rescisão e posterior oferecimento de denúncia. Cumprido integralmente o ANPP, o juízo competente decretará a extinção de punibilidade (art. 28-A, §§ 10, 12 e 13, da Lei n. 13.964/2019).

Uma última pergunta a ser respondida: é possível a aplicação do ANPP a processos em trâmite? Caso se compreenda a respectiva norma com **natureza mista (material e processual)**, deve-se entendê-la como norma com potencialidade para alcançar processos em tramitação, como ocorrera com a transação penal, a Lei n. 9.099/95 e precedentes do STF:

> Penal e processo penal. Juizados Especiais. Art. 90 da Lei 9.099/1995. Aplicabilidade. **Interpretação conforme para excluir as normas de direito penal mais favoráveis ao réu.** O art. 90 da Lei 9.099/1995 determina que as disposições da lei dos Juizados Especiais não são aplicáveis aos processos penais nos quais a fase de instrução já tenha sido iniciada. Em se tratando de normas de natureza processual, a exceção estabelecida por lei à regra geral contida no art. 2º do CPP não padece de vício de inconstitucionalidade. Contudo, as normas de direito penal que tenham conteúdo mais benéfico aos réus devem retroagir para beneficiá-los, à luz do que determina o art. 5º, XL da Constituição Federal. **Interpretação conforme ao art. 90 da Lei 9.099/1995 para excluir de sua abrangência as normas de direito penal mais favoráveis ao réu contidas nessa lei** (STF, ADI 1.719, rel. Min. Joaquim Barbosa, Tribunal Pleno, j. 18-6-2007).
>
> [...] Lei n. 9.099/95 [...] Norma penal benéfica. Aplicabilidade imediata do art. 91 da Lei n. 9.099/95 aos procedimentos penais originários instaurados perante o Supremo Tribunal Federal. [...] **Lei n. 9.099/95. Consagração de medidas despenalizadoras. Normas benéficas. Retroatividade virtual.** [...] Esse novíssimo estatuto normativo, ao conferir expressão formal e positiva as premissas ideológicas que dão suporte as medidas despenalizadoras previstas na Lei n. 9.099/95, atribui, de modo consequente, especial primazia aos institutos (a) da composição civil (art. 74, parágrafo único), (b) da **transação penal** (art. 76), (c) da representação nos delitos de lesões culposas ou dolosas de natureza leve (arts. 88 e 91) e (d) da suspensão condicional do processo (art. 89). As prescrições que consagram as medidas despenalizadoras em **causa qualificam-se como normas penais benéficas, necessariamente impulsionadas, quanto a sua aplicabilidade, pelo princípio constitucional que impõe a** *lex mitior* **uma insuprimível carga de retroatividade virtual e, também, de incidência imediata.** [...] (STF, Inq. 1.055 QO, rel. Min. Celso de Mello, Tribunal Pleno, j. 24-4-1996).

Assim, principalmente em concursos para a Defensoria Pública, o candidato deve defender a natureza mista das normas referentes ao ANPP e, desse modo, sustentar sua aplicabilidade a processos em curso, com especial ênfase na interpretação decorrente dos precedentes da ADI 1.719 e do Inq. 1.055-QO.

■ Desarquivamento do inquérito

O arquivamento com base em falta de lastro probatório enseja a reabertura das investigações no caso de surgimento de novas provas, situação essa inconfundível com a mudança de opinião ou reavaliação da situação.

Convém registrar, ainda, que, se para desarquivar o IP basta a notícia de provas novas (art. 18 do CPP), diversamente, o MP só ofertará a denúncia se tiverem sido produzidas provas novas, nos termos do Enunciado Sumular 524 do STF[254].

Por outro lado, segundo posição do STF[255], se o arquivamento ocorre por atipicidade do fato, há coisa julgada material, não sendo possível o desarquivamento. Destaca-se o seguinte julgado:

> [...] Inquérito policial. Arquivamento ordenado por magistrado competente, a pedido do Ministério Público, por **ausência de tipicidade penal** do fato sob apuração. **Reabertura da investigação policial. Impossibilidade em tal hipótese.** Eficácia preclusiva da decisão judicial que determina o arquivamento do inquérito policial, por atipicidade do fato. Pedido de "*habeas corpus*" deferido. – Não se revela cabível a reabertura das investigações penais, quando o arquivamento do respectivo inquérito policial tenha sido determinado por magistrado competente, a pedido do Ministério Público, em virtude da atipicidade penal do fato sob apuração, hipótese em que a decisão judicial – porque definitiva – revestir-se-á de eficácia preclusiva e obstativa de ulterior instauração da "*persecutio criminis*", mesmo que a peça acusatória busque apoiar-se em novos elementos probatórios. **Inaplicabilidade, em tal situação, do art. 18 do CPP e da Súmula 524/STF.** Doutrina. Precedentes (STF, HC 84.156, rel. Min. Celso de Mello, 2ª Turma, j. 26-10-2004).

---

[254] Enunciado Sumular 524 do STF: "Arquivado o inquérito policial, por despacho do juiz, a requerimento do promotor de justiça, não pode a ação penal ser iniciada, sem novas provas".

[255] "[...]. Penal e processo penal. Arquivamento de procedimento investigatório. Reabertura das investigações. Precedentes. 1. A reabertura das investigações penais é incabível quando ocorre o arquivamento regular do procedimento investigatório na hipótese de atipicidade da conduta, nos termos da jurisprudência firmada por esta Corte. Precedente: HC 100.161/RJ, rel. Min. Dias Toffoli, Primeira Turma, *DJ* 16-9-2011. [...]" (STF, ARE 776.034 AgR, rel. Min. Luiz Fux, 1ª Turma, j. 12-5-2015).

Na prova preliminar para ingresso na **Defensoria Pública do Estado da Paraíba (2014, FCC)**, foi considerada CORRETA a seguinte alternativa em relação ao inquérito policial: "Depois de ordenado o arquivamento do inquérito pela autoridade judiciária, por falta de base para a denúncia, a autoridade policial poderá proceder a novas pesquisas, se de outras tiver notícia".

■ O trancamento do inquérito policial

O **trancamento do inquérito** não é encontrado expressamente na lei, mas é pacificamente admitido na jurisprudência[256] **quando ausente justa causa para seu prosseguimento**. O trancamento consiste na paralisação judicial do inquérito. É uma forma de encerramento *anômalo* do IP quando se verifica que a instauração do inquérito é manifestamente abusiva.

O trancamento pode ser **subjetivo** ou **objetivo**. O **trancamento subjetivo** é aquele em que se dá a paralisação do inquérito em relação a um dos investigados se não houver fundamento para prosseguir com as investigações em relação a ele. O **trancamento objetivo**, por sua vez, é a paralisação das investigações de um dos crimes, por ser notada a ausência de qualquer fundamento da sua materialidade, indicando a sua inexistência.

Geralmente ocorre através do manejo do *habeas corpus* impetrado em benefício do investigado.

■ Outros instrumentos de investigação

As peças de informação consubstanciam o resultado de outra modalidade de investigação criminal que não é conduzida pela autoridade policial. A lei[257] permite a investigação por outras pessoas. Assim sendo, existindo peças de

---

[256] Conforme clássico julgado: "*Habeas corpus*. **Em casos excepcionais, pode ser concedido para trancar a investigação policial.** Ato administrativo que anulou concorrência pública, sem proveito pessoal e sem prejuízo para terceiros. Ausência de sindicância ou de inquérito administrativo. **Absoluta atipicidade penal do fato.** Inexistência, inclusive, de irregularidades na esfera administrativa. **Ordem concedida para fazer cessar o constrangimento a que está submetido o paciente**" (STF, RHC 42.538, rel. Min. Evandro Lins, Tribunal Pleno, j. 18-8-1965).

[257] CPP, "Art. 28. Se o órgão do Ministério Público, ao invés de apresentar a denúncia, requerer o arquivamento do inquérito policial **ou de quaisquer peças de informação**, o juiz, no caso de considerar improcedentes as razões invocadas, fará remessa do inquérito ou peças de informação ao procurador-geral, e este oferecerá a denúncia, designará outro órgão do Ministério Público para oferecê-la, ou insistirá no pedido de arquivamento, ao qual só então estará o juiz obrigado a atender".

informação, despiciendo impor à sociedade o custo do inquérito, peça instrumental e eventual à ação penal, quando, por outros meios, sua finalidade for atingida. As peças de informação são tratadas à semelhança do inquérito, inclusive para efeitos de arquivamento.

■ **Peças de Informação e as Comissões Parlamentares de Inquérito (CPI)**

O resultado conclusivo da investigação produzida por uma CPI pode ser caracterizado como peça de informação, como dispõe o art. 58, § 3º[258], da CRFB/88. A CPI tem poderes de investigação próprios de uma autoridade judiciária, o que tem diversas implicações: a CPI pode quebrar sigilo bancário, por exemplo. Mas há que se atentar ainda à *cláusula de reserva de jurisdição*, criação jurisprudencial do STF, que determina que alguns atos investigatórios podem ser praticados exclusivamente pelo Judiciário, não podendo a CPI produzi-los, nem mesmo diante da equiparação que esse dispositivo promove. Três são os atos que são dados a essa **reserva jurisdicional: a decretação de prisão, a busca e apreensão e a interceptação telefônica.**

DICA DO AUTOR : A interceptação telefônica difere da quebra do sigilo de dados telefônicos: **interceptação telefônica** é a captura de conversação enquanto ocorre, ou seja, é a revelação do conteúdo de conversas telefônicas, reduzidas ao laudo de degravação; já a **quebra do sigilo de dados** consiste na revelação do histórico das ligações, da propriedade da linha etc. É possível à CPI compulsar os dados telefônicos, mas é-lhe vedada a interceptação telefônica, em qualquer modalidade.

■ **Investigação criminal pelo Ministério Público**

A atividade investigativa ministerial foi aceita pelo STF em sede de *repercussão geral*[259], sendo instrumentalizada por um Procedimento Investigatório

---

[258] CRFB/88, "Art. 58. O Congresso Nacional e suas Casas terão comissões permanentes e temporárias, constituídas na forma e com as atribuições previstas no respectivo regimento ou no ato de que resultar sua criação. [...] § 3º **As comissões parlamentares de inquérito, que terão poderes de investigação próprios das autoridades judiciais,** além de outros previstos nos regimentos das respectivas Casas, serão criadas pela Câmara dos Deputados e pelo Senado Federal, em conjunto ou separadamente, mediante requerimento de um terço de seus membros, para a apuração de fato determinado e por prazo certo, sendo *suas conclusões, se for o caso, encaminhadas ao Ministério Público, para que promova a responsabilidade civil ou criminal dos infratores.* [...]" (g.n.).

[259] "Fixada, em repercussão geral, tese assim sumulada: 'O **Ministério Público dispõe de competência para promover, por autoridade própria, e por prazo razoável, investigações de natureza penal,** desde que respeitados os direitos e garantias que assistem a qualquer indiciado ou a qualquer pessoa sob investigação do Estado, observadas, sempre, por seus agentes, as hipóteses de reserva constitucional de jurisdição e, também, as prerrogativas profissionais de que se acham in-

Criminal (PIC) e regulamentada pela Resolução n. 13 do Conselho Nacional do Ministério Público (CNMP). Não obstante a consolidação do entendimento do STF, há grande divergência doutrinária sobre a possibilidade de o MP investigar.

Para os que defendem a impossibilidade de investigação criminal pelo MP, os argumentos são, em linhas gerais: (1) a CRFB/88 conferiu ao MP o poder de requisitar diligências e a instauração de inquéritos policiais (art. 129,VIII), mas não lhe conferiu o poder de realizar e presidir inquéritos policiais; (2) a investigação pelo MP feriria o sistema acusatório, atentando contra a paridade de armas; (3) a atividade investigatória seria exclusiva da Polícia Judiciária (art. 144, § 1º, IV, c/c art. 144, § 4º, do CPP); (4) não há previsão legal de instrumento para a realização das investigações pelo MP.

Por outro lado, entre os que defendem a possibilidade de investigação criminal pelo MP estão Renato Brasileiro de Lima[260], sob os seguintes fundamentos: (1) segundo a teoria dos poderes implícitos, nascida na Suprema Corte dos EUA, no precedente Mc Culloch *vs.* Maryland (1819), a Constituição, ao conceder uma atividade-fim a determinado órgão ou instituição, culmina por, implícita e simultaneamente, a ele também conceder todos os *meios necessários para a consecução do objetivo*. Logo, se a última palavra acerca de um fato criminoso cabe ao MP porquanto ele é o titular da ação penal pública (art. 129, I, da CRFB/88), deve-se outorgar a ele todos os meios para firmar seu convencimento, aí incluída a possibilidade de realizar investigações criminais; (2) não há falar em violação ao sistema acusatório ou paridade de armas, pois os elementos colhidos pelo MP terão o mesmo tratamento dispensado àqueles colhidos em investigações policiais; (3) as funções de polícia judiciária e polícia investigativa não se confundem. Por **polícia investigativa** compreendem-se as atribuições ligadas à colheita de elementos informativos quanto à autoria e materialidade das infrações penais. Já a expressão **polícia judiciária** está relacionada às atribuições de auxiliar o Poder Judiciário, cumprindo as ordens judiciárias relativas à execução de mandado de prisão/busca e apreensão etc. Portanto, as

---

vestidos, em nosso País, os Advogados (Lei 8.906/94, artigo 7º, notadamente os incisos I, II, III, XI, XIII, XIV e XIX), sem prejuízo da possibilidade – sempre presente no Estado democrático de Direito – do permanente controle jurisdicional dos atos, necessariamente documentados (Súmula Vinculante 14), praticados pelos membros dessa instituição'" (**STF, RE 593.727**, rel. Min. Cezar Peluso, rel. p/ acórdão Min. Gilmar Mendes, Tribunal Pleno, j. 14-5-2015).

[260] LIMA, Renato Brasileiro de. *Manual de processo penal*. 5. ed. Salvador: JusPodivm, 2017. p. 186-189.

atribuições investigatórias podem ser exercidas por outras autoridades administrativas a quem por lei seja cometida a mesma função, tal qual dispõe o art. 4º, parágrafo único, do CPP; (4) a possibilidade de o MP investigar pode ser extraída de diversos dispositivos constitucionais e legais, entre os quais o art. 129, VI e VIII, da CRFB/88 e os arts. 7º e 8º da LC n. 75/93.

Em repercussão geral, o STF assentou, no julgamento do RE 593.727/MG, o entendimento de que é possível investigação direta pelo MP, ressaltando o dever de respeito às **garantias dos investigados e possibilidade de controle jurisdicional**, *in verbis*:

> Os artigos 5º, incisos LIV e LV, 129, incisos III e VIII, e 144, inciso IV, § 4º, da Constituição Federal, **não tornam a investigação criminal exclusividade da polícia**, nem afastam os poderes de investigação do Ministério Público. Fixada, em repercussão geral, tese assim sumulada: **O Ministério Público dispõe de competência para promover, por autoridade própria, e por prazo razoável, investigações de natureza penal**, desde que **respeitados os direitos e garantias** que assistem a qualquer indiciado ou a qualquer pessoa sob investigação do Estado, observadas, sempre, por seus agentes, as hipóteses de reserva constitucional de jurisdição e, também, as prerrogativas profissionais de que se acham investidos, em nosso País, os Advogados (Lei 8.906/94, artigo 7º, notadamente os incisos I, II, III, XI, XIII, XIV e XIX), sem prejuízo da possibilidade – sempre presente no Estado democrático de Direito – do **permanente controle jurisdicional dos atos**, necessariamente documentados (Súmula Vinculante 14), praticados pelos membros dessa instituição.

Nesse contexto, a atividade investigativa ministerial é uma realidade jurídica no Brasil. Contudo, principalmente em provas discursivas e orais, é preciso preparar-se para analisar criticamente a posição adotada pelo STF, sobretudo à luz da separação funcional entre os órgãos prevista na Constituição.

■ Identificação criminal

O termo **"identificação criminal"** é empregado para se referir à identificação da pessoa investigada por uma infração penal, através do meio datiloscópico, fotográfico ou por perfil genético, sendo possível apenas nos casos previstos em lei (art. 5º, LVIII, da CRFB/88).

Sobre o tema, a **Lei n. 12.037/2009** dispõe em seu art. 1º que o civilmente identificado não será submetido a identificação criminal, e no rol do art. 2º traz a lista de documentos que podem atestar a identificação civil das pessoas, sendo eles: carteira de identidade, carteira de trabalho, carteira profissional, passaporte, carteira de identificação funcional ou outro documento público permissivo da identificação (como a carteira de habilitação). Outrossim, os documentos de identificação militares foram equiparados aos civis.

No entanto, mesmo apresentados os documentos acima referenciados, **excepcionalmente** o indiciado ainda poderá ser submetido à identificação criminal nas hipóteses elencadas no art. 3º da Lei n. 12.037/2009, quais sejam:

> I – o documento apresentar **rasura** ou tiver indício de falsificação;
>
> II – o documento apresentado for **insuficiente** para identificar cabalmente o indiciado;
>
> III – o indiciado portar documentos de identidade distintos, com **informações conflitantes** entre si;
>
> IV – a identificação criminal for **essencial** às investigações policiais, segundo despacho da autoridade judiciária competente, que decidirá de ofício ou mediante representação da autoridade policial, do Ministério Público ou da defesa;
>
> V – constar de registros policiais o uso de **outros nomes** ou diferentes qualificações;
>
> VI – o estado de conservação ou a distância temporal ou da localidade da expedição do documento apresentado **impossibilite** a completa identificação dos caracteres essenciais.

São **formas de identificação criminal**:

(1) **datiloscópica**: por meio das digitais. A vantagem da identificação datiloscópica é de que não é possível a localização de digitais idênticas nos diferentes dedos de um mesmo indivíduo ou entre duas pessoas diferentes;

(2) **fotográfica**: a identificação por meio do registro de imagem (fotografia) não é muito confiável, pois a fisionomia das pessoas muda com o tempo e pode ser assemelhada. Hélio Gomes chega a pontuar que: "o retrato inspira pouca confiança, além de ser suscetível de falseamento por truques e técnicas especiais e não se conservar fiel em várias etapas da vida"[261];

(3) **perfil genético**: a **Lei n. 12.654/2012** preceitua que, no caso do inciso IV do art. 3º, a identificação criminal poderá incluir a coleta de material biológico para a obtenção do perfil genético. Os dados relacionados à coleta

---

[261] GOMES, Hélio. *Medicina legal*. Atualizador Hygino Hercules. 33. ed. Rio de Janeiro: Freitas Bastos, 2004. p. 60.

do perfil genético deverão ser armazenados em banco de dados de perfis genéticos, gerenciado por unidade oficial de perícia criminal. As informações genéticas contidas nos bancos de dados de perfis genéticos não poderão revelar traços somáticos ou comportamentais das pessoas, exceto determinação genética de gênero, consoante as normas constitucionais e internacionais sobre direitos humanos, genoma humano e dados genéticos (art. 5º-A, *caput* e § 1º, da Lei n. 12.654/2012). **Anteriormente**, nos termos do art. 7º-A, a exclusão dos perfis genéticos dos bancos de dados ocorreria no término do prazo estabelecido em lei para a prescrição do delito. Há nova redação. A Lei n. 13.964/2019 (**"Pacote Anticrime"**) também passou a expressar as seguintes hipóteses de exclusão do perfil genético do banco de dados ao incluir na Lei n. 12.037/2009 os seguintes dispositivos: "**Art. 7º-A**. A exclusão dos perfis genéticos dos bancos de dados ocorrerá: I – no caso de absolvição do acusado; ou II – no caso de condenação do acusado, mediante requerimento, após decorridos 20 (vinte) anos do cumprimento da pena".

A Lei n. 12.654/2012 ainda alterou a Lei de Execução Penal (LEP). Desse modo, o art. 9º-A da LEP passou a prever que os condenados por crime praticado, dolosamente, com violência de natureza grave contra pessoa, ou por qualquer dos crimes previstos no art. 1º da Lei n. 8.072/90 (Lei dos Crimes Hediondos), serão submetidos, obrigatoriamente, à identificação do perfil genético, mediante extração de DNA – ácido desoxirribonucleico – por técnica adequada e indolor. Oportunamente, saliente-se que os §§ 4º e 8º do art. 9º da Lei n. 7.210/84, incluídos pela Lei n. 13.964/2019 (**"Pacote Anticrime"**), passam a prever que o condenado por crime praticado, dolosamente, com violência de natureza grave contra pessoa, ou por qualquer dos crimes previstos no art. 1º da Lei n. 8.072/90, que não tiver sido submetido à identificação do perfil genético por ocasião do ingresso no estabelecimento prisional deverá ser submetido ao procedimento durante o cumprimento da pena, e que constitui falta grave a recusa do condenado em submeter-se ao procedimento de identificação do perfil genético[262], falta essa que pode ser questionada à luz do direito constitucional de não produzir provas contra si mesmo.

---

[262] Lei n. 7.210/84, "Art. 9º-A. [...] § 4º O condenado pelos crimes previstos no *caput* deste artigo que não tiver sido submetido à identificação do perfil genético por ocasião do ingresso no estabelecimento prisional deverá ser submetido ao procedimento durante o cumprimento da pena. [...] § 8º Constitui falta grave a recusa do condenado em submeter-se ao procedimento de identificação do perfil genético" (Redação da Lei n. 13.964/2019).

Por fim, registra-se que a Lei n. 13.964/2019 ("Pacote Anticrime") passou a estabelecer regras para o Banco Nacional Multibiométrico e de impressões digitais[263].

O STF vai decidir se é constitucional a coleta de DNA de condenados por crimes violentos ou hediondos com o objetivo de manter banco de dados estatal com material genético. A matéria, objeto do **RE 973.837/MG**, teve repercussão geral reconhecida, por unanimidade, pelo Plenário Virtual da Corte.

DICA DO AUTOR: Em uma prova discursiva para ingresso na Defensoria Pública, ao ser questionado sobre a lei do perfil genético, sugere-se a abordagem do princípio da não autoincriminação e *nemo tenetur se detegere*. Em reforço, cita-se Aury Lopes Jr.[264]:

> [...] a Lei n. 12.654, de 28 de maio de 2012, prevê a coleta de material genético como forma de identificação criminal [...] parece querer fulminar o direito de não produzir provas contra si mesmo ao obrigar o investigado à extração compulsória em caso de recusa. [...] Diante disso, nosso entendimento vem reforçado: **deve ser respeitado o direito de não produzir provas**

---

[263] Lei n. 12.037/2009, "Art. 7º-C. Fica autorizada a criação, no Ministério da Justiça e Segurança Pública, do Banco Nacional Multibiométrico e de Impressões Digitais. § 1º A formação, a gestão e o acesso ao Banco Nacional Multibiométrico e de Impressões Digitais serão regulamentados em ato do Poder Executivo federal. § 2º O Banco Nacional Multibiométrico e de Impressões Digitais tem como objetivo armazenar dados de registros biométricos, de impressões digitais e, quando possível, de íris, face e voz, para subsidiar investigações criminais federais, estaduais ou distritais. § 3º O Banco Nacional Multibiométrico e de Impressões Digitais será integrado pelos registros biométricos, de impressões digitais, de íris, face e voz colhidos em investigações criminais ou por ocasião da identificação criminal. § 4º Poderão ser colhidos os registros biométricos, de impressões digitais, de íris, face e voz dos presos provisórios ou definitivos quando ainda não tiverem sido extraídos por ocasião da identificação criminal. § 5º Poderão integrar o Banco Nacional Multibiométrico e de Impressões Digitais, ou com ele interoperar, os dados de registros constantes em quaisquer bancos de dados geridos por órgãos dos Poderes Executivo, Legislativo e Judiciário das esferas federal, estadual e distrital, inclusive pelo Tribunal Superior Eleitoral e pelos Institutos de Identificação Civil. § 6º No caso de bancos de dados de identificação de natureza civil, administrativa ou eleitoral, a integração ou o compartilhamento dos registros do Banco Nacional Multibiométrico e de Impressões Digitais será limitado às impressões digitais e às informações necessárias para identificação do seu titular. § 7º A integração ou a interoperação dos dados de registros multibiométricos constantes de outros bancos de dados com o Banco Nacional Multibiométrico e de Impressões Digitais ocorrerá por meio de acordo ou convênio com a unidade gestora. § 8º Os dados constantes do Banco Nacional Multibiométrico e de Impressões Digitais terão caráter sigiloso, e aquele que permitir ou promover sua utilização para fins diversos dos previstos nesta Lei ou em decisão judicial responderá civil, penal e administrativamente. § 9º As informações obtidas a partir da coincidência de registros biométricos relacionados a crimes deverão ser consignadas em laudo pericial firmado por perito oficial habilitado. § 10. É vedada a comercialização, total ou parcial, da base de dados do Banco Nacional Multibiométrico e de Impressões Digitais. § 11. A autoridade policial e o Ministério Público poderão requerer ao juiz competente, no caso de inquérito ou ação penal instaurados, o acesso ao Banco Nacional Multibiométrico e de Impressões Digitais".

[264] LOPES JR., Aury. *Direito processual penal*. 15. ed. São Paulo: Saraiva, 2018. p. 99.

contra si mesmo (*nemo tenetur se detegere*) e não poderá haver extração compulsória (não consentida) de material genético.

A fundamentação de Aury Lopes Jr. também era atrelada à Resolução n. 3, de 26 de março de 2014, do "Comitê Gestor da Rede Integrada de bancos de perfis genéticos", que previa a possibilidade de recusa sem maiores consequências além da informação ao juízo (arts. 7º e 8º). Contudo, a referida resolução foi revogada pela **Resolução n. 9, de 13 de abril de 2018**, do mesmo "Comitê Gestor da Rede Integrada de bancos de perfis genéticos", passando a prever a possibilidade de o juízo determinar a "coleta compulsória" e as "providências cabíveis" (art. 8º[265]) para cumprimento da **Lei n. 12.654/2012**. Ainda com a superveniência da mais recente resolução retrocitada, acompanha-se o autor pela **inconstitucionalidade** da coleta compulsória em face do direito fundamental de não ser compelido pelo Estado à produção de provas contra si mesmo.

10. RIO DE JANEIRO DA PROVA PENAL. SÃO PAULO ÔNUS DA PROVA. PROCEDIMENTO PROBATÓRIO. GARANTIAS APLICÁVEIS À PROPOSIÇÃO, PRODUÇÃO E VALORAÇÃO DA PROVA. MEIOS DE PROVA. TEORIA DA PERDA DE UMA CHANCE. CADEIA DE CUSTÓDIA DA PROVA. SÃO PAULO E SANTA CATARINA INDÍCIOS NO PROCESSO PENAL. SANTA CATARINA ÔNUS DA PROVA. PROCEDIMENTO PROBATÓRIO. GARANTIAS APLICÁVEIS À PROPOSIÇÃO, PRODUÇÃO E VALORAÇÃO DA PROVA. MEIOS DE PROVA. TEORIA DA PERDA DE UMA CHANCE. CADEIA DE CUSTÓDIA DA PROVA

■ **Da prova penal**

A palavra "prova" é **polissêmica**. Conforme o contexto, "prova" poderá significar[266]: (1) o **"ato"** pelo qual se confirma algo; (2) o **"meio"** pelo qual se de-

---

[265] Resolução n. 9/2018 do Comitê Gestor da Rede Integrada de Bancos de Perfis Genéticos, "Art. 8º Em caso de recusa, o fato será consignado em documento próprio, assinado pela testemunha e pelo responsável pela coleta. Parágrafo único. O responsável pela coleta comunicará a recusa à autoridade judiciária competente, solicitando *que decida sobre a submissão do acusado à coleta compulsória ou a outras providências que entender cabíveis*, a fim de atender à obrigatoriedade prevista na Lei 12.654/2012".

[266] "Há, fundamentalmente, três sentidos para o termo *prova*: a) ***ato de provar***: é o processo pelo qual se verifica a exatidão ou a verdade do fato alegado pela parte no processo (ex.: fase probatória); b) ***meio***: trata-se do instrumento pelo qual se demonstra a verdade de algo (ex.: prova testemunhal); c) ***resultado da ação de provar***: é o produto extraído da análise dos instrumentos de prova oferecidos, demonstrando a verdade de um fato" (NUCCI, Guilherme de Souza. *Manual de processo penal e execução penal*. 13. ed. Rio de Janeiro: Forense, 2016. p. 234. g.n.).

monstra algo; ou ainda (3) o **"resultado"** da atividade de demonstração. Noutro passo, quando se fala em **"prova penal"** se está diante de um cenário no qual o Estado poderá vir a exercer seu **poder punitivo**, sendo, por isso, necessária a criação de regras de proteção da **liberdade** do cidadão em face de eventuais **abusos e arbítrios**, vendando provas ilícitas (CRFB/88) por meio das tais **"regras de proteção"** – a *"exclusionary rule"* do direito estadunidense.

O processo penal é instrumento constitucional de controle do poder punitivo do Estado, devendo pautar a conduta do Poder Público – Polícia, MP, Judiciário e Defensoria Pública, por exemplo. Desse modo, o **devido processo penal** é garantia constitucional permissiva do **controle do poder e evitabilidade do arbítrio**. No referido contexto, a partir do momento no qual o *dominus litis* constitucional (MP) propõe denúncia em face de um cidadão por força da ocorrência de determinado fato supostamente criminoso, cabe ao Estado acusador demonstrar que o fato alegado amolda-se às hipóteses de punição, servindo para se desincumbir de tal missão das fontes e meios de provas constitucionalmente admitidas e não vedadas. Por outro lado, a parte acusada, para defender-se da imputação criminal realizada pelo Estado, também poderá se valer de (contra) prova a fim de ver afastada de si a pretensão punitiva. Ao final do processo, o juízo analisará as provas produzidas e concluirá pela existência (ou não) de responsabilidade penal.

Com a produção probatória, define-se a **questão fática** (*quaestio facti*) permissiva da definição da **questão jurídica** (*quaestio juris*). Desse modo, uma vez provada ou não a ocorrência do fato (**dimensão fática** do processo[267]), o juízo poderá decidir pela absolvição ou condenação, bem como sobre os contornos desta (**dimensão jurídica** do processo).

Com efeito, ao se pensar em uma **teoria da prova processual penal**, deve-se ter em mente as peculiaridades processuais penais: o processo penal regula uma **relação processual entre** *desiguais*, o Estado, de um lado, manifestando-se por diversos atores (julgadores, investigadores e acusares, por exemplo), e o cidadão, acusado e perquirido por toda estrutura estatal – **o acusado sempre será vulnerável**[268] **ante as estruturas estatais e os poderes punitivos do Estado.**

---

[267] REIS, Alexandre Cebrian Araújo; GONÇALVES, Victor Eduardo Rios. *Direito processual penal esquematizado*. 7. ed. São Paulo: Saraiva Educação, 2018. p. 263.

[268] GRINOVER, Ada Pellegrini. Legitimação da Defensoria Pública à ação civil pública. In: GRINOVER, Ada Pellegrini; BENJAMIN, Antônio Herman; WAMBIER, Teresa Arruda Alvim; VIGORITI, Vincenzo. *Processo coletivo*: do surgimento à atualidade. São Paulo: Revista dos Tribunais, 2014. p. 457-474.

Nesse cenário, o processo penal deve surgir como mecanismo de **contenção e limitação do poder punitivo** para **evitar arbítrio, excessos e injustiças**. Exatamente nesse contexto, a **teoria da prova penal** *não deve(ria) admitir abrandamentos facilitadores do trabalho probatório do Estado em detrimento das garantias constitucionais* dos cidadãos sob sua mira punitiva. Em outras palavras, a teoria processual penal possui **bases distintas da teoria processual civil**, essa última, em regra, pensada para a relação entre iguais.

■ Gerações probatórias, regras de proteção e de exclusão da prova

Em um cenário no qual se temia busca e apreensão arbitrárias, genéricas e coletivas por parte do poder estatal, os Estados Unidos da América (EUA) editaram uma **quarta emenda** à sua Constituição, a fim de proteger seus cidadãos de abusos, criando regra de proteção e de exclusão (*exclusionary rule*) das provas desrespeitosas à regra constitucional. O progresso interpretativo da quarta emenda estadunidense pode resultar em classificação[269] das **gerações de direito probatório** a partir do progresso protetivo nesse âmbito normativo:

(1) **Direito probatório de primeira geração**: protege áreas tangíveis e demarcáveis, alcançado coisas, objetos e lugares a partir da denominada "teoria proprietária" (*trespass theory*), conforme precedente *Olmstead v. United States* (1928). Alcança casas e objetos pessoais.

(2) **Direito probatório de segunda geração**: ampliando a zona de proteção da pessoa, a proteção da pessoa passou a alcançar pessoas e suas expectativas de privacidade, inclusive quanto à gravação de declarações orais – "teoria da proteção integral", conforme caso *Katz v. United States* (1967).

(3) **Direito probatório de terceira geração**: mais atual, alcançando as contemporâneas provas tecnológicas e sua invasividade, desse modo tutelando a intimidade e privacidade também no âmbito das novas formas de tecnologia – ver caso *Kyllo v. United States* (2001) e ainda *Riley v. California*[270]. A seguir, trata-se da questão no cenário brasileiro.

---

[269] BIFFE JR., João; LEITÃO JR., Joaquim. *Concursos públicos*: terminologia e teorias inusitadas. São Paulo: Método, 2017. p. 184-188.

■ Provas de terceira geração e vulnerabilidade eletrônica

No **Brasil**, a vedação às provas ilícitas, a inviolabilidade da casa, a tutela da intimidade, a expectativa de privacidade e a legalidade também criam regras de proteção e de exclusão de provas (ilícitas), devendo alcançar as três gerações probatórias mencionadas. No **STJ** – em voto de lavra do ministro Schietti –, foi suscitada a incidência do *direito probatório de terceira geração* para proteger da devassa estatal sem ordem judicial conversas em aplicativo de comunicação (WhatsApp[271]), entendimento esse reiterado até o presente momento[272]. Desse modo, o direito probatório brasileiro abrange regras protetivas e de exclusão na seara das três gerações de direito probatório.

Com a inclusão social[273] dos elementos intangíveis da tecnologia contem-

---

[270] Tal caso serviu de referência para o voto do ministro Schietti: "[...] David Leon Riley, cidadão norte-americano, em 22-8-2009 foi abordado pela Polícia de San Diego e surpreendido com a carteira de motorista vencida. Revistado o seu veículo, foram encontradas duas pistolas sob o capô do seu veículo. Imediatamente à busca do automóvel, a polícia investigou o seu telefone celular sem um mandado e descobriu que Riley era um membro de uma gangue envolvida em inúmeros assassinatos. [...] Levado o caso perante a Suprema Corte dos Estados Unidos da América, [...] *Chief Justice John Roberts*, em nome da Corte, concluiu que um mandado é necessário para acessar o telefone celular de um cidadão na hipótese de prisão em flagrante, haja vista que '**telefones celulares modernos não são apenas mais conveniência tecnológica, porque o seu conteúdo revela a intimidade** da vida. O fato de a tecnologia agora permitir que um indivíduo transporte essas informações em sua mão não torna a informação menos digna de proteção'" (destaque de trechos de voto do ministro Schietti no RHC 51.531/RO).

[271] "[...] 1. **Ilícita é a devassa de dados, bem como das conversas de whatsapp**, obtidas diretamente pela polícia em celular apreendido no flagrante, **sem prévia autorização judicial.** [...]" (STJ, RHC 51.531/RO, rel. Min. Nefi Cordeiro, 6ª Turma, j. 19-4-2016, *DJe* 9-5-2016).

[272] "[...] 3. Esta Corte Superior de Justiça considera **ilícito o acesso aos dados do celular extraídos do aparelho celular apreendido em flagrante, quando ausente de ordem judicial** para tanto, ao entendimento de que, no acesso aos dados do aparelho, se tem a **devassa de dados particulares**, com **violação à intimidade do agente**. Precedentes. 4. A obtenção de fotos no celular do paciente se deu em violação de normas constitucionais e legais, a revelar a inadmissibilidade da prova, nos termos do art. 157, *caput*, do Código de Processo Penal – CPP, de forma que, devem ser desentranhadas dos autos, bem como aquelas derivadas. [...]" (STJ, HC 459.824/SP, rel. Min. Joel Ilan Paciornik, 5ª Turma, j. 9-4-2019, *DJe* 22-4-2019).

[273] "[...] A menção a elementos tangíveis tendeu, por longa data, a condicionar a teoria e prática jurídicas. Contudo, a penetração do **mundo virtual** como nova realidade, demonstra claramente que tais elementos vinculados à propriedade longe está de abarcar todo o âmbito de incidência de **buscas e apreensões**, que, de ordinário, exigiriam mandado judicial, impondo **reinterpretar** o que são 'coisas' ou 'qualquer elemento de convicção', **para abranger todos os elementos que hoje contém dados informacionais**. Nesse sentido, tome-se o exemplo de um smartphone: ali, estão e-mails, mensagens, informações sobre usos e costumes do usuário [...]. Esse é um dos questionamentos básicos da aqui denominada de **prova de terceira geração**: 'chega-se ao problema com o qual as Cortes interminavelmente se deparam, quando consideram os **novos avanços tecnológicos**: como aplicar a regra baseada em tecnologias passadas às

porânea, avulta-se a importância do reconhecimento da **vulnerabilidade eletrônica**[274] (ou **cibervulnerabilidade**[275]) das pessoas e seus direitos fundamentais[276] envolvidos, razão pela qual as normas constitucionais de tutela da intimidade, privacidade, legalidade, liberdade e vedação da prova ilícita devem acudir o cidadão também nas provas de terceira geração em seu respectivo direito probatório.

■ Meios de prova

No processo penal, os **meios de prova**[277] são instrumentos para realização da apuração processual dos fatos ocorridos, a fim de possibilitar a participação em contraditório das partes e conclusão judicial sobre o caso *sub judice*. Em matéria de meios de prova penais[278], prevalece o **princípio da liberdade** ou **não taxatividade**, observadas as **exceções legais** – tais como o veto à prova ilícita e a exigência probatória do parágrafo único do art. 155 do CPP, que restringe à lei civil a prova de questões atinentes ao estado da pessoa. Tal visão também é reforçada por eventual aplicação subsidiária (art. 3º do CPP) do CPC[279] ou por analogia ao CPPM[280]. Nesse contexto, ter-se-iam meios de prova **nominados ou típicos** (arts. 158-250 do CPP) – a serem analisados no tópico sobre as provas em espécie – e **atípicos ou inominados**, não regulados ainda por lei.

---

presentes e aos futuros avanços tecnológicos'. [...]" (KNIJNIK, Danilo. A trilogia Olmstead--Katz-Kyllo: o art. 5º da Constituição Federal do século XXI. In: SILVA, Ângelo Roberto Ilha da. *Temas de direito penal, criminologia e processo penal*. Porto Alegre: Livraria do Advogado, 2015. p. 179).

[274] CASAS MAIA, Maurilio. Telemedicina, prontuário eletrônico e atualização do Código de Defesa do Consumidor: a tutela da hipervulnerabilidade eletrônica do paciente e de sua personalidade virtual. *Revista de Direito do Consumidor*, v. 89, p. 303-319, set.-out. 2013.

[275] TARTUCE, Fernanda. *Igualdade e vulnerabilidade no processo civil*. Rio de Janeiro: Forense, 2012.

[276] "Por isso, o precedente do HC n. 91.867/PA não é mais adequado para analisar a **vulnerabilidade da intimidade** dos cidadãos na hipótese da **apreensão de um aparelho de telefonia celular** em uma prisão em flagrante" (destaque de trecho de voto do ministro Schietti no RHC 51.531/RO).

[277] Para Nucci, meios de provas: "São todos os recursos, diretos ou indiretos, utilizados para alcançar a verdade dos fatos no processo" (NUCCI, Guilherme de Souza. *Manual de processo penal e execução penal*. 13. ed. Rio de Janeiro: Forense, 2016. p. 235).

[278] TÁVORA, Nestor; ALENCAR, Rosmar Rodrigues. *Curso de direito processual penal*. 10. ed. Salvador: JusPodivm, 2015. p. 570.

[279] CPC, "Art. 369. As partes têm o direito de empregar todos os meios legais, bem como os moralmente legítimos, ainda que não especificados neste Código, para provar a verdade dos fatos em que se funda o pedido ou a defesa e influir eficazmente na convicção do juiz".

[280] CPPM, "Art. 295. É admissível, nos termos deste Código, qualquer espécie de prova, desde que não atente contra a moral, a saúde ou a segurança individual ou coletiva, ou contra a hierarquia ou a disciplina militares".

Ainda no contexto dos meios de prova, Távora e Alencar[281] indicam a seguinte distinção conceitual:

(1) **Meios de prova (meios de prova em primeiro grau)**: são os mecanismos endoprocessuais disponíveis para produção de prova sob o crivo do contraditório.

(2) **Meios de obtenção de prova** ou **de investigação de prova (meios de prova em segundo grau)**: estariam em âmbito extraprocessual, sendo seu objetivo a localização de elementos materiais de prova ou fontes de prova. Exemplo disso seria a interceptação telefônica, cujo objetivo seria a localização de outras fontes de prova, como também a "busca e a apreensão" de documentos.

(3) **Fontes de prova**: é a pessoa **(fonte pessoal)** ou objeto **(fonte real)** utilizado para acessar informações probatórias.

(4) **Técnicas especiais de investigação**: por vias distintas das clássicas provas (orais e documentais), existem técnicas possíveis, quando previstas em lei, à investigação criminal, podendo se destacar os exemplos do art. 3º da Lei n. 12.850/2013 (Lei das organizações criminosas): colaboração premiada, captação ambiental[282], ação controlada, acesso a registros telefônicos ou telemáticos, acesso a banco de dados, interceptação de comunicações telefônicas e telemáticas, quebra de sigilos (fiscal, bancário e financeiro), infiltração policial e cooperação interinstitucional.

---

[281] TÁVORA, Nestor; ALENCAR, Rosmar Rodrigues. *Curso de direito processual penal.* 10. ed. Salvador: JusPodivm, 2015. p. 561-562.

[282] A Lei n. 13.964/2019 acrescentou os arts. 8º-A e 10-A à Lei n. 9.296/96, "Art. 8º-A. Para investigação ou instrução criminal poderá ser autorizada pelo juiz, a requerimento da autoridade policial ou do Ministério Público, a captação ambiental de sinais eletromagnéticos, ópticos ou acústicos, quando: I – a prova não puder ser feita por outros meios disponíveis e igualmente eficazes; e II – houver elementos probatórios razoáveis de autoria e participação em infrações criminais cujas penas máximas sejam superiores a 4 (quatro) anos ou em infrações penais conexas. § 1º O requerimento deverá descrever circunstanciadamente o local e a forma de instalação do dispositivo de captação ambiental. § 3º A captação ambiental não poderá exceder o prazo de 15 (quinze) dias, renovável por decisão judicial por iguais períodos, se comprovada a indispensabilidade do meio de prova e quando presente atividade criminal permanente, habitual ou continuada. § 5º Aplicam-se subsidiariamente à captação ambiental as regras previstas na legislação específica para a interceptação telefônica e telemática". "Art. 10-A. Realizar captação ambiental de sinais eletromagnéticos, ópticos ou acústicos para investigação ou instrução criminal sem autorização judicial, quando esta for exigida: Pena – reclusão, de 2 (dois) a 4 (quatro) anos, e multa. § 1º Não há crime se a captação é realizada por um dos interlocutores. § 2º A pena será aplicada em dobro ao funcionário público que descumprir determinação de sigilo das investigações que envolvam a captação ambiental ou revelar o conteúdo das gravações enquanto mantido o sigilo judicial."

■ Sistemas de apreciação das provas, convicção judicial e dever de fundamentação

Em tempos remotos, os acusados eram submetidos a **"ordália"** ou "juízo de Deus" (*"judicium Dei"*), devendo superar desafios a fim de demonstrar sua inocência. O laicismo estatal e o progresso científico do direito superaram tal formatação de prova judiciária, dando lugar à pretensão de utilização da razão nos sistemas de apreciação probatória. Tradicionalmente, apontam-se os seguintes sistemas de apreciação da prova:

(1) **sistema da íntima convicção** (certeza moral do juiz ou *secundum conscientia*), como se entende ocorrer na atuação dos jurados na segunda fase do procedimento do júri;

(2) **sistema da prova tarifada** (certeza moral do legislador ou prova tarifada), que teria aplicação residual[283] no Brasil, ao se exigir o exame de corpo de delito nas infrações penais que deixam vestígios (art. 158 do CPP); Tal sistema de apreciação probatória é subdividido em (2.1) **tarifação absoluta**, como aplicável no estado civil das pessoas (art. 92 do CPP); e (2.2) **tarifação relativa**, incidente quando se excepciona a exigência do exame de corpo de delito, porém vetando o uso exclusivo de confissão para suprir a ausência (art. 158, *in fine*, c/c art. 167 do CPP);

(3) **sistema da persuasão racional** ("livre convencimento motivado"), compreendido pacificamente como aquele adotado no processo penal brasileiro, merecendo maior atenção.

O CPP (art. 155[284]) determina que o juízo apreciará "livremente" a prova produzida em "contraditório judicial". Desse modo, em regra, as conclusões exaradas em uma sentença condenatória serão lastreadas somente em provas produzidas em juízo, respeitando os princípios da ampla defesa, do contraditório e demais corolários do devido processo legal – todos princípios de índole constitucional.

Ainda nos termos do art. 155 do CPP, e **excepcionalmente**, o juízo pode considerar provas não produzidas sob o crivo do contraditório, no caso de **pro-**

---

[283] TÁVORA, Nestor; ALENCAR, Rosmar Rodrigues. *Curso de direito processual penal*. 10. ed. Salvador: JusPodivm, 2015. p. 595.

[284] CPP, "Art. 155. O juiz formará sua convicção pela livre apreciação da prova produzida em contraditório judicial, não podendo fundamentar sua decisão exclusivamente nos elementos informativos colhidos na investigação, ressalvadas as provas cautelares, não repetíveis e antecipadas" (Redação dada pela Lei n. 11.690/2008).

vas cautelares antecipadas não repetíveis – naquilo que o STJ denomina "contraditório diferido"[285].

O **dever constitucional de fundamentação** judicial (art. 93, IX, da CRFB/88) surge enquanto **garantia do cidadão e limitador da atividade punitiva do juiz**, a fim de permitir eventual controle recursal e evitar arbítrios estatais. Portanto, a **liberdade judicial é limitada aos elementos dos autos e às normas jurídicas** – e uma dessas regras é o veto ao uso de provas produzidas em fase policial.

■ **Do veto ao uso de provas não submetidas ao contraditório judicial**

O art. 155 do CPP dispõe expressamente que o julgador *não* pode "fundamentar sua decisão exclusivamente nos elementos informativos colhidos na investigação". Tal regra surge como decorrência da **garantia constitucional do contraditório na fase judicial** e com o objetivo de evitar a contaminação da análise judicante com o ânimo belicoso da guerra ao crime, clima comum nas repartições policiais – mas extremamente prejudicial à imparcialidade dos julgadores e, do mesmo modo, ao Estado como um todo.

A condenação com lastro em elementos probatórios produzidos somente em fase policial viola o art. 155 do CPP e a garantia constitucional de contraditório judicial, devendo ser visualizada como nula.

Um tema relevante a ser discutido é o uso de **prova emprestada** decorrente **de processo administrativo** em processos dos quais o acusado não fez parte, situação comum nos crimes contra a ordem tributária. Em tais casos, o STJ[286-287] vem admitindo tal prova desde que submetido ao contraditório judicial posterior.

---

[285] "[...] IV – Não há que se falar em violação ao art. 155 do CPP quando a condenação não se lastreou exclusivamente em elementos indiciários, sendo que esta Corte legitima o chamado **contraditório diferido**, em **casos de provas cautelares, não repetíveis e antecipadas** que embasaram o édito condenatório, **posteriormente à submissão ao crivo do contraditório** [...]" (STJ, AgRg no REsp 1.771.698/SP, rel. Min. Felix Fischer, 5ª Turma, j. 7-2-2019, *DJe* 19-2-2019).

[286] "[...] 1) Violação ao art. 155 do Código de Processo Penal – CPP. Juntada aos autos de procedimento administrativo fiscal e de ação penal. Acusado que não era parte nos referidos feitos. Cabimento. [...]. 1. A prova documental consubstanciada em ações penais ou processos administrativos do qual o acusado não foi parte **é admitida desde que possibilitado ao réu o exercício do contraditório na instrução criminal do feito em que é parte**. No caso dos autos, os documentos já constavam no caderno processual antes do recebimento da denúncia. [...]" (STJ, AgRg no REsp 1.642.427/PE, rel. Min. Joel Ilan Paciornik, 5ª Turma, j. 12-6-2018, *DJe* 25-6-2018).

DICA DO AUTOR : Embora a teoria jurídica dominante[288] aponte que o **objetivo da prova** seja convencer o juízo, o qual seria seu destinatário, é preciso realizar raciocínio crítico – principalmente em provas discursivas e orais de Defensoria Pública. Em um *cenário democrático*, sem excluir a realidade do juízo como destinatário da prova, *a prova é também destinada ao convencimento das partes*, pautando sua conduta processual, por exemplo, o teor de suas alegações finais e sua (ir)resignação com o decisório para fins de interposição (ou não) de recurso impugnativo.

O **objeto de prova** é uma realidade fática (*factum probandum*), o tema de prova. Entretanto, existem certos fatos excluídos da atividade probatória. Mormente em razão do direito à *razoável duração processual* (art. 5º, LXXIV, da CRFB/88), provas irrelevantes, impertinentes ou protelatórias devem ser indeferidas fundamentadamente (art. 93, IX, da CRFB/88). Nesse sentido, há disposição expressa no CPP[289-290].

Embora no direito processual civil os **fatos notórios** – desde que não[291] constituam o fato criminoso – estejam entre aqueles cuja prova é desnecessária, a mesma realidade não pode ser imposta ao direito processual penal quanto aos fatos incontroversos e confessados pelo acusado. Isso porque, em razão do histórico centenário de confissões falsas, a confissão não pode ser tomada como prova isolada determinante à condenação. Por esse motivo, o CPP possui dispositivos que objetivam, de alguma maneira, impedir[292-293] a condenação com

---

[287] "[...] II – Segundo jurisprudência desta eg. Corte Superior, 'Não há ilegalidade, capaz de ensejar a ofensa ao art. 155 do Código de Processo Penal, a condenação lastreada em provas inicialmente produzidas na **esfera administrativo-fiscal** e, depois, **reexaminadas** na **instrução criminal**, com observância do **contraditório** e da ampla defesa, [...].' (AgRg no REsp 1.283.767/SC, rel. Ministra Laurita Vaz, Quinta Turma, julgado em 25-3-2014, *DJe* 31-3-2014).' (AgInt no REsp n. 1.422.364/PB, Sexta Turma, rel. Min. Nefi Cordeiro, *DJe* de 12-4-2018). Precedentes. [...]" (STJ, AgRg no REsp 1.640.700/RS, rel. Min. Felix Fischer, 5ª Turma, j. 18-9-2018, *DJe* 21-9-2018).

[288] "O objetivo da atividade probatória é convencer seu destinatário: o juiz" (REIS, Alexandre Cebrian Araújo; GONÇALVES, Victor Eduardo Rios. *Direito processual penal esquematizado*. 7. ed. São Paulo: Saraiva Educação, 2018. p. 263).

[289] CPP, "Art. 400. [...] § 1º As provas serão produzidas numa só audiência, podendo o juiz indeferir as consideradas irrelevantes, impertinentes ou protelatórias".

[290] No procedimento do júri, também dispõe o CPP: "Art. 411. [...] § 2º As provas serão produzidas em uma só audiência, podendo o juiz indeferir as consideradas irrelevantes, impertinentes ou protelatórias".

[291] "[...] o fato criminoso que constitui objeto da imputação jamais pode ser tido como notório, de modo a dispensar prova de sua ocorrência, daí porque somente fatos notórios acidentais dispensam comprovação" (REIS, Alexandre Cebrian Araújo; GONÇALVES, Victor Eduardo Rios. *Direito processual penal esquematizado*. 7. ed. São Paulo: Saraiva Educação, 2018. p. 264).

[292] CPP, "Art. 197. O valor da confissão se aferirá pelos critérios adotados para os outros elementos de prova, e para a sua apreciação o juiz deverá confrontá-la com as demais provas do processo, verificando se entre ela e estas existe compatibilidade ou concordância".

lastro, unicamente, na confissão. Por esse motivo, a eventual tentativa de aplicação subsidiária (art. 3º do CPP) do art. 374[294] do CPC no processo penal sofre severa restrição, principalmente considerando o princípio da presunção de inocência, iluminador do processo penal. Leciona-se na teoria processual penal: "No Processo Penal, diversamente do que ocorre no Processo Civil, os fatos incontroversos ou admitidos não estarão, necessariamente, excluídos do esforço probatório, uma vez que a condenação criminal não pode fundar-se em conclusões errôneas, mesmo que sejam incontestes"[295].

O **sistema de avaliação de prova** é, em primeiro plano, pautado no dever constitucional (art. 93, IX) de **fundamentação** dos atos judiciais e na **independência** judicial, como registra claramente o art. 155 do CPP: "Art. 155. O juiz formará sua convicção pela livre apreciação da prova produzida em contraditório judicial, não podendo fundamentar sua decisão exclusivamente nos elementos informativos colhidos na investigação, ressalvadas as provas cautelares, não repetíveis e antecipadas".

Assim, ter-se-ia um **sistema de livre convicção motivada** ou **sistema de persuasão racional** no processo penal brasileiro[296], embora tais expressões não estejam imunes às **críticas doutrinárias**[297]. **Exceção** a esse "sistema de livre convicção motivada" é o Tribunal do Júri, com seu "sistema da íntima convicção", "sistema da convicção moral" ou "sistema da livre convicção pura":

> [...] 1. A Constituição Federal, em seu artigo 5º, inciso XXXVIII, alíneas "b" e "c", conferiu ao **Tribunal do Júri** a soberania dos seus veredictos e o

---

[293] CPP, "Art. 158. Quando a infração deixar vestígios, será indispensável o exame de corpo de delito, direto ou indireto, não podendo supri-lo a confissão do acusado".

[294] CPC, "Art. 374. Não dependem de prova os fatos: I – notórios; II – afirmados por uma parte e confessados pela parte contrária; III – admitidos no processo como incontroversos; IV – em cujo favor milita presunção legal de existência ou de veracidade".

[295] REIS, Alexandre Cebrian Araújo; GONÇALVES, Victor Eduardo Rios. *Direito processual penal esquematizado*. 7. ed. São Paulo: Saraiva Educação, 2018. p. 265.

[296] "[...] 1. Quanto ao sistema de valoração das provas, certo é que, no processo penal brasileiro vigora o princípio do livre convencimento motivado, em que é dado ao julgador decidir o mérito da pretensão punitiva, para condenar ou absolver, desde que o faça fundamentadamente. [...]" (STJ, AgRg no AREsp 1.084.333/PR, rel. Min. Rogerio Schietti Cruz, 6ª Turma, j. 21-9-2017, *DJe* 2-10-2017).

[297] "[...] o Direito não é o que os Tribunais dizem que é. [...] o Direito não é um exercício retórico sobre o nada ou um mero exercício de poder. [...] Portanto, decidir é um ato de responsabilidade política que se dá mediante critérios de justificação pública e não por livres apreciações e/ou convencimento" (STRECK, Lenio Luiz. O que é isto, – livre convencimento motivado e livre apreciação da prova? In: NUNES, Dierle; LEITE, George Salomão; STRECK, Lenio. *O fim do livre convencimento motivado*. Florianópolis: Tirant Lo Blanch, 2018. p. 25-26).

sigilo das votações, tratando-se de **exceção à regra contida no inciso IX do artigo 93**, razão pela qual não se exige motivação ou fundamentação das decisões do Conselho de Sentença, fazendo prevalecer, portanto, como sistema de avaliação das provas produzidas, a íntima convicção dos jurados. [...]. (STJ, **HC 228.795/MS**, rel. Min. Jorge Mussi, 5ª Turma, j. 3-9-2013, *DJe* 17-9-2013).
[...] 2. **O Conselho de Sentença é livre na formação de seu convencimento,** não estando comprometido por qualquer critério de valoração prévia da prova, podendo optar livremente por aquela que lhe parecer mais convincente. [...]. (STJ, **HC 235.439/GO**, rel. Min. Marco Aurélio Bellizze, 5ª Turma, j. 17-12-2013, *DJe* 19-12-2013).

Fixada a exceção ao dever de fundamentação na análise das provas, retorna-se à regra do art. 155 do CPP para reiterar o **impeditivo legal à condenação com lastro apenas em provas coletadas na fase policial** da perquirição criminal, evitando-se fragilização do contraditório e da ampla defesa. Desse modo, caso um réu seja condenado com base em provas coletadas no IP sem confirmação processual penal, tal pena seria nula:

[...] **Condenação. Fundamentação. Opção pela versão lastreada apenas nas provas inquisitoriais. Ilegalidade.** Ofensa ao art. 155 do CPP. Ocorrência. [...] 9. Se, conforme expresso na sentença e no acórdão recorrido, as provas produzidas em juízo não corroboraram as provas inquisitoriais, mas dela dissentiram, trazendo outra versão dos fatos, que não foi acatada pelos julgadores, que optaram pela narrativa fundada na prova produzida no procedimento administrativo-fiscal e no laudo pericial realizado no inquérito policial, tem-se que **a condenação está fundada apenas na prova produzida na fase investigatória, o que afronta o art. 155 do Código de Processo Penal.** [...]. (STJ, REsp 1.500.961/SP, rel. Min. Sebastião Reis Júnior, 6ª Turma, j. 13-9-2016, *DJe* 22-9-2016).

Não é demasiado consignar que o veto à condenação lastreada unicamente em prova da fase policial é **excepcionado** quando se tratar de provas cautelares, antecipadas e irrepetíveis (art. 155, *in fine*, do CPP).

No Brasil, em regra **não** é adotado o **sistema da prova tarifada** (sistema da certeza moral do legislador ou da prova legal), registrando-se a exceção da exigência de certidão de óbito para a comprovação da morte do acusado (art. 62[298] do CPP). No **Concurso da Defensoria Pública do Maranhão (2018,**

---

[298] CPP, "Art. 62. No caso de morte do acusado, o juiz somente à vista da certidão de óbito, e depois de ouvido o Ministério Público, declarará extinta a punibilidade".

FCC), considerou-se FALSA afirmação ditando que: "vige como regra em nosso ordenamento processual penal o sistema de valoração de provas denominado 'prova legal ou tarifada'" porquanto a "prova tarifada" somente seja admitida como exceção no processo penal brasileiro. Por outro lado, no **Concurso da Defensoria Pública do Amazonas (2018, FCC)** foi considerada CORRETA a seguinte assertiva: "Com relação à prova realizada no processo penal [...] *embora diga respeito ao estado civil, a prova de menoridade pode ser feita por outros meios, como a inquirição em inquérito policial*". A resposta à questão possuía lastro jurisprudencial no STJ[299-300].

■ Ônus da prova

O primeiro alerta ao leitor do **CPP** brasileiro é de que – sendo a Lei de **1941** gestada no período ditatorial do "Estado Novo" –, tal lei foi inspirada diretamente no CPP italiano do regime fascista e em ideologias autoritárias daquela época[301], não sendo incomum encontrar **resquícios autoritários e inquisitórios** atentatórios à liberdade do cidadão. Cotidianamente, práticas e pensamentos herdados do referido período histórico da Itália estão presentes, para além da legislação penal, no imaginário e cotidiano forense criminal, regado a senso comum.

No campo legislativo, existem criticáveis dispositivos, tais como aqueles permissivos da produção oficiosa de prova pelo juiz, suprindo atividade acusatória e assumindo o ônus de ser, diretamente, o Poder Judiciário o produtor de prova condenatória, em lugar do órgão de acusação, constitucionalmente incumbido de tal tarefa. Dispõe o CPP:

---

[299] "[...] 1. De acordo com a jurisprudência desta Corte, para efeitos penais, '**a certidão de nascimento não é o único documento válido para fins de comprovação da menoridade**, sendo apto a demonstrá-la o documento firmado por agente público atestando a idade do inimputável, como a declaração perante a autoridade policial' (AgInt no AREsp 852.726/SC, rel. Ministro Sebastião Reis Júnior, Sexta Turma, julgado em 17-5-2016, *DJe* 9-6-2016). [...]" (STJ, **AgRg no AREsp 1.373.991/MG**, rel. Min. Ribeiro Dantas, 5ª Turma, j. 6-11-2018, *DJe* 14-11-2018).

[300] "**Para efeitos penais, o reconhecimento da menoridade do réu requer prova por documento hábil**" (Enunciado Sumular 75 do STJ).

[301] "A quadra histórica em que surgiu o CPP brasileiro era autoritária e seu substrato ideológico conformou o paradigma processual penal. [...] reflete clara simetria com a doutrina do estado de exceção schmittiano" (PRADO, Geraldo. *Prova penal e sistema de controles epistêmicos*: a quebra da cadeia de custódia das provas obtidas por métodos ocultos. São Paulo: Marcial Pons, 2014. p. 29).

Art. 156. A prova da alegação incumbirá a quem a fizer, sendo, porém, facultado ao juiz de ofício[302]:

I – ordenar, mesmo antes de iniciada a ação penal, a produção antecipada de provas consideradas urgentes e relevantes, observando a necessidade, adequação e proporcionalidade da medida; (Incluído pela Lei n. 11.690/2008)

II – determinar, no curso da instrução, ou antes de proferir sentença, a realização de diligências para dirimir dúvida sobre ponto relevante.

Quanto ao *caput* do art. 156 do CPP, ao impor-se o ônus da prova a quem alega, sem cuidado ou observações, corre-se o risco de ensejar interpretações inconstitucionais transmissivas de ônus probatório do Estado acusador ao cidadão acusado. Isso porque o **processo penal** é **instrumento de controle do poder punitivo estatal** a fim de **evitar arbítrio** e injustiças. Desse modo, é constitucional que sob o Estado acusador recaia todo o ônus de provar a ocorrência do ilícito. Sobre o tema, é imperiosa a lição de Aury Lopes Jr.[303]:

> [...] a primeira parte do art. 156 do CPP deve ser lida à luz da garantia constitucional da inocência. O dispositivo determina que "a prova da alegação incumbirá a quem a fizer". Mas a primeira (e principal) alegação feita é a que consta na denúncia e aponta para autoria e materialidade; logo, **incumbe ao MP o ônus total e intransferível de provar** a existência do delito. [...] **A carga do acusador é provar o alegado**; [...] Isso significa que **incumbe ao acusador provar a presença de todos os elementos que integram a tipicidade, a ilicitude e a culpabilidade e, logicamente, a inexistência de causas de justificação.** [...] Essa é [...] a regra de julgamento por parte do juiz.

DICA DO AUTOR: Não há inversão do ônus da prova no processo penal em desfavor do acusado. Em verdade, o processo penal é afetado por investigações, processamento e julgamento de agentes estatais. Desse modo, há **vulnerabilidade do acusado** ante o poder punitivo do Estado, cabendo a este, com sua estrutura acusatória e investigativa, produzir elementos demonstrativos da responsabilidade penal dos acusados. Portanto, o ônus pro-

---

[302] Essa faculdade atribuída ao juiz deve ser relida diante do juiz de garantias, pois, com a implantação desse instituto, ou melhor, dessa nova função, entendemos que o juiz da instrução não poderia mais produzir qualquer prova, sob pena de comprometimento da imparcialidade. No entanto, embora a Lei n. 13.964/2019 ("Pacote Anticrime") tenha tentado positivar o instituto do "Juiz das Garantias" – entre os arts. 3º-B e 3º-F do CPP –, e do progresso constitucional da nova Lei, a implantação do instituto foi suspensa liminarmente pelo STF (ADI 6.298), seguindo ainda pendente de julgamento de mérito até o fechamento desta edição.

[303] LOPES JR., Aury. *Direito processual penal*. 15. ed. São Paulo: Saraiva, 2018. p. 357.

batório da responsabilidade penal dos acusados é do *dominus litis*, do MP, e não do réu. A inversão do ônus da prova no processo penal é mecanismo ilegítimo e inconstitucional de presunção de responsabilidade penal, sendo incompatível com o Estado democrático de direito. Sobre o tema, leciona Alexandre Morais da Rosa[304]:

> Invencionice da hermenêutica do conforto e repetida como mantra pelos julgadores/jogadores da acusação, a dita "inversão do ônus da prova" se constitui como grave erro lógico de raciocínio, até porque não se pode falar em "ônus da prova" mas sim em "carga probatória" [...]. No campo da lógica e da argumentação, não se pode inferir da ausência de fatos, pelo imaginário, conclusões. [...] A confusão é muito comum de acontecer em imputações para fins de flagrante. [...] Transfere-se ao acusado prova diabólica consistente em "não provar que o crime aconteceu", desonerando-se – matreiramente – o acusador. Esse modo de pensar é um paralogismo, erro lógico, majoritário no dia a dia forense. [...] a inversão do ônus da prova não se sustenta democraticamente.

Aury Lopes Jr.[305] reforça o impacto da presunção de inocência no procedimento penal:

> [...] o *in dubio pro reo* **é um critério pragmático para a solução da incerteza processual**, qualquer que seja a fase do processo em que ocorra. O sistema probatório fundado a partir da **presunção constitucional de inocência não admite nenhuma exceção procedimental**, inversão do ônus probatório ou frágeis construções inquisitoriais do estilo *in dubio pro societate*.

Tratando-se de questão importante e risco rotineiro no processo penal brasileiro, em complemento, traz-se Guilherme de Souza Nucci[306]:

> Cuidando-se de um desdobramento natural do princípio constitucional da presunção de inocência, todos são inocentes até prova em contrário, produzida pelo Estado-acusação e confirmada por decisão judicial condenatória com trânsito em julgado. Por isso, é de curial relevância afirmar e fazer cumprir que **o ônus da prova é da acusação; jamais do acusado**. Entretanto, tem-se tornado relativamente comum, em decisões judiciais de vários

---

[304] ROSA, Alexandre Morais da. *Guia do processo penal conforme a teoria dos jogos*. 4. ed. Florianópolis: Empório do Direito, 2017. p. 709-710.

[305] LOPES JR., Aury. *Direito processual penal*. 15. ed. São Paulo: Saraiva, 2018. p. 361.

[306] Para Nucci, meios de provas: "São todos os recursos, diretos ou indiretos, utilizados para alcançar a verdade dos fatos no processo" (NUCCI, Guilherme de Souza. *Manual de processo penal e execução penal*. 13. ed. Rio de Janeiro: Forense, 2016. p. 235).

graus de jurisdição, a admissão da inversão do ônus da prova, transferindo a tarefa de evidenciar a sua inocência ao réu. [...] Se o Estado não conseguir produzir esse tipo de prova, está-se apontando para a falência dos órgãos investigatórios e acusatórios estatais. Em suma, se essa tendência se firmar na jurisprudência pátria, cai por terra o princípio da presunção de inocência. Ocorre que **trata-se de um direito/garantia humana fundamental, expressamente previsto na Constituição Federal.**

A Lei n. 13.964/2019 (**"Pacote Anticrime"**) criou dispositivo no CP que JAMAIS deve ser interpretado no sentido da inversão do ônus da prova em prol do Estado acusador por ocasião da fixação do perdimento de bens[307], requerimento esse que deve ser postulado na denúncia[308]. Assim, a partir da nova legislação, inseriu-se uma **norma heterotópica**[309], com natureza processual-probatória, no CP (art. 91-A, § 2º): "O condenado poderá demonstrar a inexistência da incompatibilidade ou a procedência lícita do patrimônio". Em verdade, é o Estado acusador que tem ônus probatório de demonstrar a incompatibilidade do bem com a renda do acusado ou a procedência ilícita do patrimônio para a decretação do perdimento. Caso o MP não cumpra o referido ônus probatório, o requerimento de perdimento deve ser julgado improcedente – ou seja, o § 2º do art. 91-A do CP não deve ser utilizado para, subvertendo a lógica constitucional do processo penal, facilitar inconstitucionalmente a atividade do Estado acusador.

No **Concurso da Defensoria Pública do Rio Grande do Sul (2018, FCC)**, foi considerada FALSA a afirmativa de que: "No crime de receptação, efetivada a prisão do agente com a posse do objeto de origem criminosa, opera-se a chamada inversão do ônus da prova no processo penal". Isso porque o STJ repudia a inversão do ônus da prova processual penal, afirmando que o ônus de demonstrar a licitude ou culpa na posse do bem decorre da sua própria alega-

---

[307] CP, "Art. 91-A. Na hipótese de condenação por infrações às quais a lei comine pena máxima superior a 6 (seis) anos de reclusão, poderá ser decretada a perda, como produto ou proveito do crime, dos bens correspondentes à diferença entre o valor do patrimônio do condenado e aquele que seja compatível com o seu rendimento lícito" (Incluído pela Lei n. 13.964/2019).

[308] CP, "Art. 91-A. [...] § 3º A perda prevista neste artigo **deverá ser requerida expressamente** pelo Ministério Público, por ocasião do **oferecimento da denúncia**, com indicação da diferença apurada".

[309] Por norma heterotópica, deve-se entender aquela inserida em estatuto normativo de natureza diversa da sua. Como, *v.g.*, quando uma regra de direito processual fixa ônus processuais em lei de direito material – a exemplo do § 2º do art. 91-A do CP, o qual aparentemente dispõe sobre ônus processuais no âmbito do CP (direito material).

ção defensiva[310] (art. 156 do CPP), e não de qualquer forma de inversão probatória[311] prejudicial à defesa.

■ **Procedimento probatório**

Ao se falar em procedimento probatório, deve-se ter em mente o **modelo constitucional de processo penal**, bem como a existência de **regras constitucionais** atinentes às provas e ao **procedimento legalmente previsto**. Tais regras e procedimentos serão detalhados especialmente no estudo das provas em espécie. Contudo, firma-se que, em princípio, a **denúncia**[312] é o momento oportuno para o MP especificar provas e a **resposta à acusação**[313] para a defesa.

Existem basicamente quatro momentos[314] a serem destacados no procedimento probatório: (1) **postulatório** (proposição de prova pelas partes); (2) **admissional**, quanto à admissibilidade judicial por decisão fundamentada (juízo de prelibação do cabimento das provas); (3) **produtivo,** no qual há a produção probatória com possibilidade de participação em contraditório pelas partes; (4) **valorativo,** no qual há análise do teor da prova (juízo de delibação de seu conteúdo e consequências).

As **provas orais** (interrogatório do réu, depoimentos da vítima e testemunhais) serão, geralmente, produzidas em audiência de instrução e julga-

---

[310] "[...] 2. Quando há a apreensão do bem resultante de crime na posse do agente, é ônus do imputado comprovar a origem lícita do produto ou que sua conduta ocorreu de forma culposa. Isto não implica inversão do ônus da prova, ofensa ao princípio da presunção de inocência ou negativa do direito ao silêncio, mas decorre da aplicação do art. 156 do Código de Processo Penal, segundo o qual a prova da alegação compete a quem a fizer. Precedentes. [...]" (STJ, **AgRg no HC 446.942/SC,** rel. Min. Laurita Vaz, 6ª Turma, j. 4-12-2018, *DJe* 18-12-2018).

[311] "[...] 2. A conclusão das instâncias ordinárias está em sintonia com a jurisprudência consolidada desta Corte, segundo a qual, no crime de receptação, se o bem houver sido apreendido em poder do paciente, caberia à defesa apresentar prova acerca da origem lícita do bem ou de sua conduta culposa, nos termos do disposto no art. 156 do Código de Processo Penal, sem que se possa falar em inversão do ônus da prova. Precedentes. [...]" (STJ, **HC 483.023/SC,** rel. Min. Reynaldo Soares da Fonseca, 5ª Turma, j. 7-2-2019, *DJe* 15-2-2019).

[312] CPP, "Art. 41. A denúncia ou queixa conterá a exposição do fato criminoso, com todas as suas circunstâncias, a qualificação do acusado ou esclarecimentos pelos quais se possa identificá-lo, a classificação do crime e, quando necessário, **o rol das testemunhas**".

[313] CPP, "Art. 396-A. Na resposta, o acusado poderá arguir preliminares e alegar tudo o que interesse à sua defesa, oferecer documentos e justificações, **especificar as provas pretendidas e arrolar testemunhas**, qualificando-as e requerendo sua intimação, quando necessário".

[314] TÁVORA, Nestor; ALENCAR, Rosmar Rodrigues. *Curso de direito processual penal.* 10. ed. Salvador: JusPodivm, 2015. p. 499.

mento (arts. 402, 531 e 411 do CPP) e/ou sessão do júri (art. 473). Ao fim da audiência de instrução e julgamento, é possível ainda falar em requerimento de **diligências** decorrentes dos elementos coletados na produção de prova oral (arts. 402, 534 e 411, § 3º, do CPP). Nessa fase, criticamente, o ideal para um sistema processual penal acusatório, de partes, seria que o magistrado, em dúvida, a dissolvesse com a aplicação do princípio *in dubio pro reo*, não assumindo, por mão própria, o risco de produzir prova punitiva, tal qual os magistrados de um modelo inquisitivo.

No cenário probatório, os **erros decisórios** na avaliação da (in)admissibilidade da prova resultam em erro de procedimento (*error in procedendo*) – comportando *anulação* do ato –, e, por outro lado, falha na análise de conteúdo e suas consequências caracterizam erro de julgamento (*error in judicando*), comportando *reforma* recursal.

DICA DO AUTOR : A partir da Convenção Americana de Direitos Humanos (**CADH, art. 8.2.f**)[315], é possível ao acusado requerer a oitiva de testemunhas presentes no Judiciário. Por outro lado, o STJ, no **REsp 1.443.533/RS**[316], afastou a preclusão em relação à defesa que deixou de arrolar testemunhas no momento oportuno, mas reservou-se, nessa ocasião, à apresentação em momento posterior, mormente em razão das dificuldades de contato entre defensor público e acusado.

O **procedimento probatório** sofre incidência do princípio do **contraditório** em seus **quatro momentos**[317]: postulação, admissão, produção e valoração probatória.

---

[315] CADH, "Art. 8 Garantias judiciais [...] 2. Toda pessoa acusada de um delito tem direito a que se presuma sua inocência, enquanto não for legalmente comprovada sua culpa. Durante o processo, toda pessoa tem direito, em plena igualdade, às seguintes garantias mínimas: [...] **f. direito da defesa de inquirir as testemunhas presentes no Tribunal e de obter o comparecimento**, como testemunhas ou peritos, de outras pessoas que possam lançar luz sobre os fatos".

[316] "Recurso especial. Direito processual penal. Indicação do rol de testemunhas em momento posterior. Pedido tempestivo. Inexistência de preclusão e violação do contraditório. Deferimento motivado. Princípio da verdade real. 1. No processo penal da competência do Tribunal do Júri, o momento adequado para o acusado alegar tudo que interessa a defesa, com a indicação das provas que pretende produzir, a juntada de documentos e a apresentação do rol de testemunhas é a defesa prévia, nos termos do artigo 406, § 3º, do Código de Processo Penal. 2. **Não há preclusão se a parte, no momento da apresentação da defesa prévia, formula pedido de indicação de rol de testemunhas** *a posteriori*; tampouco há violação do contraditório se o magistrado defere o pedido em busca da verdade real e diante da **impossibilidade do contato do defensor público com o acusado**. 3. Recurso improvido" (STJ, REsp 1.443.533/RS, rel. Min. Maria Thereza de Assis Moura, 6ª Turma, j. 23-6-2015, *DJe* 3-8-2015).

[317] LOPES JR., Aury. *Direito processual penal*. 15. ed. São Paulo: Saraiva, 2018. p. 364.

■ **Garantias aplicáveis à proposição, produção e valoração da prova**

No **plano constitucional**, diversas são as garantias incidentes sobre a proposição, produção e valoração de provas: (1) **legalidade** (art. 5º, II, da CRFB/88), que atua impedindo que o processado seja compelido a produzir provas e que as autoridades públicas a produzam em desconformidade com as leis e a Constituição; (2) **liberdade** (art. 5º), tal direito fundamental atua para resguardar o cidadão em face do risco de eventuais abusos por parte do Estado, permitindo-lhe, com sua autonomia, selecionar as provas que pretende produzir e decidir se (e como) pretende colaborar com os agentes estatais; (3) **direito ao silêncio** (art. 5º, LXIII), previsão constitucional esta permissiva da escolha do silenciar[318] por parte do acusado, *sem qualquer impacto negativo* sobre sua posição processual, bem como o **direito à não autoincriminação**, o direito de não produzir provas contra si mesmo[319] (*nemo tenetur se detegere*) – em complemento ao direito ao silêncio e ao direito de não produzir provas contra si mesmo, deve-se citar a *proibição da tortura*; (4) **proibição da tortura** (art. 5º, III), seja como técnica inconstitucional de interrogatório, seja como método de busca de prova, seja como instrumento de punição, o uso da tortura é incompatível com a Constituição e, portanto, deve obstar o uso de prova alcançado por mecanismo abusivo; (5) **juízo natural** (art. 5º, LIII), o qual impõe que somente a autoridade competente possa processar e julgar os requerimentos de produção de provas e também avaliar sua produção; (6) **devido processo legal** (art. 5º, LIV), destacando seu sentido formal, porquanto a forma surge como garantia protetiva do cidadão em face do Estado; (7) **contraditório e ampla defesa** (art. 5º, LV), ao lado da ideia de que ao cidadão é garantido o direito de produzir provas, deve-se entender também que o interessado possa ter acesso à prova, podendo se manifestar sobre ela, impugná-la, produzir contraprovas e questionar a interpretação judicial sobre ela em grau recursal; (8) **vedação às provas ilícitas** (art. 5º, LVI), a Constituição expõe como inadmissíveis as provas produzidas por meios ilícitos, entre as quais as provas obtidas mediante tortura; (9) **presunção de não culpabilidade** (art. 5º, LVII), garantia processual impeditiva de se considerar alguém culpado sem provas e até transitar em

---

[318] Sobre o tema, *vide*: BOTTINO, Thiago. *O direito ao silêncio na jurisprudência do STF*. Rio de Janeiro: Elsevier, 2009.
[319] Sobre o direito à não autoincriminação, *vide*: TROIS NETO, Paulo Mário Canabarro. *Direito à não autoincriminação e direito ao silêncio*. Porto Alegre: Livraria do Advogado, 2011.

julgado a sentença condenatória. Ainda nesse cenário, tal presunção deve incidir também tutelando o processado diante da inexistência de prova segura da responsabilidade penal, acarretando a incidência do denominado *in dubio pro reo*; (10) **preservação da intimidade** (art. 5º, LX), no caso de provas obtidas *por meio oculto*, ao excepcionar o sigilo telefônico e a vida privada, deve-se restringir o uso da prova ao manuseio dos atores processuais, a fim de agredir minimamente o direito à privacidade e à vida íntima; (11) **dever judicial de fundamentação** (art. 93, IX), incidindo para permitir à parte interessada o controle das razões judiciais do acolhimento (ou não) de uma prova, bem como os fundamentos interpretativos do julgador, viabilizando-lhe inclusive o acesso ao duplo grau de jurisdição e ao exercício do direito ao recurso para reanálise e revisão da questão probatória; (12) **separação das funções processuais**, também pode ser configurada como garantia no plano constitucional atinente ao procedimento probatório, pois as funções judiciais e acusatórias são totalmente separadas com a finalidade de evitar tendências judiciais, ainda que inconscientemente lastreadas de parcialidade. Dever-se-ia, com tal separação funcional, manter o **papel judicial de garantidor do** *fair play* **processual** e não de agente ativo de produção de prova, a qual deve ser guiada pelos agentes com interesse no resultado processual (MP, defesa).

No **plano convencional**, no pertinente à matéria probatória, destacam-se com centralidade: (1) o Pacto Internacional sobre Direitos Civis e Políticos[320] **(PDCP)**, ao registrar a garantia de não depor contra si nem de confessar-se culpado[321]; (2) Convenção Americana de Direitos Humanos[322] **(CADH)**, o Pacto de São José da Costa Rica, ao dispor sobre a ausência de obrigação de autoincriminar-se ou declarar-se culpado, tudo reforçado pela denominada "**presunção de inocência**"[323].

---

[320] PDCP (Decreto de promulgação n. 592/92), "Art. 14. [...] 3. Toda pessoa acusada de um delito terá direito, em plena igualmente, a, pelo menos, as seguintes garantias: [...] g) De não ser obrigada a depor contra si mesma, nem a confessar-se culpada".

[321] PDCP, "Art. 14. [...] 2. Toda pessoa acusada de um delito terá direito a que se presuma sua **inocência** enquanto não for legalmente comprovada sua culpa".

[322] CADH (Decreto de promulgação n. 678/92), "Art. 8 [...] 2 [...] g. direito de não ser obrigado a depor contra si mesma, nem a declarar-se culpada".

[323] CADH, "Art. 8 [...] 2. Toda pessoa acusada de delito tem direito a que se presuma sua **inocência** enquanto não se comprove legalmente sua culpa. Durante o processo, toda pessoa tem direito, em plena igualdade, às seguintes garantias mínimas:".

■ Prova ilícita e suas peculiaridades

As provas ilícitas são vedadas constitucionalmente[324] e delas, eventualmente, podem decorrer outras provas. Nessa senda, uma das principais teorias no tema prova ilícita é a denominada **teoria dos frutos da árvore envenenada** (*fruits of the poisonous tree*), também intitulada **prova ilícita por derivação** ou **teoria da mácula** (*taint doctrine*), sendo tal teoria aplicada pelo STF[325].

Numa tentativa de positivar a importação da *fruits of the poisonous tree*, o legislador brasileiro editou a **Lei n. 11.690/2008** para alterar o art. 157 do CPP, a fim de determinar a inadmissibilidade e o desentranhamento das provas violadoras de normas constitucionais ou legais (*caput*)[326], inclusive as dela derivadas (§ 1º).

Como **exceção** à ilicitude por derivação, o § 1º[327] do art. 157 excepcionou o reconhecimento da ilicitude da prova em caso de **quebra do nexo causal** e de **fonte independente**[328]. Desse modo, a teoria da fonte independente (*independent source limitation*) já foi adotada pelo STF (HC 84.679[329]). Por outro lado, fala-se ainda na descoberta inevitável (*inevitable discovery*) quando for demonstrado que a prova seria descoberta por outro meio.

No contexto do debate sobre a admissibilidade da prova ilícita por derivação, Nestor Távora e Rosmar Rodrigues Alencar mencionam ainda a teoria da contaminação expurgada (*purged taint exception*) – compreendendo como não

---

[324] CRFB/88, "Art. 5º [...] LVI – são inadmissíveis, no processo, as provas obtidas por meios ilícitos".

[325] "Prova ilícita [...] **contaminou**, no caso, as demais provas, **todas oriundas, direta ou indiretamente, das informações obtidas** na escuta (*fruits of the poisonous tree*), nas quais se fundou a condenação do paciente" (STF, HC 69.912 segundo, rel. Min. Sepúlveda Pertence, Tribunal Pleno, j. 16-12-1993).

[326] CPP, "Art. 157. São inadmissíveis, devendo ser desentranhadas do processo, as provas ilícitas, assim entendidas as obtidas em violação a normas constitucionais ou legais".

[327] CPP, "Art. 157. [...] § 1º São também inadmissíveis as **provas derivadas** das ilícitas, **salvo** quando não evidenciado o nexo de causalidade entre umas e outras, ou quando as derivadas puderem ser obtidas por uma fonte independente das primeiras".

[328] CPP, "Art. 157. [...] § 2º Considera-se **fonte independente** aquela que por si só, seguindo os trâmites típicos e de praxe, próprios da investigação ou instrução criminal, seria capaz de conduzir ao fato objeto da prova".

[329] "[...] Evidenciada a **existência de prova autônoma, descabe a pretensão de anular** a decisão de recebimento da denúncia, sob a alegação ter sido o mandado de busca e apreensão cumprido em desacordo com a determinação judicial de que os policiais se fizessem acompanhar de duas testemunhas. Ordem concedida" (STF, HC 84.679, rel. Min. Marco Aurélio, rel. p/ acórdão Min. Eros Grau, 1ª Turma j. 9-11-2004).

abrangida na legislação brasileira[330] – e a exceção de boa-fé (*good faith exception*) – entendendo-a inaplicável em razão da insuficiência da boa-fé subjetiva do agente público diante das exigências da boa-fé objetiva[331], a demandar conduta das autoridades conforme as leis e a Constituição.

Uma vez preclusa a decisão de desentranhamento da prova ilícita, deverá ser proferida decisão de inutilização da prova, e o respectivo incidente de inutilização poderá ser acompanhado pelas partes (art. 157, § 3º).

O "Pacote Anticrime" (2019) incluiu regra (art. 157, § 5º, do CPP[332]) com a finalidade de afastar do processo o juízo contaminado por conhecer a prova inadmissível; porém, em decisão **monocrática liminar, o STF suspendeu a eficácia de tal dispositivo até o julgamento de mérito da ADI 6.298**.

Noutro passo, há posição corrente pela aplicabilidade dos postulados da razoabilidade ou proporcionalidade com o objetivo de analisar a admissão ou não da prova ilícita, situação a ser vista com desconfiança diante da fragilização potencial causada aos direitos fundamentais processuais penais, enquanto limites ao poder punitivo do Estado, conforme se explica no parágrafo seguinte.

DICA DO AUTOR: Em provas orais e discursivas de Defensoria Pública, é importante demonstrar senso crítico sobre a aplicabilidade dos postulados da razoabilidade e proporcionalidade para admissão da prova ilícita. Ora, tratando-se o processo penal de instrumento de limitação e contenção de abusos do poder punitivo estatal, permitir a ponderação na admissibilidade de provas ilícitas contra a defesa pode significar que o mesmo Estado que investiga, acusa e julga ainda poderia nessa mesma atividade judicante manipular as regras constitucionais e fundamentais protetivas do cidadão em favor do poder punitivo do Estado.

■ **Serendipidade**

Ainda no debate sobre a licitude de provas, convém trazer a lume o termo "**serendipidade**"[333], relacionado ao encontro fortuito de provas sobre o fato

---

[330] TÁVORA, Nestor; ALENCAR, Rosmar Rodrigues. *Curso de direito processual penal*. 10. ed. Salvador: JusPodivm, 2015. p. 577.

[331] Idem, ibidem, p. 578.

[332] "O juiz que conhecer do conteúdo da prova declarada inadmissível não poderá proferir a sentença ou acórdão."

[333] "[...] 2. Nas interceptações telefônicas validamente determinadas é passível a ocorrência da **serendipidade, pela qual, de forma fortuita, são descobertos delitos que não eram objetos da investi-**

(serendipidade **objetiva**), resultando na figura do "**crime achado**"[334], ou a pessoa (serendipidade **subjetiva**) diversa em relação ao pretendido inicialmente. No **Concurso da Defensoria Pública do Maranhão (2018, FCC)** considerou-se CORRETA a assertiva ditando ser "válida a prova obtida quando ocorrer a serendipidade de primeiro grau". A prova decorrente de **serendipidade de primeiro grau** é, portanto, válida.

Por outro lado, na **serendipidade de segundo grau**[335] a prova valerá como *notitia criminis*, mas não como prova válida, e ocorrerá quando (1) houver descoberta fortuita de pessoa sem vínculo (sem regime de coautoria) com o agente investigado (2) ou ainda fato diverso sem qualquer liame histórico com aquele investigado, (3) bem como quando envolver comunicação protegida pelo sigilo profissional.

Quando a serendipidade resultar em alcance de sujeito com **prerrogativa de foro**, o STJ (HC 387.899/RS e RHC 81.964/RS) e o STF (HC 106.152, HC 128.102) têm aplicado a "**teoria do juízo aparente**"[336] para justificar o encontro da prova por juízo que seria incompetente. Contudo, os autos deverão ser imediatamente enviados ao foro prevalente.

Por fim, ressalte-se a possibilidade de serendipidade probatória no bojo de **delação premiada** – conforme casos já analisados pelo STF (Inq.-QO 4.130 e Inq. 2.725) e STJ (Rcl 31.629/PR)[337].

---

gação originária. Precedentes: HC 106.152, Primeira Turma, rel. Min. Rosa Weber, *DJe* de 24-5-2016 e HC 128.102, Primeira Turma, rel. Min. Marco Aurélio, *DJe* de 23-6-2016. [...]" (STF, HC 137.438 AgR, rel. Min. Luiz Fux, 1ª Turma, j. 26-5-2017).

[334] "[...] 1. O '**crime achado**', ou seja, a infração penal desconhecida e, portanto, até aquele momento não investigada, sempre deve ser cuidadosamente analisada para que não se relativize em excesso o inciso XII do art. 5º da Constituição Federal. A prova obtida mediante interceptação telefônica, quando referente a infração penal diversa da investigada, deve ser considerada lícita se presentes os requisitos constitucionais e legais. [...]" (STF, HC 129.678, rel. Min. Marco Aurélio, rel. p/ acórdão Min. Alexandre de Moraes, 1ª Turma, j. 13-6-2017).

[335] TÁVORA, Nestor; ALENCAR, Rosmar Rodrigues. *Curso de direito processual penal*. 10. ed. Salvador: JusPodivm, 2015. p. 583.

[336] "[...] 6. Como consequência da **serendipidade**, aplica-se a **teoria do juízo aparente**, segundo a qual não há nulidade na colheita de elementos de convicção autorizada por juiz até então competente para supervisionar a investigação. 7. Ocorrendo a **descoberta fortuita** de indícios do envolvimento de **pessoa com prerrogativa de foro**, os autos devem ser **encaminhados imediatamente ao foro prevalente**, definido segundo o art. 78, III, do CPP, o qual é o único competente para resolver sobre a existência de conexão ou continência e acerca da conveniência do desmembramento do processo. [...]" (STJ, Rcl 31.629/PR, rel. Min. Nancy Andrighi, Corte Especial, j. 20-9-2017, *DJe* 28-9-2017).

[337] "[...] 5. O **acordo de colaboração** não se confunde com **seu conteúdo**, razão pela qual as informações prestadas pelo colaborador podem se referir a crimes ou pessoas diversas do objeto inicial da investigação, ficando configurado, nessa hipótese, o **encontro fortuito de provas**. [...]" (STJ, Rcl 31.629/PR, rel. Min. Nancy Andrighi, Corte Especial, j. 20-9-2017, *DJe* 28-9-2017).

■ **Pescaria probatória (*fishing expedition*)**

No contexto do respeito ao veto constitucional das provas ilícitas, é ainda necessário atentar à ilícita figura denominada *fishing expedition* (**pescaria probatória**), que seria:

> a apropriação de meios legais para, sem objetivo traçado, "pescar" qualquer espécie de evidência, tendo ou não relação com o caso concreto. Trata-se de uma investigação especulativa indiscriminada, sem objetivo certo ou declarado, que, de forma ampla e genérica, "lança" suas redes com a esperança de "pescar" qualquer prova, para subsidiar uma futura acusação ou para tentar justificar uma ação já iniciada[338].

Caso detectada a atividade de pescaria probatória por parte do Poder Público, seja na tentativa de "justificar" atividade investigativa até então ilegal ou mesmo de "monitorar aleatoriamente", sem justa causa e nos termos da lei, a vida de um cidadão, deve ser reconhecida a ilicitude de prova. Essa situação configura *fishing expedition*[339], e o STF[340] já teve oportunidade de declarar como *ilegítima* a quebra de sigilo bancário que atingiu "lista genérica" de "pessoas não relacionadas à investigação", violando o inciso X[341] do art. 5º da CRFB/88, porquanto ofensivo à vida privada e intimidade.

■ **Cadeia de custódia da prova**

Cadeia de custódia é tema relevante no campo probatório penal, tornando-se ainda mais importante com as alterações implementadas com o advento da Lei n. 13.964/2019 (**"Pacote Anticrime"**), ao trazer a matéria aos arts.

---

[338] SILVA, Viviani Ghizoni da; SILVA, Philipe Benoni Melo; ROSA, Alexandre Morais da. Fishing expedition *e encontro fortuito na busca e na apreensão*: um dilema oculto do processo penal. Florianópolis: Emais, 2019. p. 41.

[339] Idem, ibidem, p. 42.

[340] "[...] 2. Configura-se **ilegítima a quebra de sigilo bancário de listagem genérica, com nomes de pessoas não relacionados diretamente com as investigações** (art. 5º, inc. X, da Constituição da República). 3. Ressalva da possibilidade de o Ministério Público Federal formular pedido específico, sobre pessoas identificadas, definindo e justificando com exatidão a sua pretensão. 4. Agravo provido parcialmente" (STF, Inq. 2.245 AgR, rel. p/ acórdão Min. Cármen Lúcia, Tribunal Pleno, j. 29-11-2006).

[341] CRFB/88, "Art. 5º [...] X – são invioláveis a intimidade, a vida privada, a honra e a imagem das pessoas, assegurado o direito a indenização pelo dano material ou moral decorrente de sua violação".

158-A a 158-F do CPP. Em tal contexto, as provas devem ser protegidas de qualquer corrupção, manipulação ou deterioração que possa subverter a busca do esclarecimento dos fatos. Com efeito, a referida proteção probatória deve ser realizada e garantida pelo procedimento denominado "cadeia de custódia"[342]. O CPP (art. 158-A) conceitua cadeia de custódia: "Art. 158-A. Considera-se **cadeia de custódia** o conjunto de todos os procedimentos utilizados para manter e documentar a história cronológica do vestígio coletado em locais ou em vítimas de crimes, para rastrear sua posse e manuseio a partir de seu reconhecimento até o descarte".

Com afeito, a proteção jurídica da prova promovida pela cadeia de custódia probatória opera à luz do princípio da presunção de inocência e do paradigma *in dubio pro reo*. Assim, por exemplo:

> A destruição de elementos informativos, comprovada por perícia no processo, inviabiliza o exercício do direito de defesa e a própria fiscalização judicial, relativamente ao caráter de confiabilidade dos demais elementos, pois elimina qualquer possibilidade de ser ter acesso a informações que [...] justificaram a intervenção de natureza cautelar. [...] Quando se trata de comunicações telefônicas, por exemplo, a supressão de diálogos justifica que não se descarte a anulação de uma manifestação por outra posterior, ou sua colocação em contexto de não incriminação[343].

O STJ teve oportunidade de adotar o ônus da necessária preservação probatória, decorrente da tese da cadeia de custódia, nos seguintes termos:

> [...]. **Ausência de preservação da integralidade da prova produzida na interceptação telefônica** e telemática. **Violação aos princípios do contraditório, da ampla defesa e da paridade de armas.** Constrangimento ilegal evidenciado. *Habeas corpus* não conhecido. Ordem concedida, de ofício. [...] X. Apesar de ter sido franqueado o acesso aos autos, parte das provas obtidas a partir da interceptação telemática foi extraviada, ainda na Polícia, e o conteúdo dos áudios telefônicos não foi disponibilizado da forma como captado, havendo descontinuidade nas conversas e na sua ordem, com omissão de alguns áudios. XI. **A prova produzida durante a interceptação não pode servir apenas aos interesses do órgão acusador**, sendo imprescindível a preservação da sua integralidade, sem a qual se mostra inviabilizado o exercício da ampla defesa, tendo em vista a impossibilidade da efetiva refutação da tese acusatória, dada a perda da unidade da prova. XII. **Mostra-se lesiva ao direito à prova, corolário da ampla defesa e do con-

---

[342] PRADO, Geraldo. *Prova penal e sistema de controles epistêmicos*: a quebra da cadeia de custódia das provas obtidas por métodos ocultos. São Paulo: Marcial Pons, 2014.

[343] Idem, ibidem, p. 83.

traditório – constitucionalmente garantidos –, **a ausência da salvaguarda da integralidade do material colhido na investigação, repercutindo no próprio dever de garantia da paridade de armas das partes adversas. XIII.** É certo que todo o material obtido por meio da interceptação telefônica deve ser dirigido à autoridade judiciária, a qual, juntamente com a acusação e a defesa, deve selecionar tudo o que interesse à prova, descartando-se, mediante o procedimento previsto no art. 9º, parágrafo único, da Lei 9.296/96, o que se mostrar impertinente ao objeto da interceptação, pelo que constitui constrangimento ilegal a seleção do material produzido nas interceptações autorizadas, realizada pela Polícia Judiciária, tal como ocorreu, subtraindo-se, do Juízo e das partes, o exame da pertinência das provas colhidas. Precedente do STF. XIV. **Decorre da garantia da ampla defesa o direito do acusado à disponibilização da integralidade de mídia, contendo o inteiro teor dos áudios e diálogos interceptados.** [...] XVII. Ordem concedida, de ofício, para anular as provas produzidas nas interceptações telefônica e telemática, determinando, ao Juízo de 1º Grau, o desentranhamento integral do material colhido, bem como o exame da existência de prova ilícita por derivação, nos termos do art. 157, §§ 1º e 2º, do CPP, procedendo-se ao seu desentranhamento da Ação Penal 2006.51.01.523722-9 (STJ, HC 160.662/RJ, rel. Min. Assusete Magalhães, 6ª Turma, j. 18-2-2014, *DJe* 17-3-2014).

Nesse contexto, para Alexandre Morais da Rosa[344], quando se trata de métodos ocultos de produção de prova, tais como a interceptação telefônica e outros métodos afins, "*a manutenção de todo o material obtido* [...], capaz de gerar a incidência do contraditório efetivo, *é condição à validade da prova*". Assim, Alexandre Morais da Rosa segue afirmando que a **juntada parcial** das provas coletadas por métodos ocultos configura *doping* **processual**[345], afetando a imparcialidade objetiva[346], configurando-se também como abuso estatal.

Com as disposições da Lei n. 13.964/2019 ("Lei Anticrime") sobre cadeia de custódia, alguns pontos procedimentais devem ser destacados a partir do art. 158-A do CPP:

(1) **Início**: o limiar da cadeia de custódia ocorrerá com a preservação do local ou com procedimentos policiais (ou periciais) sobre os vestígios (§ 1º).

---

[344] ROSA, Alexandre Morais da. *Guia do processo penal conforme a teoria dos jogos*. 4. ed. Florianópolis: Empório do Direito, 2017. p. 447.

[345] "O *doping* manipula o dispositivo do processo penal, inserindo material ou método em desconformidade com as práticas democráticas, convertendo-se em uma condenação/absolvição dopada, suja, própria de charlatões" (ROSA, Alexandre Morais da. *Guia do processo penal conforme a teoria dos jogos*. 4. ed. Florianópolis: Empório do Direito, 2017. p. 365).

[346] ROSA, Alexandre Morais da. *Guia do processo penal conforme a teoria dos jogos*. 4. ed. Florianópolis: Empório do Direito, 2017. p. 447.

(2) **Responsabilidade pela preservação**: ficará responsável pela preservação do vestígio o agente público reconhecedor do "potencial interesse para a produção de prova pericial" (§ 2º).

(3) **Vestígio**: para o CPP, o conceito de vestígio é primordial à visualização e conservação da cadeia de custódia: "Vestígio é todo objeto ou material bruto, visível ou latente, constatado ou recolhido, que se relaciona à infração penal" (§ 3º).

(4) **Rastreamento de vestígios**: basicamente, a cadeia de custódia cuida da possibilidade de rastreio dos vestígios em dez etapas legais (art. 158-B do CPP): (1) reconhecimento[347]; (2) isolamento[348]; (3) fixação[349]; (4) coleta[350]; (5) acondicionamento[351], o qual possui regras específicas expostas no art. 158-D[352]; (6) transporte[353]; (7) recebimento[354]; (8) processamento[355]; (9) armazenamen-

---

[347] CPP, "Art. 158-B. [...] I – **reconhecimento**: ato de distinguir um elemento como de potencial interesse para a produção da prova pericial".

[348] CPP, "Art. 158-B. [...] II – **isolamento**: ato de evitar que se altere o estado das coisas, devendo isolar e preservar o ambiente imediato, mediato e relacionado aos vestígios e local de crime".

[349] CPP, "Art. 158-B. [...] III – **fixação**: descrição detalhada do vestígio conforme se encontra no local de crime ou no corpo de delito, e a sua posição na área de exames, podendo ser ilustrada por fotografias, filmagens ou croqui, sendo indispensável a sua descrição no laudo pericial produzido pelo perito responsável pelo atendimento".

[350] CPP, "Art. 158-B. [...] IV – **coleta**: ato de recolher o vestígio que será submetido à análise pericial, respeitando suas características e natureza".

[351] CPP, "Art. 158-B. [...] V – **acondicionamento**: procedimento por meio do qual cada vestígio coletado é embalado de forma individualizada, de acordo com suas características físicas, químicas e biológicas, para posterior análise, com anotação da data, hora e nome de quem realizou a coleta e o acondicionamento".

[352] CPP, "Art. 158-D. O recipiente para acondicionamento do vestígio será determinado pela natureza do material. § 1º Todos os recipientes deverão ser selados com lacres, com numeração individualizada, de forma a garantir a inviolabilidade e a idoneidade do vestígio durante o transporte. § 2º O recipiente deverá individualizar o vestígio, preservar suas características, impedir contaminação e vazamento, ter grau de resistência adequado e espaço para registro de informações sobre seu conteúdo. § 3º O recipiente só poderá ser aberto pelo perito que vai proceder à análise e, motivadamente, por pessoa autorizada. § 4º Após cada rompimento de lacre, deve se fazer constar na ficha de acompanhamento de vestígio o nome e a matrícula do responsável, a data, o local, a finalidade, bem como as informações referentes ao novo lacre utilizado. § 5º O lacre rompido deverá ser acondicionado no interior do novo recipiente" (Incluído pela Lei n. 13.964/2019).

[353] CPP, "Art. 158-B. [...] VI – **transporte**: ato de transferir o vestígio de um local para o outro, utilizando as condições adequadas (embalagens, veículos, temperatura, entre outras), de modo a garantir a manutenção de suas características originais, bem como o controle de sua posse".

[354] CPP, "Art. 158-B. [...] VII – **recebimento**: ato formal de transferência da posse do vestígio, que deve ser documentado com, no mínimo, informações referentes ao número de procedimento e unidade de polícia judiciária relacionada, local de origem, nome de quem transportou o vestígio, código de rastreamento, natureza do exame, tipo do vestígio, protocolo, assinatura e identificação de quem o recebeu".

[355] CPP, "Art. 158-B. [...] VIII – **processamento**: exame pericial em si, manipulação do vestígio de acordo com a metodologia adequada às suas características biológicas, físicas e químicas, a fim de se obter o resultado desejado, que deverá ser formalizado em laudo produzido por perito".

to[356]; (10) **descarte**[357]. Todos os vestígios coletados devem ser submetidos ao procedimento de cadeia de custódia, sendo tal procedimento detalhado pelo Órgão Central de perícia oficial criminal (art. 158-C, § 1º).

(5) **Responsável pela coleta**: a coleta de vestígios deve recair, preferencialmente (mas não obrigatoriamente), sobre perito oficial, o qual encaminhará o material à central de custódia, mesmo quando necessários exames complementares, nos termos da lei (art. 158-C).

(6) **Proibição**: o § 2º[358] do art. 158-C proíbe a entrada em locais isolados e até mesmo a remoção dos vestígios em locais do crime antes que o perito responsável realize a liberação, caracterizando tal ato como "fraude processual"[359].

(7) **Documentação e custódia**: o art. 158-E[360] esmiúça as regras de manuseio dos vestígios, determinando a existência de central de custódia nos Institutos de Criminalística, sendo sua gestão diretamente ligada aos órgãos de perícia criminal oficial, contando ainda com detalhado serviço de protocolo e de identificação de todos os manuseadores dos vestígios.

(8) **Pós-perícia**: após a perícia cercada dos cuidados exigidos pela cadeia de custódia legal, o material deve retornar à central de custódia (art. 158-F, *caput*).

---

[356] CPP, "Art. 158-B. [...] IX – **armazenamento**: procedimento referente à guarda, em condições adequadas, do material a ser processado, guardado para realização de contraperícia, descartado ou transportado, com vinculação ao número do laudo correspondente".

[357] CPP, "Art. 158-B. [...] X – **descarte**: procedimento referente à liberação do vestígio, respeitando a legislação vigente e, quando pertinente, mediante autorização judicial".

[358] CPP, "Art. 158-C. [...] § 2º É proibida a entrada em locais isolados bem como a remoção de quaisquer vestígios de locais de crime antes da liberação por parte do perito responsável, sendo tipificada como fraude processual a sua realização" (Incluído pela Lei n. 13.964/2019).

[359] CP, "Art. 347. Inovar artificiosamente, na pendência de processo civil ou administrativo, o estado de lugar, de coisa ou de pessoa, com o fim de induzir a erro o juiz ou o perito: Pena – detenção, de três meses a dois anos, e multa. Parágrafo único. Se a inovação se destina a produzir efeito em processo penal, ainda que não iniciado, as penas aplicam-se em dobro".

[360] CPP, "Art. 158-E. Todos os Institutos de Criminalística deverão ter uma central de custódia destinada à guarda e controle dos vestígios, e sua gestão deve ser vinculada diretamente ao órgão central de perícia oficial de natureza criminal. § 1º Toda central de custódia deve possuir os serviços de protocolo, com local para conferência, recepção, devolução de materiais e documentos, possibilitando a seleção, a classificação e a distribuição de materiais, devendo ser um espaço seguro e apresentar condições ambientais que não interfiram nas características do vestígio. § 2º Na central de custódia, a entrada e a saída de vestígio deverão ser protocoladas, consignando-se informações sobre a ocorrência no inquérito que a eles se relacionam. § 3º Todas as pessoas que tiverem acesso ao vestígio armazenado deverão ser identificadas e deverão ser registradas a data e a hora do acesso. § 4º Por ocasião da tramitação do vestígio armazenado, todas as ações deverão ser registradas, consignando-se a identificação do responsável pela tramitação, a destinação, a data e horário da ação" (Incluído pela Lei n. 13.964/2019).

(9) **Armazenamento e impossibilidade da central de custódia**: a autoridade policial ou judiciária poderá determinar o armazenamento em local diverso da central de custódia, diante de requerimento do órgão central de perícia criminal oficial, isso quando a central de custódia não possui espaço ou condições de armazenamento (art. 158-F, parágrafo único[361]).

Enfim, essas são as regras básicas da cadeia de custódia a partir da Lei n. 13.964/2019 e suas alterações sobre o CPP.

■ Teoria da perda de uma chance probatória

A teoria da perda de uma chance é deveras discutida no direito da responsabilidade civil, e vem, cada vez mais, sendo discutida também no processo penal[362]. Isso porque, não raras vezes, a acusação se queda inerte em produzir provas punitivas, quebra-se a cadeia de custódia das provas ou perdem-se vestígios essenciais à análise justa do caso de modo a impedir a produção de certas provas à defesa. Em tal contexto, a ausência de produção de prova relevante não pode ser prejudicial à defesa, considerando-se mormente critérios como o *in dubio pro reo*, a presunção de não culpabilidade e o ônus da prova atribuído à acusação. Nesse ponto surge a aplicabilidade da teoria da perda de uma chance probatória no processo penal – sobre o tema, leciona Alexandre Morais da Rosa[363-364]:

---

[361] CPP, "Art. 158-F. [...] Parágrafo único. Caso a central de custódia não possua espaço ou condições de armazenar determinado material, deverá a autoridade policial ou judiciária determinar as condições de depósito do referido material em local diverso, mediante requerimento do diretor do órgão central de perícia oficial de natureza criminal".

[362] Sobre o tema, vale conferir: ROSA, Alexandre Morais da; RUDOLFO, Fernanda Mambrini. A teoria da perda de uma chance probatória aplicada ao processo penal. *Revista Brasileira de Direito*, Passo Fundo, v. 13, n. 3, p. 455-471, set.-dez. 2017; BERTOCINI, Mateus Eduardo Siqueira Nunes; TORRES, Rafael Lima. Direito processual penal e a teoria da perda de uma chance probatória: aplicação da teoria na apreciação das provas. In: XXIV Congresso Nacional do Conpedi – UFMG/FUMEC/Dom Helder Câmara. *Processo penal e Constituição*. Florianópolis: CONPEDI, 2015. v. 1. p. 248-263.

[363] ROSA, Alexandre Morais da. *Guia do processo penal conforme a teoria dos jogos*. 4. ed. Florianópolis: Empório do Direito, 2017. p. 737.

[364] Alexandre Morais da Rosa (*Guia do processo penal conforme a teoria dos jogos*. 4. ed. Florianópolis: Empório do Direito, 2017. p. 737) aponta como julgado de referência à observância da perda de uma chance probatória pelo Estado acusador: "Penal. Tráfico de drogas. Associação para o tráfico. Arts. 33 e 35 da Lei n. 11.343/2006. Autoria não comprovada. Manutenção da absolvição. **Regra probatória decorrente do estado natural de inocência.** 1. **Não há provas** – em sua legítima acepção, qual seja, de elemento produzido no curso de um processo judicial mediante contraditório, seja real ou diferido –, que indiquem que o acusado LUCIMIR SIHELLFF e o indivíduo de alcunha

[...] havendo perda de uma chance probatória por parte do Estado [...] a absolvição é medida que se impõe. A teoria da perda de uma chance, assim, assim pode ser invocada no Processo Penal para o fim de justificar teoricamente a absolvição pela falta de todas as provas possíveis, não apuradas, não produzidas, mas factíveis, prevalecendo a presunção de inocência.

Dito de outra forma sobre a perda de uma chance probatória no processo penal, lecionam Fernanda Mambrini Rudolfo e Alexandre Morais da Rosa:

> A perda da chance de que todas as provas contra si sejam produzidas implica uma perda, sem possibilidade de produção pela parte contrária, lembrando-se, ainda, que o acusado nada deve provar [...] o Estado não pode perder a oportunidade de produzir provas contra o acusado, tirando-lhe a chance de um resultado pautado na (in)certeza. Todas as provas possíveis se constituem como preceitos do devido processo substancial, já que a vida e a liberdade do sujeito estão em jogo[365].

Com efeito, quando pendente a produção de prova elucidativa e existente algum nível de dúvida razoável sobre a responsabilidade penal do acusado, eventuais condenações contrariam as presunções de inocência e não culpabilidade, retirando o ônus e a carga probatória do Estado acusador e repassando-os ao acusado. Desse modo, causa-se dano ao processado, em uma *inconstitucional* e *inconvencional* aplicação *invertida* da perda de uma chance probatória, caracterizada como *doping processual* pró-acusação, como lecionou Alexandre Morais da Rosa[366]. No processo penal, portanto, a perda de uma chance proba-

---

ARREPIADO são a mesma pessoa. 2. **Não se trata de perquirir aprofundamentos acerca dos métodos investigativos da polícia**, mas de controle judicial da produção probatória a fim de refutar aquelas obtidas em violação a normas constitucionais ou legais (art. 157 do Código de Processo Penal), bem como convencionais – em especial as contrárias à Convenção Americana sobre Direitos Humanos – CADH. 3. O simples apontamento do agente de polícia federal, que era responsável pela análise dos diálogos interceptados no curso da investigação, de que 'foi possível identificar ARREPIADO. Seu nome é LUCIMIR SIHELLFF' não é suficiente para embasar uma sentença condenatória. 4. O estado de inocência incorpora uma importante regra de tratamento a todos os suspeitos, acusados e condenados. **Partindo-se da inocência e não da culpabilidade do réu, incumbe à acusação o encargo de afastar o estado de inocência e não à defesa demonstrá-lo, em todas as dimensões processuais.** 5. Apelação criminal desprovida" (TRF-4, ACR 0001857-29.2010.4.04.7002, T8, rel. João Pedro Gebran Neto, *DE* 5-3-2015).

[365] ROSA, Alexandre Morais da; RUDOLFO, Fernanda Mambrini. A teoria da perda de uma chance probatória aplicada ao processo penal. *Revista Brasileira de Direito*, Passo Fundo, v. 13, n. 3, p. 464, set.-dez. 2017.

[366] "O dano decorrente da condenação, mesmo ausente a produção de toda prova possível, implica no reconhecimento da modulação, invertida, da Teoria da Perda de uma Chance, no Processo Penal, como modalidade de *doping*" (ROSA, Alexandre Morais da. *Guia do processo penal conforme a teoria dos jogos*. 4. ed. Florianópolis: Empório do Direito, 2017. p. 736-737).

tória invertida – ou seja, em desfavor do acusado – deve ser considerada inconstitucional e inconvencional.

Em síntese, a teoria da perda de uma chance probatória atuará como *regra de julgamento* favoravelmente à defesa quando provas elucidativas do fato não forem produzidas no processo, com fundamento na presunção de não culpabilidade, na regra *in dubio pro reo* e na concepção de que o ônus da prova é imputável à acusação.

Pontuada no essencial a questão das garantias probatórias, seguir-se-á com a apresentação dos meios de obtenção de prova no processo penal brasileiro.

11. SÃO PAULO MEIOS DE OBTENÇÃO DE PROVA NA PERSECUÇÃO CRIMINAL. BUSCA E APREENSÃO. INTERCEPTAÇÃO TELEFÔNICA. QUEBRA DE SIGILO TELEFÔNICO, BANCÁRIO E FISCAL. DELAÇÃO PREMIADA. SANTA CATARINA MEIOS DE OBTENÇÃO DE PROVA NA PERSECUÇÃO CRIMINAL. BUSCA E APREENSÃO. INTERCEPTAÇÃO TELEFÔNICA. QUEBRA DE SIGILO TELEFÔNICO, BANCÁRIO E FISCAL. DELAÇÃO PREMIADA. PROTEÇÃO A VÍTIMAS E TESTEMUNHAS AMEAÇADAS (LEI N. 9.807/99). ESPÍRITO SANTO PROVA. LEI N. 9.296/96 (INTERCEPTAÇÃO TELEFÔNICA)

■ **Meios de obtenção de prova na persecução criminal**

No processo penal, os **meios de prova** são mecanismos servíveis à demonstração de fatos e circunstâncias relevantes à apuração criminal. Existem os **meios típicos ou nominados** (legalmente expressos) no CPP: exame de corpo de delito, perícias, interrogatório do acusado, confissão, acareação, documentos, indícios, busca e apreensão. Noutro passo, há os **meios atípicos ou inominados de prova** (não previstos expressamente na Lei), ou seja, casos nos quais a prova, embora admissível, não foi prevista em lei. Exemplifica-se: arquivos de áudio, fotografias, videofonogramas (filmagens), inspeção judicial, bem como *print* e arquivos de conversas de aplicativo de mensagens, tais como WhatsApp.

Muitos são os mecanismos de provas previstos do CPP, os denominados **meios nominados de prova**, expostos a seguir:

Exame de corpo de delito: o "corpo de delito" é o aglomerado de elementos palpáveis e sensíveis decorrentes de um fato criminoso, tais como o cadáver no homicídio. Em regra (art. 158 do CPP), deve ser realizada uma perícia sobre o corpo de delito, a qual é denominada especificamente "exame de corpo de delito". **O exame de corpo de delito é obrigatório em caso de delitos que deixem vestígios, não sendo suprível por confissão do acusado.** Em sentido oposto, tratando-se de crime que não deixe vestígios, prescinde-se do exame de corpo de delito – conforme o quadro a seguir:

Obrigatoriedade do exame de corpo de delito		
Infração que deixe vestígios (*delicta facti permanentis*)		Infração que não deixe vestígios (*delicta facti transeuntis*)
Obrigatório[367]		Dispensável
Modalidade		
Direto	Indireto	–
Realizado sobre o corpo de delito	Realizado sobre elementos circundantes e indiciários do delito	
Momento de juntada		–
Regra	Exceção: crimes contra propriedade imaterial[368]	–
Pode ser juntado durante a instrução[369-370]	Antes do recebimento da denúncia	

---

[367] Um exemplo típico de crime que deixa vestígios é crime de dano (art. 164 do CP), de modo a ser obrigatório o exame de corpo de delito: "[...] II – 'O crime do art. 163 do Código Penal, que consiste em destruir, inutilizar ou deteriorar coisa alheia é crime material que sempre deixa vestígios, sendo indispensável o exame de corpo de delito para comprovar a materialidade delitiva' (HC 274.431/SE, Quinta Turma, Relª. Ministra Laurita Vaz, *DJe* 1º-7-2014). [...]" (STJ, AgRg no REsp 1.681.909/MG, rel. Min. Felix Fischer, 5ª Turma, j. 19-10-2017, *DJe* 27-10-2017).

[368] CPP, "Art. 525. No caso de haver o crime deixado vestígio, a queixa ou a denúncia não será recebida se não for instruída com o exame pericial dos objetos que constituam o corpo de delito".

[369] "[...] 2. O Ministério Público pode deflagrar a ação penal sem o exame de corpo de delito e de balística esteja anexado aos autos, permitindo-se que a sua juntada seja feita durante a instrução processual. 3. Para que haja justa causa para a persecução penal, não se exige a comprovação cabal da prática do crime, mas a presença de um lastro probatório mínimo que revele a sua ocorrência. [...]" (STJ, HC 265.839/BA, rel. Min. Jorge Mussi, 5ª Turma, j. 13-5-2014, *DJe* 21-5-2014).

[370] "[...] III. Embora a perícia deva ser realizada antes do oferecimento da denúncia, a falta do exame de corpo de delito não impede a propositura da ação penal – não só porque o mesmo pode ser produzido na fase instrutória, mas, também, porque pode ser suprido pelo exame de corpo de delito indireto, na forma do art. 167 do CPP. [...]" (STJ, RHC 19.183/BA, rel. Min. Gilson Dipp, 5ª Turma, j. 12-9-2006, *DJ* 9-10-2006, p. 313).

No **Concurso da Defensoria Pública do Espírito Santo (2016, FCC)** tentou-se induzir o candidato a crer que a confissão supriria a inexistência de exame de corpo de delito, nos seguintes termos: "em virtude do princípio do livre convencimento motivado, o juiz pode suprir a ausência de exame de corpo de delito, direto ou indireto, pela confissão do acusado nos crimes que deixam vestígios" – a afirmativa é FALSA por contrariar a redação expressa do CPP (art. 158). A matéria, por sua importância, é reiteradamente indagada em concursos. Assim, no **Concurso da Defensoria Pública do Rio Grande do Sul (2018, FCC)**, por notória ofensa à dicção expressa do art. 158 do CPP, considerou-se FALSA a seguinte assertiva: "A confissão do acusado supre a falta do exame de corpo de delito, ainda que da infração penal tenham resultado vestígios".

Exame de corpo de delito e juizados especiais criminais: o procedimento criminal sumaríssimo da **Lei n. 9.099/95** possui regra específica a afastar a obrigatoriedade do exame de corpo de delito em caso de existência de boletim médico ou equivalente com conteúdo similar ao que seria extraível de eventual exame. Assim dita a Lei n. 9.099/95: "Art. 77. [...] § 1º Para o oferecimento da denúncia, que será elaborada com base no termo de ocorrência referido no art. 69 desta Lei, com dispensa do inquérito policial, **prescindir-se-á do exame do corpo de delito quando a materialidade do crime estiver aferida por boletim médico ou prova equivalente**".

Suprimento do exame de corpo de delito impossível: excepcionalmente, em caso de impossibilidade, o CPP (art. 167[371]) autoriza que a ausência de exame de corpo de delito seja suprida por prova testemunhal. Todavia, não é qualquer impossibilidade que autoriza a aplicação do art. 167 do CPP – caso a inviabilidade do exame ocorra em razão da inércia estatal, não terá cabimento o referido artigo, sob pena de presentear e estimular a displicência dos agentes punitivos. Nesse sentido:

> Para que a substituição do exame pela prova testemunhal possa ocorrer validamente, porém, é preciso que o desaparecimento dos vestígios seja decorrente de causas não imputáveis aos órgãos de persecução penal. O exemplo clássico do corpo de delito indireto é o do homicídio com o corpo jogado ao mar, não sendo possível o exame necroscópico. Se, porém, os vestígios desapareceram em virtude de inércia, inclusive a burocrática, dos órgãos policiais ou judiciais, a menor segurança da prova testemunhal não

---

[371] CPP, "Art. 167. Não sendo possível o exame de corpo de delito, por haverem desaparecido os vestígios, a prova testemunhal poderá suprir-lhe a falta".

pode ser carreada ao acusado. Assim, se a vítima de um furto com arrombamento, cansada de esperar a visita dos peritos, manda consertar a janela arrombada e, por ocasião do exame, não se constatam mais vestígios, a prova testemunhal não pode suprir a falta da perícia. O art. 167 do Código de Processo Penal, como uma exceção à garantia do acusado quanto à constatação dos vestígios por exame pericial, deve ser interpretado estritamente, impondo que se aplique, exclusivamente, à hipótese de desaparecimento natural, ou por ação do próprio acusado, e não por inércia dos órgãos de persecução penal que atuam contra o eventual réu[372].

Em sentido similar, ainda: "[...] a prova testemunhal não poderá suprir a falta do exame se o desaparecimento dos vestígios decorreu da desídia dos agentes estatais incumbidos da persecução penal"[373].

Confissão: a confissão é meio de prova por meio do qual o acusado assume a prática do fato que lhe é imputado, não sendo prova absoluta, pois seu valor será aferido após seu confronto com as demais provas constantes nos autos[374], sendo ainda divisível e retratável[375], devendo ser tomada por termo nos autos, acaso realizada fora do interrogatório[376], tomadas as cautelas legais se acaso não souber escrever, não souber ou não quiser assinar[377]. No direito material, a confissão é ainda importante atenuante, a qual deve ser reconhecida sempre que utilizada para formar a convicção do julgador[378]. No **Concurso da Defensoria Pública do Rio Grande do Norte (2015, CESPE)**, foi destacado o valor acentuado da confissão no Sistema Inquisitivo – não adotado na Constituição. Desse modo, considerou-se CORRETA a seguinte assertiva: "No sistema inquisitivo, a confissão é considerada a rainha das provas e predominam nele procedimentos exclusivamente escritos".

---

[372] GRECO FILHO, Vicente. *Manual de processo penal*. 4. ed. São Paulo: Saraiva, 1997. p. 221.

[373] REIS, Alexandre Cebrian Araújo; GONÇALVES, Victor Eduardo Rios. *Direito processual penal esquematizado*. 7. ed. São Paulo: Saraiva Educação, 2018. p. 290.

[374] CPP, "Art. 197. O valor da confissão se aferirá pelos critérios adotados para os outros elementos de prova, e para a sua apreciação o juiz deverá confrontá-la com as demais provas do processo, verificando se entre ela e estas existe compatibilidade ou concordância".

[375] CPP, "Art. 200. A confissão será divisível e retratável, sem prejuízo do livre convencimento do juiz, fundado no exame das provas em conjunto".

[376] CPP, "Art. 199. A confissão, quando feita fora do interrogatório, será tomada por termo nos autos, observado o disposto no art. 195".

[377] CPP, "Art. 195. Se o interrogado não souber escrever, não puder ou não quiser assinar, tal fato será consignado no termo".

[378] "Quando a confissão for utilizada para a formação do convencimento do julgador, o réu fará jus à atenuante prevista no art. 65, III, *d*, do Código Penal" (Súmula 545, 3ª Seção, j. 14-10-2015, *DJe* 19-10-2015).

O silêncio jamais pode importar em confissão[379], sendo de duvidosa constitucionalidade a recepção pela nova ordem constitucional da parte final do art. 198 quando determina que o "silêncio do acusado [...] poderá constituir elemento para a formação do convencimento do juiz". A interpretação de tal dispositivo jamais poderá permitir que o silêncio cause prejuízo ao acusado, tratando-se esta da única interpretação efetivamente compatível com seu direito[380-381] constitucional ao silêncio diante dos agentes estatais.

Quanto ao seu conteúdo, a confissão pode ser: (1) **simples**: nela o confitente confessa um único fato imputado; (2) **complexa**: quando o acusado confessa vários fatos; (3) **qualificada**: quando o confitente admite a imputação, contudo trazendo algum outro elemento defensivo, como estado de necessidade ou legítima defesa.

Quanto à abrangência: (1) **total**: quando o confitente admite a totalidade dos fatos criminosos que lhe foram imputados; (2) **parcial**: quando o acusado não admite a totalidade dos fatos imputados a ele, mas admite alguns deles.

Quanto à sede na qual é realizada: (1) **extrajudicial**: quando ocorre fora de juízo, em delegacias, cartórios, escritos produzidos pelo acusado, Defensoria Pública, MP etc.; (2) **judicial**: quando realizada perante a autoridade judicial.

Ofendido: o ofendido (vítima) é apresentado no Capítulo "Da Prova" no CPP – com as alterações promovidas pela Lei n. 11.690/2008 –, sendo perquirido sempre que possível[382], ainda existindo a previsão de condução coercitiva[383] quando sua ausência ocorrer sem justa causa. O ofendido possui direito a ser comunicado[384] dos resultados processuais[385] (sentença de primeiro grau,

---

[379] CPP, "Art. 198. O silêncio do acusado não importará confissão, mas poderá constituir elemento para a formação do convencimento do juiz".

[380] CRFB/88, "Art. 5º [...] LXIII – o preso será informado de seus direitos, entre os quais o de permanecer **calado**, sendo-lhe assegurada a assistência da família e de advogado".

[381] CPP, "Art. 186. Depois de devidamente qualificado e cientificado do inteiro teor da acusação, o acusado será informado pelo juiz, antes de iniciar o interrogatório, do seu direito de permanecer **calado** e de não responder perguntas que lhe forem formuladas".

[382] CPP, "Art. 201. Sempre que possível, o ofendido será qualificado e perguntado sobre as circunstâncias da infração, quem seja ou presuma ser o seu autor, as provas que possa indicar, tomando-se por termo as suas declarações".

[383] CPP, "Art. 201. [...] § 1º Se, intimado para esse fim, deixar de comparecer sem motivo justo, o ofendido poderá ser conduzido à presença da autoridade".

[384] CPP, "Art. 201. [...] § 3º As comunicações ao ofendido deverão ser feitas no endereço por ele indicado, admitindo-se, por opção do ofendido, o uso de meio eletrônico".

[385] CPP, "Art. 201. [...] § 2º O ofendido será comunicado dos atos processuais relativos ao ingresso e à saída do acusado da prisão, à designação de data para audiência e à sentença e respectivos acórdãos que a mantenham ou modifiquem".

acórdão em apelação) e da soltura do acusado, além de ser protegido processualmente, por diversas medidas[386], tais como imposição do sigilo processual, espaço separado[387] para fins de participação em audiência e atendimento multidisciplinar[388], custeado pelo ofensor ou pelo Estado.

Na **Lei n. 11.340/2006**[389] (Lei Maria da Penha), a mulher em situação de violência doméstica, protegida constitucionalmente[390] – constando ali como ofendida/vítima –, possui um direito incidente enquanto *especialização procedimental*, que é o direito à assistência judiciária. Desse modo, caso não se encontre acompanhada por advogado, deve ser destacado defensor público para atuar como seu representante, cumprindo com seu papel constitucional à mulher de prestar assistência jurídica (art. 134 da CRFB/88), mais ampla que a assistência judiciária (processual). Ressalte-se que não se trata de impor à mulher a função de assistência de acusação, a contragosto. Na verdade, trata-se de um direito específico da Lei n. 11.340/2006 garantido às mulheres, que poderá ou não se converter em um requerimento de ingresso enquanto assistência de acusação, porquanto o direito de **assistência jurídica** da mulher facilita seu **acesso aos direitos e à Justiça**[391].

Há uma última observação acerca da ofendida na Lei n. 11.340/2006, quanto à possibilidade de agentes estatais (ex.: policiais, membros do MP e juízes) imporem à mulher um suposto dever de falar. Na verdade, tal imposição, por vezes, na prática, além de **revitimizar** a mulher (desta vez por agentes estatais), pode colocá-la em certas encruzilhadas, mormente quando se esteja no cenário de uma possível **denunciação caluniosa** – caso em que a pressão

---

[386] CPP, "Art. 201. [...] § 6º O juiz tomará as providências necessárias à preservação da intimidade, vida privada, honra e imagem do ofendido, podendo, inclusive, determinar o segredo de justiça em relação aos dados, depoimentos e outras informações constantes dos autos a seu respeito para evitar sua exposição aos meios de comunicação".

[387] CPP, "Art. 201. [...] § 4º Antes do início da audiência e durante a sua realização, será reservado espaço separado para o ofendido".

[388] CPP, "Art. 201. [...] § 5º Se o juiz entender necessário, poderá encaminhar o ofendido para atendimento multidisciplinar, especialmente nas áreas psicossocial, de assistência jurídica e de saúde, a expensas do ofensor ou do Estado".

[389] Lei n. 11.340/2006, "Art. 27. Em todos os atos processuais, cíveis e criminais, a mulher em situação de violência doméstica e familiar deverá estar acompanhada de advogado, ressalvado o previsto no art. 19 desta Lei. Art. 28. É garantido a toda mulher em situação de violência doméstica e familiar o acesso aos serviços de Defensoria Pública ou de Assistência Judiciária Gratuita, nos termos da lei, em sede policial e judicial, mediante atendimento específico e humanizado".

[390] CRFB/88, "Art. 226. [...] § 8º O Estado assegurará a assistência à família na pessoa de cada um dos que a integram, criando mecanismos para coibir a violência no âmbito de suas relações".

[391] Na Defensoria do Estado do Rio há um Núcleo Especial de Defesa dos Direitos da Mulher (Nudem).

estatal poderia lhe fazer mentir, praticando novamente o crime, ou fazê-la assumir o crime, caso no qual o acusado teria **direito ao silêncio**, mas não a mulher em situação de violência doméstica – situação inconstitucional, diante do direito ao silêncio e à garantia de não produção de provas contra si mesma (*nemo tenetur se detegere*) –, existindo precedentes[392-393] com tais discussões, garantindo a mesma proteção à **não autoincriminação** e ao silêncio.

Testemunhas: em regra, qualquer[394] pessoa pode ser testemunha e prestará compromisso[395] de dizer a verdade, sendo advertida[396] judicialmente da possibilidade de prática do crime de falso testemunho em caso de mentira em juízo – caso o magistrado suspeite fundamentadamente de tal circunstância (ocorrência do crime de falso testemunho), encaminhará[397] cópia do depoimento à autoridade

---

[392] "Apelação criminal. Nulidade. Sentença. Oitiva ofendida. Direito ao silêncio. Ausência de advertência. 1. A oitiva da suposta ofendida de infração penal deve ser precedida de prévia advertência do direito ao silêncio, sob pena de nulidade processual, conforme doutrina e precedentes do STF. 2. Apelação conhecida e provida" (TJAM, Apelação Criminal 0201105-96.2013.8.04.0030, rel. Elci Simões de Oliveira, 2ª Câmara Criminal, *DJAM* 15-8-2017, p. 12).

[393] "Correição parcial. Processual penal. Oitiva da vítima. Reconhecimento do direito de permanecer em silêncio. Indeferimento de diligência. Inocorrência. Prova material repetida. Recurso desprovido. 1. À luz da jurisprudência Pátria, a oitiva da vítima não constitui prova imprescindível para a condenação do acusado, podendo o Magistrado, por meio do seu poder de livre convencimento, promover a detida análise meritória das demais provas carreadas aos autos, a fim formar seu entendimento. Ressalta-se que o fato, por si só, de a vítima não ser ouvida não enseja a absolvição sumária do acusado. 2. Nesse contexto, entendo que, por não ser a vítima obrigada a prestar o compromisso de dizer a verdade e consequentemente não sendo conferido as suas declarações o valor de uma prova testemunhal, reputo não existir razões lógicas ou jurídicas a obstar a sua pretensão de manter-se em silêncio em juízo, até porque, ao contrário da testemunha, a vítima não está sujeita a sanções legais. 3. Por seu turno, no tocante à diligência requerida pelo corrigente, como se verifica, sua pretensão restou prejudicada, pois se tratava de matéria já superada nos autos, porquanto a vítima, espontaneamente, já havia manifestado seu interesse em revogar as medidas protetivas. Logo, desnecessária a elaboração de novo laudo o qual apenas serviria para repetir elemento probatório já integrado aos autos. 4. RECURSO CONHECIDO E DESPROVIDO" (TJAM, Correição Parcial 0205101-93.2017.8.04.0020, rel. Des. Jorge Manoel Lopes Lins, *DJAM* 23-8-2018, p. 23).

[394] CPP, "Art. 202. Toda pessoa poderá ser testemunha".

[395] CPP, "Art. 203. A testemunha fará, sob palavra de honra, a promessa de dizer a verdade do que souber e lhe for perguntado, devendo declarar seu nome, sua idade, seu estado e sua residência, sua profissão, lugar onde exerce sua atividade, se é parente, e em que grau, de alguma das partes, ou quais suas relações com qualquer delas, e relatar o que souber, explicando sempre as razões de sua ciência ou as circunstâncias pelas quais possa avaliar-se de sua credibilidade".

[396] CPP, "Art. 210. As testemunhas serão inquiridas cada uma de per si, de modo que umas não saibam nem ouçam os depoimentos das outras, devendo o juiz adverti-las das penas cominadas ao falso testemunho".

[397] CPP, "Art. 211. Se o juiz, ao pronunciar sentença final, reconhecer que alguma testemunha fez afirmação falsa, calou ou negou a verdade, remeterá cópia do depoimento à autoridade policial para a instauração de inquérito".

policial ou o apresentará imediatamente[398] à autoridade policial, conforme o caso. Diante do possível crime de falso testemunho, a regra do **art. 211 do CPP**, que defere iniciativa inquisitória do magistrado, pode ser criticada como resquício do sistema inquisitivo, sendo questionável diante da divisão de funções processuais e possível **incompatibilidade** com o **sistema acusatório**. Por fim, também em regra, ninguém pode eximir-se de colaborar como testemunha no processo penal, excepcionado por motivações afetivofamiliares[399] e profissionais[400].

Na reaplicação de prova do **Concurso da Defensoria Pública do Amazonas (2018, FCC)**, o art. 207 do CPP foi utilizado como lastro para a assertiva CORRETA no sentido de consignar que a pessoa proibida de testemunhar em razão do dever de guardar segredo por força de função, ministério, ofício ou profissão está "desobrigada do segredo pela parte interessada".

Anteriormente à oitiva, faz-se imperioso que se garanta a **incomunicabilidade**[401] entre as testemunhas. No tangente à prova testemunhal, tem suma importância o procedimento de **contradita**[402], o qual visa à exclusão da prova testemunhal ou à sua requalificação para informante, devendo ser realizada antes do início do depoimento. Por ocasião de seu depoimento, cabe ao juízo[403] dissolver qualquer dúvida sobre a identidade da pessoa presente, e as declarações testemunhais serão conferidas *oralmente*[404], sendo vedado para

---

[398] CPP, "Art. 211. [...] Parágrafo único. Tendo o depoimento sido prestado em plenário de julgamento, o juiz, no caso de proferir decisão na audiência (art. 538, § 2º), o tribunal (art. 561), ou o conselho de sentença, após a votação dos quesitos, poderão fazer apresentar imediatamente a testemunha à autoridade policial".

[399] CPP, "Art. 206. A testemunha não poderá eximir-se da obrigação de depor. Poderão, entretanto, recusar-se a fazê-lo o *ascendente ou descendente, o afim em linha reta, o cônjuge, ainda que desquitado, o irmão e o pai, a mãe, ou o filho adotivo* do acusado, **salvo** quando não for possível, por outro modo, obter-se ou integrar-se a prova do fato e de suas circunstâncias".

[400] CPP, "Art. 207. São proibidas de depor as pessoas que, em razão de função, ministério, ofício ou profissão, devam guardar segredo, salvo se, desobrigadas pela parte interessada, quiserem dar o seu testemunho".

[401] CPP, "Art. 210. [...] Parágrafo único. Antes do início da audiência e durante a sua realização, serão reservados espaços separados para a garantia da incomunicabilidade das testemunhas".

[402] CPP, "Art. 214. Antes de iniciado o depoimento, as partes poderão contraditar a testemunha ou arguir circunstâncias ou defeitos, que a tornem suspeita de parcialidade, ou indigna de fé. O juiz fará consignar a contradita ou arguição e a resposta da testemunha, mas só excluirá a testemunha ou não lhe deferirá compromisso nos casos previstos nos arts. 207 e 208".

[403] CPP, "Art. 205. Se ocorrer dúvida sobre a identidade da testemunha, o juiz procederá à verificação pelos meios ao seu alcance, podendo, entretanto, tomar-lhe o depoimento desde logo".

[404] CPP, "Art. 204. O depoimento será prestado oralmente, não sendo permitido à testemunha trazê-lo por escrito. Parágrafo único. Não será vedada à testemunha, entretanto, breve consulta a apontamentos".

ela que o traga pronto, embora possa trazer apontamentos para evitar esquecimentos – não sendo admissíveis, em regra[405], impressões pessoais. Quanto às formalidades[406], o depoimento da testemunha será transcrito fielmente e assinado por ela, pelo juiz e pelas partes. Como medida de proteção à testemunha, será possível a realização por videoconferência ou com a retirada do réu da sala de audiência a fim de preservar a veracidade do depoimento, nos termos do art. 217[407] do CPP.

As perguntas serão efetivadas diretamente à testemunha (art. 212, *caput*, do CPP) – sem intermediação judicial –, sendo vetadas as questões que (1) induzam a resposta, (2) forem impertinentes à causa *sub judice* e (3) representem repetição de questão já respondida. Ressalte-se que o **parágrafo único do art. 212**[408] **do CPP** autoriza o juiz à perquirição complementar da testemunha – devendo tal dispositivo sofrer **reflexão constitucional crítica,** em especial da separação das funções processuais (sistema acusatório) e da presunção de inocência (*in dubio pro reo*), para fins de remeter o réu à absolvição e não autorizar funções judiciais inquisitivas.

Existem as denominadas testemunhas-informantes ou, simplesmente, **informantes** – ou seja, aquelas pessoas que, não obstante deponham em juízo, não prestam compromisso de dizer a verdade, tais como as pessoas conectadas ao acusado por vínculo afetivofamiliar (art. 206 do CPP), as pessoas com deficiência e doentes e também as pessoas menores de 14 anos – tudo fundamentado[409] nos termos do art. 208[410] do CPP. No **Concurso da Defensoria Pública do Maranhão (2018, FCC),** expôs-se à análise do candidato a seguinte

---

[405] CPP, "Art. 213. O juiz não permitirá que a testemunha manifeste suas apreciações pessoais, salvo quando inseparáveis da narrativa do fato".

[406] CPP, "Art. 215. Na redação do depoimento, o juiz deverá cingir-se, tanto quanto possível, às expressões usadas pelas testemunhas, reproduzindo fielmente as suas frases. Art. 216. O depoimento da testemunha será reduzido a termo, assinado por ela, pelo juiz e pelas partes. Se a testemunha não souber assinar, ou não puder fazê-lo, pedirá a alguém que o faça por ela, depois de lido na presença de ambos".

[407] CPP, "Art. 217. Se o juiz verificar que a presença do réu poderá causar humilhação, temor, ou sério constrangimento à testemunha ou ao ofendido, de modo que prejudique a verdade do depoimento, fará a inquirição por videoconferência e, somente na impossibilidade dessa forma, determinará a retirada do réu, prosseguindo na inquirição, com a presença do seu defensor".

[408] CPP, "Art. 212. [...] Parágrafo único. Sobre os pontos não esclarecidos, o juiz poderá complementar a inquirição".

[409] CPP, "Art. 217. [...] Parágrafo único. A adoção de qualquer das medidas previstas no *caput* deste artigo deverá constar do termo, assim como os motivos que a determinaram".

[410] CPP, "Art. 208. Não se deferirá o compromisso a que alude o art. 203 aos doentes e deficientes mentais e aos menores de 14 (quatorze) anos, nem às pessoas a que se refere o art. 206".

afirmativa: "de acordo com o art. 206 do Código de Processo Penal, o ascendente, o descendente ou cônjuge da vítima podem se recusar a depor como testemunha em processo penal". A afirmação é FALSA por um detalhe exigente de atenção e concentração do candidato: o art. 206 do CPP se refere a vínculo afetivofamiliar (ascendentes, descendentes ou cônjuge) do acusado e não da vítima, como assinalou o examinador.

Existem ainda as testemunhas **extranumerárias**[411] (fora do rol apresentado pelas partes, em relação às quais o juízo reconheça a necessidade de oitiva) e as testemunhas **referidas**[412] (aquelas citadas por outras testemunhas, cuja oitiva o juízo entenda conveniente ouvir). Ademais, a possibilidade de oitiva judicial oficiosa de testemunhas extranumerárias e referidas (**art. 211 do CPP**) deve sofrer **reflexão** crítica à luz da **constitucional** separação de funções processuais, do sistema acusatório e da presunção de inocência, que, em última análise, leva à absolvição do réu em caso de dúvida (*in dubio pro reo*).

Por expressa disposição legal[413], não serão computadas como testemunha as que nada acrescentarem ao caso.

Em relação às testemunhas faltosas sem justa causa, existe previsão legal para sua condução coercitiva[414]. Aliás, também para evitar tal tipo de situação, a testemunha possui a obrigação legal de comunicar eventuais mudanças de endereço (art. 224 do CPP[415]).

Cautelarmente, nas hipóteses do art. 225[416] do CPP (em especial, por velhice, doença ou por ausência), é possível realizar a **antecipação de depoimento testemunhal**, existente o receio decorrente do *periculum in mora* de que a prova já não mais exista por ocasião do momento oportuno à colheita. Sobre a

---

[411] CPP, "Art. 209. O juiz, quando julgar **necessário**, poderá ouvir outras testemunhas, além das indicadas pelas partes".

[412] CPP, "Art. 209. [...] § 1º Se ao juiz parecer **conveniente**, serão ouvidas as pessoas a que as testemunhas se referirem".

[413] CPP, Art. 209. [...] § 2º Não será computada como testemunha a pessoa que nada souber que interesse à decisão da causa".

[414] CPP, "Art. 218. Se, regularmente intimada, a testemunha deixar de comparecer sem motivo justificado, o juiz poderá requisitar à autoridade policial a sua apresentação ou determinar seja conduzida por oficial de justiça, que poderá solicitar o auxílio da força pública".

[415] CPP, "Art. 224. As testemunhas comunicarão ao juiz, dentro de um ano, qualquer mudança de residência, sujeitando-se, pela simples omissão, às penas do não comparecimento".

[416] CPP, "Art. 225. Se qualquer testemunha houver de ausentar-se, ou, por enfermidade ou por velhice, inspirar receio de que ao tempo da instrução criminal já não exista, o juiz poderá, de ofício ou a requerimento de qualquer das partes, tomar-lhe antecipadamente o depoimento".

aplicabilidade do sobredito art. 225 do CPP, é **entendimento sumulado do STJ** (verbete 455[417-418]) que tal decisão deve ser fundamentada em concreto e que não basta a alegação de mero decurso temporal.

DICA DO AUTOR : Ainda sobre o tema de antecipação da prova, convém ressaltar que a Lei de Proteção às Vítimas e Testemunhas (LPVT) possui preceito[419] específico que impõe, como regra, a antecipação da oitiva de vítima ou testemunha integrada ao programa protetivo.

A **velhice** e a **enfermidade**, além de servirem de parâmetro à antecipação de prova e de base para a colheita antecipada de testemunhas, também são apresentadas como justa causa legal para que sejam inquiridas onde estiverem (art. 220 do CPP[420]), quando impossibilitadas de comparecerem em juízo – tratando-se de tutela legal de sua vulnerabilidade processual[421].

Vale leitura do CPP no que tange às testemunhas com regramentos específicos, tais como as testemunhas especiais[422], militares[423], funcionários públi-

---

[417] "A decisão que determina a produção antecipada de provas com base no art. 366 do CPP deve ser **concretamente fundamentada, não** a **justificando** unicamente o mero decurso do **tempo**" (STJ, Enunciado Sumular 455).

[418] Deve-se destacar que o STJ tem abrandado a própria súmula (verbete n. 455) naquilo referente às testemunhas policiais: "[...] 4. Compreendeu a 3ª Seção desta Corte **justificável a antecipação de provas no caso de testemunhas policiais**, ressalvada pessoal compreensão diversa, **pois o tempo traz ainda maiores riscos à fidelidade da reprodução dos fatos** (*ut*, RHC 74.576/DF, rel. Ministro Nefi Cordeiro, Sexta Turma, *DJe* 3-9-2018) [...]" (STJ, AgRg no AREsp 1.385.635/GO, rel. Min. Reynaldo Soares da Fonseca, 5ª Turma, j. 21-2-2019, *DJe* 1º-3-2019).

[419] Lei n. 9.807/99, "Art. 19-A. [...] Parágrafo único. Qualquer que seja o rito processual criminal, o juiz, após a citação, tomará antecipadamente o depoimento das pessoas incluídas nos programas de proteção previstos nesta Lei, devendo justificar a eventual impossibilidade de fazê-lo no caso concreto ou o possível prejuízo que a oitiva antecipada traria para a instrução criminal" (Incluído pela Lei n. 12.483/2011).

[420] CPP, "Art. 225. Se qualquer testemunha houver de ausentar-se, ou, por enfermidade ou por velhice, inspirar receio de que ao tempo da instrução criminal já não exista, o juiz poderá, de ofício ou a requerimento de qualquer das partes, tomar-lhe antecipadamente o depoimento".

[421] Sobre o conceito de vulnerabilidade processual, conferir: TARTUCE, Fernanda. *Igualdade e vulnerabilidade no processo civil*. Rio de Janeiro: Forense, 2012.

[422] CPP, "Art. 221. O Presidente e o Vice-Presidente da República, os senadores e deputados federais, os ministros de Estado, os governadores de Estados e Territórios, os secretários de Estado, os prefeitos do Distrito Federal e dos Municípios, os deputados às Assembleias Legislativas Estaduais, os membros do Poder Judiciário, os ministros e juízes dos Tribunais de Contas da União, dos Estados, do Distrito Federal, bem como os do Tribunal Marítimo serão inquiridos em local, dia e hora previamente ajustados entre eles e o juiz. § 1º O Presidente e o Vice-Presidente da República, os presidentes do Senado Federal, da Câmara dos Deputados e do Supremo Tribunal Federal poderão optar pela prestação de depoimento por escrito, caso em que as perguntas, formuladas pelas partes e deferidas pelo juiz, lhes serão transmitidas por ofício".

[423] CPP, "Art. 221. [...] § 2º Os militares deverão ser requisitados à autoridade superior".

cos[424], pessoas que não dominem a língua nacional[425], mudos, surdos e surdos--mudos[426-427].

Existe a possibilidade de **oitiva testemunhal por carta** – precatória ou rogatória. As **cartas precatórias** são expedidas entre juízos brasileiros, que dependam da prática de atos fora de sua competência territorial. Desse modo, sendo necessária a oitiva testemunhal fora da competência territorial de um magistrado, este determinará a expedição de carta precatória para o juízo deprecado, o qual se encarregará de colher a oitiva. Há possibilidade legal de realizar-se **videoconferência**[428] nas mesmas hipóteses nas quais se expediria carta precatória. A expedição de **cartas rogatórias** deve se submeter ao crivo da imprescindibilidade[429], somente sendo expedidas em caso de real necessidade. Há regras em comum para a expedição de cartas precatórias e rogatórias[430]: (1) não suspendem o processo; (2) não impedem o julgamento e podem ser juntadas a qualquer tempo aos autos.

DICA DO AUTOR : A questão da **prova policial** é tema reiteradamente debatido nos Tribunais brasileiros, cujo conhecimento é de suma importância para a defesa das liberdades dos cidadãos em face do Estado e seus agentes. Nesse contexto, os policiais têm sido admitidos pelo STJ[431] como testemunhas – mas também vem se

---

[424] CPP, "Art. 221. [...] § 3º Aos funcionários públicos aplicar-se-á o disposto no art. 218, devendo, porém, a expedição do mandado ser imediatamente comunicada ao chefe da repartição em que servirem, com indicação do dia e da hora marcados".

[425] CPP, "Art. 223. Quando a testemunha não conhecer a língua nacional, será nomeado intérprete para traduzir as perguntas e respostas".

[426] CPP, "Art. 223. [...] Parágrafo único. Tratando-se de mudo, surdo ou surdo-mudo, proceder-se-á na conformidade do art. 192".

[427] CPP, "Art. 192. O interrogatório do mudo, do surdo ou do surdo-mudo será feito pela forma seguinte: I – ao surdo serão apresentadas por escrito as perguntas, que ele responderá oralmente; II – ao mudo as perguntas serão feitas oralmente, respondendo-as por escrito; III – ao surdo-mudo as perguntas serão formuladas por escrito e do mesmo modo dará as respostas. Parágrafo único. Caso o interrogando não saiba ler ou escrever, intervirá no ato, como intérprete e sob compromisso, pessoa habilitada a entendê-lo".

[428] CPP, "Art. 222. [...] § 3º Na hipótese prevista no *caput* deste artigo, a oitiva de testemunha poderá ser realizada por meio de videoconferência ou outro recurso tecnológico de transmissão de sons e imagens em tempo real, permitida a presença do defensor e podendo ser realizada, inclusive, durante a realização da audiência de instrução e julgamento" (Incluído pela Lei n. 11.900/2009).

[429] CPP, "Art. 222-A. As cartas rogatórias só serão expedidas se demonstrada previamente a sua **imprescindibilidade**, arcando a parte requerente com os custos de envio".

[430] CPP, "Art. 222-A. [...] Parágrafo único. Aplica-se às cartas rogatórias o disposto nos §§ 1º e 2º do art. 222 deste Código".

[431] "[...] 1. A condenação do agravante foi alicerçada nos testemunhos dos policiais, meio de prova idôneo, e corroborada com os demais elementos constante nos autos, portanto, em conformidade

admitindo a absolvição quando presente somente a prova policial por falta de coerência entre si ou harmonia com as demais provas. Confira-se nesse sentido:

> [...]. Aresto impugnado que firmou que os depoimentos dos policiais não são coerentes entre si, nem harmônicos com os demais elementos de prova. Reexame. Inadmissibilidade. Súmula 7/STJ. 1. Conforme entendimento desta Corte Superior, não há óbice que os depoimentos dos policiais responsáveis pela prisão em flagrante do paciente sejam considerados na sentença como meio de prova para embasar a condenação, desde que colhidos sob o crivo do contraditório e em harmonia com os demais elementos de cognição. Precedentes desta Corte Superior. 2. No caso, ao absolver o réu, **a Corte de origem não desprezou os depoimentos dos policiais** responsáveis pela prisão; a conclusão no sentido de **insuficiência de provas** para a condenação está calcada na convicção de que tais declarações não são coerentes entre si, **nem harmônicas com os demais elementos de prova** colhidos na instrução. 3. **Tal entendimento não destoa da orientação jurisprudencial** deste Tribunal Superior; sendo certo que para modificar a convicção formada na origem, a partir do exame da prova, seria indispensável o reexame dos elementos de convicção, providência vedada na via especial, nos termos da Súmula 7/STJ. [...] (STJ, AgRg no AREsp 1.016.674/MG, rel. Min. Sebastião Reis Júnior, 6ª Turma, j. 16-3-2017, *DJe* 23-3-2017).

Assim sendo, não obstante o STJ admita a prova testemunhal policial como lastro de sentença condenatória[432], a grande sutileza do debate, contudo, é perceber que **a condição de interessado do policial na qualificação de sua atuação enquanto lícita deve abrandar**[433] **a fiabilidade de seu depoimento e**

---

com a jurisprudência pacífica deste Sodalício, [...]" (STJ, AgRg no AREsp 615.878/SP, rel. Min. Jorge Mussi, 5ª Turma, j. 14-4-2015, *DJe* 22-4-2015).

[432] Deve-se pontuar que em alguns precedentes da sexta turma do STJ, em relatoria do ministro Nefi Cordeiro, convalidou-se o repasse do ônus de provar a imprestabilidade da prova policial à defesa. Tal medida, mormente em avaliações discursivas e orais de *provas da Defensoria Pública*, deve ser questionada por levantar **prova impossível** ou *diabolica probatio* à defesa da liberdade do cidadão, devendo ser impugnada criticamente. Para fins de conhecimento da posição, segue transcrição: "[...] 2. O depoimento dos policiais prestado em juízo constitui meio de prova idôneo a respaldar a condenação, cabendo à defesa o ônus de demonstrar a imprestabilidade da prova, fato que não ocorreu na hipótese. [...]" (STJ, AgRg no HC 391.080/SC, rel. Min. Nefi Cordeiro, 6ª Turma, j. 1º-6-2017, *DJe* 9-6-2017). No mesmo sentido: HC 278.650/RS, rel. Min. Nefi Cordeiro, 6ª Turma, j. 2-6-2016, *DJe* 16-6-2016; HC 165.561/AM, rel. Min. Nefi Cordeiro, 6ª Turma, j. 2-6-2016, *DJe* 15-2-2016.

[433] "Receptação. Prova policial. Desvalor. Palavra de policiais. Valor relativo. A prova oral coletada na fase policial valor algum tem porquanto ausentes as garantias mínimas do processo penal democrático – nem mesmo a presença de advogado legitima o ilegítimo. **A palavra de policiais que atuaram no inquisitório tem valor reduzido**: falece isenção necessária para testemunhar. Possível a coleta de testemunhos isentos, não se admite condenação com base na versão dos policiais que atuaram no inquérito – falha acusatória. Condenação não compactua com prova frágil. Deram provimento aos apelos para absolver os acusados" (TJRS, Apelação Crime 70005968151, 5ª Câmara Criminal, rel. Amilton Bueno de Carvalho, j. 30-6-2004).

até mesmo a presunção de veracidade de agentes públicos – cuja aplicação deve ser refutada no processo penal e remetida ao direito administrativo. Ademais, mais grave ainda é o problema diante de eventual condenação com lastro em prova exclusivamente[434] policial, mormente quando lhe faltar coerência e segurança[435] – esta, sem qualquer outro elemento probatório, não deveria sujeitar o cidadão aos deletérios efeitos de uma sentença condenatória.

Do reconhecimento de pessoas e coisas: a pessoa chamada a reconhecer pessoa[436] ou objeto[437] deverá realizar descrição e, depois, sendo a pessoa ou objeto colocada ao lado de pessoa ou objeto similares, sendo tais medidas

---

[434] "Apelação-crime. Furto qualificado tentado. Absolvição mantida. Condenação: requer prova robusta e estreme de dúvidas. Prova: **depoimento de policial militar, isolado, não pode gerar convicção condenatória**, por lhe faltar isenção. Negaram provimento ao recurso ministerial (unânime)" (TJRS, Apelação Crime 70031199235, 5ª Câmara Criminal, rel. Amilton Bueno de Carvalho, j. 23-9-2009).

[435] "Processo penal. Apelação criminal. Porte de arma e disparo de arma de fogo. Autoria. Não comprovação. **Depoimento dos policiais militares. Versão incoerente e dissonante dos demais elementos de convicção.** Ausência de certeza quanto à efetiva prática do delito. *In dubio pro reo.* Absolvição. Apelação conhecida e não provida. 1. A absolvição do apelante se deu por meio de sentença legitimamente fundamentada no conjunto fático-probatório que instrui os autos, onde não se verificou a existência de prova suficiente para a condenação do acusado. 2. A construção pretoriana admite a validade, enquanto instrumento de prova, do depoimento em juízo de autoridade policial que presidiu o inquérito policial ou que presenciou o momento do flagrante, na medida em que a simples condição de ser o depoente autoridade policial não se traduz na sua automática suspeição ou na absoluta imprestabilidade de suas informações. **Não obstante, para esse fim, tais depoimentos devem mostrar-se coerentes com os elementos de cognição colhidos na fase extrajudicial e harmônicos com os demais elementos de prova.** Precedentes. 3. *In casu,* corroborando o que restou decidido em primeira instância, entendo que **a versão apresentada pelos policiais militares, por si só, não permite a condenação do acusado, na medida em que carecem da coerência, precisão e segurança** que devem permear as provas que lastreiam uma sentença condenatória, destoando dos demais elementos de prova produzidos no curso da persecução criminal. Ademais, do conturbado contexto fático, exsurgem dúvidas relevantes acerca da autoria dos delitos atribuídos ao apelado, não havendo elementos seguros e convincentes que autorizem uma posição condenatória. 4. Assim, constata-se que o conjunto probatório não fora apto a sustentar a formação de um juízo condenatório, não havendo que se cogitar a modificação do julgado, tendo em vista a patente fragilidade probatória, dando ensejo à absolvição do apelado. 5. Apelação criminal conhecida e não provida" (TJAM, Apelação Criminal 0623402-17.2016.8.04.0001, rel. João Mauro Bessa, 1ª Câmara Criminal, j. 23-7-2017).

[436] CPP, "Art. 226. Quando houver necessidade de fazer-se o reconhecimento de pessoa, proceder-se-á pela seguinte forma: I – a pessoa que tiver de fazer o reconhecimento será convidada a descrever a pessoa que deva ser reconhecida; II – a pessoa, cujo reconhecimento se pretender, será colocada, se possível, ao lado de outras que com ela tiverem qualquer semelhança, convidando-se quem tiver de fazer o reconhecimento a apontá-la; III – se houver razão para recear que a pessoa chamada para o reconhecimento, por efeito de intimidação ou outra influência, não diga a verdade em face da pessoa que deve ser reconhecida, a autoridade providenciará para que esta não veja aquela; IV – do ato de reconhecimento lavrar-se-á auto pormenorizado, subscrito pela autoridade, pela pessoa chamada para proceder ao reconhecimento e por duas testemunhas presenciais. Parágrafo único. O disposto no n. III deste artigo não terá aplicação na fase da instrução criminal ou em plenário de julgamento".

[437] CPP, "Art. 227. No reconhecimento de objeto, proceder-se-á com as cautelas estabelecidas no artigo anterior, no que for aplicável".

realizadas de modo individualizado e reduzidas a termo em "auto de reconhecimento"[438]. No **Concurso da Defensoria Pública do Espírito Santo (2016, FCC)**, foi explorada a redação do inciso IV do art. 266 do CPP, tornando correta e assinalável a seguinte assertiva: "após realização do reconhecimento pessoal, deve ser lavrado auto pormenorizado, subscrito pela autoridade, pela pessoa chamada para proceder ao reconhecimento e por duas testemunhas presenciais".

Embora a forma legal prevista para o reconhecimento represente garantia para o cidadão e, por esse motivo, não devesse ser violada por agentes públicos em qualquer hipótese, o STJ[439-440], *contra legem*, vem admitindo a relativização da forma-garantia legal – medida que pode ser objeto de análise crítica em provas discursivas.

Por fim, observe-se que o reconhecimento fotográfico e o reconhecimento de voz não foram contemplados expressamente na legislação, sendo prova inominada[441] ou atípica. Contudo, o reconhecimento fotográfico já foi admitido pelo STF[442] e STJ[443].

Acareação: trata-se de medida de "acarear" (por cara a cara), ou seja, confrontar pessoas com declarações prévias conflitantes[444] – sendo pressupostos:

---

[438] CPP, "Art. 228. Se várias forem as pessoas chamadas a efetuar o reconhecimento de pessoa ou de objeto, cada uma fará a prova em separado, evitando-se qualquer comunicação entre elas".

[439] "[...] 2. As disposições contidas no art. 226 do Código de Processo Penal se consubstanciam em recomendações legais, e não em exigências, sendo válido o ato quando realizado de forma diversa da prevista em lei. [...]" (STJ, AgRg no HC 394.357/SC, rel. Min. Sebastião Reis Júnior, 6ª Turma, j. 13-12-2018, *DJe* 4-2-2019).

[440] "[...] 1. É entendimento deste Superior Tribunal de Justiça de que 'a inobservância do disposto no art. 226 do Código de Processo Penal não pode ser utilizada para tornar nulo o ato de identificação do Acusado, ainda mais se tal prova for corroborada pelas demais provas produzidas durante a instrução' (AgRg no REsp 1.304.484/RJ, rel. Ministra Laurita Vaz, Quinta Turma, *DJe* 7-3-2014). [...]" (STJ, AgRg no AgRg no AREsp 783.540/BA, rel. Min. Ribeiro Dantas, 5ª Turma, j. 16-10-2018, *DJe* 24-10-2018).

[441] REIS, Alexandre Cebrian Araújo; GONÇALVES, Victor Eduardo Rios. *Direito processual penal esquematizado*. 7. ed. São Paulo: Saraiva Educação, 2018. p. 334.

[442] "[...] I – O reconhecimento fotográfico do acusado, **quando ratificado em juízo**, sob a garantia do contraditório e da ampla defesa, **pode servir** como meio idôneo de prova para lastrear o édito condenatório. Ademais, como na hipótese dos autos, os testemunhos prestados em juízo descrevem de forma detalhada e segura a participação do paciente no roubo. Precedentes. [...]" (STF, HC 104.404, rel. Min. Dias Toffoli, 1ª Turma, j. 21-9-2010).

[443] "[...] 1. A jurisprudência desta Corte é firme no sentido de que o reconhecimento fotográfico do réu, **quando ratificado em juízo**, sob a garantia do contraditório e ampla defesa, pode servir como meio idôneo de prova para fundamentar a condenação (AgRg no AREsp 1.204.990/MG, de minha relatoria, Sexta Turma, *DJe* 12/3/2018). [...]" (STJ, AgRg no HC 394.357/SC, rel. Min. Sebastião Reis Júnior, 6ª Turma, j. 13-12-2018, *DJe* 4-2-2019).

[444] CPP, "Art. 229. A acareação será admitida entre acusados, entre acusado e testemunha, entre testemunhas, entre acusado ou testemunha e a pessoa ofendida, e entre as pessoas ofendidas, sempre que

(1) existência de **declarações prévias** perante a autoridade; (2) **divergência** entre as declarações anteriores de pessoas distintas; (3) a divergência deve incidir sobre **fato ou circunstância relevante** para a apuração criminal. A acareação pode ser, nos termos do CPP, realizada entre diversos atores:

Possibilidades de confrontos na acareação	
Acusado	Acusado
Acusado	Testemunha
Acusado	Pessoa ofendida
Testemunha	Pessoa ofendida
Pessoa ofendida	Pessoa ofendida

Por fim, observa-se a existência da possibilidade legal[445] de acareação por carta precatória.

Dos documentos: documentos são "quaisquer escritos, instrumentos ou papéis, públicos ou particulares", nos termos do CPP (art. 232, *caput*), ou seja, a legislação penal adota um **conceito estrito** de prova documental. Todavia, documento em **sentido amplo** pode abarcar qualquer mecanismo de registro hábil à documentação de fatos, ocorrências e manifestações – tais como vídeos e fotografias, as quais são expressamente mencionadas pelo CPP[446-447].

A utilização da prova documental é prevista no CPP entre os arts. 231 e 238, sendo destacáveis as seguintes observações:

(1) a **prova documental** pode ser **espontânea**, quando juntada por iniciativa da própria parte em qualquer fase processual, nos termos do

---

divergirem, em suas declarações, sobre fatos ou circunstâncias relevantes. Parágrafo único. Os acareados serão reperguntados, para que expliquem os pontos de divergências, reduzindo-se a termo o ato de acareação".

[445] CPP, "Art. 230. Se ausente alguma testemunha, cujas declarações divirjam das de outra, que esteja presente, a esta se darão a conhecer os pontos da divergência, consignando-se no auto o que explicar ou observar. Se subsistir a discordância, expedir-se-á **precatória** à autoridade do lugar onde resida a testemunha ausente, transcrevendo-se as declarações desta e as da testemunha presente, nos pontos em que divergirem, bem como o texto do referido auto, a fim de que se complete a diligência, ouvindo-se a testemunha ausente, pela mesma forma estabelecida para a testemunha presente. Esta diligência só se realizará quando não importe demora prejudicial ao processo e o juiz a entenda conveniente".

[446] CPP, "Art. 165. Para representar as lesões encontradas no cadáver, os peritos, quando possível, juntarão ao laudo do exame provas fotográficas, esquemas ou desenhos, devidamente rubricados".

[447] CPP, "Art. 170. Nas perícias de laboratório, os peritos guardarão material suficiente para a eventualidade de nova perícia. Sempre que conveniente, os laudos serão ilustrados com provas fotográficas, ou microfotográficas, desenhos ou esquemas".

CPP[448], salvo disposição legal em sentido contrário, como ocorre excepcionalmente no procedimento do júri[449];

(2) a **cópia** ou fotografia de documento terá o mesmo valor que o documento original, quando devidamente **autenticada**[450];

(3) a **interceptação ilegal** de cartas particulares não será admitida em juízo, tanto por disposição legal (**art. 233 do CPP**[451]) como por violar o sigilo de correspondência[452], a intimidade[453] e privacidade, além da vedação constitucional de provas ilícitas[454]. Contudo, o **destinatário**[455] da carta poderá valer-se dela para defesa de seus direitos, em nome de sua ampla defesa;

(4) há previsão legal[456] da **prova documental** (de juntada) **provocada, coacta ou oficiosa**, na qual o juízo determina juntada de documento relevante *ex officio*, sendo possível questionar a constitucionalidade da medida diante do sistema acusatório e do papel dos juízes;

(5) a submissão à **prova pericial** de documentos grafados em letra e com firma tem como pressuposto a contestação de sua autenticidade[457], do contrário, o exame pericial seria inútil e desnecessário, representando delonga processual indevida;

---

[448] CPP, "Art. 231. Salvo os casos expressos em lei, as partes poderão apresentar documentos em qualquer fase do processo".

[449] CPP, "Art. 479. **Durante o julgamento não** será permitida a leitura de **documento** ou a exibição de objeto que **não** tiver sido juntado aos autos com a **antecedência mínima de 3 (três) dias úteis**, dando-se ciência à outra parte" (Redação dada pela Lei n. 11.689/2008).

[450] CPP, "Art. 232. [...] Parágrafo único. À fotografia do documento, devidamente autenticada, se dará o mesmo valor do original".

[451] CPP, "Art. 233. As cartas particulares, interceptadas ou obtidas por meios criminosos, não serão admitidas em juízo".

[452] CRFB/88, "Art. 5º [...] XII – é **inviolável o sigilo da correspondência e das comunicações telegráficas, de dados** e das comunicações telefônicas, salvo, no último caso, por ordem judicial, nas hipóteses e na forma que a lei estabelecer para fins de investigação criminal ou instrução processual penal".

[453] CRFB, "Art. 5º [...] X – **são invioláveis a intimidade, a vida privada**, a honra e a imagem das pessoas, assegurado o direito a indenização pelo dano material ou moral decorrente de sua violação".

[454] CRFB/88, "Art. 5º [...] LVI – são **inadmissíveis**, no processo, as **provas obtidas por meios ilícitos**".

[455] CPP, "Art. 233. [...]. Parágrafo único. As cartas poderão ser exibidas em juízo pelo respectivo destinatário, para a defesa de seu direito, ainda que não haja consentimento do signatário".

[456] CPP, "Art. 234. Se o juiz tiver notícia da existência de documento relativo a ponto relevante da acusação ou da defesa, providenciará, independentemente de requerimento de qualquer das partes, para sua juntada aos autos, se possível".

[457] CPP, "Art. 235. A letra e firma dos documentos particulares serão submetidas a exame pericial, quando contestada a sua autenticidade".

(6) documentos em **língua estrangeira** devem ser traduzidos para o vernáculo por tradutor público ou, em sua falta, por pessoa idônea nomeada judicialmente[458];

(7) inexistente motivo relevante para sua manutenção nos autos, documentos originais poderão ser **restituídos** à parte, ouvido previamente o MP[459].

Dos indícios: o **indício** é um mecanismo para comprovação indireta, é "a circunstância relacionada ao fato que, após ser devidamente comprovada permite inferir a existência de outra(s) circunstância(s), formando a chamada prova circunstancial"[460]. O indício não pode ser confundido com a mera suspeita[461] e com a presunção. Sobre estas últimas, em razão de o processo penal ser instrumento de contenção do poder punitivo estatal e de diminuição da ocorrência de arbitrariedades, não se deveria admitir presunções[462-463].

O CPP (art. 239[464]) qualifica indício como "a circunstância conhecida e provada, que, tendo relação com o fato, autorize, por indução, concluir-se a existência de outra ou outras circunstâncias". Para Aury Lopes Júnior[465], quando o legislador utiliza o termo "indício", indica "uma prova menor, um menor nível de verossimilhança", que não deveriam servir para, isoladamente, condenar alguém – ainda esclarece Lopes Júnior[466]:

---

[458] CPP, "Art. 236. Os documentos em língua estrangeira, sem prejuízo de sua juntada imediata, serão, se necessário, traduzidos por tradutor público, ou, na falta, por pessoa idônea nomeada pela autoridade".

[459] CPP, "Art. 238. Os documentos originais, juntos a processo findo, quando não exista motivo relevante que justifique a sua conservação nos autos, poderão, mediante requerimento, e ouvido o Ministério Público, ser entregues à parte que os produziu, ficando traslado nos autos".

[460] ROSA, Alexandre Morais da. *Guia do processo penal conforme a teoria dos jogos*. 4. ed. Florianópolis: Empório do Direito, 2017. p. 721.

[461] "[...] a suspeita é juízo subjetivo, de mera opinião, incontrolável" (idem, ibidem, p. 722).

[462] "[...] as presunções são descabidas no Processo Penal, salvo a de inocência" (idem, ibidem, p. 722).

[463] Há, contudo, questão a ser lida constitucional e criticamente, pois há precedente do STJ indicando a ocorrência de "presunção relativa" em desfavor da defesa, medida essa, *permissa venia*, ofensiva à presunção de inocência e ao direito ao silêncio. Cita-se: "[...]" 1. No delito de receptação, sendo flagrado o agente com a *res furtiva* em seu poder, firma-se a presunção relativa da responsabilidade do réu, momento em que se transfere à defesa, nos termos do art. 156 do Código de Processo Penal, a tarefa de comprovar a licitude da conduta mediante emprego de quaisquer dos artifícios inerentes ao exercício do contraditório e da ampla defesa, não havendo que se falar em indevida inversão do ônus da prova. (Precedentes). [...]" (STJ, **AgRg no HC 458.917/SC**, rel. Min. Antonio Saldanha Palheiro, 6ª Turma, j. 6-12-2018, *DJe* 17-12-2018).

[464] CPP, "Art. 239. Considera-se indício a circunstância conhecida e provada, que, tendo relação com o fato, autorize, por indução, concluir-se a existência de outra ou outras circunstâncias".

[465] LOPES JÚNIOR, Aury. *Direito processual penal*. 15. ed. São Paulo: Saraiva Educação, 2018. p. 507.

[466] Idem, ibidem.

Não há que se confundir indícios com provas (ainda que toda prova seja um indício do que ocorreu), ainda que o Código os tenha colocado dentro do título VII [...] ninguém pode ser condenado a partir de meros indícios, senão que a presunção de inocência exige prova robusta para um decreto condenatório. Pensar o contrário significa desprezar o sistema de direitos e garantias previstos na Constituição, bem como situar-se na contramão da evolução do processo penal, perfilando-se, lado a lado, com as práticas inquisitórias desenhadas por EYMERICH no famoso *Directorium Inquisitorium*.

Há ainda os **contraindícios**[467], os quais servem para invalidar, abrandar ou neutralizar indícios.

Busca e apreensão: de acordo com o CPP, busca e apreensão é um meio de prova. Entretanto, a sistemática do CPP não é técnica, por misturar uma medida cautelar com meio de prova – sendo ainda a "busca" uma medida instrumental, e a "apreensão", por sua vez, uma "medida cautelar probatória" –, tratando institutos diversos de forma unificada – como leciona Aury Lopes Júnior[468].

Nos termos do CPP (art. 242[469]), a medida de busca e apreensão pode ser deflagrada (1) por iniciativa das partes – via requerimento ao juízo – ou (2) por ordem do juiz (*ex officio*).

DICA DO AUTOR: Embora a posição legal (art. 242 do CPP) seja no sentido de possibilidade de decreto oficioso de busca e apreensão pelo juiz, sempre que possível se deve questionar a **não recepção** (incompatibilidade com a Constituição de norma pré-constitucional) de tal possibilidade oficiosa pelo juiz, por não se coadunar com um sistema de **rígida separação constitucional de funções no sistema de justiça**, o qual prima por um **processo de partes (acusatório ou adversarial)** e não inquisitivo, com o papel de parte reservado à acusação e defesa. No **Concurso da Defensoria Pública do Rio Grande do Sul (2018, FCC)** considerou-se VERDADEIRA a assertiva segundo a qual: "É próprio dos sistemas inquisitoriais de processo penal a concessão, ao juiz, da iniciativa probatória para formação de sua livre convicção e para a busca da verdade real". Por outro lado, na mesma questão se considerou FALSA a assertiva: "No sistema acusatório puro, cabe ao juiz, concentrando as funções de acusar e julgar, determinar, *ex of-*

---

[467] REIS, Alexandre Cebrian Araújo; GONÇALVES, Victor Eduardo Rios. *Direito processual penal esquematizado*. 7. ed. São Paulo: Saraiva Educação, 2018. p. 339.
[468] LOPES JÚNIOR, Aury. *Direito processual penal*. 15. ed. São Paulo: Saraiva Educação, 2018. p. 508-509.
[469] CPP, "Art. 242. A busca poderá ser determinada de ofício ou a requerimento de qualquer das partes".

fício, a produção das provas relevantes para a formação da sua convicção sobre a ocorrência do ilícito imputado ou eventuais causas excludentes da ilicitude". Na assertiva falsa, embora com menção ao "sistema acusatório", na realidade se tem a descrição de um "sistema inquisitorial" típico, com atribuição de poderes instrutórios ao juízo.

No contexto explanado, o trabalho estatal de "**busca**" permanece em constante **tensão**[470] com diversos **direitos fundamentais**: (1) inviolabilidade domiciliar; (2) dignidade humana; (3) intimidade e vida privada; e (4) incolumidade física e moral.

Em termos de **classificação**, a "busca e apreensão" poderá ser: (1) **quanto ao momento de ocorrência**: (1.1) policial (durante o inquérito); (1.2) processual; (1.3) executiva[471]; (2) **quanto ao seu objeto**: (2.1) domiciliar; (2.2) pessoal.

Nos termos do CPP (art. 241[472]), haverá expedição prévia de mandado para busca e apreensão quando a autoridade policial ou judicial não realizar o ato pessoalmente.

Da não recepção do art. 241 do CPP e sua necessária filtragem constitucional: o art. 241 do CPP deve passar por depuração e filtragem constitucional para, em primeiro lugar, adequá-lo à regra constitucional da necessidade de mandado para ingresso domiciliar, salvo as exceções constitucionais. Em segundo lugar, para impedir a ocorrência do juiz-inquisidor[473] produtor de prova, a qual deve ser considerada incompatível com o sistema acusatório-constitucional de repartição de funções em vigor no Brasil – motivos pelos quais Aury Lopes Júnior considera que "é inconstitucional a busca e apreensão determinada (ou realizada) de ofício pelo juiz"[474].

---

[470] LOPES JÚNIOR, Aury. *Direito processual penal*. 15. ed. São Paulo: Saraiva Educação, 2018. p. 509.

[471] "Tanto a busca como a apreensão podem ocorrer no curso do inquérito policial ou durante o processo (e, excepcionalmente, até na fase de execução da pena, nos termos do art. 145 da LEP)" (LOPES JÚNIOR, Aury. *Direito processual penal*. 15. ed. São Paulo: Saraiva Educação, 2018. p. 509).

[472] CPP, "Art. 241. Quando a própria autoridade policial ou judiciária não a realizar pessoalmente, a busca domiciliar deverá ser precedida da expedição de mandado".

[473] "Não cabe ao juiz, na estrutura acusatória consagrada na Constituição, realizar pessoalmente atos de natureza investigatória ou instrutória, **sob pena de grave retrocesso à figura do juiz-inquisidor**, fulminando a estrutura dialética, o equilíbrio processual e, principalmente, a imparcialidade do julgador [...]" (LOPES JÚNIOR, Aury. *Direito processual penal*. 15. ed. São Paulo: Saraiva Educação, 2018. p. 525, g.n.).

[474] "Trata-se aqui de substancial invalidade da norma, a exigir uma declaração de inconstitucionalidade parcial sem redução de texto, que pode ser feita por qualquer tribunal (ou juiz, se fosse o caso) pela via do controle difuso" (idem, ibidem).

■ O mandado de busca e apreensão

O mandado de busca e apreensão se submete aos seguintes critérios de legalidade (art. 243 do CPP[475]): (1) **precisão** (o alvo da busca e apreensão deve ser apresentado de modo detalhado, a fim de evitar equívocos); (2) **motivação e finalidade** (a razão motivadora da busca e apreensão, bem como a finalidade em empreendê-la devem estar presentes no mandado); (3) **autenticidade** (subscrição por escrivão e autoridade respectiva).

Quando houver concomitante **ordem prisional**, esta integrará o mandado (art. 243, § 1º, do CPP[476]).

■ O momento de execução da busca e apreensão

Quando se pretende debater o momento no qual é lícito realizar a busca e apreensão, deve-se sempre revisitar o inciso XI[477] do art. 5º da Constituição, versando sobre a tutela da casa como asilo inviolável do cidadão. No caso de mandado judicial de busca e apreensão domiciliar, ele somente poderá ser cumprido durante o dia por expressa disposição constitucional. Desse modo, o CPP (art. 245[478]) deve ser interpretado em conformidade com o inciso XI do art. 5º da Constituição.

Assim sendo, **por ordem judicial e durante o dia**, poderá ser realizada a busca e apreensão[479]. Inicialmente, a autoridade deverá declarar a qualidade e o objeto de sua diligência, e intimar o morador para, cooperativamente, indicar e

---

[475] CPP, "Art. 243. O mandado de busca deverá: I – indicar, o mais precisamente possível, a casa em que será realizada a diligência e o nome do respectivo proprietário ou morador; ou, no caso de busca pessoal, o nome da pessoa que terá de sofrê-la ou os sinais que a identifiquem; II – mencionar o motivo e os fins da diligência; III – ser subscrito pelo escrivão e assinado pela autoridade que o fizer expedir".

[476] CPP, "Art. 243. [...] § 1º Se houver ordem de prisão, constará do próprio texto do mandado de busca".

[477] CRFB/88, "Art. 5º [...] XI – a casa é asilo inviolável do indivíduo, ninguém nela podendo penetrar sem consentimento do morador, salvo em caso de flagrante delito ou desastre, ou para prestar socorro, ou, durante o dia, por determinação judicial".

[478] CPP, "Art. 245. As buscas domiciliares serão executadas de dia, salvo se o morador consentir que se realizem à noite, e, antes de penetrarem na casa, os executores mostrarão e lerão o mandado ao morador, ou a quem o represente, intimando-o, em seguida, a abrir a porta".

[479] O procedimento do art. 245 do CPP também terá aplicabilidade em caso de aposentos ocupados em habitação coletiva ou compartimento não aberto ao público onde se exerce profissão ou atividade, conforme dispõe o art. 246 do Estatuto Processual Penal: "Art. 246. Aplicar-se-á também o disposto no artigo anterior, quando se tiver de proceder a busca em compartimento habitado ou em aposento ocupado de habitação coletiva ou em compartimento não aberto ao público, onde alguém exercer profissão ou atividade".

entregar do objeto da busca e apreensão (§§ 1º e 5º do art. 245[480] do CPP). **Excepcionalmente** e se estritamente necessário, será possível o uso da força[481] contra as coisas existentes na casa e do arrombamento[482]. Na ausência dos moradores, porém, será intimado qualquer vizinho para participação da diligência (art. 245, § 4º, do CPP[483]).

Se durante a diligência for localizada a pessoa ou a coisa almejada, esta passará à custódia da autoridade, sendo tudo lavrado em auto circunstanciado, com assinatura dos executores da medida e de duas testemunhas[484]. De modo similar, caso a diligência tenha seu resultado frustrado, será tudo devidamente comunicado[485].

Ressalte-se que, após a finalização da busca e apreensão domiciliar a autoridade não poderá reabrir a diligência, ainda que horas depois, sem ordem judicial. Assim foi decidido no HC 216.437/DF[486] do STJ:

> *Habeas corpus.* Cartel. Investigação policial. Medida de busca e apreensão. Auto circunstanciado. Lavratura. Art. 245, § 7º, do CPC. Encerramento da diligência. Reabertura da busca e apreensão. Nova ordem judicial autorizadora. Necessidade. [...] 2. Após o **encerramento da busca domiciliar**, as autoridades responsáveis por sua execução **não podem, horas depois, reabri-la e realizar novas buscas e apreensões sem nova ordem judicial autorizadora**. [...]" (STJ, HC 216.437/DF, rel. Min. Sebastião Reis Júnior, 6ª Turma, j. 20-9-2012, *DJe* 8-3-2013).

---

[480] CPP, "Art. 245. [...] § 1º Se a própria autoridade der a busca, declarará previamente sua qualidade e o objeto da diligência. [...] § 5º Se é determinada a pessoa ou coisa que se vai procurar, o morador será intimado a mostrá-la".

[481] CPP, "Art. 245. [...] § 3º Recalcitrando o morador, será permitido o emprego de força contra coisas existentes no interior da casa, para o descobrimento do que se procura".

[482] CPP, "Art. 245. [...] § 2º Em caso de desobediência, será arrombada a porta e forçada a entrada".

[483] CPP, "Art. 245. [...] § 4º Observar-se-á o disposto nos §§ 2º e 3º, quando ausentes os moradores, devendo, neste caso, ser intimado a assistir à diligência qualquer vizinho, se houver e estiver presente".

[484] CPP, "Art. 245. [...] § 6º Descoberta a pessoa ou coisa que se procura, será imediatamente apreendida e posta sob custódia da autoridade ou de seus agentes. § 7º Finda a diligência, os executores lavrarão auto circunstanciado, assinando-o com duas testemunhas presenciais, sem prejuízo do disposto no § 4º".

[485] CPP, "Art. 247. Não sendo encontrada a pessoa ou coisa procurada, os motivos da diligência serão comunicados a quem tiver sofrido a busca, se o requerer".

[486] Ressalte-se que, nesse mesmo caso, o STJ entendeu ser possível a busca e apreensão em veículo, equiparando-a à busca e apreensão pessoal: "[...] Fundada suspeita de posse de objetos ou papéis que constituam corpo de delito. Ocorrência. Busca em veículo. Equiparação à busca pessoal. Mandado judicial. Prescindibilidade. [...] 3. Havendo fundada suspeita de que a pessoa esteja na posse de objetos ou papéis que constituam corpo de delito, como no caso, a busca em veículo, a qual é equiparada à busca pessoal, independerá da existência de mandado judicial para a sua realização. [...]" (STJ, HC 216.437/DF, rel. Min. Sebastião Reis Júnior, 6ª Turma, j. 20-9-2012, *DJe* 8-3-2013).

Assim sendo, o encerramento da busca e apreensão domiciliar, impede a repetição de tal medida sem nova ordem judicial.

■ **Busca e apreensão e menor lesividade**

O Poder Público deve sempre submeter sua atuação a critérios de razoabilidade e proporcionalidade – esta última em seu tripé adequação, necessidade e proporcionalidade em sentido estrito. Assim sendo, um fator importante na aferição da legalidade e legitimidade da busca e apreensão está exposto no art. 248[487] do CPP: a medida de busca e apreensão deve ser efetivada nos estreitos limites da medida indispensável à efetividade da medida, guiada pela concepção da menor moléstia ao cidadão.

■ **A busca e apreensão pessoal**

A busca e apreensão pessoal deve se fundar em "fundada suspeita" para ser executada, segundo o art. 244[488] do CPP. Em caso de busca e apreensão pessoal em mulher, é preferencial que seja feita por agente mulher (art. 249 do CPP[489]) – sendo tal regra excepcionada com a finalidade de evitar "retardamento ou prejuízo da diligência".

DICA DO AUTOR: Nas questões sobre o entendimento do STJ, é preciso ressaltar que a busca e apreensão veicular tem sido equiparada à busca e apreensão pessoal pelo referido Tribunal. Desse modo, há precedentes[490] do STJ aplicando o art. 244 do CPP e dispensando a necessidade de ordem judicial para a busca e apreensão em veículo, quando houver "fundada suspeita" do art. 244 do CPP.

■ **A busca e apreensão domiciliar**

Na **busca e apreensão domiciliar**, impõe-se lembrar que a casa dos cidadãos goza de proteção constitucional – sendo a casa considerada um asilo in-

---

[487] CPP, "Art. 248. Em casa habitada, a busca será feita de modo que não moleste os moradores **mais do que o indispensável** para o êxito da diligência".
[488] CPP, "Art. 244. A busca pessoal independerá de mandado, no caso de prisão ou quando houver fundada suspeita de que a pessoa esteja na posse de arma proibida ou de objetos ou papéis que constituam corpo de delito, ou quando a medida for determinada no curso de busca domiciliar".
[489] CPP, "Art. 249. A busca em mulher será feita por outra mulher, se não importar retardamento ou prejuízo da diligência".
[490] STJ, APn 843/DF, rel. Min. Herman Benjamin, Corte Especial, j. 6-12-2017, *DJe* 1º-2-2018; HC 216.437/DF, rel. Min. Sebastião Reis Júnior, 6ª Turma, j. 20-9-2012, *DJe* 8-3-2013; STJ, HC 216.437, 6ª Turma, rel. Min. Sebastião Reis Júnior, j. 20-9-2012.

violável, salvo algumas exceções, as quais são igualmente constitucionais. Para o **CP (art. 150, § 4º**[491]**)**, casa pode ser representada em ambientes habitados, ambientes profissionais não abertos ao público e ainda ambientes privados em moradias coletivas, o que incluirá quartos de hotéis ocupados, conforme precedente do STF:

> [...] Conceito de "casa" para efeito da proteção constitucional (CF, art. 5º, XI e CP, art. 150, § 4º, II). **Amplitude dessa noção conceitual, que também compreende os aposentos de habitação coletiva (como, por exemplo, os quartos de hotel, pensão, motel e hospedaria, desde que ocupados):** Necessidade, em tal hipótese, de mandado judicial (CF, art. 5º, XI). [...] – Para os fins da proteção jurídica a que se refere o art. 5º, XI, da Constituição da República, **o conceito normativo de "casa" revela-se abrangente e, por estender-se a qualquer aposento de habitação coletiva, desde que ocupado** (CP, art. 150, § 4º, II), **compreende**, observada essa específica limitação espacial, **os quartos de hotel**. Doutrina. Precedentes. – Sem que ocorra qualquer das situações excepcionais taxativamente previstas no texto constitucional (art. 5º, XI), nenhum agente público poderá, contra a vontade de quem de direito ("*invito domino*"), ingressar, durante o dia, sem mandado judicial, em aposento ocupado de habitação coletiva, sob pena de a prova resultante dessa diligência de busca e apreensão reputar-se inadmissível, porque impregnada de ilicitude originária. Doutrina. Precedentes (STF). [...] (STF, RHC 90.376, rel. Min. Celso de Mello, 2ª Turma, j. 3-4-2007).

Por outro lado, o **CP (art. 150, § 5º**[492]**)** determina que não gozariam de proteção constitucional conferida à casa: (1) quando desocupadas e abertas, a hospedaria, as estalagens e demais habitações coletivas; (2) tavernas, casas de jogos e afins.

Dito isso, consigna-se também que a casa, como asilo inviolável, ainda possui proteção nas **convenções internacionais** ratificadas pelo Brasil, em especial:

> **Pacto de São José da Costa Rica** (Decreto de Promulgação n. 678/1992), "Art. 11 [...] 2. **Ninguém pode ser objeto de ingerências arbitrárias ou abusivas** em sua vida privada, na de sua família, **em seu domicílio** ou em sua correspondência, nem de ofensas ilegais à sua honra ou reputação".

---

[491] CP, "Art. 150. [...] § 4º A expressão 'casa' compreende: I – qualquer compartimento habitado; II – aposento ocupado de habitação coletiva; III – compartimento não aberto ao público, onde alguém exerce profissão ou atividade".

[492] CP, "Art. 150. [...] § 5º Não se compreendem na expressão 'casa': I – hospedaria, estalagem ou qualquer outra habitação coletiva, enquanto aberta, salvo a restrição do n. II do parágrafo anterior; II – taverna, casa de jogo e outras do mesmo gênero".

Pacto Internacional sobre Direitos Civis e Políticos (Decreto de Promulgação n. 592/1992), "Artigo 17 [...] 1. **Ninguém poderá ser objeto de ingerências arbitrárias ou ilegais** em sua vida privada, em sua família, **em seu domicílio** ou em sua correspondência, nem de ofensas ilegais às suas honra e reputação. 2. Toda pessoa terá direito à proteção da lei contra essas ingerências ou ofensas".

Desse modo, a casa, em sua inviolabilidade, goza, em plano supralegal, de **proteção normativa dúplice: constitucional** e **convencional**.

São hipóteses de cabimento da **busca e apreensão domiciliar** (art. 240, § 1º, do CPP): (1) prender criminosos; (2) apreender coisas achadas ou obtidas por meios criminosos; (3) apreender instrumentos de falsificação ou de contrafação e objetos falsificados ou contrafeitos; (4) apreender armas e munições, instrumentos utilizados na prática de crime ou destinados a fim delituoso; (5) descobrir objetos necessários à prova de infração ou à defesa do réu; (6) apreender cartas, abertas ou não, destinadas ao acusado ou em seu poder, quando haja suspeita de que o conhecimento do seu conteúdo possa ser útil à elucidação do fato; (7) apreender pessoas vítimas de crimes; (8) colher qualquer elemento de convicção.

São hipóteses de cabimento de **busca e apreensão pessoal** (art. 240, § 2º): (1) apreender coisas achadas ou obtidas por meios criminosos; (2) apreender instrumentos de falsificação ou de contrafação e objetos falsificados ou contrafeitos; (3) apreender armas e munições, instrumentos utilizados na prática de crime ou destinados a fim delituoso; (4) descobrir objetos necessários à prova de infração ou à defesa do réu; (5) apreender cartas, abertas ou não, destinadas ao acusado ou em seu poder, quando haja suspeita de que o conhecimento do seu conteúdo possa ser útil à elucidação do fato; (6) colher qualquer elemento de convicção.

Fixados alguns pontos legais sobre busca e apreensão, faz-se imprescindível analisar algumas questões tormentosas na prática fática e jurisprudencial, mormente em se tratando de concursos para a Defensoria Pública, os quais exigem, para além do conhecimento básico, análise crítica em favor dos direitos e garantias fundamentais dos cidadãos.

Exceções à proteção constitucional domiciliar em face do Estado: a inviolabilidade da casa dos cidadãos é regra de cunho constitucional[493], com exceções igualmente constitucionais – conforme a seguinte tabela ilustrativa:

---

[493] CRFB/88, "Art. 5º [...] XI – a **casa é asilo inviolável** do indivíduo, ninguém nela podendo penetrar sem consentimento do morador, **salvo** em caso de flagrante delito ou desastre, ou para prestar socorro, ou, durante o dia, por determinação judicial".

Proteção constitucional do domicílio		
Regra	Inviolabilidade	Consentimento pode autorizar o ingresso
Exceção	Flagrante delito	Qualquer horário
Exceção	Desastre	Qualquer horário
Exceção	Prestar socorro	Qualquer horário
Exceção	Mandado judicial	Durante o dia

Ingresso domiciliar e a Lei n. 13.301/2016 (Lei do mosquito, Lei "Zika" ou "*chikungunya*"): em caso de "Emergência em Saúde Pública de Importância Nacional" (ESPIN), a Lei n. 13.301/2016[494] criou uma possibilidade de ingresso forçado com a **finalidade estrita de tutelar a saúde público-coletiva**, considerada constitucional em razão de tutelar a saúde pública e a vida humana[495]. Contudo, para a tutela do direito fundamental à inviolabilidade domiciliar, tal ingresso sanitário **não** pode ter **finalidade sanitária desviada** para o campo penal, sob pena de ser considerada **prova ilícita** qualquer prova obtida em **desacordo** com as regras constitucionais e fora do escopo da Lei n. 13.301/2016. Por outro lado, o agente público-sanitário que ingressa na casa nos estreitos limites e finalidades da Lei n. 13.301/2016 **não**[496] pratica o crime de invasão de domicílio, por estar devidamente autorizado pela norma legal.

Busca e apreensão domiciliar nos crimes permanentes: há polêmica quanto à possibilidade de ingresso policial na casa dos cidadãos em caso de suspeita da prática de crime permanente – cuja consumação se considera protraída no tempo, tais como o crime de tráfico no qual a posse da substância entorpecente manteria

---

[494] Lei n. 13.301/2016, "Art. 1º [...] § 1º Entre as medidas que podem ser determinadas e executadas para a contenção das doenças causadas pelos vírus de que trata o *caput*, destacam-se: [...] IV – **ingresso forçado em imóveis públicos e particulares**, no caso da situação de abandono, ausência ou recusa de pessoa que possa permitir o acesso de agente público, regularmente designado e identificado, quando se mostre essencial para a contenção das doenças".

[495] "A grande questão que se coloca é saber se a situação descrita de ingresso forçado viola ou não a Constituição. Em nosso entender, a lei em análise deve ser tida, nessa situação específica do estudo, como **constitucional**, apesar de não se encontrar nas ressalvas explícitas previstas no art. 5º, XI, CF/88, já que não se trata de determinação judicial, flagrante delito, desastre ou prestação de socorro. O fundamento para o afastamento do art. 5º, XI (**inviolabilidade domiciliar**), que não é um direito absoluto, decorre da ponderação a ser realizada à luz de outros preceitos, como o **direito à vida** (art. 5º, *caput*) e o **direito à saúde** (art. 196), caracterizando-se as medidas específicas previstas na lei como **adequadas, necessárias e proporcionais em sentido estrito**" (LENZA, Pedro. *Direito constitucional esquematizado*. 23. ed. São Paulo: Saraiva Educação, 2019, p. 1218, g.n.).

[496] "[...] Finalmente, nas hipóteses da lei e conforme exposto, naturalmente, o agente público **não responderá** pelo crime de violação de domicílio previsto no art. 150 do CP" (LENZA, Pedro. *Direito constitucional esquematizado*. 23. ed. São Paulo: Saraiva Educação, 2019. p. 1218).

o crime em estado de flagrância contínuo. O STJ[497] adota a tese da possibilidade do ingresso domiciliar, *sem mandado*, pelos agentes de segurança pública em caso de crimes continuados, em razão da tese de se tratar de crime permanente. Em razão da função defensorial de defesa das liberdades e direitos fundamentais dos cidadãos, principalmente os marginalizados e pobres, nos concursos para a Defensoria Pública, deve-se conhecer também a posição crítica a seguir exposta.

Busca e apreensão domiciliar sem mandado e justa causa nos crimes permanentes: a tese da admissão da busca e apreensão sem mandado em caso de crimes permanentes vulnerabiliza ainda mais as populações de comunidades carentes, ampliando o risco de sofrerem pelo arbítrio estatal e com eventuais flagrantes forjados a fim de justificar o ingresso anterior em domicílio. Por esse motivo, para que a *inviolabilidade domiciliar* não se torne promessa constitucional inócua, a defesa de tal direito deve se pautar na impossibilidade de ingresso domiciliar pela polícia em casos de crimes permanentes. Em tais situações, em termos de segurança pública, o ideal jurídico seria a vigília policial da casa até que seja providenciada ordem judicial para cumprir o mandado específico, devidamente lastreado em justa causa sobre o crime permanente.

O STJ possui precedentes que impõem o pressuposto da **justa causa comprovada** para a ocorrência do ingresso domiciliar em crimes permanentes sem mandado:

> Processual penal. Recurso especial. Tráfico de drogas. Crime permanente. Flagrante. Busca e apreensão em domicílio. Ausência de mandado. Embasamento em denúncia anônima. Necessidade de fundadas razões. Ilicitude das provas. Recurso especial provido. 1. É assente a jurisprudência desta Corte Superior no sentido de que o tráfico ilícito de drogas é delito permanente, protraindo-se no tempo o estado de flagrância. 2. **O ingresso da autoridade policial no domicílio** para a realização de busca e apreensão sem mandado, contudo, **pressupõe a presença de elementos seguros que evidenciem a prática ilícita**. 3. Não se admite que a autoridade policial

---

[497] "[...] 1. **Esta Corte possui entendimento de que sendo o delito de natureza permanente**, assim compreendido aquele em que a consumação se protrai no tempo, **não se exige a apresentação de mandado de busca e apreensão para o ingresso dos policiais na residência do acusado**, quando se tem por objetivo fazer cessar a atividade criminosa, dada a situação de flagrância, conforme ressalva o art. 5º, XI, da Constituição Federal. 2. Na hipótese, como destacado no acórdão impugnado, além da denúncia anônima devidamente registrada, houve a autorização dos parentes do recorrente para a entrada dos agentes de segurança na residência, o que reforça a inexistência de ofensa à garantia constitucional de inviolabilidade domiciliar. [...]" (STJ, AgRg no REsp 1.782.009/SP, rel. Min. Ribeiro Dantas, 5ª Turma, j. 19-2-2019, *DJe* 26-2-2019, g.n.).

apenas com base em delação anônima, sem a produção de elementos capazes de evidenciar fundadas suspeitas da prática delitiva**, viole o direito constitucional à inviolabilidade do domicílio, conduzindo à ilicitude da prova colhida, bem como dela derivadas, nos termos do art. 157 do Código de Processo Penal. 4. Recurso especial provido para anular as provas obtidas mediante busca e apreensão domiciliar, bem como dela decorrentes, determinando o seu desentranhamento dos autos (STJ, REsp 1.778.752/SE, rel. Min. Nefi Cordeiro, 6ª Turma, j. 11-12-2018, *DJe* 17-12-2018, g.n.).

No mesmo sentido, ainda no **STJ: REsp 1.708.029/RJ, AgRg no REsp 1.493.995/RS**. No âmbito do **STF**, vale a leitura de precedente com **repercussão geral**, o qual também exige **justa causa** para o ingresso forçado em caso de crime permanente e admite **"controle jurisdicional póstumo"** (posterior):

> Recurso extraordinário representativo da controvérsia. **Repercussão geral. 2. Inviolabilidade de domicílio – art. 5º, XI, da CF. Busca e apreensão domiciliar sem mandado judicial em caso de crime permanente.** Possibilidade. A Constituição dispensa o mandado judicial para ingresso forçado em residência em caso de flagrante delito. No crime permanente, a situação de flagrância se protrai no tempo. 3. **Período noturno**. A cláusula que limita o ingresso ao período do dia é aplicável apenas aos casos em que a busca é determinada por ordem judicial. Nos demais casos – flagrante delito, desastre ou para prestar socorro – a Constituição não faz exigência quanto ao período do dia. 4. Controle judicial *a posteriori*. Necessidade de preservação da inviolabilidade domiciliar. Interpretação da Constituição. Proteção contra ingerências arbitrárias no domicílio. Muito embora o flagrante delito legitime o ingresso forçado em casa sem determinação judicial, a medida deve ser controlada judicialmente. **A inexistência de controle judicial, ainda que posterior à execução da medida, esvaziaria o núcleo fundamental da garantia contra a inviolabilidade da casa** (art. 5º, XI, da CF) e deixaria de proteger contra ingerências arbitrárias no domicílio (Pacto de São José da Costa Rica, artigo 11, 2, e Pacto Internacional sobre Direitos Civis e Políticos, artigo 17, 1). O controle judicial *a posteriori* decorre tanto da interpretação da Constituição, quanto da aplicação da proteção consagrada em tratados internacionais sobre direitos humanos incorporados ao ordenamento jurídico. Normas internacionais de caráter judicial que se incorporaram à cláusula do devido processo legal. 5. Justa causa. **A entrada forçada em domicílio, sem uma justificativa prévia conforme o direito, é arbitrária**. Não será a constatação de situação de flagrância, posterior ao ingresso, que justificará a medida. Os agentes estatais devem demonstrar que havia elementos mínimos a caracterizar fundadas razões (justa causa) para a medida. 6. Fixada a interpretação de que a entrada forçada em domicílio sem mandado judicial **só é lícita, mesmo em período noturno, quando amparada em fundadas razões,** devidamente justificadas *a posteriori*, que indi-

quem que dentro da casa ocorre situação de flagrante delito, sob **pena de responsabilidade disciplinar, civil e penal do agente ou da autoridade e de nulidade** dos atos praticados. 7. Caso concreto. Existência de fundadas razões para suspeitar de flagrante de tráfico de drogas. Negativa de provimento ao recurso (STF, RE 603.616, rel. Min. Gilmar Mendes, Tribunal Pleno, j. 5-11-2015).

Assim sendo, em respeito à garantia de inviolabilidade domiciliar, deve-se conhecer a posição crítica aqui apontada e os precedentes do STJ referenciados.

Controle jurisdicional da legalidade da busca e apreensão domiciliar e audiência de custódia: conforme registrado no tópico anterior, é possível **controle jurisdicional posterior** sobre a legalidade do ingresso domiciliar por parte de autoridades públicas, a fim de conter o arbítrio e evitar qualquer forma de abuso dos poderes públicos. Tal controle jurisdicional, aliás, pode e deve ser também realizado nas **audiências de custódia,** de forma a controlar a legalidade das prisões. Nesse sentido leciona Pedro Lenza[498]:

> A necessidade de justificação formal *a posteriori* apresentando as **fundadas razões** (cf. a expressão do art. 240, § 1º, CPP) para o ingresso na *casa* admite, naturalmente, o controle judicial (destacando-se, também, em relação a eventual prisão em flagrante, a realidade da **audiência de custódia**) e foi fortalecida, nos termos das manifestações dos Ministros Lewandowski (fls. 29 do acórdão) e Fux (fls. 38), pelo conteúdo da tese firmada na **SV 11**, que prevê essa formalidade no caso do uso de algemas.

No **Concurso da Defensoria Pública de Minas Gerais (2019, FUNDEP)** foi dada a seguinte situação hipotética a fim de que o candidato, posteriormente, assinalasse a assertiva correta: "Durante patrulhamento ostensivo em uma região da cidade conhecida pelo intenso tráfico de drogas, policiais militares abordaram um indivíduo que se encontrava sozinho na rua. Após busca pessoal, na qual nada de suspeito foi encontrado, os policiais conduziram o indivíduo até a residência dele e, sem autorização judicial ou do morador do domicílio, entraram no local e realizaram busca domiciliar. Encontraram no local uma pequena quantidade de maconha. Deram, então, voz de prisão em flagrante delito ao indivíduo, única pessoa que se encontrava no local. A autoridade policial a quem foi apresentado o

---

[498] LENZA, Pedro. *Direito constitucional esquematizado*. 23. ed. São Paulo: Saraiva Educação, 2019. p. 1217-1218, g.n.

detido pelos policiais militares ratificou a voz de prisão em flagrante, promovendo a autuação da prisão em flagrante pela suposta prática do delito previsto no art. 33 da Lei de Drogas. Foram realizadas as devidas comunicações da prisão e cumpridas todas as formalidades legais e constitucionais. No interrogatório policial, o detido permaneceu em silêncio. Foram ouvidas como testemunhas no auto de prisão em flagrante dois policiais militares que compunham a guarnição que efetuou a detenção em flagrante juntamente com o terceiro que funcionou como condutor. Tanto o condutor quanto as testemunhas do auto de prisão em flagrante delito relataram que após a apreensão da droga no domicílio a pessoa detida teria confessado que tal substância se destinava ao comércio ilícito. O preso não registrava qualquer antecedente criminal, tendo endereço certo e trabalho honesto". Como resposta certa ao que a defesa técnica deveria requerer como principal tese na audiência de custódia, a banca queria como resposta: "A) o relaxamento da prisão em flagrante diante da ilegalidade da busca domiciliar e da voz de prisão em flagrante delito".

Proteção penal do domicílio: o **CP**[499] destaca o crime de violação do domicílio, bem como as causas de aumento de pena e de afastamento do crime, tais como em casos de flagrante delito ou, durante o dia, para o cumprimento de prisões e diligência, desde que de acordo com a Lei. O **CPM** também dispõe especificamente sobre a prática de crime[500], suas formas

---

[499] CP, "**Violação de domicílio** Art. 150. Entrar ou permanecer, clandestina ou astuciosamente, ou contra a vontade expressa ou tácita de quem de direito, em casa alheia ou em suas dependências: Pena – detenção, de um a três meses, ou multa. § 1º Se o crime é cometido durante a noite, ou em lugar ermo, ou com o emprego de violência ou de arma, ou por duas ou mais pessoas: Pena – detenção, de seis meses a dois anos, além da pena correspondente à violência. § 2º Aumenta-se a pena de um terço, se o fato é cometido por funcionário público, fora dos casos legais, ou com inobservância das formalidades estabelecidas em lei, ou com abuso do poder. § 3º Não constitui crime a entrada ou permanência em casa alheia ou em suas dependências: I – durante o dia, com observância das formalidades legais, para efetuar prisão ou outra diligência; II – a qualquer hora do dia ou da noite, quando algum crime está sendo ali praticado ou na iminência de o ser. [...]".

[500] CPM, "**Seção II – Do crime contra a inviolabilidade do domicílio** – Violação de domicílio – Art. 226. Entrar ou permanecer, clandestina ou astuciosamente, ou contra a vontade expressa ou tácita de quem de direito, em casa alheia ou em suas dependências: Pena – detenção, até três meses. Forma qualificada § 1º Se o crime é cometido durante o repouso noturno, ou com emprêgo de violência ou de arma, ou mediante arrombamento, ou por duas ou mais pessoas: Pena – detenção, de seis meses a dois anos, além da pena correspondente à violência. Agravação de pena § 2º Aumenta-se a pena de um terço, se o fato é cometido por militar em serviço ou por funcionário público civil, fora dos casos legais, ou com inobservância das formalidades prescritas em lei, ou com abuso de poder".

qualificadas, causas de aumento, causas de exclusão[501] do crime e o conceito do termo "casa"[502].

Busca e apreensão em escritórios advocatícios: o local de trabalho advocatício goza de específica inviolabilidade[503]. As buscas e apreensões executadas em escritórios advocatícios submetem-se também às regras específicas do Estatuto da Advocacia (EOAB, Lei n. 8.906/94[504]), sendo bem mais restritas que as demais.

DICA DO AUTOR : Há **imunidade defensiva relativa** à busca e apreensão quanto à apreensão de documentos em poder do defensor do acusado. Assim, durante a busca e apreensão incidirá **regra protetiva da defesa** (art. 243, § 2º, do CPP[505]), a qual recai sobre documentos em poder da defesa, que **não** podem ser apreendidos, sendo **imunes** à busca e apreensão. Segundo o mesmo dispositivo legal, há exceção à regra de imunidade defensiva: documentos que constituam "corpo de delito".

Da não recepção constitucional e da não convencionalidade da alínea *f* do § 1º art. 240 do CPP: constitucionalmente, as correspondências são inviolá-

---

[501] CPM, "Art. 226. [...] § 3º Não constitui crime a entrada ou permanência em casa alheia ou em suas dependências: I – durante o dia, com observância das formalidades legais, para efetuar prisão ou outra diligência em cumprimento de lei ou regulamento militar; II – a qualquer hora do dia ou da noite para acudir vítima de desastre ou quando alguma infração penal está sendo ali praticada ou na iminência de o ser".

[502] CPM, "Compreensão do termo 'casa' – Art. 226. [...] § 4º O termo 'casa' compreende: I – qualquer compartimento habitado; II – aposento ocupado de habitação coletiva; III – compartimento não aberto ao público, onde alguém exerce profissão ou atividade. § 5º Não se compreende no termo 'casa': I – hotel, hospedaria, ou qualquer outra habitação coletiva, enquanto aberta, salvo a restrição do n. II do parágrafo anterior; II – taverna, boate, casa de jogo e outras do mesmo gênero".

[503] Lei n. 8.906/94, "Art. 7º São direitos do advogado: [...] II – a inviolabilidade de seu escritório ou local de trabalho, bem como de seus instrumentos de trabalho, de sua correspondência escrita, eletrônica, telefônica e telemática, desde que relativas ao exercício da advocacia" (Redação dada pela Lei n. 11.767/2008).

[504] Lei n. 8.906/94, "Art. 7º [...] § 6º Presentes indícios de autoria e materialidade da prática de crime por parte de advogado, a autoridade judiciária competente poderá decretar a quebra da inviolabilidade de que trata o inciso II do *caput* deste artigo, em decisão motivada, expedindo mandado de busca e apreensão, específico e pormenorizado, a ser cumprido na presença de representante da OAB, sendo, em qualquer hipótese, vedada a utilização dos documentos, das mídias e dos objetos pertencentes a clientes do advogado averiguado, bem como dos demais instrumentos de trabalho que contenham informações sobre clientes. § 7º A ressalva constante do § 6º deste artigo não se estende a clientes do advogado averiguado que estejam sendo formalmente investigados como seus partícipes ou coautores pela prática do mesmo crime que deu causa à quebra da inviolabilidade" (Incluído pela Lei n. 11.767/2008).

[505] CPP, "Art. 243. [...] § 2º Não será permitida a apreensão de documento em poder do defensor do acusado, salvo quando constituir elemento do corpo de delito".

veis[506]. Entretanto, a alínea *f* do § 1º do art. 240 do CPP dispõe pela possibilidade de busca e apreensão de "cartas, abertas ou não, destinadas ao acusado ou em seu poder, quando haja suspeita de que o conhecimento do seu conteúdo possa ser útil à elucidação do fato". Em favor do direito à privacidade, intimidade e à inviolabilidade epistolar – respectivamente, **incisos X[507] e XII do art. 5º da CRFB/88**. Portanto, principalmente em concursos de Defensoria Pública, deve-se ressaltar a garantia constitucional e a **não recepção** pela nova ordem constitucional da alínea *f* do § 1º do art. 240 do CPP. Por outro lado, o dispositivo aqui criticado também pode ser questionado em sua **convencionalidade**, porquanto o Pacto de São José da Costa e o Pacto dos Direitos Civis e Políticos, ratificados pelo Brasil, protegem também a inviolabilidade das cartas[508].

A doutrina majoritária[509], em uma leitura seca do CPP, considera possível a busca e apreensão de cartas, judicialmente autorizada. Em análise crítica consentânea com a defesa de direitos fundamentais – como se deve ter na Defensoria Pública –, posicionou-se Aury Lopes Júnior[510]:

> [...] explica Bastos Pitombo[511] que o art. 5º, XII, da Constituição assegura a inviolabilidade do sigilo da correspondência e das comunicações telegráficas, salvo, no último caso, por ordem judicial, nas hipóteses e na forma que a lei estabelecer para fins de investigação criminal ou instrução processual penal. A Constituição excepciona, apenas, as comunicações telefônicas (o "último caso", na expressão constitucional), não a inviolabilidade de Cartas e, como não se admite analogia para ampliar a restrição de direitos fundamentais, é inconstitucional essa medida. Noutra dimensão, autorizada está

---

[506] CRFB/88, "Art. 5º [...] XII – **é inviolável o sigilo da correspondência e das comunicações telegráficas**, de dados e das comunicações telefônicas, salvo, no último caso, por ordem judicial, nas hipóteses e na forma que a lei estabelecer para fins de investigação criminal ou instrução processual penal".

[507] CRFB/88, "Art. 5º [...] X – **são invioláveis a intimidade, a vida privada**, a honra e a imagem das pessoas, assegurado o direito a indenização pelo dano material ou moral decorrente de sua violação".

[508] Pacto de São José da Costa Rica, "**Art. 11** [...] **2. Ninguém pode ser objeto de ingerências arbitrárias ou abusivas** em sua vida privada, na de sua família, em seu domicílio ou **em sua correspondência**, nem de ofensas ilegais à sua honra ou reputação". Pacto Internacional sobre Direitos Civis e Políticos, "Art. 17. [...] 1. **Ninguém poderá ser objeto de ingerências arbitrárias ou ilegais** em sua vida privada, em sua família, em seu domicílio ou **em sua correspondência**, nem de ofensas ilegais às suas honra e reputação. 2. Toda pessoa terá direito à proteção da lei contra essas ingerências ou ofensas".

[509] Como explica criticamente Aury Lopes Júnior: "As Cartas, pela leitura do CPP, podem ser objeto de busca e apreensão judicialmente autorizada, e assim defende a doutrina majoritária. Contudo, **numa dimensão crítica e constitucional, tal dispositivo não resiste a uma filtragem**" (LOPES JÚNIOR, Aury. *Direito processual penal*. 15. ed. São Paulo: Saraiva Educação, 2018. p. 512, g.n.).

[510] LOPES JÚNIOR, Aury. *Direito processual penal*. 15. ed. São Paulo: Saraiva Educação, 2018. p. 512.

[511] BASTOS PITOMBO, Cleunice. *Da busca e apreensão no processo penal*. São Paulo: Revista dos Tribunais, 2005. p. 122.

a intervenção das comunicações de dados e telefônicas, nenhum problema existe na apreensão judicialmente autorizada de computadores, discos rígidos, CDs, contendo dados, *e-mails* etc.

Por fim, ressalta-se que o **sigilo epistolar** possui **proteção penal**, tanto no direito penal comum[512] quanto no direito penal militar[513].

Mandado de busca e apreensão coletivo: o CPP, ao regular o mandado de busca e apreensão, submete-o a uma "**regra da especificação**"[514], pela qual as informações, dados e objetivos dele devam ser detalhados. Com isso, permite-se o **controle jurisdicional** da legalidade do ato e busca-se a contenção do **arbítrio**. Todavia, tem-se notícia, vez por outra, da expedição de mandados de busca e apreensão coletivos, prática já impugnada junto ao STF[515], conforme visto em tópico anterior. No **Concurso da Defensoria Pública do Espírito Santo (2016, FCC)** foi considerada FALSA a assertiva admitindo a expedição de mandado

---

[512] CP, "**Violação de correspondência** Art. 151. Devassar indevidamente o conteúdo de correspondência fechada, dirigida a outrem: Pena – detenção, de um a seis meses, ou multa. **Sonegação ou destruição de correspondência** § 1º Na mesma pena incorre: I – quem se apossa indevidamente de correspondência alheia, embora não fechada e, no todo ou em parte, a sonega ou destrói; **Violação de comunicação telegráfica, radioelétrica ou telefônica** II – quem indevidamente divulga, transmite a outrem ou utiliza abusivamente comunicação telegráfica ou radioelétrica dirigida a terceiro, ou conversação telefônica entre outras pessoas; III – quem impede a comunicação ou a conversação referidas no número anterior; IV – quem instala ou utiliza estação ou aparelho radioelétrico, sem observância de disposição legal. § 2º As penas aumentam-se de metade, se há dano para outrem. § 3º Se o agente comete o crime, com abuso de função em serviço postal, telegráfico, radioelétrico ou telefônico: Pena – detenção, de um a três anos. § 4º Somente se procede mediante representação, salvo nos casos do § 1º, IV, e do § 3º. **Correspondência comercial** Art. 152. Abusar da condição de sócio ou empregado de estabelecimento comercial ou industrial para, no todo ou em parte, desviar, sonegar, subtrair ou suprimir correspondência, ou revelar a estranho seu conteúdo: Pena – detenção, de três meses a dois anos. Parágrafo único. Somente se procede mediante representação".

[513] CPM, "**Violação de correspondência**. Art. 227. Devassar indevidamente o conteúdo de correspondência privada dirigida a outrem: Pena – detenção, até seis meses. § 1º Nas mesmas penas incorre: I – quem se apossa de correspondência alheia, fechada ou aberta, e, no todo ou em parte, a sonega ou destrói; II – quem indevidamente divulga, transmite a outrem ou utiliza, abusivamente, comunicação telegráfica ou radioelétrica dirigida a terceiro, ou conversação telefônica entre outras pessoas; III – quem impede a comunicação ou a conversação referida no número anterior. **Aumento de pena** § 2º A pena aumenta-se de metade, se há dano para outrem. § 3º Se o agente comete o crime com abuso de função, em serviço postal, telegráfico, radioelétrico ou telefônico: Pena – detenção, de um a três anos. **Natureza militar do crime** § 4º Salvo o disposto no parágrafo anterior, qualquer dos crimes previstos neste artigo só é considerado militar no caso do art. 9º, n. II, letra *a*".

[514] CPP, "Art. 243. O mandado de busca deverá: I – indicar, **o mais precisamente possível**, a casa em que será realizada a diligência e o nome do respectivo proprietário ou morador; ou, no caso de busca pessoal, o nome da pessoa que terá de sofrê-la ou os sinais que a identifiquem; II – **mencionar** o motivo e os fins da diligência; III – ser subscrito pelo escrivão e assinado pela autoridade que o fizer expedir. § 1º Se houver ordem de prisão, constará do próprio texto do mandado de busca".

[515] Em discussão no STF: HC coletivo 154.118 – tratando da ilegalidade dessa forma de mandado, em especial nas comunidades pobres.

de busca e apreensão coletivo e genérico contra todas as casas de certa comunidade. Assertiva equivocada foi assim redigida: "diante da notícia concreta de tráfico de drogas e da presença de armas em determinada favela, é possível a expedição de mandado de busca domiciliar para todas as casas da comunidade".

DICA DO AUTOR: O candidato ao cargo de Defensor Público deverá sustentar, caso questionado em provas discursivas ou orais, a ilegalidade de decisões que autorizam busca e apreensão coletiva em residências, de forma genérica e indiscriminada (mandado de busca e apreensão coletivo). A 6ª Turma do STJ, no julgamento do AgRgHC 435.934[516], anulou decisão que autorizava a medida em duas favelas do Rio de Janeiro. A decisão questionada autorizara a busca e apreensão em domicílios **nas comunidades de Jacarezinho e no Conjunto Habitacional Morar Carioca**, no Rio de Janeiro, sem identificar o nome dos investigados e os endereços a serem objeto da abordagem policial. A Defensoria Pública do Rio de Janeiro impetrou *habeas corpus* coletivo em benefício dos moradores dessas comunidades, argumentando que, além de ofender a garantia constitucional que protege o domicílio, o ato representou a legitimação de uma série de violações gravíssimas, sistemáticas e generalizadas de direitos humanos. A expedição de mandados de busca e apreensão coletivos contraria diretamente as regras da precisão (art. 243, I, do CPP), expondo demasiadamente a população.

■ **Quebra de sigilo (telefônico, bancário e fiscal)**

Quando se trata de quebra de sigilo por parte do Estado, faz-se imprescindível a lembrança de que a intimidade e a vida privada são protegidas constitu-

---

[516] "Agravo regimental em *habeas corpus*. Apuração de crimes praticados em comunidades de favelas. Busca e apreensão em residências. Declaração de **nulidade da decisão que decretou a medida de busca e apreensão coletiva, genérica e indiscriminada contra os cidadãos e cidadãs domiciliados nas comunidades atingidas** pelo ato coator. 1. Configurada a ausência de individualização das medidas de apreensão a serem cumpridas, o que contraria diversos dispositivos legais, dentre eles os arts. 240, 242, 244, 245, 248 e 249 do Código de Processo Penal, além do art. 5º, XI, da Constituição Federal: a casa é asilo inviolável do indivíduo, ninguém nela podendo penetrar sem consentimento do morador, salvo em caso de flagrante delito ou desastre, ou para prestar socorro, ou, durante o dia, por determinação judicial. Caracterizada a possibilidade concreta e iminente de ofensa ao direito fundamental à inviolabilidade do domicílio. 2. Indispensável que o mandado de busca e apreensão tenha objetivo certo e pessoa determinada, não se admitindo ordem judicial genérica e indiscriminada de busca e apreensão para a entrada da polícia em qualquer residência. Constrangimento ilegal evidenciado. 3. Agravo regimental provido. Ordem concedida para reformar o acórdão impugnado e declarar nula a decisão que decretou a medida de busca e apreensão coletiva, genérica e indiscriminada contra os cidadãos e cidadãs domiciliados nas comunidades atingidas pelo ato coator (Processo n. 0208558-76.2017.8.19.0001)" (STJ, AgRg no HC 435.934/RJ, rel. Min. Sebastião Reis Júnior, 6ª Turma, j. 5-11-2019, *DJe* 20-11-2019).

cionalmente: "Art. 5º [...] X – são invioláveis a **intimidade**, a vida **privada**, a honra e a imagem das pessoas, assegurado o direito a indenização pelo dano material ou moral decorrente de sua violação".

Partindo da proteção da intimidade e da vida privada, o constituinte originário resguardou ainda a **inviolabilidade da correspondência e comunicações telegráficas, dados e das comunicações telefônicas**, nos seguintes termos: CRFB/88, "Art. 5º [...] XII – é inviolável o sigilo da correspondência e das comunicações telegráficas, de dados e das comunicações telefônicas, **salvo**, no último caso, **por ordem judicial**, nas hipóteses e na forma que a lei estabelecer para fins de investigação criminal ou instrução processual penal".

No referido contexto, a inviolabilidade sob análise é cindível – quanto às comunicações telefônicas –, por **ordem judicial fundamentada (art. 93, IX, da CRFB/88)** e com **vinculação finalística** ("investigação criminal ou instrução processual penal").

DICA DO AUTOR: Nas questões que versem sobre a atribuição de órgãos públicos para fins de quebra do sigilo bancário, impõe-se reconhecer o entendimento do STJ e STF, sintetizado a seguir para facilitação do estudo:

Quais órgãos podem requerer informações bancárias sem autorização judicial?		
Órgão	Regra	Exceção
Ministério Público	Não. É imprescindível autorização judicial[517]	Sim, excepcionalmente, em caso de conta pública e interesse público[518]
TCU	Não. É imprescindível autorização judicial[519-520] (STF, MS 22.934)	Sim, em caso de manuseio de verbas públicas[521] (STF, MS 33.340)
Receita Federal	Sim (LC n. 105/2001, art. 6º[522-523-524])	–
Fisco Estadual, Distrital e Municipal	Sim, desde que regulamentado em sua esfera normativa	–
CPI	Sim (LC n. 105/2001, art. 4º, § 1º[525])	CPI municipal[526]
Polícia	Não. É imprescindível autorização judicial	–
COAF	Sim[527]	–

517 "[...] 5. A quebra de sigilo bancário, por iniciativa do Ministério Público, depende de autorização judicial, não se admitindo a requisição direta à instituição financeira. Precedentes: AgRg no REsp. 1.348.076/PR, rel. Min. Reynaldo Soares da Fonseca, *DJe* 10.12.2015; RMS 25.375/PA, rel. Min. Felix Fischer, *DJe* 7.4.2008; HC 160.646/SP, rel. Min. Jorge Mussi, *DJe* 19.9.2011; RHC 20.329/PR, rel. Min. Jane Silva, *DJ* 22.10.2007; HC 316.870/ES, rel. Min. Gurgel de Faria, *DJe* 24.9.2015. [...]" (STJ, REsp 1.638.420/CE, rel. Min. Napoleão Nunes Maia Filho, 1ª Turma, j. 4-12-2018, *DJe* 14-12-2018).

518 "Administrativo. Ação civil pública. Contas bancárias relativas a repasse de verbas públicas. Requisição de documentos pelo Ministério Público Federal. Cabimento. Interesse público e defesa do patrimônio público. I – Sentença que julgou parcialmente procedente o pedido para ordenar que o Banco do Brasil fornecesse ao Ministério Público Federal, 'tão somente na área de competência da Subseção Judiciária de Arapiraca/AL, sempre que requisitado e sob as penas da lei, as informações referentes a contas bancárias destinadas exclusivamente ao repasse e à movimentação de verbas públicas federais, no prazo de 10 (dez) dias (art. 8º, § 1º, da Lei 7.347/85), prorrogáveis a critério do órgão ministerial'. II – O recurso especial versa sobre decisão do Tribunal *a quo* que reformou decisão do juízo monocrático, ao reconhecer a ilegitimidade do Ministério Público Federal para requisitar diretamente à instituição financeira as informações preservadas pelo sigilo bancário. Alega-se violação ao disposto no art. 1º, § 4º, da Lei Complementar n. 105/2001, posto que o dispositivo não proíbe o *parquet* de requisitar diretamente às instituições financeiras as informações bancárias relativas a contas destinadas, exclusivamente, a repasses de verbas públicas. III – A temática diz respeito à legitimidade do Ministério Público para requisitar a **quebra do sigilo de contas públicas** sem autorização judicial. IV – Conforme entendimento pacificado pelo Superior Tribunal de Justiça, é possível a quebra do sigilo bancário, sem autorização judicial, quando se tratar de interesse público e defesa do patrimônio público. Precedentes: HC 308.493/CE, rel. Ministro Reynaldo Soares da Fonseca, Quinta Turma, julgado em 20-10-2015, *DJe* 26-10-2015; RMS 31.362/GO, rel. Ministro Herman Benjamin, Segunda Turma, julgado em 17-8-2010, *DJe* 16-9-2010. V – **Reconhece-se a legitimidade do Ministério Público para requisitar diretamente às instituições financeiras as informações bancárias relativas à movimentação de recursos públicos**. VI – Agravo interno improvido" (STJ, AgInt no REsp 1.650.853/AL, rel. Min. Francisco Falcão, 2ª Turma, j. 7-11-2017, *DJe* 10-11-2017).

519 "Mandado de Segurança. Tribunal de Contas da União. Banco Central do Brasil. Operações financeiras. Sigilo. 1. A Lei Complementar n. 105, de 10-1-2001, **não conferiu ao Tribunal de Contas da União poderes para determinar a quebra do sigilo bancário de dados constantes do Banco Central do Brasil**. O legislador conferiu esses poderes ao Poder Judiciário (art. 3º), ao Poder Legislativo Federal (art. 4º), bem como às Comissões Parlamentares de Inquérito, após prévia aprovação do pedido pelo Plenário da Câmara dos Deputados, do Senado Federal ou do plenário de suas respectivas comissões parlamentares de inquérito (§§ 1º e 2º do art. 4º). 2. Embora as atividades do TCU, por sua natureza, verificação de contas e até mesmo o julgamento das contas das pessoas enumeradas no artigo 71, II, da Constituição Federal, justifiquem a eventual quebra de sigilo, **não houve essa determinação na lei específica que tratou do tema, não cabendo a interpretação extensiva**, mormente porque há princípio constitucional que protege a intimidade e a vida privada, art. 5º, X, da Constituição Federal, no qual está inserida a garantia ao sigilo bancário. 3. Ordem concedida para afastar as determinações do acórdão n. 72/96 – TCU – 2ª Câmara (fl. 31), bem como as penalidades impostas ao impetrante no Acórdão n. 54/97 – TCU – Plenário" (STF, MS 22.801, rel. Min. Menezes Direito, Tribunal Pleno, j. 17-12-2007).

520 "[...] 7. O Tribunal de Contas da União não está autorizado a, *manu militari*, decretar a quebra de sigilo bancário e empresarial de terceiros, medida cautelar condicionada à prévia anuência do Poder Judiciário, ou, em situações pontuais, do Poder Legislativo. Precedente: MS 22.801, Tribunal Pleno, rel. Min. Menezes Direito, *DJe* 14.3.2008. [...]" (STF, MS 33.340, rel. Min. Luiz Fux, 1ª Turma, j. 26-5-2015).

521 "[...] 8. *In casu*, contudo, **o TCU deve ter livre acesso às operações financeiras** realizadas pelas impetrantes, **entidades de direito privado** da Administração Indireta submetidas ao seu controle financeiro,

mormente porquanto **operacionalizadas mediante o emprego de recursos de origem pública**. Inoponibilidade de **sigilo** bancário e empresarial ao TCU quando se está diante de **operações fundadas em recursos de origem pública**. Conclusão decorrente do dever de atuação transparente dos administradores públicos em um Estado Democrático de Direito. 9. A preservação, *in casu*, do sigilo das operações realizadas pelo BNDES e BNDESPAR com terceiros não, apenas, impediria a atuação constitucionalmente prevista para o TCU, como, também, representaria uma acanhada, insuficiente, e, por isso mesmo, desproporcional limitação ao direito fundamental de preservação da intimidade. 10. O **princípio da conformidade funcional** a que se refere Canotilho, também, reforça a conclusão de que os órgãos criados pela Constituição da República, tal como o TCU, devem se manter no quadro normativo de suas competências, sem que tenham autonomia para abrir mão daquilo que o constituinte lhe entregou em termos de competências. (CANOTILHO, José Joaquim Gomes. *Direito Constitucional e Teoria da Constituição*. 5ª edição. Coimbra: Almedina, 2002, p. 541.) 11. A **Proteção Deficiente** de vedação implícita permite assentar que se a publicidade não pode ir tão longe, de forma a esvaziar, desproporcionalmente, o direito fundamental à privacidade e ao sigilo bancário e empresarial; não menos verdadeiro é que a insuficiente limitação ao direito à privacidade revelar-se-ia, por outro ângulo, desproporcional, porquanto lesiva aos interesses da sociedade de exigir do Estado brasileiro uma atuação transparente. [...]" (STF, MS 33.340, rel. Min. Luiz Fux, 1ª Turma, j. 26-5-2015).

[522] LC n. 105/2001, "Art. 6º As autoridades e os agentes fiscais tributários da União, dos Estados, do Distrito Federal e dos Municípios somente poderão examinar documentos, livros e registros de instituições financeiras, inclusive os referentes a contas de depósitos e aplicações financeiras, quando houver processo administrativo instaurado ou procedimento fiscal em curso e tais exames sejam considerados indispensáveis pela autoridade administrativa competente. Parágrafo único. O resultado dos exames, as informações e os documentos a que se refere este artigo serão conservados em sigilo, observada a legislação tributária".

[523] Decreto n. 3.724, de 10 de janeiro de 2001 (Regulamenta o art. 6º da Lei Complementar n. 105, de 10-1-2001, relativamente à requisição, acesso e uso, pela Secretaria da Receita Federal, de informações referentes a operações e serviços das instituições financeiras e das entidades a elas equiparadas).

[524] "Recurso extraordinário. **Repercussão geral**. Direito tributário. **Direito ao sigilo bancário**. Dever de pagar impostos. **Requisição de informação da receita federal às instituições financeiras**. Art. 6º da Lei Complementar 105/01. **Mecanismos fiscalizatórios**. Apuração de créditos relativos a tributos distintos da CPMF. Princípio da irretroatividade da norma tributária. Lei 10.174/01. [...]. 6. Fixação de tese em relação ao item 'a' do Tema 225 da sistemática da repercussão geral: 'O **art. 6º da Lei Complementar 105/01 não ofende o direito ao sigilo bancário**, pois realiza a igualdade em relação aos cidadãos, por meio do princípio da capacidade contributiva, bem como estabelece requisitos objetivos e o translado do dever de sigilo da esfera bancária para a fiscal'. [...]" (STF, RE 601.314, rel. Min. Edson Fachin, Tribunal Pleno, j. 24-2-2016).

[525] LC n. 105/2001, "Art. 4º [...] § 1º As comissões parlamentares de inquérito, no exercício de sua competência constitucional e legal de ampla investigação, obterão as informações e documentos sigilosos de que necessitarem, diretamente das instituições financeiras, ou por intermédio do Banco Central do Brasil ou da Comissão de Valores Mobiliários".

[526] Em voto na ADI 730 (p. 82), profere suas razões para o afastamento do referido poder das CPIs municipais: "[...] no modelo de separação de poderes da Constituição Federal, de uma excepcional derrogação deste poder para dar a uma casa legislativa poderes jurisdicionais, posto que instrutórios. Essa transferência de poderes jurisdicionais não se pode dar no âmbito do município, exatamente porque o município não dispõe de jurisdição nem de poder jurisdicional, a transferir, na área da CPI, do Judiciário ao Legislativo". Harmonicamente, Pedro Lenza concorda com a posição e agrega fundamento: "Concordamos com a conclusão, mas o nosso fundamento não é, exclusivamente, o fato de inexistir um Judiciário municipal, e sim a situação do Município na Federação, especialmente por não ter representação no Senado Federal" (LENZA, Pedro. *Direito constitucional esquematizado*. 23. ed. São Paulo: Saraiva Educação, 2019. p. 612).

[527] "*Habeas corpus*. Processo penal. **Desvio de verbas públicas. Relatório do COAF**. Utilização para fundamentar a quebra de sigilo financeiro (fiscal e bancário). Possibilidade. **Comunicação feita**

DICA DO AUTOR : O STJ não vem considerando quebra de sigilo[528] o encaminhamento documental após o esgotamento da via administrativa, por força de lei (*ex vi legis*), de documentos decorrentes da finalização de procedimento administrativo para apuração de irregularidades tributárias. Em sentido inverso, se acaso o procedimento administrativo ainda se encontre em andamento[529], considera-se ilegal a informação antecipada à Polícia ou ao MP.

---

pela instituição à autoridade policial e/ou ao Ministério Público que é baseada em informações confidenciais relevantes e precisas. [...]. 5. Para desincumbir-se de suas funções, fez-se necessário permitir ao COAF o acesso a dados detalhados das transações financeiras das pessoas (jurídicas e naturais), o que ocorreu com a aprovação da Lei Complementar n. 105/2001, que desobrigou o órgão de postular judicialmente o acesso a todos os dados fiscais e bancários, sendo dotado da prerrogativa de analisar, de modo compartilhado, informações financeiras integrais de quaisquer pessoas participantes de transações financeiras consideradas atípicas pelo Banco Central, pela CVM e por demais órgãos de fiscalização. Esse compartilhamento, com o julgamento da ADI n. 2.859/DF, foi considerado constitucional pela Suprema Corte, resguardando--se, contudo, a publicização de tais dados, inclusive para uso em eventual persecução penal, que ainda permanece sob reserva absoluta de jurisdição. 6. A Lei Complementar n. 105/2001, ao tornar **o sigilo e as inviolabilidades inoponíveis ao COAF**, acabou por permitir que os relatórios produzidos por ele fossem lastreados em elementos de informação da mais alta relevância, confiabilidade e precisão técnica. 7. As comunicações recebidas dos setores obrigados pela Lei n. 9.613/1998, após critério de seleção de prioridades feitas pelo órgão (haja vista a expressiva quantidade de comunicações recebidas), são detalhadamente analisadas e confrontadas com informações sigilosas que são fornecidas por outras instituições. No caso de fundados indícios da prática de ilícito penal, diz o art. 1º, § 3º, IV, que haverá 'a comunicação, às autoridades competentes, da prática de ilícitos penais ou administrativos, abrangendo o fornecimento de informações sobre operações que envolvam recursos provenientes de qualquer prática criminosa'. [...]" (STJ, HC 349.945/PE, rel. p/ acórdão Min. Rogerio Schietti Cruz, 6ª Turma, j. 6-12-2016, *DJe* 2-2-2017).

[528] "[...] Denúncia geral. Possibilidade. Envio de informações decorrentes da quebra de sigilo fiscal após o encerramento do processo administrativo fiscal. Viabilidade. [...]: 'no julgamento do RHC n. 75.532/SP, assentou-se que **o envio dos dados sigilosos** pela Receita Federal à Polícia ou ao Ministério Público, **após o esgotamento da via administrativa**, com a constituição definitiva de crédito tributário, **decorre de mera obrigação legal** de se comunicar às autoridades competentes a possível prática de ilícito, o que, por certo, **não pode representar ofensa ao princípio da reserva de jurisdição**. Portanto, não há se falar em ofensa ao princípio da reserva de jurisdição, em virtude do compartilhamento com o Ministério Público para fins penais, de dados bancários legitimamente obtidos pela Receita Federal e compartilhados no cumprimento de seu dever legal, sem autorização judicial, por ocasião do esgotamento da via administrativa fiscalizatória, em virtude da constatação de possível prática de crime tributário. Essa é exatamente a hipótese dos autos, motivo pelo qual não há qualquer irregularidade na representação fiscal para fins penais que subsidiou a denúncia apresentada contra o recorrente, não havendo se falar, portanto, em nulidade. Reformulação parcial do ponto de vista originário do Relator' (HC 464.896/RJ, rel. Ministro Reynaldo Soares da Fonseca, *DJe* 1º-10-2018). [...]" (STJ, RHC 43.527/MT, rel. Min. Joel Ilan Paciornik, 5ª Turma, j. 9-10-2018, *DJe* 24-10-2018).

[529] "[...] II – De outra sorte, manteve esta Corte o entendimento segundo o qual as informações obtidas pela Receita Federal, com afastamento do sigilo por força do art. 6º da Lei Complementar 105/01, **não podem ser encaminhadas para o Ministério Público ou para a autoridade policial**, para fins de instauração de ação penal ou inquérito, **no curso do procedimento administrativo, sob pena de violação ao princípio da reserva de jurisdição**. [...]" (STJ, RHC 88.655/RJ, rel. Min. Felix Fischer, 5ª Turma, j. 25-9-2018, *DJe* 8-10-2018).

Em 4 de dezembro de 2019, o STF definiu com repercussão geral no RE 1.055.941 as importantes teses sobre o compartilhamento de informações sigilosas da Receita Federal do Brasil (RFB) com os órgãos de persecução penal, que se seguem:

> 1 – **É constitucional o compartilhamento** dos relatórios de inteligência financeira da UIF e da íntegra do procedimento fiscalizatório da Receita Federal do Brasil, que define o lançamento do tributo, com os órgãos de persecução penal, para fins criminais, sem a obrigatoriedade de prévia autorização judicial, devendo ser resguardado o sigilo das informações em procedimentos formalmente instaurados e sujeitos a posterior controle jurisdicional. 2 – O compartilhamento pela UIF e pela Receita Federal do Brasil, referente ao item anterior, **deve ser feito unicamente por meio de comunicações formais**, com garantia de sigilo, certificação do destinatário e estabelecimento de instrumentos efetivos de apuração e correção de eventuais desvios[530].

Em razão da relevância do tema e por se tratar de repercussão geral julgada recentemente, a probabilidade de cobrança do referido entendimento em provas é altíssima.

■ **Interceptação telefônica**

Quando se trata da hipótese constitucional excepcional de quebra do sigilo das comunicações telefônicas **(art. 5º, XII, da CRFB/88)**, é preciso observar rigorosamente o **princípio da legalidade**, pois as interceptações telefônicas representam exceção à regra da inviolabilidade do sigilo das comunicações telefônicas, da vida privada e da intimidade.

Constitucionalmente, antes de falar em interceptação telefônica, deve-se falar na regra constitucional: o sigilo das comunicações telefônicas é a regra constitucional[531], representando também instrumento de tutela da intimidade e da vida privada, igualmente protegida na Constituição. Excepcionalmente, a própria Constituição excepciona o sigilo das comunicações telefônicas, desde que autorizado por ordem judicial e ocorra nos termos da lei – no caso, a Lei n. 9.296/96[532].

---

[530] STF. *Plenário define tese sobre compartilhamento de dados financeiros sem autorização judicial*. Disponível em: <http://stf.jus.br/portal/cms/verNoticiaDetalhe.asp?idConteudo=431690&caixaBusca=N>. Acesso em: 6 dez. 2019.

[531] CRFB/88, "XII – é inviolável o sigilo da correspondência e das comunicações telegráficas, de dados e das comunicações telefônicas, salvo, no último caso, por ordem judicial, nas hipóteses e na forma que a lei estabelecer para fins de investigação criminal ou instrução processual penal".

[532] "Regulamenta o inciso XII, parte final, do art. 5º da Constituição Federal."

Noutro passo, o entendimento do que seria interceptação telefônica em sentido estrito somente pode ser compreendido acaso sejam identificados também outros dois conceitos, expostos a partir de visão exposta pelo STJ[533]:

STJ, HC 161.053/SP, rel. Min. Jorge Mussi	
Interceptação telefônica	"é a captação de conversa feita **por um terceiro, sem o conhecimento dos interlocutores**, que depende de ordem judicial[534], nos termos do inciso XII do art. 5º da Constituição Federal".
Escuta	"é a captação de conversa telefônica feita **por um terceiro, com o conhecimento de apenas um** dos interlocutores".
Gravação telefônica	"é feita **por um dos interlocutores** do diálogo, **sem o consentimento ou a ciência** do outro".

Destaque-se, ademais, a existência de outro conceito inconfundível: "**gravação ambiental**", com regime próprio e diverso previsto na "Lei das Organizações Criminosas" **(Lei n. 12.850/2013)**.

Realizadas as ponderações conceituais acima, traz-se a lume os **pressupostos legais**[535] da interceptação telefônica: (1) indícios razoáveis de autoria e participação em infração penal; (2) imprescindibilidade[536] da prova por interceptação telefônica; (3) o crime deve ser punido com reclusão[537].

A legitimidade é deferida legalmente à **autoridade policial**, na investigação criminal, e ao **Ministério Público** – este tanto na investigação quanto no

---

[533] STJ, HC 161.053/SP, rel. Min. Jorge Mussi, 5ª Turma, j. 27-11-2012, *DJe* 3-12-2012.

[534] "[...] 1. Nos termos do art. 5º, XII, da Constituição Federal, a interceptação telefônica dependerá de ordem judicial (**cláusula de reserva jurisdicional**), que, de acordo com o art. 1º da Lei n. 9.296/1996, deverá ser expedida pelo **juiz competente**, em **decisão** devidamente **fundamentada** que demonstre sua **conveniência e indispensabilidade**. Precedentes. [...]" (STF, HC 154.265 AgR, rel. Min. Alexandre de Moraes, 1ª Turma, j. 17-8-2018).

[535] Tais pressupostos são obtidos por interpretação *contrario sensu* do dispositivo legal da Lei n. 9.296/96: "Art. 2º Não será admitida a interceptação de comunicações telefônicas quando ocorrer qualquer das seguintes hipóteses: I – não houver indícios razoáveis da autoria ou participação em infração penal; II – a prova puder ser feita por outros meios disponíveis; III – o fato investigado constituir infração penal punida, no máximo, com pena de detenção".

[536] Lei n. 9.296/96, "Art. 4º O pedido de interceptação de comunicação telefônica conterá a demonstração de que a sua realização é **necessária** à apuração de infração penal, com indicação dos meios a serem empregados".

[537] CP, "Art. 33. A pena de reclusão deve ser cumprida em regime fechado, semiaberto ou aberto. A de detenção, em regime semiaberto, ou aberto, salvo necessidade de transferência a regime fechado".

processo penal (art. 3º). A lei ainda possibilita que o juízo determine **oficiosamente** a interceptação telefônica – deve incidir **crítica constitucional** à referida possibilidade legal. Leciona Alexandre Morais da Rosa[538]:

> [...] prevendo-se que juiz poderia fazer, de ofício, em qualquer hipótese, disposição que viola o modelo constitucional, mas é acolhido por parcela da magistratura, por arredar a paridade de armas, a imparcialidade objetiva, bem assim da manipulação do lugar do julgador que se transforma em "senhor" da gestão da prova, figura típica do modelo inquisitório.

O **prazo** (art. 5º[539]) de duração da restrição ao direito fundamental de sigilo telefônico é de quinze dias, prorrogáveis por mais quinze, sempre por decisão fundamentada (art. 93, IX, da CRFB/88) – existindo precedentes reconhecendo a ilicitude de prova[540] resultante de renovações sucessivas de interceptações telefônicas de modo não previsto legalmente. Entretanto, **a referida possibilidade de sucessivas interceptações é polêmica, sendo alvo hoje de repercussão geral (Tema n. 661, rel. Gilmar Mendes,** *leading case* **RE 625.263), ainda sem solução de mérito, não obstante o STF admita, em algumas hipóteses**[541]**, a referida prorrogação.** Por fim, ressalte-se o

---

[538] ROSA, Alexandre Morais da. *Guia do processo penal conforme a teoria dos jogos*. 4. ed. Florianópolis: Empório do Direito, 2017. p. 498.

[539] Lei n. 9.296/96, "Art. 5º A decisão será fundamentada, sob pena de nulidade, indicando também a forma de execução da diligência, que não poderá exceder o prazo de quinze dias, renovável por igual tempo uma vez comprovada a indispensabilidade do meio de prova".

[540] "Comunicações telefônicas. Sigilo. Relatividade. Inspirações ideológicas. Conflito. Lei ordinária. Interpretações. Razoabilidade. 1. É inviolável o sigilo das comunicações telefônicas; admite-se, porém, a interceptação 'nas hipóteses e na forma que a lei estabelecer'. 2. Foi por meio da Lei n. 9.296, de 1996, que o legislador regulamentou o texto constitucional; é **explícito o texto infraconstitucional** – e bem explícito – em dois pontos: primeiro, quanto ao prazo de quinze dias; segundo, quanto à renovação – 'renovável por igual tempo uma vez comprovada a indispensabilidade do meio de prova'. 3. **Inexistindo, na Lei n. 9.296/96, previsão de renovações sucessivas, não há como admiti-las**. 4. Já que não absoluto o sigilo, a relatividade implica o conflito entre normas de diversas inspirações ideológicas; em caso que tal, o conflito (aparente) resolve-se, semelhantemente a outros, a favor da liberdade, da intimidade, da vida privada, etc. **É que estritamente se interpretam as disposições que restringem a liberdade humana** (Maximiliano). 5. Se não de trinta dias, embora seja exatamente esse, com efeito, o prazo de lei (Lei n. 9.296/96, art. 5º), que sejam, então, os sessenta dias do estado de defesa (Constituição, art. 136, § 2º), ou razoável prazo, desde que, é claro, na última hipótese, haja decisão exaustivamente fundamentada. Há, neste caso, se não explícita ou implícita violação do art. 5º da Lei n. 9.296/96, evidente violação do princípio da razoabilidade. 6. Ordem concedida a fim de se reputar **ilícita a prova resultante de tantos e tantos e tantos dias de interceptação das comunicações telefônicas**, devendo os autos retornar às mãos do Juiz originário para determinações de direito" (STJ, HC 76.686/PR, rel. Min. Nilson Naves, 6ª Turma, j. 9-9-2008, *DJe* 10-11-2008).

[541] *Vide*: Inq. 2.424, Tribunal Pleno, rel. Min. Cezar Peluso, *DJe* 26-3-2010; HC 83.515/RS, Tribunal Pleno, rel. Min. Nélson Jobim, *DJ* 4-3-2005; e HC 106.129, rel. Min. Dias Toffolli, *DJe* 26-3-2012.

§ 2º[542] do art. 136 da Constituição, admitindo maior restrição à garantia do sigilo das comunicações durante o **estado de defesa**.

A interceptação telefônica é **procedimento sigiloso**, formulado em escrito – embora a lei contenha previsão de requerimento verbal[543] reduzido a termo –, autuado em apenso[544], caracterizando crime a violação do sigilo processual ou realizá-la sem autorização judicial, ou em desacordo com as finalidades legais[545]. Uma vez deferida a interceptação, o procedimento segue realizado pela Polícia e acompanhado pelo MP[546]. Tratando-se de procedimento sigiloso, é realizado *in inaudita altera pars*, em **contraditório diferido**[547-548], a fim de não se inviabilizar a diligência diante da ciência do investigado ou processado. No estudo das interceptações telefônicas, vale leitura das Resoluções do CNJ n. 59,

---

[542] CRFB/88, "Art. 136. [...] § 1º O decreto que instituir o estado de defesa determinará o tempo de sua duração, especificará as áreas a serem abrangidas e indicará, nos termos e limites da lei, as medidas coercitivas a vigorarem, dentre as seguintes: I – restrições aos direitos de: [...] c) sigilo de comunicação telegráfica e telefônica; [...] § 2º O tempo de duração do estado de defesa não será superior a trinta dias, podendo ser prorrogado uma vez, por igual período, se persistirem as razões que justificaram a sua decretação".

[543] Lei n. 9.296/96, "Art. 4º [...] § 1º Excepcionalmente, o juiz poderá admitir que o pedido seja formulado verbalmente, desde que estejam presentes os pressupostos que autorizem a interceptação, caso em que a concessão será condicionada à sua redução a termo".

[544] Lei n. 9.296/96, "Art. 8º A interceptação de comunicação telefônica, de qualquer natureza, ocorrerá em autos apartados, apensados aos autos do inquérito policial ou do processo criminal, preservando-se o sigilo das diligências, gravações e transcrições respectivas. Parágrafo único. A apensação somente poderá ser realizada imediatamente antes do relatório da autoridade, quando se tratar de inquérito policial (Código de Processo Penal, art. 10, § 1º) ou na conclusão do processo ao juiz para o despacho decorrente do disposto nos arts. 407, 502 ou 538 do Código de Processo Penal".

[545] Lei n. 9.296/96, "Art. 10. Constitui crime realizar interceptação de comunicações telefônicas, de informática ou telemática, ou quebrar segredo da Justiça, sem autorização judicial ou com objetivos não autorizados em lei. Pena: reclusão, de dois a quatro anos, e multa".

[546] Vale conferir as minúcias procedimentais da Lei n. 9.296/96: "Art. 6º Deferido o pedido, a autoridade policial conduzirá os procedimentos de interceptação, dando ciência ao Ministério Público, que poderá acompanhar a sua realização. § 1º No caso de a diligência possibilitar a gravação da comunicação interceptada, será determinada a sua transcrição. § 2º Cumprida a diligência, a autoridade policial encaminhará o resultado da interceptação ao juiz, acompanhado de auto circunstanciado, que deverá conter o resumo das operações realizadas. § 3º Recebidos esses elementos, o juiz determinará a providência do art. 8º, ciente do Ministério Público. Art. 7º Para os procedimentos de interceptação de que trata esta Lei, a autoridade policial poderá requisitar serviços e técnicos especializados às concessionárias de serviço público".

[547] ROSA, Alexandre Morais da. *Guia do processo penal conforme a teoria dos jogos*. 4. ed. Florianópolis: Empório do Direito, 2017. p. 498.

[548] "[...] 3. **A interceptação telefônica** – medida cautelar investigativa destinada a produção de prova em investigação criminal nos termos da Lei n. 9.296/96 – **é submetida à contraditório diferido**, realizado após o encerramento da diligência. É a partir dos áudios das interceptações que a Defesa poderá contrariar eventuais conclusões apontadas no relatório policial. [...]" (STJ, HC 340.759/SP, rel. Min. Joel Ilan Paciornik, 5ª Turma, j. 11-9-2018, *DJe* 18-9-2018).

n. 84 e n. 217, com caracteres complementares para a atividade judicial no que pertine à instrumentalização das interceptações telefônicas.

Em respeito ao contraditório e à ampla defesa, o processado deve ter acesso a todas as gravações, com a respectiva degravação[549], respeitando-se ainda a noção de **cadeia de custódia da prova**, preservando-se a integridade dela, sob pena de nulidade, conforme se registra na teoria processual penal:

> A destruição dos elementos informativos, comprovada por perícia no processo, **inviabiliza o exercício do direito de defesa e a própria fiscalização judicial**, relativamente ao caráter de confiabilidade dos demais elementos [...]. Quando se trata de comunicações telefônicas, por exemplo, a supressão de diálogos **justifica** que não se descarte a anulação de uma manifestação por outra posterior, ou **sua colocação em contexto de não incriminação**[550].

Desse modo, o resultado da interceptação telefônica inservível à prova penal deve ser submetido a **incidente de inutilização**[551] com participação do MP, sendo tal incidente deflagrado por iniciativa do agente ministerial ou da parte interessada.

DICA DO AUTOR: Tema que se reveste de atualidade é o acesso à agenda telefônica, lista de chamada e acesso ao aplicativo de mensagens diretamente pela autoridade policial.

Quanto ao acesso à agenda telefônica e lista de ligações, o STF já reconheceu a *repercussão geral da matéria*:

> Constitucional. Processual penal. Perícia realizada pela autoridade policial em aparelho celular encontrado fortuitamente no local do crime. **Acesso à agenda telefônica e ao registro de chamadas sem autorização judicial.** Acórdão recorrido em que se reconheceu a ilicitude da prova (CF, art. 5º, inciso LVII) por violação do sigilo das comunicações (CF, art. 5º, incisos XII). Questão eminentemente constitucional. Matéria passível de **repetição em inúmeros processos**, a repercutir na esfera do interesse público.

---

[549] "Interceptação telefônica. Mídia. Degravação. A degravação consubstancia formalidade essencial a que os dados alvo da interceptação sejam considerados como prova – artigo 6º, § 1º, da Lei n. 9.296/96" (STF, AP 508 AgR, rel. Min. Marco Aurélio, Tribunal Pleno, j. 7-2-2013).

[550] PRADO, Geraldo. *Prova penal e sistema de controles epistêmicos*: a quebra da cadeia de custódia das provas obtidas por métodos ocultos. São Paulo: Marcial Pons, 2014. p. 83.

[551] Lei n. 9.296/96, "Art. 9º A gravação que não interessar à prova será inutilizada por decisão judicial, durante o inquérito, a instrução processual ou após esta, em virtude de requerimento do Ministério Público ou da parte interessada. Parágrafo único. O incidente de inutilização será assistido pelo Ministério Público, sendo facultada a presença do acusado ou de seu representante legal".

Tema com repercussão geral (STF, ARE 1.042.075-RG, rel. Min. Dias Toffoli, j. 23-11-2017, *DJe-285*, 11-12-2017, public. 12-12-2017).

É importante que defensores(as) públicos(as) defendam os direitos fundamentais à intimidade e privacidade acerca da discussão supraexposta. No mesmo sentido, deve-se atuar no acesso policial direto ao aplicativo de mensagens (ex.: WhatsApp), tema sobre o qual o STJ tem julgado reiteradamente no seguinte sentido:

>Processual penal. *Habeas corpus* substitutivo de recurso ordinário. Não cabimento. Tráfico de drogas. **Acesso aos dados armazenados em telefone celular (mensagens do aplicativo WhatsApp). Ausência de autorização judicial. Nulidade das provas. Configuração.** [...] II – A jurisprudência deste Tribunal Superior firmou-se no sentido de ser ilícita a prova oriunda do acesso aos dados armazenados no aparelho celular, relativos a mensagens de texto, SMS, conversas por meio de aplicativos (WhatsApp), obtidos diretamente pela polícia no momento da prisão em flagrante, sem prévia autorização judicial. III – *In casu*, os policiais tiveram acesso aos dados do aplicativo WhatsApp contidos no aparelho celular do paciente no momento da prisão em flagrante, sem autorização judicial. Todavia, ainda que a referida prova seja desconsiderada, porquanto nula, subsistem elementos autônomos suficientes para manter a condenação pelo crime de tráfico de drogas. [...]" (STJ, HC 422.299/SP, rel. Min. Felix Fischer, 5ª Turma, j. 24-4-2018, *DJe* 2-5-2018).
>
>Processual penal e penal. Recurso especial. Tráfico de drogas. Prova ilícita. Nulidade. Ausência de autorização judicial para acesso de dados de aplicativo celular WhatsApp. Inadmissibilidade. Recurso provido. 1. **Ilícita é a devassa de dados, bem como das conversas de Whatsapp, obtidas diretamente pela polícia em celular apreendido no flagrante, sem prévia autorização judicial.** 2. Recurso especial provido para declarar a nulidade das provas obtidas no celular do recorrente sem autorização judicial e, bem assim, das provas consequentes, a serem aferidas pelo magistrado na origem, devendo o material respectivo ser extraído dos autos, procedendo-se à prolação de nova sentença com base nas provas remanescentes, estendido seus efeitos aos demais corréus, ficando prejudicadas as demais questões arguidas no recurso (STJ, REsp 1.701.504/SC, rel. Min. Nefi Cordeiro, 6ª Turma, j. 27-2-2018, *DJe* 20-3-2018).
>
>Recurso em *habeas corpus*. Tráfico de drogas. Nulidade processual. **Provas obtidas por meio de telefone celular apreendido. Mensagens de WhatsApp. Inexistência de autorização judicial. Nulidade constatada.** Provas inadmissíveis. Desentranhamento dos autos. Recurso em *habeas corpus* provido. 1. **Esta Corte Superior de Justiça considera ilícita o acesso aos dados do celular e das conversas de WhatsApp extraídas do aparelho celular apreendido em flagrante, quando ausente de ordem judicial** para tanto, ao

entendimento de que, no acesso aos dados do aparelho, se tem a devassa de dados particulares, com violação à intimidade do agente. Precedentes: RHC 89.981/MG, rel. Ministro Reynaldo Soares da Fonseca, Quinta Turma, *DJe* 13-12-2017; RHC 51.531/RO, rel. Ministro Nefi Cordeiro, Sexta Turma, *DJe* 9-5-2016. [...] Recurso ordinário em *habeas corpus* provido para reconhecer a ilicitude da colheita de dados dos aparelhos telefônicos (conversas de WhatsApp), sem autorização judicial, devendo mencionadas provas, bem como as derivadas, serem desentranhadas dos autos, competindo ao Magistrado de origem analisar o nexo de causalidade e eventual existência de fonte independente, nos termos do art. 157, § 1º, do Código de Processo Penal (STJ, RHC 73.998/SC, rel. Min. Joel Ilan Paciornik, 5ª Turma, j. 6-2-2018, *DJe* 19-2-2018).

■ **Delação premiada**

Em sentido comum, a delação se configura no ato de revelar algo. Juridicamente, a **delação premiada** é a revelação formalmente colhida de informações até então ocultas de um crime, dados esses concedidos por parte de um indivíduo indiciado ou processado, sendo tais elementos úteis à obtenção de esclarecimentos sobre autoria, materialidade e circunstâncias de um crime apurado.

A legislação brasileira não possui somente uma espécie de delação premiada, mas sim várias **espécies**, previstas em instrumentos legislativos distintos. Em tal contexto, os mecanismos de busca da premiação da delação serão expostos, com ênfase na questão procedimental[552].

O **CP**, no § 4º[553] do art. 159, prevê redução penal por delação eficaz à libertação do sequestrado.

A Lei dos Crimes Hediondos (art. 8º, parágrafo único, da **Lei n. 8.072/90**[554]) prevê a possibilidade de redução penal de um a dois terços para o participante que denuncia o bando ou quadrilha e possibilita seu desmantelamento.

---

[552] Para mais detalhes materiais e processuais acerca da delação, *vide* livro de defensor público do Rio de Janeiro: SANTOS, Marcos Paulo Dutra. *Colaboração (delação) premiada*. 3. ed. Salvador: JusPodivm, 2019.

[553] CP, "Art. 159. [...] § 4º Se o crime é cometido em concurso, o concorrente que o denunciar à autoridade, facilitando a libertação do sequestrado, terá sua **pena reduzida** de um a dois terços" (Redação dada pela Lei n. 9.269/96).

[554] Lei n. 8.072/90, "Art. 8º Será de três a seis anos de reclusão a pena prevista no art. 288 do Código Penal, quando se tratar de crimes hediondos, prática da tortura, tráfico ilícito de entorpecentes e drogas afins ou terrorismo. Parágrafo único. O participante e o associado que denunciar à autoridade o bando ou quadrilha, possibilitando seu desmantelamento, terá a **pena reduzida de um a dois terços**".

A contribuição para com a persecução penal é prevista também na **Lei n. 8.137/90** (art. 16, parágrafo único[555]) – lei definidora dos "crimes contra a ordem tributária, econômica e contra as relações de consumo, e dá outras providências" –, a qual prevê que através da *confissão espontânea* será possível reduzir a pena de um até dois terços quando, através da confissão, for revelada a trama delituosa.

Na **Lei n. 9.613/98**, dispondo sobre crimes de "lavagem" ou ocultação de bens, direitos e valores, o § 5º[556] do art. 1º permite ao delator diversos benefícios, dentre os quais redução penal de um a dois terços, fixação de regime aberto ou semiaberto, não aplicação da pena e substituição por pena restritiva de direitos, quando reunidos os pressupostos previstos na mesma lei.

A Lei de Proteção às Vítimas e Testemunhas (LPVT, **Lei n. 9.807/99**) – entre seus arts. 13 e 15 ("Proteção aos réus colaboradores") – também tutela a figura do jurisdicionado acusado (réu) colaborador e eventualmente merecedor de proteção, naquilo convencionalmente chamado de *colaboração premiada* ou *delação premiada*. Segundo essa lei, são **requisitos** para a colaboração premiada do réu colaborador: (1) primariedade; (2) colaboração efetiva; (3) colaboração voluntária. Por outro lado, são **pressupostos** para que a colaboração tenha eficácia jurídica: (1) identificação dos demais coautores ou partícipes da ação criminosa; (2) localização da vítima com a sua integridade física preservada; (3) recuperação total ou parcial do produto do crime. São **benefícios** potencialmente acessíveis ao colaborador: (1) perdão judicial[557]; (2) redução penal de um

---

[555] Lei n. 8.137/90, "Art. 16. [...] Qualquer pessoa poderá provocar a iniciativa do Ministério Público nos crimes descritos nesta lei, fornecendo-lhe por escrito informações sobre o fato e a autoria, bem como indicando o tempo, o lugar e os elementos de convicção. Parágrafo único. Nos crimes previstos nesta Lei, cometidos em quadrilha ou coautoria, o coautor ou partícipe que através de confissão espontânea revelar à autoridade policial ou judicial toda a trama delituosa terá a sua pena reduzida de um a dois terços" (Parágrafo incluído pela Lei n. 9.080/95).

[556] Lei n. 9.613/98, "Art. 1º Ocultar ou dissimular a natureza, origem, localização, disposição, movimentação ou propriedade de bens, direitos ou valores provenientes, direta ou indiretamente, de infração penal. [...] § 5º A pena poderá ser **reduzida de um a dois terços** e ser **cumprida em regime aberto ou semiaberto, facultando-se ao juiz deixar de aplicá-la ou substituí-la**, a qualquer tempo, por pena restritiva de direitos, se o autor, coautor ou partícipe colaborar espontaneamente com as autoridades, prestando esclarecimentos que conduzam à apuração das infrações penais, à identificação dos autores, coautores e partícipes, ou à localização dos bens, direitos ou valores objeto do crime".

[557] "Art. 13. Poderá o juiz, de ofício ou a requerimento das partes, conceder o **perdão judicial** e a consequente extinção da punibilidade ao acusado que, sendo primário, tenha colaborado efetiva e voluntariamente com a investigação e o processo criminal, desde que dessa colaboração tenha resultado: I – a identificação dos demais coautores ou partícipes da ação criminosa; II – a localização da vítima com a sua integridade física preservada; III – a recuperação total ou parcial do produto

até dois terços[558]; (3) concessão de medidas de proteção à integridade física do réu, ainda que preso[559].

A Lei Antidrogas (art. 41 da **Lei n. 11.343/2006**[560]) também prevê instrumento de premiação do delator, com redução da eventual pena aplicada de um terço a dois terços.

Noutro passo, há o **acordo de leniência**, previsto na **Lei n. 12.529/2011**, com requisitos materiais especialmente dispostos nos arts. 86 e 87 – podendo gerar extinção da ação punitiva ou redução penal de um a dois terços.

Há ainda a delação premiada da **Lei n. 12.850/2013**, com alterações pelo "**Pacote Anticrime**", conforme se expõe à frente. Tratando das organizações criminosas, é o ato normativo mais detalhado procedimentalmente sobre delação, deferindo legitimidade estatal por parte do MP (Sistema de Justiça) e dos delegados de polícia (Sistema de Segurança). Em razão da concessão da legitimidade aos delegados de polícia, a Procuradoria-Geral da República (PGR) propôs a ADI 5.508 questionando a referida legitimidade junto ao STF, a qual fora julgada improcedente.

DICA DO AUTOR: A ADI 5.508 é muito importante em matéria processual tratando da delação premiada. Isso porque, exatamente no referido caso, o STF entendeu, por maioria, pela **constitucionalidade** do § 2º[561] e do

---

do crime. Parágrafo único. A concessão do **perdão judicial** levará em conta a personalidade do beneficiado e a natureza, circunstâncias, gravidade e repercussão social do fato criminoso."

[558] "Art. 14. O indiciado ou acusado que colaborar voluntariamente com a investigação policial e o processo criminal na identificação dos demais coautores ou partícipes do crime, na localização da vítima com vida e na recuperação total ou parcial do produto do crime, no caso de condenação, terá **pena reduzida de um a dois terços**."

[559] "Art. 15. Serão aplicadas em benefício do colaborador, na prisão ou fora dela, **medidas especiais de segurança e proteção a sua integridade física**, considerando ameaça ou coação eventual ou efetiva. § 1º Estando sob prisão temporária, preventiva ou em decorrência de flagrante delito, o colaborador será custodiado em dependência separada dos demais presos. § 2º Durante a instrução criminal, poderá o juiz competente determinar em favor do colaborador qualquer das medidas previstas no art. 8º desta Lei. § 3º No caso de cumprimento da pena em regime fechado, poderá o juiz criminal determinar medidas especiais que proporcionem a segurança do colaborador em relação aos demais apenados."

[560] Lei n. 11.343/2006, "Art. 41. O indiciado ou acusado que colaborar voluntariamente com a investigação policial e o processo criminal na identificação dos demais coautores ou partícipes do crime e na recuperação total ou parcial do produto do crime, no caso de condenação, terá pena reduzida de um terço a dois terços".

[561] Lei n. 12.850/2013, "Art. 4º [...] § 2º Considerando a relevância da colaboração prestada, o **Ministério Público**, a qualquer tempo, e o **delegado de polícia**, nos autos do inquérito policial, com a manifestação do Ministério Público, poderão requerer ou representar ao juiz pela concessão de

§ 6º[562] do art. 4º da Lei n. 12.850/2013, que deferem legitimidade, para além do *dominus litis* penal (MP), aos delegados de polícia para fins de celebração de acordo de delação premiada. Em *questões dissertativas e provas orais* que exijam senso crítico sobre o tema – como as provas de Defensoria Pública –, é importante ao candidato demonstrar conhecimento sobre a **separação funcional do sistema de justiça** na contemporânea separação de poderes[563], com o MP ocupando o papel de *dominus litis*, bem como sobre a alocação constitucional dos delegados de Polícia – no sistema de segurança e trabalho investigativo[564]. Desse modo, mormente quando houver prejuízo à defesa, deve-se indicá-lo e levantar motivos concretos pelos quais ocorrera o prejuízo no entabular de acordo de delação com a autoridade do sistema de segurança a fim de realizar *distinguishing* quanto ao entendimento consolidado pelo STF.

Colaboração premiada na Lei n. 13.694/2019: a Lei n. 13.694/2019 alterou a Lei n. 12.850/2013 (dispondo sobre organizações criminosas e questões investigativas correlatas) e trouxe novos regramentos para a celebração da colaboração premiada, cabendo destacar seu **conceito legal**: "O acordo de colaboração premiada é negócio jurídico processual e meio de obtenção de prova, que pressupõe utilidade e interesse públicos" (art. 3º-A).

Com efeito, o conceito consigna claramente se tratar de **negócio jurídico processual (natureza jurídica)**, devendo-se destacar as alterações sobre o procedimento da Lei n. 12.850/2013:

(1) **marcos processuais penais negociais**: o recebimento da proposta de acordo delimita: (1.1) o início das negociações; (1.2) o marco de confidencialidade, alcançando o dever de sigilo, respeito à confiança e à boa-fé (art. 3º-B);

(2) **indeferimento sumário**: desde que fundamentadamente (arts. 3º-B, § 1º, e 93, IX, da CRFB/88), o juízo poderá indeferir sumariamente a proposta de acordo;

---

perdão judicial ao colaborador, ainda que esse benefício não tenha sido previsto na proposta inicial, aplicando-se, no que couber, o art. 28 do Decreto-Lei n. 3.689, de 3 de outubro de 1941 (Código de Processo Penal)".

[562] Lei n. 12.850/2013, "Art. 4º [...] § 6º O juiz não participará das negociações realizadas entre as partes para a formalização do acordo de colaboração, que ocorrerá entre o **delegado de polícia**, o investigado e o defensor, com a manifestação do Ministério Público, ou, conforme o caso, entre o **Ministério Público** e o investigado ou acusado e seu defensor".

[563] CASAS MAIA, Maurilio. A separação de poderes no Brasil hoje. *Revista de Direito Constitucional e Internacional*, São Paulo, v. 104, p. 15-36, nov.-dez. 2017.

[564] CRFB/88, "Art. 144. [...] § 4º Às polícias civis, dirigidas por delegados de polícia de carreira, incumbem, ressalvada a competência da União, as funções de polícia judiciária e a apuração de infrações penais, exceto as militares".

(3) **inexistência de suspensão da investigação (regra)**: o período de análise da proposta de acordo ou a assinatura do termo de confidencialidade não implicam automática suspensão das investigações. A própria lei (§§ 3º, 3º-B) ressalva quanto à possibilidade de acordo em contrário, abrangendo medidas processuais penais cautelares e assecuratórias, além de medidas processuais civis;

(4) **possibilidade de instrução prévia**: é possível a prática de atos de instrução probatória anterior ao acordo, desde que necessário para identificação ou complementação do objeto da questão penal apurada, bem como dos fatos narrados, sua definição jurídica, relevância, utilidade e interesse público (art. 3º-B, § 4º);

(5) **presença da defesa técnica e poderes específicos**: os termos de recebimento de proposta, bem como o termo de confidencialidade, após elaborados pelo celebrante, devem ser assinados não somente pelo colaborado, como também por seu advogado ou defensor público *com poderes específicos* (art. 3º-B, § 5º). O art. 3º-C impõe a existência de "procuração com poderes específicos" para a apresentação da proposta de colaboração premiada e suas tratativas, mas também permite que tais atos sejam firmados pessoalmente pela parte ao lado de seu advogado ou defensor público. Em verdade, por expressa dicção legal (art. 3º-A, § 1º), a presença do representante técnico-postulatório – advogado ou defensor **público – é obrigatória nos atos da tratativa**;

(6) **proposta defensiva de colaboração**: o colaborador deve narrar todos os fatos relevantes para os quais concorreu e tenha relação com o fato investigado (art. 3º-B, § 3º). Do mesmo modo, a defesa deve instruir a proposta de colaboração e seus anexos adequadamente relacionados aos fatos apurados, indicando as respectivas provas (art. 3º-B, § 4º);

(7) **conflito de interesses e hipossuficiência**: o § 2º do art. 3º-B assinala a possibilidade de conflito de interesses entre colaborador e seu advogado. Em tais casos, o órgão celebrante deve solicitar a constituição de outro advogado para o ato, ou defensor público. Tratando-se de processo penal, entende-se aqui que a hipossuficiência avaliada é a jurídica e não somente a econômica, embora neste último com mais razão se legitime a atuação defensorial;

(8) **veto ao uso do lastro informativo-probatório pelo órgão celebrante**: o § 6º do art. 3º-B proíbe que as informações e provas acessadas pelo órgão celebrante por ocasião das tratativas de acórdão não celebradas por sua iniciativa venham a ser utilizadas em outra finalidade para além da negocial;

(9) **acordo de não persecução penal**: o Estado acusador, o MP, pode deixar de oferecer denúncia quando não tenha "prévio conhecimento" da infração trazido pelo colaborador (art. 4º, § 4º). Por outro lado, considera-se existente o "conhecimento prévio" quando instaurado inquérito ou procedimento investigativo para apuração dos fatos apresentados pelo colaborador (§ 4º-A);

(10) **controle jurisdicional**: nos termos do § 7º do art. 4º, após a celebração do acordo, este será remetido com documentos relacionados (termo, declarações do colaborador e cópia da investigação) para o controle jurisdicional, devendo ouvir o colaborador devidamente acompanhado de sua defesa técnica, passando a analisar três blocos de matéria para fins de homologação: (10.1) regularidade e legalidade; (10.2) adequação aos resultados exigidos legalmente; (10.3) voluntariedade na manifestação. Assim, o juiz poderá recursar a homologação e devolvê-la às partes para adequação (art. 4º, § 8º);

(11) **vulnerabilidade processual do colaborador**: a Lei n. 13.964/2019 destaca o dever judicial de apurar a "a voluntariedade na manifestação de vontade", em especial quando houver submissão à medida cautelar, que no conceito mais amplo pode abranger prisões processuais. A preocupação remete à ideia de "vulnerabilidade processual" e ainda à possibilidade de aplicação subsidiária da regra processual civil (art. 190, parágrafo único) de controle dos negócios jurídicos processuais por parte do juízo penal, considerada tal natureza da colaboração premiada. Nesse sentido, principalmente nos debates envolvendo a Defensoria Pública, entende-se que o juízo de análise da voluntariedade da manifestação também deve perpassar pela análise das vulnerabilidades do colaborador;

(12) **nulidade de pleno direito**: o § 7º-B do art. 4º prevê a nulidade de pleno direito de cláusulas que importem na renúncia do direito de impugnar a decisão homologatória de acordo em colaboração premiada;

(13) *last word clause* **ao delatado**: quando um corréu delatar outro, a este deve ser garantido o direito a falar por último, como expressão do direito fundamental à ampla defesa e ao contraditório – art. 4º, § 10-A. Trata-se de tema debatido no STF (HC 166.373/PR);

(14) **registro e gravação**: a lei impõe a utilização de recursos garantidores de maior fidelidade às informações, bem como sua disponibilização ao colaborador. São os recursos de gravação citados pela lei: gravação magnética, estenotipia, digital ou técnica similar, incluindo audiovisual (art. 4º, § 13);

(15) **restrições**: nos termos do § 16 do art. 4º, as declarações retiradas de delações premiadas *não* podem ser o *único* elemento probatório a embasar:

medidas cautelares (reais ou pessoais), recebimento de denúncia ou queixa-crime e sentença condenatória;

(16) **rescisão**: a "omissão dolosa" sobre fatos objetos da colaboração pode ensejar sua rescisão (art. 4º, § 17);

(17) **novo direito do colaborador**: o colaborador possui direito a cumprir pena ou prisão processual em estabelecimento diverso dos demais corréus ou condenados (art. 5º, VI);

(18) **sigilo reforçado**: a lei (art. 7º, § 3º) passa a contar com regra de sigilo reforçado: "O acordo de colaboração premiada e os depoimentos do colaborador serão mantidos em sigilo até o recebimento da denúncia ou da queixa-crime, sendo vedado ao magistrado decidir por sua publicidade em qualquer hipótese".

■ Agentes de polícia infiltrados virtuais

Diante da novidade da Lei n. 13.964/2019 ("Pacote Anticrime"), convém algumas atualizações e apontamentos quanto à forma virtual de uma técnica especial de investigação: a infiltração de agentes. A referida lei também promoveu alterações referentes à "ação de agentes de polícia infiltrados virtuais" em caso de necessidade (art. 10-A), ou seja, "se as provas não puderem ser produzidas por outros meios disponíveis" (art. 10-A, § 3º) nos crimes previstos na Lei n. 12.850/2013 (Lei das Organizações Criminosas). A lei também faz previsão da obrigatoriedade de oitiva do MP quando o pedido de infiltração decorrer de representação do delegado de polícia (art. 10-A, § 2º).

O **prazo** para tal infiltração é de até seis meses, sendo possível a renovação em caso de (1) necessidade, observando a (2) fundamentação adequada e ainda (3) o limite temporal de 720 dias (art. 10-A, § 4º). Ao fim do prazo, será editado relatório circunstanciado acompanhado de todos os atos eletrônicos realizados, o qual será encaminhado ao Juízo, que determinará a cientificação do MP (art. 10-A, § 5º). Durante o curso do procedimento é possível a exigência de *relatório da atividade de infiltração*, seja por determinação do delegado ou por requisição judicial ou ministerial (art. 10-A, § 6º).

O sigilo é relevante ao sucesso da infiltração. Por esse motivo, a lei somente franqueia acesso ao juízo, ao MP e ao delegado durante o procedimento (art. 10-C, parágrafo único). Todas as informações da operação serão encaminhadas diretamente ao juízo responsável pela autorização dela, o qual deve zelar pelo sigilo da medida (art. 10-C).

Concluída a investigação, os atos eletrônicos serão encaminhados ao Juízo e ao MP, conjuntamente com o relatório circunstanciado (art. 10-D), sendo os atos eletrônicos autuados em apartado juntamente com o IP (art. 10-D, parágrafo único), devendo ser preservadas a identidade e a intimidade do policial infiltrado.

Para fins de preparação da infiltração policial, poderão incluir dados necessários à confirmação da identidade fictícia (art. 11, parágrafo único). Nesse contexto, o policial não praticará crime por ocultar sua identidade, mas responderá por excessos e desvios de finalidade (art. 10-C, *caput* e parágrafo único).

■ **Proteção a vítimas e testemunhas ameaçadas**

A Defensoria Pública possui missão constitucional de acesso à justiça **(art. 5º, LIV)**, servindo de instrumento de acesso a direitos para os necessitados e efetivação de direitos humanos **(art. 134)**. Em tal contexto, a Defensoria Pública também possui especial vínculo com **vítimas** – podendo inclusive representar a vítima propondo ações penais privadas[565] e em atividade de assistência de acusação[566] – **e testemunhas em situação de ameaça e vulnerabilidade**[567], tal como ocorre quando, por sua condição processual, encontra-se em risco.

---

[565] LC n. 80/94, "Art. 4º São funções institucionais da Defensoria Pública, dentre outras: [...] XV – patrocinar ação penal privada e a subsidiária da pública".

[566] Aliás, por defensores públicos distintos (art. 4º-A, V, da LC n. 80/94), nada impede que a Defensoria Pública represente acusado e assistente de acusação nos mesmos autos – conforme ditou o STJ: "[...] Assim sendo, ainda que não houvesse disposição regulamentar estadual autorizando expressamente a atuação da defensoria pública como assistente de acusação, tal autorização derivaria tanto da teoria dos poderes implícitos, quanto das normas legais e constitucionais já mencionadas, todas elas concebidas com o escopo de possibilitar o bom desempenho da função constitucional atribuída à Defensoria Pública. 4. **Não existe empecilho a que a Defensoria Pública represente, concomitantemente, através de Defensores distintos, vítimas de um delito, habilitadas no feito como assistentes de acusação, e réus no mesmo processo, pois tal atuação não configura conflito de interesses**, assim como não configura conflito de interesses a atuação do Ministério Público no mesmo feito como parte e *custos legis*, podendo oferecer opiniões divergentes sobre a mesma causa. Se assim não fosse, a alternativa restante implicaria reconhecer que caberia à Defensoria Pública escolher entre vítimas e réus num mesmo processo os que por ela seriam representados, excluindo uns em detrimento de outros. Em tal situação, o resultado seria sempre o de vedação do acesso à Justiça a alguns, resultado que jamais se coadunaria com os princípios basilares de igualdade e isonomia entre cidadãos que norteiam a Constituição, inclusive na forma de direitos e garantias fundamentais (art. 5º, *caput*, CF) que constituem cláusula pétrea (art. 60, § 4º, IV da CF). [...]" (RMS 45.793/SC, rel. Min. Reynaldo Soares da Fonseca, 5ª Turma, j. 7-6-2018, *DJe* 15-6-2018).

[567] LC n. 80/94, "Art. 4º São funções institucionais da Defensoria Pública, dentre outras: [...] XI – **exercer a defesa dos interesses individuais e coletivos** da criança e do adolescente, do idoso, da pessoa portadora de necessidades especiais, da mulher vítima de violência doméstica e familiar e de outros **grupos sociais vulneráveis** que mereçam proteção especial do Estado".

Em relação à tutela das vítimas e testemunhas em situação de vulnerabilidade decorrente de ameaça em razão de sua situação processual, a legislação federal conta com a **Lei n. 9.807/99** – *Lei de Proteção às Vítimas e Testemunhas* (LPVT) –, a qual cria as balizas para que a vítima ou testemunha em risco por ameaça ou coação passe a figurar como protegida em programa estatal de proteção. Confira-se quadro-resumo do alcance subjetivo e objetivo da referida lei:

Lei n. 9.807/99 (LPVT)	
Alcance objetivo (Critérios para a definição da proteção)	Alcance subjetivo (Pessoas que podem ser alcançadas)
1. Gravidade da coação	1. Testemunha ou vítima
2. Ameaça à integridade física e psicológica	2. Cônjuge ou companheiro do n. 1
3. Dificuldade de prevenção e repressão	3. Ascendentes ou descendentes do n. 1
4. Importância para a produção da prova	4. Dependentes com convivência habitual do n. 1
OBS.: A LPVT também tutela o réu colaborador (arts. 13-15), tema analisado no tópico respectivo.	

Para seu ingresso no programa de proteção, o protegido deve concordar[568] com as restrições de segurança e demais medidas impostas, sendo obrigado, após seu ingresso, a observar[569] cada medida – sendo imposto ao protegido e ainda ao agente público envolvidos na rede de proteção o sigilo[570].

Deve-se citar que a Lei n. 9.807/99 cria uma **lista de excluídos** do programa de proteção: (1) indivíduos cuja personalidade ou conduta seja incompatível com as restrições de comportamento exigidas pelo programa; (2) condenados que estejam cumprindo pena; (3) indiciados ou acusados sob prisão cautelar em qualquer de suas modalidades. Contudo, quanto aos sujeitos excluídos, ainda permanece o dever estatal de proteção de sua integridade física, principalmente

---

[568] Lei n. 9.807/99, "Art. 2º [...] § 3º O ingresso no programa, as restrições de segurança e demais medidas por ele adotadas terão sempre a anuência da pessoa protegida, ou de seu representante legal".

[569] Lei n. 9.807/99, "Art. 2º [...] § 4º Após ingressar no programa, o protegido ficará obrigado ao cumprimento das normas por ele prescritas".

[570] Lei n. 9.807/99, "Art. 2º [...] § 5º As medidas e providências relacionadas com os programas serão adotadas, executadas e mantidas em sigilo pelos protegidos e pelos agentes envolvidos em sua execução".

quando estejam sob custódia estatal – ou, nos termos da Lei: "Tal exclusão não trará prejuízo a eventual prestação de medidas de preservação da integridade física desses indivíduos por parte dos órgãos de segurança pública".

Nos termos do art. 5º da Lei n. 9.807/99, são **legitimados** para o requerimento protetivo junto ao órgão executor: (1) interessado; (2) MP; (3) autoridade policial que conduz a investigação criminal; (4) juiz competente para a instrução do processo criminal; (5) órgãos públicos e entidades com atribuições de defesa dos direitos humanos.

Ainda no cenário da legitimidade para a solicitação protetiva, a **Defensoria Pública** finda por possuir **dupla legitimidade propositiva para**[571] a medida protetiva: (1) **legitimidade indireta**, enquanto eventual representante postulatório do interessado (vítima ou testemunha) – art. 5º, I, da Lei n. 9.807/99; (2) **legitimidade direta**, enquanto órgão estatal legitimado à tutela dos direitos humanos, na condição de protetor e emancipador dos vulneráveis, **missão** denominada *custos vulnerabilis* – art. 5º, V, da Lei n. 9.807/99.

Embora a solicitação geralmente ocorra em caráter **extrajudicial**, nada impede que a Defensoria Pública, na condição de **representante** processual do interessado ou de órgão de intervenção (**intervenção** de *custos vulnerabilis*), formule requerimento **processual** a fim de que o juízo (art. 5º, IV, da Lei n. 9.807/99) ou o MP (art. 5º, II, da Lei n. 9.807/99) tenha ciência da circunstância de vulnerabilidade da vítima ou testemunha e, assim, movam-se no sentido protetivo. Noutro cenário, tratando-se de **fase policial (pré-processual)**, nada impede, da mesma maneira, que o defensor público, como representante do interessado ou órgão, dê ciência do caso à autoridade policial para formulação policial de solicitação protetiva para a qual o órgão possui legitimação (art. 5º, III, da Lei n. 9.807/99). Obviamente, existindo **colisão de interesses** entre o protegido e o réu-assistido da Defensoria Pública, outro defensor público deve ser designado para atuação, nos termos da LC n. 80/94 (art. 4º-A, V[572]).

---

[571] Lei n. 9.807/99, "Art. 5º A solicitação objetivando ingresso no programa poderá ser encaminhada ao órgão executor: I – pelo interessado; [...] V – por órgãos públicos e entidades com atribuições de defesa dos direitos humanos".

[572] LC n. 80/94, "Art. 4º-A. São direitos dos assistidos da Defensoria Pública, além daqueles previstos na legislação estadual ou em atos normativos internos: [...] V – a atuação de Defensores Públicos distintos, quando verificada a existência de interesses antagônicos ou colidentes entre destinatários de suas funções".

Legalmente (art. 5º, § 1º), a **solicitação** deve atender a **uma regularidade formal mínima**: (1) qualificação da pessoa a ser protegida; (2) informações sobre: (2.1) vida pregressa da pessoa a ser protegida; (2.2) o fato delituoso; (2.3) a coação e ameaça motivadora. Ainda que cumprida a regularidade formal do § 1º do art. 5º da LPTV, o órgão de execução poderá solicitar, com concordância do interessado, outros documentos e informações (art. 5º, § 2º[573]).

Em outro ponto importante, a LPVT (art. 5º, § 3º) dispõe sobre **medida de urgência** – de *caráter administrativo* – para tutelar a vítima ou testemunha diante de risco iminente à integridade. Segundo a lei, são **requisitos** para a referida medida: (1) "procedência" – compreendendo-se tal conceito como a análise de indícios e probabilidade razoável da existência da situação de risco à vítima e à testemunha; (2) gravidade da coação ou ameaça; (3) iminência da coação ou ameaça. Assim, presentes tais requisitos, a pessoa protegida será colocada provisoriamente sob a custódia policial até posterior decisão do conselho deliberativo do programa de proteção – sendo comunicados os seus membros e o MP do deferimento da medida.

A seleção de medidas protetivas deve observar os postulados da proporcionalidade em seu tripé – adequação, necessidade e proporcionalidade em sentido estrito –, sendo passíveis de concessão isolada ou cumulativamente. Nos termos da lei (art. 7º da LPVT), diversas são as **espécies de medidas protetivas** a serem deferidas aos protegidos, as quais merecem leitura e alguns destaques:

> Art. 7º Os programas compreendem, dentre outras, as seguintes medidas, aplicáveis **isolada ou cumulativamente** em benefício da pessoa protegida, segundo a **gravidade e as circunstâncias** de cada caso:
>
> I – segurança na residência, incluindo o controle de telecomunicações;
>
> II – escolta e segurança nos deslocamentos da residência, inclusive para fins de trabalho ou para a prestação de depoimentos;
>
> III – transferência de residência ou acomodação provisória em local compatível com a proteção;
>
> IV – preservação da identidade, imagem e dados pessoais;
>
> V – ajuda financeira mensal para prover as despesas necessárias à subsistência individual ou familiar, no caso de a pessoa protegida estar impos-

---

[573] Lei n. 9.807/99, "Art. 5º [...] § 2º Para fins de instrução do pedido, o órgão executor poderá solicitar, com a aquiescência do interessado: I – documentos ou informações comprobatórios de sua identidade, estado civil, situação profissional, patrimônio e grau de instrução, e da pendência de obrigações civis, administrativas, fiscais, financeiras ou penais; II – exames ou pareceres técnicos sobre a sua personalidade, estado físico ou psicológico".

sibilitada de desenvolver trabalho regular ou de inexistência de qualquer fonte de renda;

VI – suspensão temporária das atividades funcionais, sem prejuízo dos respectivos vencimentos ou vantagens, quando servidor público ou militar;

VII – apoio e assistência social, médica e psicológica;

VIII – sigilo em relação aos atos praticados em virtude da proteção concedida;

IX – apoio do órgão executor do programa para o cumprimento de obrigações civis e administrativas que exijam o comparecimento pessoal.

Parágrafo único. A **ajuda financeira mensal** terá um **teto** fixado pelo **conselho deliberativo** no início de **cada exercício** financeiro.

Art. 9º Em casos excepcionais e considerando as características e gravidade da coação ou ameaça, poderá o conselho deliberativo encaminhar requerimento da pessoa protegida ao juiz competente para registros públicos objetivando a **alteração de nome completo**.

§ 1º A alteração de nome completo poderá estender-se às pessoas mencionadas no § 1º do art. 2º desta Lei, inclusive aos filhos menores, e será precedida das providências necessárias ao resguardo de direitos de terceiros.

São causas de exclusão do programa: (1) solicitação do próprio interessado (art. 10, I); (2) decisão do conselho deliberativo (art. 10, II) por motivo de (2.1) cessação dos motivos que ensejaram a proteção ou (2.2) por incompatibilidade da conduta do protegido – entendendo-se que, sempre, tais decisões devem ser submetidas ao **contraditório** (art. 5º, LV, da CRFB/88) do interessado; (3) decurso temporal do prazo limite (bienal, dois anos), salvo situações justificadas nas quais permaneça a causa de inclusão no programa (art. 11[574]). Assim, entende-se que, após o decurso do biênio, também deve ser ouvido o interessado sobre continuidade da situação ensejadora de sua inclusão no programa de proteção, garantindo-lhe o direito ao **contraditório**.

Cada programa de proteção à vítima possuirá um **Conselho Deliberativo**, cuja **composição** (art. 4º da LPVT) trará membros do MP, Poder Judiciário, bem como **órgãos públicos** e privados conectados à segurança pública e **defesa dos direitos humanos** – situação última na qual se enquadra, em tese, a **Defensoria Pública**. O Conselho Deliberativo possui diversas **atribuições**, tais

---

[574] Lei n. 9.807/99, "Art. 11. A proteção oferecida pelo programa terá a duração máxima de dois anos. Parágrafo único. Em circunstâncias excepcionais, perdurando os motivos que autorizam a admissão, a permanência poderá ser prorrogada".

como: (1) deliberar sobre o ingresso ou exclusão de protegidos no programa; (2) decidir sobre as providências necessárias para execução do programa; (3) fixar o teto da ajuda financeira mensal (art. 7º, parágrafo único); (4) decidir sobre medidas de urgência concedidas provisoriamente para sua decisão *ad referendum* (art. 5º, § 3º); (5) solicitar ao MP que requeira cautelares voltadas (direta ou indiretamente) à eficácia da proteção (art. 8º); (6) requerer alteração do nome completo do protegido, nos termos do art. 9º da LPVT. As decisões do Conselho Deliberativo devem ser tomadas por maioria absoluta, e sua execução é sujeita à disponibilidade orçamentária (art. 6º, parágrafo único, da LPVT).

O **Ministério Público**, além de ser ouvido previamente sobre a inclusão ou exclusão de protegidos no programa (art. 3º), faz parte da composição do Conselho Deliberativo (art. 4º), além de ter legitimidade para solicitar a proteção (art. 5º, II). O MP ainda será comunicado sobre o deferimento de medida de urgência (custódia policial provisória), nos termos do § 3º do art. 5º da LPVT, podendo ser solicitado pelo Conselho Deliberativo para requerer ao juízo medidas cautelares de apoio à eficácia da proteção (art. 8º), assim como terá participação (*custos legis* ou *custos iuris*) nos procedimentos de alteração de nome do protegido integrado ao programa (art. 9º, § 2º), sendo possível o retorno do uso do nome anterior, caso em que o MP será novamente ouvido de modo prévio (art. 9º, § 5º). Ressalte-se: o conhecimento da participação ministerial faz-se importante não somente para fins de conhecimento procedimental, como também para viabilizar **cooperações interinstitucionais** com vistas a potencializar a defesa dos protegidos.

No **plano federal**, o Decreto n. 3.518, de 20 de junho de 2000, regulamenta o "Programa Federal de Assistência a Vítimas e a Testemunhas Ameaçadas", em decorrência da LPVT (art. 12[575]). Nos planos estadual e distrital, é recomendável sempre a leitura do respectivo regulamento protetivo.

Processos nos quais figure pessoa protegida terão **prioridade de tramitação**[576] e possuem hipótese específica de **antecipação legal da produção de pro-**

---

[575] Lei n. 9.807/99, "Art. 12. Fica instituído, no âmbito do órgão do Ministério da Justiça com atribuições para a execução da política de direitos humanos, o Programa Federal de Assistência a Vítimas e a Testemunhas Ameaçadas, a ser regulamentado por decreto do Poder Executivo".
[576] Lei n. 9.807/99, "Art. 19-A. Terão prioridade na tramitação o inquérito e o processo criminal em que figure indiciado, acusado, vítima ou réu colaboradores, vítima ou testemunha protegidas pelos programas de que trata esta Lei" (Incluído pela Lei n. 12.483/2011).

va⁵⁷⁷ para momento posterior à citação, devendo justificar a impossibilidade de tal antecipação no caso concreto ou indicar o prejuízo que a oitiva antecipada traria à instrução penal.

Proteção ao réu-colaborador na Lei n. 9.807/99: a LPVT não estipula proteção somente às vítimas e às testemunhas, como também aos réus colaboradores. Nos casos previstos na LPVT, o réu colaborador poderá ter deferidas em seu favor medidas especiais de segurança (art. 15⁵⁷⁸), na prisão ou fora dela. Além disso, a LPVT também dispõe sobre outros benefícios ao réu colaborador, os quais serão abordados junto ao tema "delação" (arts. 13-14⁵⁷⁹).

12. SÃO PAULO E SANTA CATARINA AÇÃO PENAL DE INICIATIVA PÚBLICA E PRIVADA. CONDIÇÕES DA AÇÃO. RIO DE JANEIRO AÇÃO PENAL. ESPÍRITO SANTO PRETENSÃO PUNITIVA. TIPOS DE PROCESSO PENAL

■ **Conceito**

O direito de ação penal pode ser configurado como um direito público subjetivo de postular ao Estado-juiz a aplicação do direito penal objetivo ao caso concreto. Encontra um de seus fundamentos constitucionais no art. 5º, XXXV, prevendo que a lei não excluirá da apreciação do Poder Judiciário qualquer lesão ou ameaça a direito.

---

[577] Lei n. 9.807/99, "Art. 19-A. [...] Parágrafo único. Qualquer que seja o rito processual criminal, o juiz, após a citação, tomará antecipadamente o depoimento das pessoas incluídas nos programas de proteção previstos nesta Lei, devendo justificar a eventual impossibilidade de fazê-lo no caso concreto ou o possível prejuízo que a oitiva antecipada traria para a instrução criminal" (Incluído pela Lei n. 12.483/2011).

[578] Lei n. 9.807/99, "Art. 15. Serão aplicadas em benefício do colaborador, na prisão ou fora dela, medidas especiais de segurança e proteção a sua integridade física, considerando ameaça ou coação eventual ou efetiva".

[579] Lei n. 9.807/99, "Art. 13. Poderá o juiz, de ofício ou a requerimento das partes, conceder o perdão judicial e a consequente extinção da punibilidade ao acusado que, sendo primário, tenha colaborado efetiva e voluntariamente com a investigação e o processo criminal, desde que dessa colaboração tenha resultado: I – a identificação dos demais coautores ou partícipes da ação criminosa; II – a localização da vítima com a sua integridade física preservada; III – a recuperação total ou parcial do produto do crime. Parágrafo único. A concessão do perdão judicial levará em conta a personalidade do beneficiado e a natureza, circunstâncias, gravidade e repercussão social do fato criminoso. Art. 14. O indiciado ou acusado que colaborar voluntariamente com a investigação policial e o processo criminal na identificação dos demais coautores ou partícipes do crime, na localização da vítima com vida e na recuperação total ou parcial do produto do crime, no caso de condenação, terá pena reduzida de um a dois terços".

A **classificação** mais tradicional das ações penais se atrela ao **critério subjetivo**, da titularidade, acerca do sujeito ativo da ação penal: quando o *dominus litis* for um órgão público – o MP –, a ação penal é *pública*; quando o titular da ação for o particular, a ação penal é *privada*.

Em regra, a persecução dos crimes será por ação penal pública (art. 100 do CP), conduzida pelo MP. Por outro lado, consignando expressamente a lei que a ação penal é de outra natureza, assim será – do contrário, nada dizendo, a ação penal é pública.

DICA DO AUTOR: Quando se trata dos elementos essenciais à denominada Teoria Geral do Processo (TGP) – com ênfase ao seu tripé: *Jurisdição, Ação e Processo* –, é imprescindível aduzir a resistência da *teoria processual penal crítica* à uniformização entre os diversos ramos processuais, correndo-se o risco de uma "odiosa 'processualização civil' do processo penal"[580]. Em tais casos, principalmente em *provas discursivas e orais* de Defensoria Pública, recomenda-se, além dos estudos jurisprudenciais de praxe – com ênfase ao STJ e STF –, o acesso à teoria processual penal crítica[581].

■ Características

Conforme lições de Renato Brasileiro de Lima[582], as principais características da ação penal são:

(1) **direito público**: a atividade jurisdicional que se pretende provocar é de natureza pública;

(2) **direito subjetivo**: o titular do direito de ação penal pode exigir do Estado-juiz a prestação jurisdicional, relacionada a um caso concreto;

(3) **direito autônomo**: o direito de ação penal não se confunde com o direito material que se pretende tutelar;

(4) **direito abstrato**: o direito de ação independe da procedência ou improcedência da pretensão acusatória;

---

[580] MOREIRA, Rômulo de Andrade. *Uma crítica à teoria geral do processo*. Florianópolis: Empório do Direito, 2015. p. 9.

[581] Exemplos: LOPES JÚNIOR, Aury. *Direito processual penal*. 15. ed. São Paulo: Saraiva, 2018; DUCLERC, Elmir. *Por uma teoria do processo penal*. Florianópolis: Empório do Direito, 2015; MOREIRA, Rômulo de Andrade. *Uma crítica à teoria geral do processo*. Florianópolis: Empório do Direito, 2015.

[582] LIMA, Renato Brasileiro de. *Manual de processo penal*. 5. ed. Salvador: JusPodivm, 2017. p. 200.

(5) **direito determinado**: o direito de ação, como tem a pretensão de solucionar uma pretensão de direito material, é instrumentalmente conexo a um fato concreto;

(6) **direito específico**: o direito de ação penal apresenta um conteúdo, que é o objeto da imputação, ou seja, o fato delituoso cuja prática é atribuída ao acusado.

■ Condições da ação penal

As condições da ação representam categoria controversa no direito processual brasileiro, cuja inspiração é remetida ao processualista italiano **Enrico Túlio Liebman** e sua *teoria eclética da ação*. Tradicionalmente, as condições da ação seriam três: legitimidade da parte, interesse de agir e possibilidade jurídica do pedido – esta última abandonada há décadas por Liebman.

As condições da ação são requisitos mínimos indispensáveis ao julgamento do mérito da causa. Uma vez oferecida a inicial acusatória, o juiz deve analisar se as condições da ação estão presentes. Em caso de ausência das condições da ação, o juiz deverá rejeitar a inicial (art. 395, II, do CPP), ocorrendo o fenômeno denominado "**carência de ação**". Em termos mais tradicionais, pode-se sintetizar o tema da seguinte maneira:

(1) **Possibilidade jurídica do pedido**: como o novo CPC afastou a possibilidade jurídica do pedido como condição da ação, a doutrina majoritária entende, podendo ser citado Renato Brasileiro de Lima[583], que não pode ser mais vista como uma condição da ação penal, devendo a impossibilidade jurídica do pedido ser enfrentada como decisão de mérito, e não como inadmissibilidade.

(2) **Legitimidade de parte**: a legitimidade *ad causam* é a pertinência subjetiva entre a parte e o objeto da ação. Ocorre quando o autor afirma ser o titular do direito subjetivo material demandado (legitimidade ativa) e pede a tutela em face do titular da obrigação correspondente àquele direito (legitimidade passiva). Nas hipóteses de ação penal pública, consoante art. 129, I, da CRFB/88, a legitimidade *ad causam* ativa será do MP; nas hipóteses de ação penal de iniciativa privada, o legitimado para agir será o ofendido ou seu representante legal. Possui legitimidade *ad causam* passiva o provável autor do fato delituoso, com 18 anos completos ou mais (art. 228 da CRFB/88, *a contrario sensu*)[584].

---

[583] LIMA, Renato Brasileiro de. *Manual de processo penal*. 5. ed. Salvador: JusPodivm, 2017. p. 205.

[584] CRFB/88, "Art. 228. São penalmente inimputáveis os menores de dezoito anos, sujeitos às normas da legislação especial".

Quanto à **legitimação da pessoa jurídica no processo penal**, não há dúvidas quanto à legitimação ativa, pois é dotada de honra objetiva, sendo possível a imputação de fato ofensivo à sua reputação, logo poderá figurar no polo ativo de queixa-crime de ação penal privada. Quanto à legitimação passiva, é admissível nos crimes ambientais, tendo o STJ, na linha de precedentes do STF[585], afastado a necessidade da dupla imputação – sendo questão polêmica –, conforme se observa do seguinte precedente:

> Agravo regimental no recurso em mandado de segurança. Teoria da dupla imputação. Pessoa jurídica que figura isoladamente como ré na denúncia por crime ambiental. Possibilidade. Agravo regimental improvido. 1. É assente nesta Corte Superior de Justiça que o agravo regimental deve trazer novos argumentos capazes de alterar o entendimento anteriormente firmado, sob pena de ser mantida a r. decisão vergastada pelos próprios fundamentos. 2. Este Superior Tribunal, na linha do entendimento externado pelo Supremo Tribunal Federal, passou a entender que, nos crimes societários, não é indispensável a aplicação **da teoria da dupla imputação ou imputação simultânea**, podendo subsistir a ação penal proposta contra a pessoa jurídica, mesmo se afastando a pessoa física do polo passivo da ação. Precedentes. 3. O trancamento de ação penal somente deve ser acolhido se restar, de forma indubitável, comprovada a ocorrência de circunstância extintiva da punibilidade, de ausência de indícios de autoria ou de prova da materialidade do delito e ainda da atipicidade da conduta. 3. Agravo regimental improvido (STJ, AgRg no RMS 48.851/PA, rel. Min. Nefi Cordeiro, 6ª Turma, j. 20-2-2018, *DJe* 26-2-2018).

(3) **Interesse de agir**: segundo parte significativa da doutrina, o interesse de agir deve ser verificado sob três aspectos, quais sejam, a *necessidade* da tutela jurisdicional, a *adequação* entre o pedido e a proteção jurisdicional que se pretende obter e a *utilidade* que se traduz na eficácia da atividade jurisdicional para satisfazer o interesse do autor. A **necessidade** é presumida no processo penal, já que não poderá haver aplicação de pena sem o devido processo legal (*nulla poena sine judicio*); a **adequação** significa o ajuste entre a providência judicial requerida para a solução do conflito; já a **utilidade** impõe que a atividade jurisdicional seja útil para satisfazer o interesse do autor. Não haverá eficácia, por exemplo, se a ação penal foi iniciada quando já estiver extinta a punibilidade do réu.

---

[585] STF, **RE 548.181/PR**, rel. Min. Rosa Weber, 1ª Turma, *DJe* 30-10-2014.

DICA DO AUTOR: Com base na falta de interesse-utilidade, alguns autores defendem que a peça inicial acusatória deverá ser rejeitada quando ocorrer a **prescrição em perspectiva ou virtual ou pela pena ideal**. Em linhas gerais, pode-se dizer que essa prescrição ocorreria tendo em vista a provável pena a ser aplicada. É o reconhecimento antecipado da prescrição em virtude da constatação de que, no caso de possível condenação, eventual pena a ser imposta ao acusado será atingida pela prescrição da pretensão punitiva retroativa, tornando a instauração do processo penal inútil na hipótese. Há autores[586] respeitáveis defendendo a carência de interesse-utilidade em uma ação penal iniciada quando fosse possível vislumbrar a prescrição virtual, sendo tese razoável em fase discursiva e oral de concursos para ingresso na Defensoria Pública. Ao lado do argumento da utilidade, pode ser agregada linha argumentativa da **Análise Econômica do Direito** (*Law and Economics*)[587], em razão de o não reconhecimento da prescrição virtual – ou da falta de interesse – impor ao contribuinte e à sociedade os custos de um processo antecipadamente inócuo, apesar de todos os esforços. No entanto, vale destacar que os Tribunais Superiores já firmaram entendimento no sentido de inadmitir a prescrição pela pena ideal[588].

(4) **Justa causa**: é o lastro probatório mínimo necessário para a propositura da ação penal. Com a reforma do CPP pela Lei n. 11.719/2008, a justa causa passou a constar expressamente do art. 395, III, do CPP, dispondo que a denúncia ou queixa será rejeitada quando faltar justa causa para o exercício da ação penal. Dessa forma, cresceu o entendimento de que seria uma condição autônoma para o exercício da ação penal e diversa das demais condições da ação. No entanto, não há consenso sobre o tema. Renato Brasileiro de

---

[586] LIMA, Renato Brasileiro de. *Manual de processo penal*. 5. ed. Salvador: JusPodivm, 2017. p. 212.

[587] *Vide* argumentação de peça disponível na seguinte matéria: MARTINES, Fernando. Gasto desnecessário: Defensoria do Amazonas critica súmula do STJ e defende prescrição virtual. *Consultor Jurídico*, 7 maio 2018. Disponível em: <https://www.conjur.com.br/2018-mai-07/defensoria-am-critica-sumula-stf-defende-prescricao-virtual>. Acesso em: 5 maio 2019.

[588] Como assentou o STF no RE 602.527 QO-RG/RS, publicado em 18 de dezembro de 2009: "Ação penal. Extinção da punibilidade. Prescrição da pretensão punitiva 'em perspectiva, projetada ou antecipada'. Ausência de previsão legal. Inadmissibilidade. Jurisprudência reafirmada. Repercussão geral reconhecida. Recurso extraordinário provido. Aplicação do art. 543-B, § 3º, do CPC. É inadmissível a extinção da punibilidade em virtude de prescrição da pretensão punitiva com base em previsão da pena que hipoteticamente seria aplicada, independentemente da existência ou sorte do processo criminal". E o STJ, com a edição da Súmula 438 no seguinte sentido: "É inadmissível a extinção da punibilidade pela prescrição da pretensão punitiva com fundamento em pena hipotética, independentemente da existência ou sorte do processo penal".

Lima[589] traz os posicionamentos doutrinários sobre o assunto: alguns, como Frederico Marques, defendem que a (1) **justa causa seria elemento do interesse de agir**, pois se identificaria com o *fumus boni iuris* – ou, no processo penal, o *fumus commissi delicti* –, caracterizador do legítimo interesse para a denúncia. Outros sustentam que a (2) **justa causa seria condição da ação penal autônoma** ao lado das demais condições da ação, e, por fim, há quem defenda que a (3) **justa causa seria fenômeno distinto das condições da ação penal**, pois não seria possível transpor o conceito processual civilístico de condições da ação, pensado como legitimidade da parte, interesse de agir e possibilidade jurídica do pedido, para explicar a justa causa em matéria processual penal. Ademais, o CPP, ao prever a justa causa em inciso diverso das demais condições da ação, teria tratado a justa causa de forma distinta.

Para Aury Lopes Jr.[590], as **condições da ação penal** seriam: (1) prática aparente de crime (*fumus commissi delicti*); (2) punibilidade da parte; (3) legitimidade da parte; (4) justa causa.

DICA DO AUTOR: A *justa causa duplicada* é extraída do art. 2º, § 1º, da Lei n. 9.613/98. É exigida para fins de oferecimento de denúncia de crime de lavagem de capitais, pois o MP deverá demonstrar o suporte probatório mínimo não apenas em relação ao crime de lavagem em si, mas também quanto à infração penal antecedente.

■ Condições de procedibilidade

Em algumas situações a lei exige o preenchimento de determinadas e específicas condições para o exercício da ação penal, denominadas *condições de procedibilidade*. É o caso da ação penal pública condicionada, na qual o MP depende da **representação do ofendido** ou da **requisição do Ministro da Justiça** para oferecer a denúncia, sendo essas condições de procedibilidade.

Outros exemplos seriam **as provas novas**, quando o inquérito tiver sido arquivado com base na ausência de elementos probatórios ou quando houver decisão de impronúncia preclusa antes da extinção da punibilidade; **laudo pericial nos crimes contra a propriedade imaterial**; **autorização da Câmara dos Deputados**, por dois terços dos seus membros para instauração de processo

---

[589] LIMA, Renato Brasileiro de. *Manual de processo penal*. 5. ed. Salvador: JusPodivm, 2017. p. 215.
[590] LOPES JÚNIOR, Aury. *Direito processual penal*. 15. ed. São Paulo: Saraiva, 2018. p. 192.

contra o presidente da República e o Vice-Presidente da República; **qualidade de militar da ativa** nos crimes militares de deserção.

A condição de procedibilidade não se confunde com a **condição de prosseguibilidade**, a qual seria uma condição necessária para o prosseguimento do processo. Em outras palavras, o processo está em curso, e uma condição deve ser implementada para que o processo prossiga. Um exemplo é o caso de insanidade superveniente do art. 152, *caput*, do CPP. A necessidade de o agente recobrar sua higidez mental, no caso de insanidade superveniente, é uma condição de prosseguibilidade, ficando o processo suspenso até o restabelecimento do acusado ou até a prescrição.

■ Condições objetivas de punibilidade

As **condições objetivas de punibilidade** são situações exteriores ao fato delituoso, não integrantes do tipo penal, ocorrendo quando a punibilidade da conduta é vinculada à superveniência de determinado acontecimento. Possuem natureza jurídica de excludentes de punibilidade, pois, enquanto não se manifestarem, obstam a aplicação da pena, esvaziando a possibilidade de que o Estado exerça o *jus puniendi*. Um exemplo pode ser encontrado no art. 180 da **Lei n. 11.101/2005**, condicionando a atuação estatal, no âmbito criminal, à decretação da falência, à concessão da recuperação extrajudicial ou à concessão da recuperação judicial, dispondo que a decisão de falência, concessiva de recuperação judicial ou de recuperação extrajudicial são condições objetivas de punibilidade das infrações penais descritas nesse diploma.

■ Classificação das ações

De acordo com Nestor Távora e Rosmar Rodrigues Alencar[591], seria possível utilizar, no processo penal, classificação similar às ações do processo civil. Dessa forma, as ações se classificariam em: (1) **ação de conhecimento ou de cognição**: como é o caso da ação penal condenatória; (2) **ação de execução**: visando à execução da sentença condenatória; e (3) **cautelar**: sendo exemplo o *habeas corpus* preventivo, que visa obter cautela penal ao reverso, evitando cerceamento da liberdade em violação às normas constitucionais e legais. No en-

---

[591] TÁVORA, Nestor; ALENCAR, Rosmar. *Curso de direito processual penal*. 12. ed. Salvador: JusPodivm, 2017. p. 258.

tanto, há quem defenda inexistir processo cautelar autônomo no direito processual penal, ao argumento de que as medidas cautelares seriam sempre incidentais no processo penal.

■ Espécies de ações penais condenatórias

(1) **Ação penal pública incondicionada**: é a regra. Se não houver qualquer menção no tipo penal à espécie de ação penal em relação a determinado crime, entende-se submetido à ação penal pública incondicionada. O titular privativo é o MP (art. 129, I, da CRFB/88 e art. 257 do CPP), o *dominus litis* constitucional.

(2) **Ação penal pública condicionada**: a ação penal pública condicionada, de titularidade do MP, deve estar prevista expressamente no tipo penal. São de duas espécies: condicionada à representação ou à requisição do Ministro da Justiça.

(3) **Ação penal privada**: é a ação penal cujo titular é o ofendido ou seu representante legal. Deve estar prevista expressamente no tipo (art. 100 do CP).

(4) **Ação penal privada subsidiária da pública**: tem um caráter absolutamente excepcional, diante de toda a sistemática do processo penal. É constitucionalmente garantida, como se vê no art. 5º, LIX, da CRFB/88[592].

■ Princípios das ações penais

(1) **Princípios da ação penal pública**

(1.1) **Oficialidade**: o *dominus litis* da ação penal pública é um órgão oficial, o MP. Excetua-se este princípio na faculdade conferida ao ofendido pelo art. 29 do CPP e pelo art. 5º, LIX, da CRFB/88 para ajuizar a ação penal privada *subsidiária* da pública, quando inerte o MP em oferecer denúncia no prazo legal.

(1.2) **Obrigatoriedade**: a obrigatoriedade, ou *legalidade* da ação penal pública, determina que, *preenchidas as condições da ação penal pública*, o MP estará obrigado a oferecer a denúncia, não contando com qualquer discricionariedade nessa promoção. Não estando presentes as condições, será o caso de arquivamento, também regido pela obrigatoriedade, só que na via oposta: se as condições não estão presentes, o arquivamento é mandatório.

---

[592] CRFB/88, Art. 5º, "LIX – será admitida ação privada nos crimes de ação pública, se esta não for intentada no prazo legal".

Por uma visão herdada da ideologia inspiradora do CPP brasileiro de 1941 – de duvidosa constitucionalidade em face do sistema acusatório de separação de funções processuais da CRFB/88 –, a fiscalização da obrigatoriedade é incumbência do juiz: é ele quem vai, de forma anômala, funcionar como fiscal da obrigatoriedade da ação penal pública, pela norma permissiva da promoção de arquivamento, contida no art. 28 do CPP.

Com efeito, parte da doutrina[593] defende o abrandamento da obrigatoriedade da ação penal no âmbito das infrações sujeitas ao Juizado Especial Criminal, adotando-se o princípio da **obrigatoriedade mitigada ou da discricionariedade regrada**, por haver a possibilidade de transação penal, conforme previsão nas Leis n. 9.099/95 e 10.259/2001. Diante da presença dos requisitos legais, viabiliza-se ao MP deixar de propor a ação penal e oferecer ao autor do fato a aplicação imediata de pena não privativa de liberdade, encerrando-se, assim, o procedimento.

Outros autores, tais como Nestor Távora e Rosmar Rodrigues Alencar[594], discordam desse posicionamento, afirmando que a **transação penal** não é propriamente exceção ao princípio da obrigatoriedade da ação penal, como sustenta parte da doutrina. A transação penal seria ação penal pública não convencional tendente a propor a aplicação imediata de pena restritiva de direito, seguindo um "devido processo legal" abreviado. Convencional é a denúncia, petição inicial da ação penal pública. Daí que, se o MP estiver diante dos pressupostos para o oferecimento da transação penal, nos termos do art. 76 da Lei n. 9.099/95, estará compelido a propor essa espécie de "ação penal" (transação penal), incidindo o princípio da obrigatoriedade. Diferentemente, entendem que há exceção ao princípio da obrigatoriedade na hipótese de **"acordo de leniência"** no curso de investigações de crimes contra a ordem econômica. Leniência é tolerância estatal, brandura. Trata-se do poder que tem o Conselho Administrativo da Ordem Econômica (CADE) de celebrar "acordo de leniência" com os investigados de infração à ordem econômica. Verificada a celebração do acordo (arts. 86 e 87 da Lei n. 12.529/2011), o MP restará impedido de oferecer denúncia por crimes contra a ordem econômica (Lei n. 8.137/90), nos delitos diretamente relacionados à prática cartelizada (Lei n. 8.666/93) e no crime do art. 288 do CP.

---

[593] AVENA, Norberto Cláudio Pâncaro. *Processo penal*. 9. ed. São Paulo: Método, 2017. p. 176.
[594] TÁVORA, Nestor; ALENCAR, Rosmar. *Curso de direito processual penal*. 12. ed. Salvador: JusPodivm, 2017. p. 260.

DICA DO AUTOR: Uma questão que se coloca é: Bastaria a ocorrência de um fato típico para tornar a denúncia obrigatória ou seria necessária a existência de um fato criminoso, de um injusto penal (fato típico e antijurídico)? A excludente de ilicitude é suficiente para fundamentar um pedido de arquivamento. Ou seja, para que haja a obrigatoriedade da denúncia, é necessário o injusto penal, e não o mero fato típico. Esse entendimento decorre de uma leitura do art. 395, III, do CPP. Da mesma forma, se for percebida alguma excludente de culpabilidade, tal como uma inexigibilidade de conduta diversa, não há crime; dessa forma, não pode haver denúncia: é necessário que haja o fato criminoso, e não somente o fato meramente típico.

(1.3) **Indisponibilidade**: este princípio, na verdade, é um consectário da obrigatoriedade, e diz respeito à impossibilidade de o MP desistir da ação penal pública, após ter oferecido a denúncia.

(1.4) **Divisibilidade**: a ação penal pública pode ser dividida em relação aos coautores do crime, ou seja, nada impede que haja uma denúncia para cada coautor. Essa é a posição majoritária, inclusive do STF, conforme o precedente seguinte:

> Inquérito. Imputação dos crimes previstos no art. 317, § 1º, c/c art. 327, § 2º, do Código Penal e art. 1º, V, VII e § 4º, da Lei 9.613/1998. Ausência de violação aos princípios do contraditório, da ampla defesa e do devido processo legal. Licitude dos elementos probatórios colhidos na fase investigativa. Preliminares rejeitadas. Indícios de autoria e materialidade demonstrados. Substrato probatório mínimo presente. Atendimento dos requisitos do art. 41 do CPP. Denúncia recebida. 1. É cabível, também no âmbito da Lei 8.038/1990, assegurar ao órgão acusador a faculdade de réplica às respostas dos denunciados, especialmente quando suscitadas questões que, se acolhidas, poderão impedir a deflagração da ação penal. Só assim se estará prestigiando o princípio constitucional do contraditório (art. 5º, LV, CF), que garante aos litigantes, e não apenas à defesa, a efetiva participação na decisão judicial. Precedentes. 2. O Supremo Tribunal Federal possui clara orientação no sentido de que a regra da indivisibilidade da ação penal tem campo de incidência específico à ação penal privada (art. 48 do Código de Processo Penal). Precedentes. 3. As diligências questionadas foram promovidas e realizadas pela autoridade policial de maneira complementar, acompanhadas pelo Ministério Público e, principalmente, por delegação do Relator no Supremo Tribunal Federal, na forma prevista no art. 230-C do Regimento Interno do Supremo Tribunal Federal. 4. A eventual desconstituição de acordo de colaboração premiada tem âmbito de eficácia restrito às partes que o firmaram, não beneficiando nem prejudicando terceiros (HC 127.483, rel. Min. Dias Toffoli, Tribunal Pleno, *DJe* de 4.2.2016). Até mesmo em caso de revogação do acordo, o material probatório colhido em decorrência dele pode ainda assim ser utilizado em face de terceiros, razão pela qual não os-

tentam eles, em princípio, interesse jurídico em pleitear sua desconstituição, sem prejuízo, obviamente, de formular, no momento próprio, as contestações que entenderem cabíveis quanto ao seu conteúdo. Precedentes. 5. À luz dos precedentes do Supremo Tribunal Federal, o conteúdo dos depoimentos colhidos em colaboração premiada não é prova por si só eficaz, tanto que descabe condenação lastreada exclusivamente neles, nos termos do art. 4º, § 16, da Lei 12.850/2013. 6. A fase processual do recebimento da denúncia é juízo de delibação, jamais de cognição exauriente. Não se pode, portanto, confundir os requisitos para o recebimento da denúncia, delineados no art. 41 do Código de Processo Penal, com o juízo de procedência da imputação criminal. Precedentes. 7. Denúncia que contém a adequada indicação das condutas delituosas imputadas, a partir de elementos aptos a tornar plausível a acusação, o que permite o pleno exercício do direito de defesa. 8. Presença de substrato probatório mínimo em relação à materialidade e autoria. A existência de outros indícios reforça as declarações prestadas por colaboradores, tais como registros telefônicos, depoimentos, informações policiais e documentos apreendidos, o que basta neste momento de cognição sumária, em que não se exige juízo de certeza acerca de culpa. 9. Denúncia recebida (STF, Inq 3.979/DF, rel. Min. Teori Zavascki, j. 27-9-2016, 2ª Turma).

Para parte da doutrina, que entende que a ação penal pública é indivisível, a denúncia é obrigatória contra todos os coautores, pois, se o MP deixa de oferecer a denúncia contra um dos coautores do crime, haveria o chamado *arquivamento implícito*, já estudado.

Assim, a correlação é clara: quem entende que não existe o arquivamento implícito, defende que há *divisibilidade*, pois, se oferecida denúncia contra alguns corréus e não oferecida contra outros, nada impede que esta seja, posteriormente, oferecida contra os remanescentes – pois não ocorreu o arquivamento; e para quem entende que a denúncia que exclui alguns dos coautores do crime representa arquivamento implícito, a ação penal é *indivisível*, portanto, sendo impossível nova denúncia contra os não denunciados.

(1.6) **Intranscendência**: significa que a ação penal não pode ultrapassar a pessoa do réu: caso este venha a falecer, não poderá a ação penal prosseguir contra seus herdeiros. Este é um princípio comum a qualquer tipo de ação penal: **todas as ações penais são intranscendentes**, tanto a pública quanto a de iniciativa privada[595].

---

[595] CRFB/88, "Art. 5º [...] XLV – nenhuma pena passará da pessoa do condenado, podendo a obrigação de reparar o dano e a decretação do perdimento de bens ser, nos termos da lei, estendidas aos sucessores e contra eles executadas, até o limite do valor do patrimônio transferido".

(2) Princípios das ações penais privadas

(2.1) **Oportunidade ou conveniência**: este princípio determina que a vítima proporá a queixa se for de seu interesse. É um critério absolutamente discricionário do ofendido. Os institutos que materializam este princípio são a **renúncia** e a **decadência**.

A **renúncia** é um ato unilateral, que não precisa da aceitação da outra parte, e é comunicável, ou seja, a renúncia dirigida a um coautor do crime se estende aos demais. Ela opera-se tanto pela prática de ato incompatível com a vontade de ver processado o infrator como através de declaração expressa do ofendido nesse sentido.

Pelo CPP, a renúncia só existiria nos crimes de ação penal privada. Contudo, a **Lei n. 9.099/95**[596] trouxe outra previsão permitindo à *composição civil* afetar não somente a ação penal privada, como também a ação penal condicionada à representação. Por outro lado, há quem sustente que, apesar da literal expressão "renúncia", o art. 74 da Lei n. 9.099/95 estabeleça uma espécie excepcional de retratação posterior à denúncia, e não renúncia à queixa ou à representação (pois, se já foi realizada, não há o que renunciar – renúncia é ato prévio à feitura de algum ato).

No **Concurso para ingresso na Defensoria de Minas Gerais (2019, FUNDEP)** foi formulada a seguinte questão: "Concluído inquérito policial que apurou crime de ameaça (art. 147 do CP) praticado em situação de violência doméstica, a defesa técnica, antes do oferecimento da denúncia, apresentou carta na qual a vítima dizia que não tinha mais interesse na condenação do suposto autor do fato. Diante disso, o juiz deverá:". A resposta que deveria ser assinalada pelo candidato era designar audiência especial para confirmar a renúncia ao direito de representação.

Veja que pode ocorrer a seguinte situação no caso de renúncia decorrente da composição civil dos danos: havendo dois corréus, um deles realiza a composição civil a que alude o art. 74. Se há a composição por este, se extingue sua punibilidade pela renúncia; *seria essa extinção comunicada àquele que não realizou a composição civil dos danos?*

---

[596] Lei n. 9.099/95, "Art. 74. A composição dos danos civis será reduzida a escrito e, homologada pelo Juiz mediante sentença irrecorrível, terá eficácia de título a ser executado no juízo civil competente. Parágrafo único. Tratando-se de ação penal de iniciativa privada ou de ação penal pública condicionada à representação, o acordo homologado acarreta a renúncia ao direito de queixa ou representação".

Ressalte-se que o STJ já decidiu (Info. 547) por meio de sua Corte Especial que, caso o querelante proponha, na própria queixa-crime, composição civil dos danos para parte dos querelados, a peça acusatória deverá ser rejeitada em sua **integralidade** – isto é, em relação a todos os querelados. Isso porque a composição pelos danos, sendo aceita e homologada judicialmente, implica a renúncia ao direito de queixa, nos termos do art. 74 da Lei n. 9.099/95, causa extintiva da punibilidade.

Já a **decadência** processual penal consiste na omissão da vítima em propor a ação privada, quedando-se inerte no transcurso do prazo de seis meses de que dispõe para exercer o seu direito, prazo esse contado, como regra, do conhecimento da autoria da infração. Ressalte-se que tal prazo é contado na forma do art. 10 do CP, incluindo-se o primeiro dia e excluindo-se o último.

Tratando da **decadência**, aspecto peculiar diz respeito à vítima menor de 18 anos. A vítima de crime sujeito a ação penal privada que seja menor de 18 anos será representada por seus pais, em regra. Assim, o direito de queixa é exercitado pelo seu representante legal. Suponha-se, entretanto, que o representante não ofereça a queixa: a vítima, ao completar a maioridade, poderá exercer o direito de queixa? Poderá ela deflagrar a ação penal quando completar 18 anos, ou o direito de queixa sofreu decadência? O posicionamento, sumulado pelo **STF** na **Súmula 594**, diz que os prazos decadenciais são autônomos, contados separadamente para a vítima e para seu representante: "Os direitos de queixa e de representação podem ser exercidos independentemente, pelo ofendido ou por seu representante legal".

(2.2) **Disponibilidade**: consectário lógico da oportunidade, significa que o querelante pode desistir da ação penal privada e dispor do andamento da ação penal. Este princípio é materializado pelos institutos da **perempção**[597] processual penal, cujas hipóteses constam do art. 60 do CPP, e do **perdão do ofendido**, que é manifesto nos arts. 51[598] e seguintes do CPP.

---

[597] CPP, "Art. 60. Nos casos em que somente se procede mediante queixa, considerar-se-á perempta a ação penal: I – quando, iniciada esta, o querelante deixar de promover o andamento do processo durante 30 dias seguidos; II – quando, falecendo o querelante, ou sobrevindo sua incapacidade, não comparecer em juízo, para prosseguir no processo, dentro do prazo de 60 (sessenta) dias, qualquer das pessoas a quem couber fazê-lo, ressalvado o disposto no art. 36; III – quando o querelante deixar de comparecer, sem motivo justificado, a qualquer ato do processo a que deva estar presente, ou deixar de formular o pedido de condenação nas alegações finais; IV – quando, sendo o querelante pessoa jurídica, esta se extinguir sem deixar sucessor".

[598] CPP, "Art. 51. O perdão concedido a um dos querelados aproveitará a todos, sem que produza, todavia, efeito em relação ao que o recusar".

O **perdão** é um ato bilateral, que depende da aceitação do acusado, e é comunicável: o perdão oferecido a um dos coautores se estende obrigatoriamente aos demais. O perdão tem por consequência a extinção da punibilidade (art. 107, V, do CP), e pode ser: **expresso** mediante declaração ofertada pelo querelante dentro ou fora dos autos, ou **tácito**, com a prática pelo ofendido de ato incompatível com a vontade de continuar processando o réu. No aspecto temporal, o perdão pode ser ofertado até o trânsito em julgado da sentença final (art. 106, § 2º, do CP).

Já a **perempção** é a desídia do querelante que já exerceu o direito de ação, sendo uma sanção processual ocasionada pela inércia na condução da ação privada, ocasionando a extinção da punibilidade (art. 107, IV, do CP).

DICA DO AUTOR: (1) Seria possível a prisão em flagrante em crimes de ação penal privada? A fim de responder a essa questão, é necessário que se faça um breve estudo do flagrante. Qualquer flagrante tem três fases: a captura, a elaboração do Auto de Prisão em Flagrante (APF) e a análise judicial. Dito isso, o *entendimento majoritário* na jurisprudência e na doutrina defende que a prisão-captura, primeira fase do flagrante, é sempre possível, mas para elaborar o APF será indispensável a manifestação da vítima[599]. (2) Outro questionamento seria sobre a prisão temporária: é possível esse tipo de prisão em crimes de ação penal privada? A Lei n. 7.960/89, Lei da Prisão Temporária, não estabelece expressamente esse cabimento, pelo que surgem dois entendimentos: para Paulo Rangel[600], não se admite prisão temporária em ação penal de iniciativa privada, pois o legislador legitimou apenas o MP para requerer a medida extrema, no art. 2º[601] da lei em comento. Já para os Tribunais, para a jurisprudência em geral, a prisão temporária é possível, justamente porque o estupro e o atentado violento ao pudor, antes da reforma, eram perseguidos, em regra, em ação penal privada, e constam expressamente do rol do art. 1º[602] da Lei n. 7.960/89.

---

[599] AVENA, Norberto Cláudio Pâncaro. *Processo penal*. 9. ed. São Paulo: Método, 2017. p. 26: "Sendo o auto de prisão em flagrante forma de início de inquérito policial, é possível que seja formalizado em crimes de ação penal privada, desde que, à semelhança do que ocorre nos delitos de ação penal pública condicionada, a vítima autorize ou quem a represente ratifique a sua lavratura no prazo máximo e improrrogável de 24 horas contado da prisão".

[600] RANGEL, Paulo. *Direito processual penal*. 8. ed. Rio de Janeiro: Lumen Juris, 2004. p. 649.

[601] "Art. 2º A prisão temporária será decretada pelo Juiz, em face da representação da autoridade policial ou de requerimento do Ministério Público, e terá o prazo de 5 (cinco) dias, prorrogável por igual período em caso de extrema e comprovada necessidade [...]."

[602] "Art. 1º Caberá prisão temporária: [...] III – quando houver fundadas razões, de acordo com qualquer prova admitida na legislação penal, de autoria ou participação do indiciado nos se-

Em qualquer dos casos, porém, mesmo a jurisprudência entende que quem terá legitimidade para representar pela prisão temporária será o delegado, pois o art. 2º dessa lei realmente não deu legitimidade ao querelante, como visto.

(2.3) **Indivisibilidade**: a ação penal privada deverá ser proposta em face de todos os coautores do crime (art. 48 do CPP).

Destarte, se o querelante se omite, na queixa, sobre um dos coautores, o que significará essa omissão? Será considerada renúncia em favor do que não foi querelado, e consequentemente se estenderá a todos os que o foram – pois a renúncia se comunica, como dispõe o art. 49[603] do CPP –, ou poderá o MP, como *custos legis*, aditar a queixa subjetivamente, fazendo constar o querelado omitido, com amparo no art. 45[604] do CPP?

Há diversas correntes sobre o tema. O primeiro entendimento, de Nestor Távora e Rosmar Rodrigues Alencar[605], defende que o CPP não deu ao MP poderes para aditar a queixa para incluir um coautor, e, nesse caso, o promotor velará pela indivisibilidade da ação requerendo a extinção da punibilidade em relação a todos os autores, pela comunicação da renúncia.

Noutro passo, para Pacelli[606], o membro do MP poderá aditar a queixa, na qualidade de fiscal da lei, tendo por autorizativo legal expresso o art. 45 do CPP, pois existem situações em que o querelante pode discordar do rumo das investigações, ou mesmo do indiciamento feito pelo delegado, e, nesses casos, o MP deverá zelar pela indivisibilidade, atuando como *custos legis*.

Já Pedro Henrique Dermecian e Jorge Assaf Maluly[607] fazem uma distinção entre omissão voluntária e involuntária. Na ***omissão voluntária*** haverá renúncia do querelante, ocasionando a extinção de punibilidade, enquanto na

---

guintes crimes: [...] *f)* estupro (art. 213, *caput*, e sua combinação com o art. 223, *caput*, e parágrafo único); *g)* atentado violento ao pudor (art. 214, *caput*, e sua combinação com o art. 223, *caput*, e parágrafo único); [...]."

[603] CPP, "Art. 49. A renúncia ao exercício do direito de queixa, em relação a um dos autores do crime, a todos se estenderá".

[604] CPP, "Art. 45. A queixa, ainda quando a ação penal for privativa do ofendido, poderá ser aditada pelo Ministério Público, a quem caberá intervir em todos os termos subsequentes do processo".

[605] TÁVORA, Nestor; ALENCAR, Rosmar. *Curso de direito processual penal*. 12. ed. São Paulo: JusPodivm, 2017. p. 277.

[606] PACELLI, Eugênio. *Curso de processo penal*. 21. ed. São Paulo: Atlas, 2017. p. 92.

[607] DERMECIAN, Pedro Henrique; MALULY, Jorge Assaf. *Curso de processo penal*. Rio de Janeiro: Forense, 2005. p. 125.

omissão involuntária caberá à vítima ou ao MP, indistintamente, o aditamento, de forma a fazer respeitar o princípio da indivisibilidade.

O **aditamento subjetivo**, a inclusão de coautores na queixa pelo MP, perpassa pelas quatro correntes apresentadas, sendo certo que a solução jurisprudencial tende a ser pela impossibilidade, em razão de se adotar o entendimento que a renúncia comunicada a todos.

O **aditamento objetivo**, em que se dá a inclusão de *crimes de ação penal privada* à queixa já oferecida, não oferece qualquer discussão: a ofensa ao princípio da oportunidade é clara, e por isso não pode o MP promover esse aditamento.

Poderá, entretanto, haver aditamento pelo MP que se dedica a incluir *crimes de ação penal pública*? A resposta é igualmente negativa: o MP deverá oferecer denúncia por esse crime, que correrá paralelamente à queixa.

(2.4) **Intranscendência**: este princípio, comum a todas as ações penais, determina que a ação penal só pode ser proposta em face do autor do crime.

DICA DO AUTOR: No **Concurso para ingresso na Defensoria da Bahia (2014, FCC)** foi formulada a seguinte questão: "Encerrada a instrução criminal numa ação penal privada, abre-se vista dos autos para que o Querelante apresente suas alegações finais, sob a forma de memoriais escritos. Apresentada tal peça processual, verifica a Defesa que não houve pedido de condenação". Tal circunstância autoriza a Defesa a pedir a extinção da punibilidade do Querelado em razão da ocorrência da – perempção era a alternativa correta.

■ Da ação penal pública incondicionada

A ação penal pública é a regra em nosso ordenamento e será cabível quando do silêncio da lei sobre a ação penal cabível (art. 24 do CPP). É aquela titularizada pelo MP e que prescinde da manifestação da vítima ou do ofendido para ser exercida. Os princípios informadores dessa modalidade de ação penal, compartilhados com a ação penal pública condicionada, foram tratados em tópico próprio.

■ Da ação penal pública condicionada

A ação penal pública condicionada à representação do ofendido ou à requisição do Ministro da Justiça também é titularizada pelo MP. No entanto, como há ofensa à vítima em sua intimidade, o legislador optou por condicioná-la a um permissivo externado por esta ou seu representante legal (representação) ou ainda por uma opção política a uma requisição do Ministro da Justiça, o que ocorre nas ações com o propósito de apurar crime contra a honra do Presidente da República e de chefe de governo estrangeiro (art. 141, I, c/c art. 145, parágrafo único, do CP).

(1) **Representação do ofendido**

Em termos simples, é a autorização da vítima para que o delegado instaure o IP ou que o MP proponha a ação penal. Como dito, o legislador percebe que há crimes ofensivos ao mesmo tempo à coletividade e ao particular. Por isso quem propõe a ação penal é o MP, contudo, condicionado à autorização do ofendido, evitando-se excessivo paternalismo estatal.

Um exemplo de crime que tem sua persecução em ação penal pública condicionada à representação é a lesão corporal leve ou culposa, do art. 129 do CP. O dispositivo que estabelece essa natureza de ação é o art. 88[608] da Lei n. 9.099/95.

Como já se estudou anteriormente, a natureza jurídica dessa representação é de **condição especial de procedibilidade** para as ações que dela dependem.

DICA DO AUTOR : O candidato deve estar atento ao crime de lesão corporal de natureza leve praticada no âmbito de relação doméstica e familiar contra a mulher, pois o art. 41 da Lei n. 11.340/2006 estatui a inaplicabilidade da Lei dos Juizados Especiais em caso de agressão doméstica e familiar contra a mulher. Saliente-se que na **ADI 4.424 e ADC 19** o STF assentou a constitucionalidade do dispositivo mencionado, fixando como melhor interpretação a de que a lesão leve no contexto doméstico e familiar está sujeita à ação pública incondicionada.

Eficácia da representação: a eficácia da representação seria subjetiva ou objetiva? Veja: ao representar, o ofendido autoriza o MP a perseguir todos os fatos relacionados ao representado, e contra todas as pessoas possíveis de quem o MP suspeitar?

Suponha-se a seguinte situação: se duas pessoas cometem um crime de lesão leve, e o ofendido representa apenas contra um dos agressores, poderá o

---
[608] Lei n. 9.099/95, "Art. 88. Além das hipóteses do Código Penal e da legislação especial, dependerá de representação a ação penal relativa aos crimes de lesões corporais leves e lesões culposas".

MP instaurar ação penal em face de ambos? Se se entender que a eficácia da representação é subjetiva, somente poderá o MP atuar contra o agente contra quem foi representado – o que não procede.

Por isso, é seguro dizer que a eficácia da representação é objetiva: o ofendido representa contra os fatos criminosos contra si praticados. Feita a representação contra o crime, o MP estará autorizado a perseguir qualquer pessoa que porventura revelar-se envolvida no delito. Assim se manifestou o STF (HC 80.618).

Prazo decadencial: o art. 38[609] do CPP estabelece o prazo decadencial do direito de representação. O prazo de seis meses começa a contar da data da descoberta da autoria, e não da data do crime. Caso a descoberta da autoria ocorra em data diversa da descoberta do crime, tal fato deve ser comprovado pelo ofendido; do contrário, entender-se-á que o ofendido sabia da autoria quando da ocorrência do crime, ou seja, a presunção é invertida. Assim, só se posterga o *dies a quo* se o ofendido comprovar que não teve realmente ciência da autoria na data do crime.

A **natureza desse prazo** de seis meses é de **prazo penal**. Veja: o prazo *processual* começa a contar desde o primeiro dia útil seguinte ao evento que o determina; o prazo *penal* começa a contar desde o próprio dia do fato que o determina.

A representação é um instituto eminentemente processual, mas o prazo é penal, porque o que está sendo posto em xeque é a liberdade do processado, indicando a *natureza híbrida* do instituto, e, quando há essa hibridez, prevalece o conteúdo material. Sendo assim, rege-se pelo art. 10 do CP: "Art. 10. O dia do começo inclui-se no cômputo do prazo. Contam-se os dias, os meses e os anos pelo calendário comum". Essa questão pode ser relevante, em casos concretos, a fim de estabelecer a data limite para representar validamente.

Existia um prazo decadencial trimestral, previsto no crime de imprensa, constante do art. 41, § 1º, da Lei n. 5.250/67, o qual foi declarado não recepcionado em sua integralidade pelo STF na ADPF 130-7, passando a ser regido também pela norma geral.

---

[609] CPP, "Art. 38. Salvo disposição em contrário, o ofendido, ou seu representante legal, decairá no direito de queixa ou de representação, se não o exercer dentro do **prazo de seis meses**, contado do dia em que vier a saber quem é o autor do crime, ou, no caso do art. 29, do dia em que se esgotar o prazo para o oferecimento da denúncia. Parágrafo único. Verificar-se-á a decadência do direito de queixa ou representação, dentro do mesmo prazo, nos casos dos arts. 24, parágrafo único, e 31".

Forma: a **representação** é um **ato informal**, não sendo imposta qualquer formalidade mínima. Inclusive, a jurisprudência admite a *representação implícita*, tal é a informalidade do ato: basta que o ofendido, comparecendo aos atos investigativos, não se oponha expressamente à persecução do crime.

A Lei n. 9.099/95 prevê que a representação será apresentada oralmente na audiência preliminar, uma vez frustrada a composição civil dos danos (art. 75).

Retratação: consiste no arrependimento do ofendido que representou, retirando a autorização para a persecução criminal. Essa retratação é possível até o *oferecimento da denúncia*, como dispõe o art. 25 do CPP: "Art. 25. A representação será irretratável, depois de oferecida a denúncia".

Há uma **exceção** em que a retratação pode ser feita depois do oferecimento da denúncia, que consta no art. 16[610] da Lei Maria da Penha (Lei n. 11.340/2006). Saliente-se que a retratação é possível, nos crimes sujeitos a essa lei, até o *recebimento da denúncia* pelo juiz, e não até o oferecimento, o que na prática pode significar uma diferença de alguns dias.

Retratação da retratação da representação: o ofendido que representou pode se retratar da sua representação, como se viu. Mas poderia ele retratar-se da retratação, ou seja, representar novamente?

Há duas correntes disputando o tema: uma parte da doutrina admite a retratação da retratação, quantas vezes for, desde que não tenha expirado o prazo decadencial. Entre os que a defendem, citam-se: Norberto Avena Cláudio Pâncaro[611] e Renato Brasileiro de Lima[612]. A segunda corrente, defendida por Tourinho Filho[613], alega que, quando a vítima se retrata da representação, a punibilidade estará extinta, e por isso não poderá haver nova representação.

Sucessão ou substituição processual: em caso de morte ou declaração de ausência da vítima, o direito de representar passa ao cônjuge, ascendentes, des-

---

[610] Lei n. 11.340/2006, "Art. 16. Nas ações penais públicas condicionadas à representação da ofendida de que trata esta Lei, só será admitida a renúncia à representação perante o juiz, em audiência especialmente designada com tal finalidade, antes do recebimento da denúncia e ouvido o Ministério Público".

[611] AVENA, Norberto Cláudio Pâncaro. *Processo penal*. 9. ed. São Paulo: Método, 2017. p. 181.

[612] LIMA, Renato Brasileiro de. *Manual de processo penal*. 5. ed. Salvador: JusPodivm, 2017. p. 52.

[613] TOURINHO FILHO, Fernando da Costa. *Processo penal*. 26. ed. São Paulo: Saraiva, 2004. v. 1. p. 354.

cendentes ou aos irmãos[614]. Esse rol é *preferencial*, e não *solidário*: havendo mais de um dos indivíduos ali previstos, a ordem ali estabelecida deve ser respeitada: se o cônjuge for vivo, somente a ele se passa a habilitação para representar. Se não há cônjuge, mas há ascendente, somente a este é passada a representação, e assim por diante.

Poderia o *companheiro*, a pessoa em união estável com o ofendido falecido, herdar aptidão para representar contra o crime? O debate é possível, em virtude de o companheiro se equiparar constitucionalmente ao cônjuge, razão pela qual seria possível sustentar sua possível legitimação para representar em leitura adequada ao art. 226, § 3º[615], da CRFB/88. A posição, contudo, pode ser questionada a partir do debate sobre a legalidade estrita.

Idade do representante: a partir de 18 anos, o ofendido pode exercer a representação. Contudo, o art. 34 do CPP positiva possibilidade curiosa para o exercício do direito de queixa: "Art. 34. Se o ofendido for menor de 21 (vinte e um) e maior de 18 (dezoito) anos, o direito de queixa poderá ser exercido por ele ou por seu representante legal".

Esse dispositivo parece prever uma espécie de *legitimidade concorrente*, porque estabelece que tanto o ofendido quanto seu representante legal têm aptidão para representar, a partir dos 18 e antes dos 21 anos completos. No entanto, é cediço que o art. 5º do CC/2002 revogou o art. 34 do CPP, pois não há mais falar em representante legal daquele que é *absolutamente capaz*.

No que diz respeito aos menores de 18 anos, apenas seu representante legal poderá representar, ainda que emancipado. Isso porque a emancipação somente afeta a capacidade plena para os atos da vida civil, não possuindo capacidade para agir sozinho no âmbito criminal.

Conflito de interesses entre o ofendido e seu representante legal: quando o ofendido menor de 18 anos for vítima de crime que demande representa-

---

[614] CPP, "Art. 24. Nos crimes de ação pública, esta será promovida por denúncia do Ministério Público, mas dependerá, quando a lei o exigir, de requisição do Ministro da Justiça, ou de representação do ofendido ou de quem tiver qualidade para representá-lo. § 1º No caso de morte do ofendido ou quando declarado ausente por decisão judicial, o direito de representação passará ao cônjuge, ascendente, descendente ou irmão".

[615] CRFB/88, "Art. 226. A família, base da sociedade, tem especial proteção do Estado. [...] § 3º Para efeito da proteção do Estado, é reconhecida a união estável entre o homem e a mulher como entidade familiar, devendo a lei facilitar sua conversão em casamento [...]".

ção, esta incumbirá ao seu representante legal. Ocorre que pode acontecer de haver conflito de interesses entre o representante legal e o ofendido, como no exemplo mais clássico de *ser o representante o próprio autor do delito*. Como solucionar esse impasse?

O art. 33[616] do CPP estabelece a solução, remetendo à figura do *curador especial*. O curador especial a que alude o texto legal é a Defensoria Pública. Assim prevê o art. 4º, VI, da Lei Orgânica da Defensoria Pública, LC n. 80/94: "Art. 4º São funções institucionais da Defensoria Pública, dentre outras: [...] VI – atuar como Curador Especial, nos casos previstos em lei; [...]".

Similarmente à esfera processual penal, pode ocorrer também a atuação da curadoria especial junto à Vara da Infância e da Juventude, como determina o art. 142[617] do Estatuto da Criança e do Adolescente (ECA).

DICA DO AUTOR: Embora o CPP (art. 33) e o ECA (art. 42) utilizem o verbo "nomear" para indicar a atividade judicial em relação ao curador especial, trata-se de uso não técnico[618], porquanto a curadoria especial já seja função institucional da Defensoria Pública e os defensores públicos sejam nomeados em razão de sua aprovação no concurso público. Assim sendo, deparando-se com a necessidade de atuação da curadoria especial, cabe ao juízo determinar a intimação do defensor público natural.

Vinculação do MP à representação: a representação do ofendido não obriga o MP a oferecer denúncia, de forma alguma. Ela apenas preenche uma condição de procedibilidade dessa ação, e as demais deverão ainda ser apuradas pelo MP a fim de viabilizar a denúncia.

(2) **Requisição do Ministro da Justiça**

O termo "requisição", tecnicamente, significa ordem. Por isso, pode-se dizer que ele foi empregado no sentido errado, ao se identificar a necessária

---

[616] CPP, "Art. 33. Se o ofendido for menor de 18 (dezoito) anos, ou mentalmente enfermo, ou retardado mental, e não tiver representante legal, ou colidirem os interesses deste com os daquele, o direito de queixa poderá ser exercido por *curador especial*, nomeado, de ofício ou a requerimento do Ministério Público, pelo juiz competente para o processo penal".

[617] ECA, "Art. 142. Os menores de dezesseis anos serão representados e os maiores de dezesseis e menores de vinte e um anos assistidos por seus pais, tutores ou curadores, na forma da legislação civil ou processual. Parágrafo único. A autoridade judiciária dará curador especial à criança ou adolescente, sempre que os interesses destes colidirem com os de seus pais ou responsável, ou quando carecer de representação ou assistência legal ainda que eventual".

[618] GONZÁLEZ, Pedro; CASAS MAIA, Maurilio. Legitimidade institucional e a nomeação judicial do defensor público como curador especial. *Revista de Direito da Defensoria Pública do Estado do Rio de Janeiro*, Rio de Janeiro, ano 29, n. 27, p. 88-104, dez. 2017.

manifestação prévia do Ministro da Justiça para deflagrar a ação penal, conforme exigido. Trata-se, assim como a representação do ofendido, de uma autorização, e não de uma ordem para a ação penal.

Essa figura só existe porque há crimes dotados de severa carga política em sua persecução. Por isso, é dado a um agente político de alto escalão avaliar a conveniência ou não da persecução penal.

Como exemplo, citam-se os *crimes contra a honra do Presidente da República ou chefe de governo estrangeiro*, e a condicionante vem apresentada no art. 145, parágrafo único[619], referindo-se ao inciso I[620] do art. 141 do CP.

A requisição do Ministro da Justiça tem algumas características próprias, diferentes da representação do ofendido. Essa requisição não está sujeita à decadência, podendo ser ofertada a qualquer tempo enquanto a infração não estiver prescrita ou a punibilidade extinta por qualquer outra causa, tampouco é passível de retratação.

Assim como a representação do ofendido, a requisição do Ministro da Justiça não vincula o MP a denunciar e só diz respeito aos fatos criminosos, ou seja, é *objetiva*: o MP poderá exercer a *persecutio criminis* contra quem se apresentar suspeito.

■ **Da ação penal privada**

Nessas hipóteses, a titularidade da ação penal é acometida ao particular. Por determinada visão, tal particular atuaria em nome próprio, contudo na tutela de interesse alheio (*jus puniendi* do Estado). A queixa-crime é a peça inaugural das ações penais de iniciativa privada. O autor de demanda recebe o nome de *querelante*, ao passo que o réu é o *querelado*. Os princípios norteadores foram examinados no ponto respectivo. Passemos à análise das espécies de ação penal privada:

(1) **Da ação penal exclusivamente privada ou propriamente dita**: esta é a ação exclusivamente privada, ou seja, é aquela cujo exercício compete ao ofen-

---

[619] CP, "Art. 145. Nos crimes previstos neste Capítulo somente se procede mediante queixa, salvo quando, no caso do art. 140, § 2º, da violência resulta lesão corporal. Parágrafo único. Procede-se mediante requisição do Ministro da Justiça, no caso do inciso I do *caput* do art. 141 deste Código, e mediante representação do ofendido, no caso do inciso II do mesmo artigo, bem como no caso do § 3º do art. 140 deste Código" (Redação dada pela Lei n. 12.033/2009).

[620] CP, "Art. 141. As penas cominadas neste Capítulo aumentam-se de um terço, se qualquer dos crimes é cometido: I – contra o Presidente da República, ou contra chefe de governo estrangeiro; [...]".

dido, ou a quem legalmente o represente, desde o início, desde sempre, e com possibilidade de sucessão processual. O exercício do direito de ação cabe ao ofendido ou ao seu representante legal (art. 30 do CPP). No caso de morte da vítima, o direito de ação transfere-se ao cônjuge (sendo possível discutir uma interpretação constitucional sobre a ampliação da legitimidade da companheira), ascendentes, descendentes e irmãos, nesta ordem (art. 31 do CPP).

(2) **Da ação penal privada personalíssima**: consiste na ação penal privada que somente pode ser ajuizada pelo ofendido. Subsiste apenas um crime cuja ação penal é desta espécie, o crime de *induzimento a erro essencial e ocultação de impedimento*, do art. 236[621] do CP.

Ressalte-se que apenas o ofendido pode deflagrar a ação, e somente ele pode dar andamento, o que significa que, falecendo o ofendido, haverá a extinção da punibilidade pela perempção, pois não se admite a sucessão processual. Portanto, trata-se de ação *intransmissível*.

Essa ação é tão pessoal que, se a vítima for incapaz, por doença mental ou qualquer outro motivo, a ação penal simplesmente não poderá ser deflagrada, diante da impossibilidade de que o representante legal a promova.

(3) **Da ação penal privada subsidiária da pública**: com fundamento constitucional[622] e legal[623], esta ação só pode ser admitida quando houver *inércia do MP* em promover a denúncia em relação a crime que seja originalmente de persecução em ação penal pública. É iniciada por *queixa substitutiva* ou *subsidiária*. Essa ação, sem embargo de não ter sido ajuizada pelo MP, rege-se pelos princípios da ação penal pública, sendo inaplicáveis institutos da ação penal privada como o perdão do ofendido e a perempção.

DICA DO AUTOR: Uma questão que se coloca diz respeito à seguinte situação: havendo dois coautores de um crime, o membro do MP somente denuncia

---

[621] "Art. 236. Contrair casamento, induzindo em erro essencial o outro contraente, ou ocultando-lhe impedimento que não seja casamento anterior: Pena – detenção, de seis meses a dois anos. Parágrafo único. A ação penal depende de queixa do contraente enganado e não pode ser intentada senão depois de transitar em julgado a sentença que, por motivo de erro ou impedimento, anule o casamento."

[622] CRFB/88, "Art. 5º [...] LIX – será admitida ação privada nos crimes de ação pública, se esta não for intentada no prazo legal".

[623] CPP, "Art. 29. Será admitida ação privada nos crimes de ação pública, se esta não for intentada no prazo legal, cabendo ao Ministério Público aditar a queixa, repudiá-la e oferecer denúncia substitutiva, intervir em todos os termos do processo, fornecer elementos de prova, interpor recurso e, a todo tempo, no caso de negligência do querelante, retomar a ação como parte principal".

um deles, sem se manifestar sobre o outro, não o denunciando nem pedindo o arquivamento do inquérito. Caberá a queixa subsidiária contra o coautor omitido na denúncia? O entendimento corrente é de que não houve, aqui, inércia: bem ou mal, o MP ofereceu denúncia. Não pode, a omissão, ser interpretada como uma inércia parcial, ensejadora da queixa subsidiária contra um dos coautores.

A natureza jurídica da atuação do promotor, nesta ação penal, é de interveniente adesivo obrigatório, ou seja, é sua incumbência manifestar-se em todos os termos da ação, sob pena de nulidade relativa. A sua atuação é regida pelo art. 29 do CPP, já transcrito. Assim, o MP poderá aditar a queixa, tanto *subjetiva* quanto *objetivamente*; poderá repudiar a queixa, se a entender mal formulada, caso em que oferecerá denúncia substitutiva etc. Outrossim, o membro do MP poderá retomar a ação quando perceber que há qualquer desídia processual, negligência ou ato ímprobo por parte do querelante.

As ações penais públicas, como se viu, seguem regidas pelo princípio da obrigatoriedade, ou seja, se há o preenchimento dos requisitos, o MP deve formar sua *opinio delicti* e oferecer a denúncia – ou, da mesma forma, se não preenchidas as condições da ação, formar sua *opinio* no sentido contrário, promovendo o arquivamento do inquérito ou a continuidade da investigação.

Essa atuação do MP, em apreço à obrigatoriedade, deve respeitar um lapso temporal estabelecido em lei (art. 46[624] do CPP).

Assim, o prazo para que o MP aja é de cinco dias para indiciado preso, e quinze dias quando solto. Veja que o prazo é para o MP *agir*, formar sua *opinio delicti*, e não para denunciar, obrigatoriamente. Desse modo, é assente o entendimento de **não** ser possível ação penal privada subsidiária da pública se o MP promove o arquivamento.

O *prazo* para oferta da *queixa subsidiária* é de seis meses, e começa a contar desde o término do prazo para denúncia, que é de cinco dias desde o

---

[624] CPP, "Art. 46. O prazo para oferecimento da denúncia, estando o réu preso, será de 5 dias, contado da data em que o órgão do Ministério Público receber os autos do inquérito policial, e de 15 dias, se o réu estiver solto ou afiançado. No último caso, se houver devolução do inquérito à autoridade policial (art. 16), contar-se-á o prazo da data em que o órgão do Ministério Público receber novamente os autos. § 1º Quando o Ministério Público dispensar o inquérito policial, o prazo para o oferecimento da denúncia contar-se-á da data em que tiver recebido as peças de informações ou a representação. § 2º O prazo para o aditamento da queixa será de 3 dias, contado da data em que o órgão do Ministério Público receber os autos, e, se este não se pronunciar dentro do tríduo, entender-se-á que não tem o que aditar, prosseguindo-se nos demais termos do processo".

dia em que o promotor receber o inquérito, para indiciado preso, e quinze dias para o indiciado solto, como dispõe o art. 46 do CPP – quando surge então a "legitimidade extraordinária" do ofendido. Note-se que o direito de queixa só surge no dia seguinte ao término do prazo do MP, mas não implica substituição da legitimidade: o MP continuará incumbido de ofertar denúncia, mesmo após o transcurso do prazo previsto, sendo impedido apenas se o querelante o fizer primeiro.

No processo penal, *a legitimidade extraordinária exclui a ordinária*. Veja: a legitimidade extraordinária pode ser originariamente detida pelo ofendido, ou ser subsidiária à legitimidade ordinária do MP. No primeiro caso, em que a legitimidade extraordinária é originária, trata-se da ação penal privada *exclusiva*; no segundo caso, em que a legitimidade extraordinária é *subsidiária*, trata-se da ação penal privada subsidiária da pública.

Pelo ensejo, vale traçar algumas linhas definidoras de conceitos fundamentais a este estudo.

O direito de punir, o *jus puniendi*, pertence ao Estado. Na teoria geral do processo, o critério mais primário para identificar quem tem o direito de ação é analisar quem tem o direito material: em tese, quem detém direito material, detém o direito de ação, e a legitimidade para agir. No processo penal, então, quem teria o direito de ação seria o Estado, detentor do direito material de acusar e punir. Por isso, *a legitimidade do Estado é ordinária*, e este se faz manifestado através do MP, *presentante* público como titular da ação penal.

Todavia, como se sabe, o direito de ação nem sempre é exercido apenas pelo detentor do direito material. Quando se vai a juízo pleitear direito material *alheio* em nome *próprio* – e em processo civil as hipóteses ocorrem em profusão –, se está diante da *legitimidade extraordinária*.

No processo civil, o legitimado extraordinário, via de regra, tem legitimidade concorrente com o legitimado ordinário (salvo poucas exceções). No processo penal, contudo, a legitimidade extraordinária, como dito, exclui a ordinária: o MP, presentando o Estado, é o legitimado ordinário; na ação penal privada exclusiva, a legitimidade do ofendido, originária, é extraordinária – pois o direito de punir, direito material, continua pertencendo ao Estado –, e exclui a do MP, legitimado ordinário: somente o legitimado extraordinário, o ofendido, é legitimado para agir. O MP, como braço estatal, não pode oferecer denúncia quando o crime é de ação penal privada.

Na *ação penal privada subsidiária da pública*, o ofendido tem a legitimidade extraordinária, pois mesmo ali a pretensão punitiva continua sendo do Estado. Todavia, essa ação representa a única exceção à máxima da exclusão do legitimado ordinário pelo extraordinário: após o prazo do MP, na sua inércia, surge para a vítima a legitimação extraordinária, pelo prazo decadencial de seis meses, mas essa legitimidade extraordinária não exclui a legitimação do MP. Assim, trata-se de um caso excepcional em que, por seis meses, haverá *legitimidade concorrente* entre o legitimado extraordinário e o ordinário, ofendido e MP.

Passados seis meses do prazo previsto para o querelante propor a queixa, ocorre a chamada **decadência imprópria**. Esse prazo *decadencial* consta do art. 38[625] do CPP, e na verdade, tecnicamente, é um prazo *preclusivo* nessas ações penais privadas subsidiárias: ele não extingue a punibilidade, pois o MP, até a prescrição do crime, ainda poderá oferecer denúncia, apenas estando precluso o direito de queixa do particular.

Mas repare que o prazo decadencial só opera efeitos para o legitimado extraordinário. Apenas para o ofendido terá efeito tal prazo. Isso porque, como se sabe, a regra é que a decadência cause a extinção da punibilidade, como determina o art. 107, IV, do CP – como de fato ocorre na ação penal privada exclusiva –, mas, na subsidiária, a existência de outro legitimado concorrente – o MP, legitimado ordinário – impede que a punibilidade seja extinta.

Não há obrigatoriedade do oferecimento pelo ofendido da queixa subsidiária. Após receber a legitimidade subsidiária, o ofendido não estará, por isso, obrigado a agir, pois seu exercício de ação continua sendo um direito, e não um dever.

No momento em que o ofendido oferece a queixa subsidiária (que é mais tecnicamente uma *queixa substitutiva*), a legitimidade do MP se desvanece, mas não desaparece. Ao contrário, se a vítima nada faz, e o seu prazo decadencial corre *in albis*, a decadência se opera, mas, como dito, apenas para o ofendido: a punibilidade não resta extinta. E como o MP ainda é legitimado ordinário, continua tendo a possibilidade de oferecer denúncia, mesmo após a decadência do direito de queixa do ofendido: enquanto o crime não prescrever,

---

[625] CPP, "Art. 38. Salvo disposição em contrário, o ofendido, ou seu representante legal, decairá no direito de queixa ou de representação, se não o exercer dentro do prazo de seis meses, contado do dia em que vier a saber quem é o autor do crime, ou, no caso do art. 29, do dia em que se esgotar o prazo para o oferecimento da denúncia. Parágrafo único. Verificar-se-á a decadência do direito de queixa ou representação, dentro do mesmo prazo, nos casos dos arts. 24, parágrafo único, e 31".

ou sobrevier qualquer outra causa de extinção da punibilidade, o MP continua legitimado à ação penal pública.

Em síntese, o ofendido é o legitimado extraordinário, sempre que puder ajuizar ação penal em seu nome – o que só ocorre nas ações penais privadas, exclusivas ou subsidiárias da pública.

O MP, quando recebe a queixa substitutiva para se manifestar, não pode pretender assumir o processo, pois sua inércia deu ao ofendido a titularidade. Desde então, o MP atuará como *custos legis ou custos iuris (ou interveniente adesivo obrigatório)*, intervindo em todos os atos do processo, podendo propor provas, recorrer se a vítima não o fizer e manifestar-se a qualquer tempo.

Se a queixa, no entanto, for inepta, inábil a provocar corretamente a jurisdição – estando todas as condições da ação presentes, porém –, o MP irá opinar pelo não recebimento da queixa e oferecerá denúncia substitutiva. Sendo recebida a *denúncia substitutiva*, instaura-se uma ação penal pública, desde o nascedouro do processo. Nada impede, porém, que o ofendido, como se viu, pleiteie sua incursão no processo como assistente de acusação.

Nas ações penais privadas exclusivas, a vítima pode desistir, como se sabe: pode dispor da ação penal, pelos diversos meios possíveis. Na ação penal privada subsidiária da pública, se o querelante realizar algum ato de disposição, ou qualquer ato de desídia processual – como faltar a alguma audiência –, o MP deverá retomar a ação desde então. A ação penal privada subsidiária não é disponível, como se pôde notar, pelo que a perempção e o perdão não são cabíveis.

DICA DO AUTOR : Pode acontecer de a queixa não ser inepta, mas não ser perfeita: pode faltar-lhe precisão na descrição dos fatos, ou na capitulação das qualificadoras, por exemplo. Poderá o MP aditar a queixa? O art. 29 do CPP é claro[626]: pode haver esse aditamento, pois o MP é o legitimado ordinário da ação para aquele crime.

■ Casos específicos

Ação penal popular (arts. 14, 41 e 75 da Lei n. 1.079/50): trata-se da faculdade atribuída a qualquer cidadão de oferecer denúncia, por crime de res-

---

[626] CPP, "Art. 29. Será admitida ação privada nos crimes de ação pública, se esta não for intentada no prazo legal, cabendo ao Ministério Público aditar a queixa, repudiá-la e oferecer denúncia substitutiva, intervir em todos os termos do processo, fornecer elementos de prova, interpor recurso e, a todo tempo, no caso de negligência do querelante, retomar a ação como parte principal".

ponsabilidade, contra determinados agentes políticos, perante a Câmara, o Senado Federal ou Assembleia Legislativa. A questão aqui é basicamente de terminologia, pois o dispositivo cuida, em verdade, de uma **notícia do crime** (*notitia criminis*), não como significado de peça inaugural da ação penal pública.

DICA DO AUTOR: Há quem defenda que o *habeas corpus* seria uma espécie de ação penal popular, devido a sua ampla legitimidade para propositura. Contudo, o *habeas corpus* é ação de natureza constitucional vocacionada à tutela da liberdade, cabível, inclusive, também na esfera cível.

Ação penal de prevenção penal: é aquela ação ajuizada com o objetivo de se aplicar ao inimputável do art. 26, *caput*, do CP, exclusivamente, medida de segurança. Verificando-se que o acusado em virtude de doença mental ou desenvolvimento mental incompleto ou retardado era, ao tempo da ação ou omissão, absolutamente incapaz de entender o caráter ilícito do fato ou determinar-se de acordo com esse entendimento, deve o inimputável ser absolvido (absolvição imprópria), aplicando-se a ele medida de segurança.

Ação penal *ex officio*: o art. 531 do CPP, antes do advento da Lei n. 11.719/2008, consagrava o processo *judicialiforme*, o qual já fora estudado em outro ponto, que consistia, em linhas gerais, na possibilidade de início da ação penal das contravenções penais por meio de auto de prisão em flagrante delito ou por portaria expedida pelo delegado ou magistrado, de ofício ou a requerimento do MP. Entretanto, tal dispositivo, que era incompatível com a CRFB/88, foi revogado pela lei já citada. Dessa forma, a única possibilidade de concessão de ofício seria a ordem de *habeas corpus* (art. 654, § 2º, do CPP), que para alguns autores teria natureza de ação penal[627].

Ação penal secundária: ocorre quando a lei prevê como regra uma modalidade de ação e, por circunstâncias aplicadas ao caso, prevê secundariamente outra espécie de ação para aquela infração ou condicionada a legitimidade. Um exemplo é o crime contra honra (ação penal privada – regra), e no caso de crime contra honra praticado contra o presidente da República, a ação passa a ser pública condicionada à requisição do Ministro da Justiça.

Ação penal adesiva: de acordo com Nestor Távora e Rosmar Alencar[628], a ação penal adesiva é também chamada de intervenção adesiva facultativa e

---

[627] TÁVORA, Nestor; ALENCAR, Rosmar. *Curso de direito processual penal*. 12. ed. Salvador: JusPodivm, 2017. p. 281.
[628] Idem, ibidem, p. 288.

consiste na possibilidade de militarem no polo ativo, em conjunto, o MP e o querelante, nos casos em que houver hipótese de conexão ou continência entre os crimes de ação de iniciativa pública e ação penal de iniciativa privada.

Crime contra a honra do servidor no exercício da função: de acordo com o art. 145, parágrafo único, do CP, no caso de crime contra honra de funcionário público em razão de suas funções (*propter officium*), a ação penal será pública condicionada à representação. No entanto, o STF passou a entender, editando inclusive a Súmula 714[629], que também seria cabível ação penal de iniciativa privada.

Crime de injúria qualificada ou injúria racial: entende-se que o crime de injúria qualificada ou racial previsto no art. 140, § 3º, do CP estava submetido à ação penal privada. Contudo, a Lei n. 12.033/2009 alterou a redação do art. 145, parágrafo único, do CP, passando a determinar que esse crime ficasse sujeito a ação penal pública condicionada à representação do ofendido. Quanto à aplicação da Lei n. 12.033/2009 no tempo, esta não deve(ria) retroagir, sendo certo que o crime cometido antes do seu advento continua como de ação penal privada, sendo a alteração na lei aplicada apenas para crimes cometidos após sua entrada em vigor – tratando-se de posição mais favorável à defesa (*favor rei*).

13. SÃO PAULO DENÚNCIA E QUEIXA-CRIME. GARANTIAS DO PROCESSO PENAL. SANTA CATARINA DENÚNCIA E QUEIXA-CRIME

A petição inicial acusatória é a peça inaugural do processo, contendo a imputação formulada pelo acusador. Nos crimes de ação penal pública recebe o nome de **denúncia**, enquanto nas ações penais privadas é denominada **queixa-crime**.

■ **Requisitos da inicial acusatória (denúncia ou queixa)**

Os requisitos tanto da denúncia quanto da queixa estão delineados no art. 41[630] do CPP. Estes são os *requisitos essenciais* da denúncia, em rol *exemplificativo*, podendo haver outros elementos a preencher essa peça:

---

[629] Enunciado Sumular 714 do STF: "É concorrente a legitimidade do ofendido, mediante queixa, e do Ministério Público, condicionada à representação do ofendido, para a ação penal por crime contra a honra de servidor público em razão do exercício de suas funções".

[630] CPP, "Art. 41. A denúncia ou queixa conterá a exposição do fato criminoso, com todas as suas circunstâncias, a qualificação do acusado ou esclarecimentos pelos quais se possa identificá-lo, a classificação do crime e, quando necessário, o rol das testemunhas".

(1) **Exposição do fato criminoso, com todas as suas circunstâncias:** as circunstâncias a serem descritas são de meio, lugar, modo de execução, qualidade da vítima, e tudo o mais que for relevante à apuração do crime – sendo essa conclusão da exigência de exposição do fato com *todas as suas circunstâncias*. Essa obrigatoriedade faz atendido um princípio basilar: o da *ampla defesa*. Observe-se: como o réu se defende de fatos, é fundamental a exaustiva descrição dos fatos imputados, viabilizando-se a correta defesa. A imputação genérica, fosse possível, inviabilizaria o exercício da ampla defesa e do contraditório, pois o réu não saberia ao certo quais as circunstâncias fáticas contra si imputadas.

(2) **A qualificação do acusado ou esclarecimentos pelos quais se possa identificá-lo:** o autor da ação penal deve qualificar o acusado, sendo possível, contudo, que ao menos indique elementos permissivos da correta individualização do imputado. Assim – se o autor não dispuser de todos os dados de qualificação civil do acusado –, poderá se utilizar de outros dados permissivos da identificação deste último, tais como características físicas, sexo, altura, idade etc.

(3) **A classificação do crime:** refere-se à tipicidade ou definição jurídica do fato, a capitulação legal, que não vincula a defesa e nem o juiz, porquanto se tem afirmado, tradicionalmente, que o acusado se defende dos fatos alegados.

(4) **Rol de testemunhas:** é elemento facultativo na inicial acusatória. A jurisprudência já entendeu que o momento adequado para a apresentação seria quando do oferecimento da inicial acusatória. Contudo, a **Quinta Turma** do STJ[631] compreendeu que, antes de integrada a relação processual, seria possível

---

[631] "[...] Processo penal. [...] **Dever de cooperação.** Decisão que admite rol de testemunhas apresentado extemporaneamente. Nulidade. Inexistência. Ausência de prejuízo. [...]. 1. **Nos termos do artigo 284 do Código de Processo Civil, aplicado subsidiariamente ao processo penal, por força do artigo 3º do Diploma Processual Penal**, 'verificando o juiz que a petição inicial não preenche os requisitos exigidos nos arts. 282 e 283, ou que apresenta defeitos e irregularidades capazes de dificultar o julgamento de mérito, determinará que o autor a emende, ou a complete, no prazo de 10 dias'. 2. **O nosso sistema processual é informado pelo princípio da cooperação, sendo pois, o processo, um produto da atividade cooperativa triangular entre o juiz e as partes**, onde todos devem buscar a justa aplicação do ordenamento jurídico no caso concreto, não podendo o Magistrado se limitar a ser mero fiscal de regras, devendo, ao contrário, quando constatar deficiências postulatórias das partes, indicá-las, precisamente, a fim de evitar delongas desnecessárias e a extinção do processo sem julgamento do mérito. [...] 4. A intimação do Ministério Público para que este indique as provas que pretende produzir em Juízo e a juntada do rol de testemunhas pela acusação, após a apresentação da denúncia mas **antes da formação da relação processual, não enseja nenhum prejuízo** à defesa que tem amplas possibilidades de contraditar os elementos probatórios até então requeridos. [...]" (STJ, RHC 37.587/SC, rel. Min. Reynaldo Soares da Fonseca, 5ª Turma, j. 16-2-2016, *DJe* 23-2-2016).

a intimação ministerial, com aplicação subsidiária do CPC e do princípio da cooperação processual. Por outro lado, a **Sexta Turma** do STJ[632] decidiu-se em sentido contrário, com especial imposição de respeito ao sistema acusatório e à sua respectiva separação de funções, bem como para evitar a subversão das fases procedimentais previstas no diploma processual.

(5) **Pedido de condenação**: o pedido, em regra, na inicial acusatória, é pela condenação. No entanto, há duas **exceções**: na denúncia por crime doloso contra a vida, o pedido é pela *pronúncia*, pois a condenação só será pedida ao Júri quando do "libelo". Na denúncia de acusado inimputável, o pedido é pela *absolvição imprópria*, pois a narrativa identifica um fato típico e antijurídico, mas como não culpável, não se pedindo a condenação, mas sim a aplicação de medida de segurança, e a sentença será absolutória imprópria.

(6) **Endereçamento**: é a indicação do órgão jurisdicional competente para processar e julgar a ação, intimamente relacionado com a fixação de competência.

(7) **Nome e assinatura**: a inicial deve conter nome e assinatura do autor. A ausência de assinatura pode levar à inexistência do ato, caso não seja possível identificar o autor. Por outro lado, sendo possível, passa a ser considerada mera irregularidade a ser saneada.

A inicial acusatória que não contiver um desses requisitos do art. 41 do CPP, um desses elementos essenciais, será considerada *inepta*, não sendo hábil a provocar a jurisdição, e deve ser rejeitada na forma do art. 395, I, do CPP.

---

[632] "Processo penal. Recurso em *habeas corpus*. Moeda falsa. Denúncia. Oferecimento. Ausência de rol de testemunhas. Retorno dos autos ao *parquet* para correção. Ilegalidade. Reconhecimento. Recurso provido. 1. O processo revela-se como encadeamento de atos procedimentais teleologicamente encadeados, [...]. A bem da técnica, as diversas fases do rito são suplantadas por meio da preclusão. Na espécie, o Ministério Público, após o oferecimento da denúncia, recebeu do magistrado, indevidamente, uma segunda chance para a apresentação do rol de testemunhas que, inadvertidamente, não constou da petição inicial. Não prospera o argumento de que não se deveria reconhecer a nulidade porquanto 'as provas são destinadas ao juiz', que sempre as poderia produzir de ofício. Trata-se de compreensão que deve ser revista. O **juiz cumpre papel fundamental na cristalização das garantias constitucionais. Logo, ele deve ser o principal patrocinador do devido processo legal, e, nunca, arvorar-se na condição altiva de sumo destinatário da prova, como se não houvesse algo muito maior do que ele, a Justiça**, à qual deve prestar, sempre e sempre, reverência. [...]. O magistrado torceu o procedimento, em **franca e indevida camaradagem com o órgão acusador, e, assim comportando-se, tingiu de ilegalidade a ação penal**. Na espécie, **ao juiz não era dado fazer vistas grossas para a preclusão**. E, como a sua iniciativa probatória ocorre apenas de maneira subsidiária (HC 202.928/PR, rel. Ministro Sebastião Reis Júnior, rel. p/ Acórdão Ministro Rogerio Schietti Cruz, Sexta Turma, julgado em 15-5-2014, *DJe* 8-9-2014), não poderia, no exercício da faculdade, supletiva, prevista no artigo 209 do Código de Processo Penal, inaugurar e produzir toda a prova acusatória em juízo. [...]" (STJ, RHC 45.921/SP, rel. Min. Maria Thereza de Assis Moura, 6ª Turma, j. 16-12-2014, *DJe* 29-5-2015).

No **Concurso da Defensoria Pública de Minas Gerais (2019, FUNDEP)**, considerou-se INCORRETA a assertiva que dispunha: "Verificando que a denúncia não preencheu seus requisitos formais estabelecidos no art. 41 do Código de Processo Penal, o juiz deverá determinar a sua emenda". Na questão, houve uma clara tentativa de misturar o regime da petição inicial processual civil e o regime da denúncia processual penal, motivo pelo qual a assertiva se encontra equivocada, mormente pela ótica das garantias da defesa.

■ Imputação genérica (denúncia ou queixa genérica)

Havendo concurso de pessoas, a denúncia deverá individualizar precisamente a conduta e os fatos referentes a cada um dos acusados. Não pode haver a descrição genérica do ocorrido (**denúncia ou queixa genérica**), devendo ser especificada a exata participação de cada um dos agentes imputados.

Todavia, tem-se indicado exceção nos *crimes societários e multitudinários*, nos quais haveria uma grande gama de pessoas envolvidas, a delimitação precisa de cada conduta poderia ser impossível e nesse caso o STF admitiria, segundo alguns autores, a denúncia genérica[633]. No entanto, a Corte Constitucional[634] faz distinção entre *denúncia genérica* (aponta fato incerto e imprecisamente descrito) e *denúncia geral* (acusação da prática de fato específico atribuído a diversas pessoas ligadas por circunstâncias comuns, mas sem a indicação minudente da responsabilidade interna e individual dos imputados). Nesse cenário, conforme lição de Renato Brasileiro[635], a admissibilidade de "denúncias gerais": "**não pode servir de escudo retórico para a não descrição mínima da participação de cada agente na conduta delitiva**. Uma coisa é a desnecessidade de pormenorizar. Outra é a ausência absoluta de vínculo do fato descrito com a pessoa do denunciado".

---

[633] TÁVORA, Nestor; ALENCAR, Rosmar. *Curso de direito processual penal*. 12. ed. Salvador: JusPodivm, 2017. p. 288.

[634] "[...] 2. Não há abuso de acusação na denúncia que, ao tratar de crimes de autoria coletiva, deixa, por absoluta impossibilidade, de esgotar as minúcias do suposto cometimento do crime. 3. **Há diferença entre denúncia genérica e geral**. Enquanto naquela se aponta fato incerto e imprecisamente descrito, na última há acusação da prática de fato específico atribuído a diversas pessoas, ligadas por circunstâncias comuns, mas sem a indicação minudente da responsabilidade interna e individual dos imputados. 4. Nos casos de denúncia que verse sobre delito societário, não há que se falar em inépcia quando a acusação descreve minimamente o fato tido como criminoso. [...]" (STF, HC 118.891, rel. Min. Edson Fachin, 1ª Turma, j. 1º-9-2015).

[635] LIMA, Renato Brasileiro de. *Manual de processo penal*. 5. ed. Salvador: JusPodivm, 2017. p. 303.

Por outro lado, o STF[636] vem concedendo a ordem de *habeas corpus* em vários precedentes recentes, considerando a inépcia da denúncia por conta da não descrição das condutas dos agentes.

■ **Imputação alternativa (denúncia ou queixa alternativa)**

Consiste na descrição de fatos que podem ensejar a condenação em uma ou outra imputação penal (imputação alternativa objetiva) ou na imputação alternativa de uma infração a pessoas diversas (imputação alternativa subjetiva). Exemplificando: os mesmos fatos narrados podem configurar um ou outro crime, e a inicial acusatória, para açambarcar todas as hipóteses, fará constar ambas as classificações, pedindo que haja condenação em uma ou outra (imputação alternativa objetiva).

A imputação alternativa não pode ser admitida por claramente violar a ampla defesa, pois a acusação certa e delimitada é condição necessária para o bom exercício do direito de defesa penal.

■ **Prazo para oferecimento da denúncia e aditamento à denúncia**

O prazo para oferecimento da denúncia consta do art. 46 do CPP[637] e é de **cinco dias** em se tratando de investigado preso, e, para investigado solto, de **quinze dias**, contados da data em que o MP receber os autos do inquérito.

Há, entretanto, prazos especiais para oferecimento da denúncia, constantes de legislação especial. São eles: (1) **dez dias** para crime eleitoral (art. 357 do Código Eleitoral); (2) **dez dias** para crimes previstos na Lei de Tóxicos (art. 54, III, da Lei n. 11.343/2006); (3) **48 horas** para crime de abuso de autoridade (art. 13 da Lei n. 4.898/65); (4) **dois dias** para crimes contra a economia popular (art. 10, § 2º, da Lei n. 1.521/51).

---

[636] HC 136.250/PE, rel. Min. Ricardo Lewandowski, 2ª Turma, *DJe* 22-8-2017; HC 127.415/SP, rel. Min. Gilmar Mendes, 2ª Turma, *DJe* 27-9-2016.

[637] CPP, "Art. 46. O prazo para oferecimento da denúncia, estando o réu preso, será de 5 dias, contado da data em que o órgão do Ministério Público receber os autos do inquérito policial, e de 15 dias, se o réu estiver solto ou afiançado. No último caso, se houver devolução do inquérito à autoridade policial (art. 16), contar-se-á o prazo da data em que o órgão do Ministério Público receber novamente os autos. § 1º Quando o Ministério Público dispensar o inquérito policial, o prazo para o oferecimento da denúncia contar-se-á da data em que tiver recebido as peças de informações ou a representação. § 2º O prazo para o aditamento da queixa será de 3 dias, contado da data em que o órgão do Ministério Público receber os autos, e, se este não se pronunciar dentro do tríduo, entender-se-á que não tem o que aditar, prosseguindo-se nos demais termos do processo".

No que diz respeito ao **aditamento**, este deve ser tratado, para todos os efeitos, como uma **nova denúncia**. Assim, deve preencher todos os requisitos essenciais da denúncia, previstos no já abordado art. 41 do CPP. **Aditar** é acrescentar, incluir novos fatos ou novas pessoas, e por isso o aditamento pode ser **objetivo**, quando se refere a fatos, ou **subjetivo**, quando se refere a pessoas.

Há quem classifique o aditamento quanto à finalidade e quanto à oportunidade. Norberto Avena[638] afirma que, *quanto à finalidade*, o aditamento pode ser **próprio** ou **impróprio**:

(1) O *aditamento próprio* recai sobre fatos, dispositivos legais ou sujeitos – subdividindo-se em: (1.1) *aditamento próprio real*: concerne, direta ou indiretamente, ao fato imputado, podendo ser: (1.2) *aditamento próprio real legal*: tem por base a disciplina estabelecida por diplomas penais ou processuais penais, podendo ser ainda (1.2.1) **aditamento próprio real legal adjetivo**: destinado a modificar o rito processual cabível na espécie; ou (1.2.2) **substantivo**, visando alterar a definição jurídica (capitulação) do fato imputado, sem, contudo, alterar sua descrição, em exemplo similar ao ocorrido com aplicação do art. 383[639] do CPP, quando o aditamento é facultativo;

(1.3) *aditamento próprio real material*: nesta forma de aditamento, a inovação acrescida recai sobre o fato objeto da perquirição penal, incluindo-se elementos e/ou circunstâncias não presentes na denúncia ou queixa inicialmente apresentada, englobando crimes conexos, correspondendo à hipótese do art. 384, *caput*, do CPP.

(1.4) *aditamento próprio pessoal*: tal aditamento ocorrerá com a expansão de sujeitos no polo passivo da demanda processual penal.

(2) *Aditamento impróprio*: ocorre em relação a dados não incidentes sobre os elementos centrais da petição inicial acusatória, tal como na *retificação* de datas, *ratificação* para validar[640] representação de incapaz, *suprimir* dados equivocados ou esclarecer informações anteriormente prestadas.

---

[638] AVENA, Norberto Cláudio Pâncaro. *Processo penal*. 9. ed. São Paulo: Método, 2017. p. 209.
[639] CPP, "Art. 383. O juiz, sem modificar a descrição do fato contida na denúncia ou queixa, poderá atribuir-lhe definição jurídica diversa, ainda que, em consequência, tenha de aplicar pena mais grave".
[640] CPP, "Art. 568. A nulidade por ilegitimidade do representante da parte poderá ser a todo tempo sanada, mediante ratificação dos atos processuais".

Em outra classificação, *quanto à oportunidade*, o aditamento pode ser espontâneo ou provocado: (1) *aditamento espontâneo*: é o aditamento realizado pelo membro do MP, por iniciativa própria; (2) *aditamento provocado*: de constitucionalidade duvidosa[641], ocorre quando o Judiciário provoca o titular da ação penal para a prática do aditamento, tal como na intimação ao PGJ (art. 384, § 1º, do CPP), em razão de o promotor natural se negar ao aditamento referido no art. 384, *caput*, do CPP.

■ Prazo para oferecimento da queixa-crime

A queixa como regra geral deve ser ofertada no prazo de **seis meses** contados do conhecimento da autoria da infração, ou, sendo a ação subsidiária da pública, do dia em que se esgotar o prazo para oferecimento da denúncia. Como o prazo tem natureza decadencial, como já visto em outro tópico, não se interrompe, nem se suspende e é contado na forma do art. 10 do CP.

No que diz respeito aos *crimes contra a propriedade imaterial* que deixem vestígios, o prazo nessas hipóteses é de **trinta dias**, contados da homologação do laudo, que ficará em cartório (art. 529 do CPP). Para Nestor Távora e Rosmar Rodrigues Alencar[642], é necessário compatibilizar essa regra com a regra do art. 38 do CPP. Assim, conhecendo o ofendido o autor do crime contra a propriedade imaterial, deflagra-se o prazo decadencial de seis meses para o exercício da ação. Com a conclusão do laudo, passa a dispor de trinta dias para ofertar a inicial acusatória. Ao órgão do MP, como *custos legis*, é facultado aditar a queixa-crime no prazo de **três dias**.

■ Rejeição da inicial acusatória

Nos termos do art. 395 do CPP, a denúncia ou queixa será rejeitada quando for (1) manifestamente **inepta**, (2) **faltar pressuposto processual ou condição** para o efetivo exercício da ação penal ou (3) **faltar justa causa** para o exercício da ação penal. Por inépcia da peça acusatória, deve-se entender justamente a não satisfação das exigências legais apontadas no art. 41 do CPP, notadamente pela debilidade ou ausência de narrativa fática. Quanto aos pressu-

---

[641] Segundo Avena, o aditamento provocado é "**de constitucionalidade questionável**" (AVENA, Norberto Cláudio Pâncaro. *Processo penal*. 9. ed. São Paulo: Método, 2017).

[642] TÁVORA, Nestor; ALENCAR, Rosmar. *Curso de direito processual penal*. 12. ed. Salvador: JusPodivm, 2017. p. 298.

postos e às condições para o exercício do direito de ação, já foram tratados em tópico próprio, e a ausência de qualquer deles é obstáculo ao recebimento da inicial. A justa causa, por sua vez, é necessidade do lastro probatório mínimo para o exercício da ação, indícios de autoria e de materialidade.

■ **Recurso da rejeição da inicial acusatória**

No caso de rejeição da peça acusatória, o recurso a ser interposto é o **recurso em sentido estrito** (art. 581, I, do CPP)[643]. Na hipótese, deve-se intimar o réu para a apresentação de contrarrazões ao recurso, conforme jurisprudência sumulada na Suprema Corte[644]. Tal providência é mesmo salutar, inserindo-se no contexto da ampla defesa.

Observe-se que no caso dos Juizados Especiais Criminais o recurso cabível da rejeição da inicial acusatória é a apelação, na forma do art. 82 da Lei n. 9.099/90.

DICA DO AUTOR: Se a inicial acusatória for recebida, não há recurso previsto, podendo o réu valer-se do *habeas corpus* para tentar trancar o processo iniciado.

14. SÃO PAULO E SANTA CATARINA AÇÃO CIVIL *EX DELICTO*. ESPÍRITO SANTO AÇÃO CIVIL

■ **Considerações iniciais**

As consequências de uma infração penal podem atingir o campo da responsabilidade civil, quando então poderá ter lugar a denominada "ação civil *ex delicto*", em um procedimento cível voltado à recomposição do dano civil causado por uma infração penal.

Consoante art. 91[645], I, do CP, um dos efeitos da condenação é tornar certa a obrigação de indenizar o dano causado pelo delito. A única condição para o implemento desse efeito é o trânsito em julgado da sentença penal condena-

---

[643] CPP, "Art. 581. Caberá recurso, no sentido estrito, da decisão, despacho ou sentença: I – que não receber a denúncia ou a queixa".

[644] Enunciado Sumular 707 do STF: "Constitui nulidade a falta de intimação do denunciado para oferecer contrarrazões ao recurso interposto da rejeição da denúncia, não a suprindo a nomeação de defensor dativo".

[645] CP, "Art. 91. São efeitos da condenação: I – tornar certa a obrigação de indenizar o dano causado pelo crime".

tória e, evidentemente, a constatação de que o delito tenha efetivamente gerado um dano a ser indenizado em favor de determinada pessoa. Com o trânsito em julgado da sentença condenatória, essa decisão passa a valer como título executivo judicial, consoante art. 515, VI, do CPC.

A ação civil *ex delicto* pode ocorrer tanto através de execução no juízo cível da sentença penal condenatória[646] (art. 63 do CPP), que é título judicial, quanto através da ação civil de conhecimento para ressarcimento do dano.

■ Sistemas processuais

Há vários e diferentes sistemas processuais regulamentando a matéria, ora permitindo o ajuizamento simultâneo dos pedidos (penal e cível) em um só juízo (normalmente o penal), ora prevendo a separação entre as instâncias, com maior ou menor grau de independência entre elas.

Nestor Távora e Rosmar Rodrigues Alencar[647] elencam os seguintes sistemas processuais: (1) **sistema da confusão**: o pedido engloba ao mesmo tempo a imposição de pena e a reparação dos danos; (2) **sistema da solidariedade ou da união**: duas pretensões e dois pedidos, tramitando no mesmo feito; (3) **sistema da livre escolha**: a parte opta pelo pleito reparatório na esfera cível ou na penal; (4) **sistema da separação ou independência**: cada ação tramitará na competente Justiça, com o devido procedimento.

De modo **mitigado**, o CPP adota o **sistema da independência das instâncias**. Não obstante a previsão das consequências cíveis das sentenças penais do art. 63[648] do CPP, o art. 64[649] do CPP prevê a possibilidade de a ação de responsabilização ser proposta no juízo cível ainda que existente ação penal aforada. Desse modo, pode-se concluir "que o sistema adotado pelo CPP é o da

---

[646] CPP, "Art. 63. Transitada em julgado a sentença condenatória, poderão promover-lhe a execução, no juízo cível, para o efeito da reparação do dano, o ofendido, seu representante legal ou seus herdeiros".

[647] TÁVORA, Nestor; ALENCAR, Rosmar. *Curso de direito processual penal*. 12. ed. São Paulo: JusPodivm, 2017. p. 346-348.

[648] CPP, "Art. 63. Transitada em julgado a sentença condenatória, poderão promover-lhe a execução, no juízo cível, para o efeito da reparação do dano, o ofendido, seu representante legal ou seus herdeiros. Parágrafo único. Transitada em julgado a sentença condenatória, a execução poderá ser efetuada pelo valor fixado nos termos do inciso IV do *caput* do art. 387 deste Código sem prejuízo da liquidação para a apuração do dano efetivamente sofrido".

[649] CPP, "Art. 64. Sem prejuízo do disposto no artigo anterior, a ação para ressarcimento do dano poderá ser proposta no juízo cível, contra o autor do crime e, se for caso, contra o responsável civil".

independência, com a peculiaridade de que a sentença penal condenatória já confere à vítima um título executivo judicial"[650].

O sistema processual brasileiro, no que respeita à vinculação de instâncias em relação a um único fato, adota o modelo da **independência relativa ou mitigada**. Embora não se renuncie ao ideal da jurisdição una, porque manifestação do mesmo Poder Público, não são todas as decisões proferidas em uma instância que impedirão solução diversa em outra. Assim, nos termos do **art. 935 do CC**[651], uma vez comprovada no juízo criminal a existência do fato, bem como a sua autoria, tais questões não poderão ser mais discutidas na instância cível. Trata-se, pois, de decisão com eficácia para além da jurisdição criminal, na medida em que impedirá a reabertura da discussão em qualquer outro processo ou juízo, em homenagem à unidade da jurisdição. Outrossim, Renato Brasileiro de Lima[652] expõe sobre o art. 65[653] do CPP: "Na mesma linha, o art. 65 do CPP também estabelece que faz coisa julgada no cível a sentença penal que reconhecer ter sido o ato praticado em estado de necessidade, em legítima defesa, em estrito cumprimento de dever legal ou no exercício regular de direito".

Por outro lado, certas decisões criminais não afetarão o juízo cível, tais como as que não negam a existência do fato[654], arquivam inquérito, declaram a extinção da punibilidade e a sentença absolutória que reconhece que o fato praticado não seria um ilícito penal[655].

■ **Legitimidade para requerer a indenização**

A legitimidade ativa é da vítima, do seu representante legal, no caso do menor de 18 anos ou doente mental, e, havendo óbito ou ausência, dos herdeiros, sendo assistidos por advogado ou por defensor público.

---

[650] LIMA, Renato Brasileiro de. *Manual de processo penal*. 5. ed. Salvador: JusPodivm, 2017. p. 314.
[651] CC/2002, "Art. 935. A responsabilidade civil é independente da criminal, não se podendo questionar mais sobre a existência do fato, ou sobre quem seja o seu autor, quando estas questões se acharem decididas no juízo criminal".
[652] LIMA, Renato Brasileiro de. *Manual de processo penal*. 5. ed. Salvador: JusPodivm, 2017. p. 1426.
[653] CPP, "Art. 65. Faz coisa julgada no cível a sentença penal que reconhecer ter sido o ato praticado em estado de necessidade, em legítima defesa, em estrito cumprimento de dever legal ou no exercício regular de direito".
[654] CPP, "Art. 66. Não obstante a sentença absolutória no juízo criminal, a ação civil poderá ser proposta quando não tiver sido, categoricamente, reconhecida a inexistência material do fato".
[655] CPP, "Art. 67. Não impedirão igualmente a propositura da ação civil: I – o despacho de arquivamento do inquérito ou das peças de informação; II – a decisão que julgar extinta a punibilidade; III – a sentença absolutória que decidir que o fato imputado não constitui crime".

Quanto à legitimação prevista no art. 68 do CPP para o MP executar sentença condenatória ou propor ação civil em favor da vítima pobre, o STF já se pronunciou pela **inconstitucionalidade progressiva**[656], ou seja, seria possível ao MP assistir a essas vítimas nos locais onde não há Defensoria Pública organizada.

No atual quadro constitucional (art. 134 c/c inc. LXXIV do art. 5º) e legal (LC n. 80/94[657]), à **Defensoria Pública** cabe também a atribuição de defesa dos interesses dos vitimados por crimes, sendo uma de suas "expressões democráticas" – inclusive propiciando atendimento interdisciplinar.

■ Ação de execução *ex delicto* e ação civil *ex delicto*

Por força do regramento constante dos arts. 63 e 64 do CPP, o ofendido tem duas formas alternativas e independentes para buscar o ressarcimento do dano causado pelo delito.

(1) **Ação de execução** *ex delicto*: prevista no art. 63 do CPP, esta ação terá natureza executória, pois parte do pressuposto da formação de título executivo através da sentença penal com aptidão para execução cível[658], tudo como uma notória consequência de que a sentença condenatória torna certa a obrigação de reparar o dano causado pelo delito (art. 91 do CP[659]).

(2) **Ação civil** *ex delicto*: independentemente da tramitação da ação penal, o ofendido, seu representante legal e herdeiros podem promover no âmbito cível uma ação de natureza cognitiva, objetivando a formação de um título executivo cível consubstanciado em sentença condenatória cível transitada em julgado, nos exatos termos do art. 64 do CPP.

Assim, nos termos do art. 64, parágrafo único, do CPP, uma vez proposta a ação no juízo criminal, o juiz do cível poderá suspender o curso desta até

---

[656] STF, RE 147.776/SP, 1ª Turma, rel. Min. Sepúlveda Pertence, *DJ* 19-5-1998.
[657] LC n. 80/94, "Art. 4º São funções institucionais da Defensoria Pública, dentre outras: [...] XI – exercer a defesa dos interesses individuais e coletivos da criança e do adolescente, do idoso, da pessoa portadora de necessidades especiais, da **mulher vítima** de violência doméstica e familiar e de outros grupos sociais vulneráveis que mereçam proteção especial do Estado; [...] XVIII – **atuar na preservação e reparação dos direitos de pessoas vítimas** de tortura, abusos sexuais, discriminação ou qualquer outra forma de opressão ou violência, propiciando o acompanhamento e o atendimento interdisciplinar das vítimas".
[658] CPC, "Art. 515. São títulos executivos judiciais, cujo cumprimento dar-se-á de acordo com os artigos previstos neste Título: [...] VI – a sentença penal condenatória transitada em julgado".
[659] CP, "Art. 91. São efeitos da condenação: I – tornar certa a obrigação de indenizar o dano causado pelo crime".

a solução final da ação penal. O vocábulo "poderá", constante do citado art. 64, parágrafo único, do CPP, confere verdadeiro poder discricionário ao juiz do cível, acerca da conveniência da suspensão do processo naquela instância. Sobre o **prazo** da referida **suspensão**, o CPC (art. 315[660]), mais atento à razoável duração processual, regulamenta essa relação de prejudicialidade externa entre processo civil e penal, fixando prazo de suspensão cível não superior a um ano. Em sentido contrário, pela prevalência do parágrafo único[661] do art. 64 do CPP, Renato Brasileiro de Lima[662] entende pela possibilidade de suspensão da ação cível, independentemente do prazo, até o julgamento definitivo da ação penal.

■ Efeitos civis da sentença absolutória

Dependendo do fundamento da sentença penal absolutória, este pode afastar ou não o dever de indenizar por parte do réu absolvido:

(1) **Absolvição pela prova da inexistência do fato (art. 386, I, do CPP)**: a absolvição com este fundamento tranca as portas da esfera cível, fazendo coisa julgada.

(2) **Não houver prova da existência do fato (art. 386, II, do CPP)**: a absolvição criminal por não haver prova suficiente da existência do fato não impede a propositura de ação civil *ex delicto*, já que, no cível, o juiz labora com a verdade formal, e as regras sobre ônus da prova são aptas a suplantar eventual fragilidade probatória, o que não se admite no feito criminal.

(3) **Não constituir o fato infração penal (art. 386, III, do CPP)**: o fato praticado pode não estar enquadrado na tipificação penal, mas constituir ilícito civil, e, havendo dano, a ação indenizatória terá cabimento.

(4) **Estar provado que o réu não concorreu para a infração (art. 386, IV, do CPP)**: afasta a responsabilidade civil.

---

[660] CPC, "Art. 315. Se o conhecimento do mérito depender de verificação da existência de fato delituoso, o juiz pode determinar a suspensão do processo **até que** se pronuncie a justiça criminal. § 1º Se a ação penal não for proposta no **prazo de 3 (três) meses**, contado da intimação do ato de suspensão, cessará o efeito desse, incumbindo ao juiz cível examinar incidentemente a questão prévia. § 2º Proposta a ação penal, o processo ficará suspenso pelo **prazo máximo de 1 (um) ano**, ao final do qual aplicar-se-á o disposto na parte final do § 1º".

[661] CPP, "Art. 64. [...] Parágrafo único. Intentada a ação penal, o juiz da ação civil poderá suspender o curso desta, **até o julgamento definitivo daquela**".

[662] LIMA, Renato Brasileiro de. *Manual de processo penal*. 5. ed. Salvador: JusPodivm, 2017. p. 315.

(5) **Não existir prova de ter o réu concorrido para a infração penal (art. 386, V, do CPP)**: é possível o ajuizamento da ação civil.

(6) **Existir circunstância que exclua o crime ou isente o réu de pena (arts. 20, 21, 22, 23, 26 e § 1º do art. 28, todos do CP), ou mesmo se houver fundada dúvida sobre sua existência (art. 386, VI, do CPP)**: em regra, as excludentes de ilicitude excluem a possibilidade de ajuizamento da ação indenizatória, conforme já abordado anteriormente, nos termos do art. 65 do CPP. No entanto, excepcionalmente, em algumas situações indicadas no art. 188 do CC, isso será possível.

(7) **Não existir prova suficiente para a condenação (art. 386, VII, do CPP)**: a absolvição fundamentada neste motivo não é óbice à propositura de ação civil *ex delicto*.

Decisões absolutórias que impedem a responsabilidade civil: (1) absolvição por haver prova da inexistência do fato – art. 386, I, do CPP; (2) absolvição por haver prova de que o réu não concorreu para o crime – art. 386, IV, do CPP; (3) absolvição por certeza quanto à excludente de ilicitude real – art. 386, VI, 1ª parte, do CPP.

■ **Quanto ao pedido de indenização e fixação do *quantum* mínimo na ação penal**

Consoante art. 387, IV, do CPP[663], é possível que, na própria sentença condenatória ocorra a fixação do valor mínimo para reparação dos danos causados pela infração. Ressalte-se ainda que, de acordo com o art. 63, parágrafo único, do CPP, transitada em julgado a sentença condenatória, a execução poderá ser efetuada pelo valor fixado nos termos do inciso IV do art. 387 do CPP, sem prejuízo da liquidação para apuração do dano efetivamente sofrido.

Ressalte-se que, se a infração penal não produziu qualquer prejuízo a uma vítima determinada, como nos crimes de perigo, revela-se inviável a aplicação do referido dispositivo legal.

A doutrina diverge sobre a possibilidade de o juiz fixar valor mínimo para os danos causados pela infração independentemente de pedido explícito: para Renato Brasileiro de Lima[664], a fixação independe de pedido explícito e isso não importa em violação aos princípios do contraditório, da ampla defesa e da

---

[663] CCP, "Art. 387. O juiz, ao proferir sentença condenatória: [...] IV – fixará valor mínimo para reparação dos danos causados pela infração, considerando os prejuízos sofridos pelo ofendido".

[664] LIMA, Renato Brasileiro de. *Manual de processo penal*. 5. ed. Salvador: JusPodivm, 2017. p. 325.

inércia da jurisdição, entendendo que antes da nova redação do art. 387, IV, do CPP, o CP já preceituava em seu art. 91, I, que é efeito automático de toda e qualquer sentença penal transitada em julgado sujeitar o condenado à obrigação de reparar o dano causado pelo delito. Logo, não seria necessário pedido, pois se trata de efeito genérico e automático.

Por outro lado, Nestor Távora e Rosmar Rodrigues Alencar[665] defendem que o art. 387, IV, do CPP deve receber interpretação conforme a Constituição, de maneira que o juiz só estará autorizado a fixar o valor mínimo do dano na sentença condenatória se: (1) houver pedido nesse sentido, para que a sentença atenda ao princípio da correlação ao pedido, bem como para se adequar ao sistema acusatório, eis que o juiz, como regra, não procederá de ofício (*ne procedat iudex ex officio*); (2) o pedido de fixação do valor mínimo do dano for formulado pelo legitimado, considerando que ninguém poderá pleitear em nome próprio direito alheio, salvo quando autorizado por lei (art.18, *caput*, do CPC/2015), assim como que o MP não tem legitimidade para defender direitos individuais disponíveis (reparação de dano, em regra, é direito individual disponível); e (3) sobre o pedido de fixação do valor mínimo do dano houver procedimento dialético, com contraditório e debate, evitando-se surpresas ao acusado. Note-se que o artigo de lei (o texto, o enunciado) não é inconstitucional de per si, podendo dar azo a interpretação inconstitucional (fixação de ofício pelo juiz), pelo que se deve conferir interpretação conforme a Constituição.

O STJ entende pela necessidade de pedido expresso, seja pelo ofendido, seja pelo MP, para fixação de valor mínimo a título de indenização. Outrossim, está consolidado entendimento no sentido de que é possível também a fixação de valor mínimo de danos morais[666].

15. SÃO PAULO E SANTA CATARINA O PAPEL DA VÍTIMA NO PROCESSO PENAL

A vítima ou ofendido, na terminologia do CPP, não deve ser confundida com testemunha. A figura do "ofendido" está prevista no Capítulo V do Título

---

[665] TÁVORA, Nestor; ALENCAR, Rosmar. *Curso de direito processual penal*. 12. ed. São Paulo: JusPodivm, 2017. p. 347.

[666] AgRg no REsp 1.626.962/MS, rel. Min. Sebastião Reis Júnior, 6ª Turma, *DJe* 16-12-2016; HC 428.490/RJ, rel. Min. Ribeiro Dantas, 5ª Turma, j. 13-3-2018, *DJe* 20-3-2018; AgRg no REsp 1.670.242/MS, rel. Min. Nefi Cordeiro, 6ª Turma, j. 10-4-2018, *DJe* 23-4-2018.

VII ("Da prova") do CPP; a prova testemunhal está prevista no Capítulo VI ("Das testemunhas") do mesmo Título. Logo, ofendido não é testemunha, razão pela qual não presta compromisso legal de dizer a verdade, não respondendo pelo crime de falso testemunho.

Caso o ofendido tenha sido intimado para prestar suas declarações e não compareça, é possível que a autoridade policial ou judiciária determine sua condução coercitiva (art. 201, § 1º, do CPP).

Dessa forma, a vítima ou ofendido continua tendo um papel de auxiliar na produção de prova, o que é criticado por alguns, considerando que isso violaria a sua situação de sujeito de direitos, e, especialmente de vítima, considerando que pode inclusive ser conduzida coercitivamente ao juízo para prestar declarações.

No entanto, a Lei n. 11.690/2008 também trouxe importantes inovações no que diz respeito à pessoa do ofendido. Dando nova redação ao art. 201 do CPP, foram inseridos diversos parágrafos ao citado artigo. Dentre eles, citamos os seguintes:

> Art. 201. Sempre que possível, o ofendido será qualificado e perguntado sobre as circunstâncias da infração, quem seja ou presuma ser o seu autor, as provas que possa indicar, tomando-se por termo as suas declarações.
> [...] § 2º O ofendido será comunicado dos atos processuais relativos ao ingresso e à saída do acusado da prisão, à designação de data para a audiência e à sentença e respectivos acórdãos que a mantenham ou modifiquem.
> [...] § 5º Se o Juiz entender necessário, poderá encaminhar o ofendido para atendimento multidisciplinar, especialmente nas áreas psicossocial, de assistência jurídica e de saúde, a expensas do ofensor ou do Estado.
> § 6º O juiz tomará as providências necessárias à preservação da intimidade, vida privada, honra e imagem do ofendido, podendo, inclusive, determinar o segredo de justiça em relação aos dados, depoimentos e outras informações constantes dos autos a seu respeito para evitar sua exposição aos meios de comunicação.

Tais parágrafos tratam de regras que preveem um tratamento diferenciado à pessoa do ofendido, dotando o juiz de instrumentos legais importantes, que denotam uma maior preocupação do legislador com a situação do ofendido dentro do processo penal atual. Em linhas gerais, passa o legislador a prever a comunicação à vítima sobre o andamento do processo, cuidados para a preservação da intimidade e, ainda, a assistência à vítima, especialmente nas áreas psicossocial, jurídica e da saúde.

Schott[667] defende que a ampliação da participação da vítima no processo penal incrementa os riscos de *vitimização secundária*, pois amplia suas obrigações no curso da ação penal, deixando-a mais exposta ao acusado e com mais encargos, sendo um contrassenso revigorar a sua intervenção como titular da ação penal. Sustenta devido a isso o afastamento da vítima do processo penal como fórmula de evitar a vitimização secundária, o que não implica seu esquecimento, que levaria à vitimização terciária. Afastar a vítima do processo penal não pode implicar seu abandono.

E, citando Salo de Carvalho[668], conclui que, enquanto a garantia do réu funciona como a instrumentalização da jurisdição, evitando o abuso de poder público ou privado, a tutela da vítima deve ser instrumentalizada pela esfera de ação social do Estado por meio de uma intervenção positiva, nesse sentido o problema encontraria solução no direito penal mínimo e direito social máximo.

16. SÃO PAULO, RIO DE JANEIRO E ESPÍRITO SANTO JURISDIÇÃO E COMPETÊNCIA. SANTA CATARINA JURISDIÇÃO, COMPETÊNCIA E ATRIBUIÇÃO

■ Jurisdição

A jurisdição pode ser vista em três[669] paradigmas conceituais como: (1) **poder**: a jurisdição como poder é expressão da potência e soberania do Estado, permitindo-lhe tomar decisões imperativas e efetivá-las até mesmo contra a vontade do destinatário; (2) **função**: a jurisdição, como função, expressa-se no papel detido pela jurisdição de julgar conflitos interindividuais por meio da atividade processual; (3) **atividade**: a jurisdição como atividade é observada materialmente através do conjunto de atos realizados para o exercício do poder e funções conferidas à jurisdição.

A jurisdição – seja como poder, função ou atividade – assenta sua **legitimi-**

---

[667] SCHOTT, Alexandre Viana. *Ação penal (privada) em face da institucionalização do conflito*. Curitiba: Juruá, 2008. p. 141.

[668] CARVALHO, Salo de. As reformas parciais no processo penal brasileiro. In: CARVALHO, Amilton Bueno de; CARVALHO, Salo de. *Reformas penais em debate*. Rio de Janeiro: Lumen Juris, 2005. p. 117.

[669] CINTRA, Antônio Carlos de Araújo; GRINOVER, Ada Pellegrini; DINAMARCO, Cândido Rangel. *Teoria geral do processo*. 19. ed. São Paulo: Malheiros, 2003. p. 133.

dade político-jurídica no respeito ao **devido processo legal**[670] (*due process of law*), direito fundamental (art. 5º, LIV, da CRFB/88[671]), primando pelo respeito da vida, das liberdades e dos direitos dos cidadãos.

De modo amplo, o objetivo final da jurisdição é a *pacificação*, tratando-se, em tese, de função estatal pacificadora[672]. Para tanto, atua por outras[673] três finalidades jurisdicionais com as seguintes naturezas: (1) **social**: quando promove a educação para o exercício dos próprios direitos, indicando paradigmas de respeito aos direitos alheios; (2) **política**: a jurisdição tutela a *liberdade* dos cidadãos por meio da efetivação das normas jurídicas, viabilizando mecanismos de *participação cidadã* em contraditório para interpretar e conferir efetividade ao sistema jurídico; (3) **jurídica**: por tal objetivo é viabilizada a efetividade do arcabouço normativo em vigor.

A jurisdição possui **características** marcantes: (1) **substitutividade**: a fim de buscar a pacificação social entre as partes em contenda, a jurisdição adjudica decisão sobreposta à vontade das partes envolvidas; (2) **litigiosa**: em regra, a lide (conflito de interesses) é característica da jurisdição, por necessidade de atuação diante da resistência e insatisfação pela execução de prestações jurídicas almejadas; (3) **inércia**: a jurisdição não deve iniciar a processualização de litígios, papel esse reservado às partes. A inércia surge como instrumento de controle do poder jurisdicional e evitabilidade de abuso judicial; (4) **definitividade**: no sistema jurídico brasileiro, as únicas decisões potencialmente inalteráveis são proferidas pelo Poder Judiciário, podendo alcançar a proteção contra a mutabilidade (mudanças) por meio da coisa julgada, cuja proteção é constitucional (art. 5º, XXXVI, da CRFB/88[674]).

A jurisdição é guiada por princípios[675] básicos: (1) **investidura**: a jurisdição somente pode ser exercida por quem foi devidamente habilitado a

---

[670] CINTRA, Antônio Carlos de Araújo; GRINOVER, Ada Pellegrini; DINAMARCO, Cândido Rangel. *Teoria geral do processo*. 19. ed. São Paulo: Malheiros, 2003. p. 133.

[671] CRFB/88, "Art. 5º [...] LIV – ninguém será privado da liberdade ou de seus bens sem o devido processo legal".

[672] CINTRA, Antônio Carlos de Araújo; GRINOVER, Ada Pellegrini; DINAMARCO, Cândido Rangel. *Teoria geral do processo*. 19. ed. São Paulo: Malheiros, 2003. p. 24.

[673] Idem, ibidem.

[674] CRFB/88, "Art. 5º [...] XXXVI – a lei não prejudicará o direito adquirido, o ato jurídico perfeito e a coisa julgada".

[675] CINTRA, Antônio Carlos de Araújo; GRINOVER, Ada Pellegrini; DINAMARCO, Cândido Rangel. *Teoria geral do processo*. 19. ed. São Paulo: Malheiros, 2003. p. 133-140.

exercer tal poder-função-atividade nos termos constitucionais (ex.: concurso público[676] e quinto constitucional[677]); (2) **aderência territorial**: o Poder Judiciário brasileiro tem poderes em decorrência da soberania do país, de modo a limitar seus poderes estatais ao território brasileiro. Ademais, os julgadores possuem sua parcela jurisdicional vinculada legalmente aos territórios nos quais exercem sua função e atividade; (3) **indelegabilidade**: o Poder Judiciário e seus agentes não podem afetar a outro órgão ou titular seus poderes em desconformidade com a Constituição e as leis de regência; (4) **inevitabilidade**: refere-se ao potencial impositivo da jurisdição, submetendo todos os cidadãos aos seus provimentos, nos termos do devido processo legal; (5) **inafastabilidade**: também denominado princípio do controle jurisdicional e do acesso à jurisdição, tem base constitucional (art. 5º, XXXV[678]), e veta que a lei possa excluir lesões ou ameaças a direito da apreciação judicial; (6) **juízo natural**: vinculado à imparcialidade, independência e legalidade na seleção do julgador de cada caso, sendo vetada a criação juízos *ad hoc* ou de exceção, concepções que possuem também lastro constitucional[679-680]; (7) **inércia**: a inércia jurisdicional tem função política – vinculada ao respeito à liberdade dos cidadãos –, mas também é instrumental na busca da imparcialidade judicial, para que este não se comprometa, de alguma maneira, com o resultado processual.

Quanto aos **poderes jurisdicionais**[681], estes se dividem em: (1) **poder de polícia** (ex.: art. 794 do CPP[682]), o qual é usado para manter a ordem e organi-

---

[676] CRFB/88, "Art. 93. [...] I – ingresso na carreira, cujo cargo inicial será o de juiz substituto, mediante concurso público de provas e títulos, com a participação da Ordem dos Advogados do Brasil em todas as fases, exigindo-se do bacharel em direito, no mínimo, três anos de atividade jurídica e obedecendo-se, nas nomeações, à ordem de classificação".

[677] CRFB/88, "Art. 94. Um quinto dos lugares dos Tribunais Regionais Federais, dos Tribunais dos Estados, e do Distrito Federal e Territórios será composto de membros, do Ministério Público, com mais de dez anos de carreira, e de advogados de notório saber jurídico e de reputação ilibada, com mais de dez anos de efetiva atividade profissional, indicados em lista sêxtupla pelos órgãos de representação das respectivas classes".

[678] CRFB/88, "Art. 5º [...] XXXV – a lei não excluirá da apreciação do Poder Judiciário lesão ou ameaça a direito".

[679] CRFB/88, "Art. 5º [...] XXXVII – não haverá juízo ou tribunal de exceção".

[680] CRFB/88, "Art. 5º [...] LIII – ninguém será processado nem sentenciado senão pela autoridade competente".

[681] CINTRA, Antônio Carlos de Araújo; GRINOVER, Ada Pellegrini; DINAMARCO, Cândido Rangel. *Teoria geral do processo*. 19. ed. São Paulo: Malheiros, 2003. p. 141.

[682] CPP, "Art. 794. A polícia das audiências e das sessões compete aos respectivos juízes ou ao presidente do tribunal, câmara, ou turma, que poderão determinar o que for conveniente à manutenção da ordem. Para tal fim, requisitarão força pública, que ficará exclusivamente à sua disposição".

zação dos trabalhos judiciais; e (2) **poder jurisdicional propriamente dito ou em sentido estrito**, relacionado à condução do processo, ao poder de decisão e, eventualmente, à possibilidade de iniciativa instrutória (de produção de provas). Quanto aos poderes jurisdicionais em sentido estrito, os poderes judiciais são maiores em processos inquisitivos ou inquisitoriais de processo e menores nos processos acusatórios, de ação e adversariais. No Brasil, por força da divisão constitucional de funções relacionadas à jurisdição, o modelo adotado é o processo de ação[683], acusatório ou adversarial – embora nem sempre o esquema legislativo reflita a referida divisão, ao conceder maiores poderes judiciais mais próximos de modelos inquisitivos.

■ Competência

A **competência** representa os limites do poder jurisdicional conferido a um determinado órgão da jurisdição, pela Constituição e pela legislação autorizada.

O CPP, em seu art. 69[684], apresenta os seguintes critérios para fixação da competência processual penal: (1) lugar da infração; (2) domicílio ou residência do réu; (3) natureza da infração; (4) distribuição; (5) conexão ou continência; (6) prevenção; (7) prerrogativa de função:

(1) **Competência pelo lugar da infração**: inicialmente, a principal regra de competência processual penal ocorre a partir do lugar de consumação da infração (*locus commissi delicti*) ou, em caso de tentativa (art. 14, II, do CP), o lugar do último ato executório, conforme art. 70[685] do CPP.

Casos envolvendo território nacional e estrangeiro: (1) lugar do último ato de execução no Brasil: quando a execução do crime se iniciar em território nacional, mas se consumar em território estrangeiro (**art. 70, § 1º, do CPP**[686]), o lugar do último ato de execução será competente; (2) lugar nacional em que

---

[683] CINTRA, Antônio Carlos de Araújo; GRINOVER, Ada Pellegrini; DINAMARCO, Cândido Rangel. *Teoria geral do processo*. 19. ed. São Paulo: Malheiros, 2003. p. 141.

[684] CPP, "Art. 69. Determinará a competência jurisdicional: I – o lugar da infração: II – o domicílio ou residência do réu; III – a natureza da infração; IV – a distribuição; V – a conexão ou continência; VI – a prevenção; VII – a prerrogativa de função".

[685] CPP, "Art. 70. A competência será, de regra, determinada pelo lugar em que se consumar a infração, ou, no caso de tentativa, pelo lugar em que for praticado o último ato de execução".

[686] CPP, "Art. 70. [...] § 1º Se, iniciada a execução no território nacional, a infração se consumar fora dele, a competência será determinada pelo lugar em que tiver sido praticado, no Brasil, o último ato de execução".

o resultado ocorreu ou deveria ocorrer **(art. 70, § 2º, do CPP**[687]**)**: quando a execução ocorrer em território estrangeiro, mas a consumação ocorrer (ou deveria ocorrer) em território nacional, o juízo competente será deste (lugar, no Brasil, onde foi produzido ou deveria ocorrer o resultado).

Há casos em que a **prevenção** terá sobreposição sobre a regra do lugar da infração: (1) situações limítrofes ou duvidosas (art. 70, § 3º[688], do CPP): quando a infração for praticada nos limites de múltiplas jurisdições ou quando for duvidoso tal local, a prevenção servirá como elemento para definição da prevenção; (2) infrações continuadas ou permanentes praticadas em múltiplas circunscrições jurisdicionais: em caso de infrações permanentes ou continuadas praticadas em território de diversos juízos criminais, a competência será firmada pela prevenção (art. 71 do CPP[689]).

No **Concurso da Defensoria Pública de Minas Gerais (2014, FUNDEP)**, considerou-se CORRETA a invocação da prevenção para definir a competência quando incerto o limite territorial entre jurisdição. Eis a redação considerada correta pela banca: "Quando incerto o limite territorial entre duas ou mais jurisdições, ou quando incerta a jurisdição por ter sido a infração consumada ou tentada nas divisas de duas ou mais jurisdições, a competência firmar-se-á pela prevenção, cuja inobservância constitui nulidade relativa, de acordo com a jurisprudência predominante do Supremo Tribunal Federal".

Para responder à questão, relevante também o conhecimento do **enunciado 706 da Súmula do STF**: "É *relativa* a *nulidade* decorrente da inobservância da competência penal por prevenção". Assim, será cabível a **prorrogação**[690] **de competência** ao juízo inicialmente incompetente e ocorrerá **preclusão**[691] se não houver impugnação na primeira oportunidade possível à parte interessada.

---

[687] CPP, "Art. 70. [...] § 2º Quando o último ato de execução for praticado fora do território nacional, será competente o juiz do lugar em que o crime, embora parcialmente, tenha produzido ou devia produzir seu resultado".

[688] CPP, "Art. 70. [...] § 3º Quando incerto o limite territorial entre duas ou mais jurisdições, ou quando incerta a jurisdição por ter sido a infração consumada ou tentada nas divisas de duas ou mais jurisdições, a competência firmar-se-á pela prevenção".

[689] CPP, "Art. 71. Tratando-se de infração continuada ou permanente, praticada em território de duas ou mais jurisdições, a competência firmar-se-á pela prevenção".

[690] "[...] 4. Prevenção é hipótese de fixação de competência relativa, motivo pelo qual admite sua prorrogação, conforme se depreende da interpretação conferida à Súmula 706/STF. [...]" (STF, ARE 1.007.693 AgR, rel. Min. Alexandre de Moraes, 1ª Turma, j. 17-8-2018).

[691] "[...] 1. Nos termos da Súmula 706/STF, é relativa a nulidade decorrente da inobservância da competência penal por prevenção, a qual deve ser arguida oportuna e tempestivamente, sob pena de preclusão. Precedentes. [...]" (STF, RHC 108.926, rel. Min. Teori Zavascki, 2ª Turma, j. 24-2-2015).

(2) Competência pelo domicílio ou residência do réu: trata-se, nas ações penais públicas, de foro subsidiário em relação ao lugar da infração – incidindo no caso de **desconhecimento do lugar da infração** (art. 72 do CPP[692]).

Por outro lado, existem peculiaridades: (1) em caso de múltiplas residências, a competência será firmada por **prevenção** (art. 72, § 1º[693]); (2) em caso de não possuir residência certa ou o paradeiro do acusado for ignorado, o competente será o juízo que **primeiro** tomar conhecimento do fato (art. 72, § 2º, do CPP[694]).

Por fim, deve-se falar ainda em **foro alternativo** em casos de **exclusiva ação privada**. Nesses casos, o querelante poderá optar entre o (1) lugar da infração ou (2) do domicílio ou residência do réu, nos termos do art. 73[695] do CPP.

(3) Competência pela natureza da infração: as leis de organização judiciária podem fixar competência em razão da natureza da infração (art. 74 do CPP[696]) – excetuada a **competência do júri**, a qual tem lastro constitucional (art. 5º, XXXVIII[697]) e possui os seguintes crimes vinculados, em conformidade com o § 1º[698] do art. 72 do CPP: homicídio (art. 121, §§ 1º e 2º); induzimento, instigação ou auxílio ao suicídio (na forma do art. 122, parágrafo único, do CP); infanticídio (art. 123 do CP); abortos (nas modalidades dos arts. 124-127 do CP).

Nos casos em que a natureza do crime influencia na competência do juízo, a **desclassificação** de um crime para outro causará efeitos sobre a competência

---

[692] CPP, "Art. 72. Não sendo conhecido o lugar da infração, a competência regular-se-á pelo domicílio ou residência do réu".

[693] CPP, "Art. 72. [...] § 1º Se o réu tiver mais de uma residência, a competência firmar-se-á pela prevenção".

[694] CPP, "Art. 72. [...] § 2º Se o réu não tiver residência certa ou for ignorado o seu paradeiro, será competente o juiz que primeiro tomar conhecimento do fato".

[695] CPP, "Art. 73. Nos casos de exclusiva ação privada, o querelante poderá preferir o foro de domicílio ou da residência do réu, ainda quando conhecido o lugar da infração".

[696] CPP, "Art. 74. A competência pela natureza da infração será regulada pelas leis de organização judiciária, salvo a competência privativa do Tribunal do Júri".

[697] CRFB/88, "Art. 5º [...] XXXVIII – é reconhecida a instituição do júri, com a organização que lhe der a lei, assegurados: *a)* a plenitude de defesa; *b)* o sigilo das votações; *c)* a soberania dos veredictos; *d)* a competência para o julgamento dos crimes dolosos contra a vida".

[698] CPP, "Art. 74. [...] § 1º Compete ao Tribunal do Júri o julgamento dos crimes previstos nos arts. 121, §§ 1º e 2º, 122, parágrafo único, 123, 124, 125, 126 e 127 do Código Penal, consumados ou tentados".

– sendo o caso de aplicação das seguintes regras (**art. 72, § 2º, do CPP**[699]): (1) remessa do processo ao juízo competente; (2) prorrogação de competência, caso o juízo incompetente seja mais graduado.

Por outro lado, a **desclassificação no Tribunal do Júri** segue regras específicas (art. 74, § 3º, do CPP[700]): (1) desclassificação pelo juízo singular na fase de pronúncia: será possibilitado às partes requerer diligências, bem como serão inquiridas as testemunhas, nos termos do art. 410[701] do CPP; (2) desclassificação e crime conexo no Tribunal do Júri: quando o conselho de sentença desclassificar a conduta criminosa em resposta aos quesitos, caberá ao juiz presidente do júri julgar, monocraticamente, os delitos conexos que não sejam dolosos contra vida, nos termos do § 2º[702] do art. 492 e, no que couber, o § 1º[703] do art. 492.

(4) Competência por distribuição: a competência por distribuição pressupõe que, na mesma circunscrição territorial, existam vários juízos potencial e igualmente competentes para determinada causa. Em tais casos, o primeiro juízo a receber o processo por distribuição será considerado competente (art. 75[704] do CPP).

Oportunamente, registra-se que a distribuição com a finalidade de promover diligências e decisões anteriores à propositura da ação penal (fiança, decreto de prisão preventiva etc.) tornará o juízo prevento para a ação penal (art. 75, parágrafo único, do CPP[705]).

---

[699] CPP, "Art. 74. [...] § 2º Se, iniciado o processo perante um juiz, houver desclassificação para infração da competência de outro, a este será remetido o processo, salvo se mais graduada for a jurisdição do primeiro, que, em tal caso, terá sua competência prorrogada".

[700] CPP, "Art. 74. [...] § 3º Se o juiz da pronúncia desclassificar a infração para outra atribuída à competência de juiz singular, observar-se-á o disposto no art. 410; mas, se a desclassificação for feita pelo próprio Tribunal do Júri, a seu presidente caberá proferir a sentença (art. 492, § 2º)".

[701] CPP, "Art. 410. O juiz determinará a inquirição das testemunhas e a realização das diligências requeridas pelas partes, no prazo máximo de 10 (dez) dias".

[702] CPP, "Art. 492. [...] § 2º Em caso de desclassificação, o crime conexo que não seja doloso contra a vida será julgado pelo juiz presidente do Tribunal do Júri, aplicando-se, no que couber, o disposto no § 1º deste artigo".

[703] CPP, "Art. 492. [...] § 1º Se houver desclassificação da infração para outra, de competência do juiz singular, ao presidente do Tribunal do Júri caberá proferir sentença em seguida, aplicando-se, quando o delito resultante da nova tipificação for considerado pela lei como infração penal de menor potencial ofensivo, o disposto nos arts. 69 e seguintes da Lei n. 9.099, de 26 de setembro de 1995".

[704] CPP, "Art. 75. A precedência da distribuição fixará a competência quando, na mesma circunscrição judiciária, houver mais de um juiz igualmente competente".

[705] CPP, "Art. 75. [...] Parágrafo único. A distribuição realizada para o efeito da concessão de fiança ou da decretação de prisão preventiva ou de qualquer diligência anterior à denúncia ou queixa **prevenirá** a da ação penal".

(5) **Competência por conexão ou continência**: a conexão e a continência são causas modificadoras da competência.

A **conexão** tem como pressuposto a ocorrência de dois ou mais crimes, não se podendo falar em conexão em caso de crime único[706]. Existindo conexão entre processos, eles serão reunidos para julgamento conjunto (*simultaneus processus*). Segundo o STJ:

> [...] A conexão visa à reunião de processos de forma a permitir ao julgador uma **perfeita visão do quadro probatório**, além da entrega de uma **melhor prestação jurisdicional, evitando-se**, com isso, a existência de **decisões conflitantes**. Porém, de acordo com a **Súmula 235 do STJ**, "não determina a reunião dos processos, se um deles já foi julgado". [...] (STJ, RHC 44.833/PE, rel. Min. Gurgel de Faria, 5ª Turma, j. 24-11-2015, *DJe* 18-12-2015).

Assim sendo, o instituto da conexão é mecanismo de efetivação da justiça material. Entretanto, o mesmo instituto não deve causar gravames indevidos ao direito fundamental à razoável duração processual (art. 5º, LXXVIII, da CRFB/88). No referido contexto, há precedentes importantes no STJ, segundo os quais a reunião por conexão não pode causar tumulto e retardo processual indevido:

> [...] 2. Se as ações penais encontram-se em fases distintas, a eventual tentativa de reunião dos processos somente "ocasionaria o **prolongamento** dos feitos e, quiçá, um certo **tumulto**, o que evidentemente **não se compatibiliza** com o instituto da **conexão**." (RHC 32.393/PR, rel. Ministra Laurita Vaz, Quinta Turma, julgado em 5-8-2014, *DJe* 21-8-2014). [...] (STJ, RHC 44.833/PE, rel. Min. Gurgel de Faria, 5ª Turma, j. 24-11-2015, *DJe* 18-12-2015, g.n.).

Existem três espécies de conexão:

(5.1) **Intersubjetiva**: relacionada à pluralidade de sujeitos envolvidos com o fato apurado, com lastro no inciso I[707] do art. 76 do CPP, subdividida em três modalidades: (5.1.1) **por** *simultaneidade* (*ocasional*): ocorre quando dois ou mais crimes são praticados, simultaneamente, por dois ou mais agentes sem

---

[706] LOPES JÚNIOR, Aury. *Direito processual penal*. 15. ed. São Paulo: Saraiva Educação, 2018. p. 293-294.

[707] CPP, "Art. 76. A competência será determinada pela conexão: I – se, ocorrendo duas ou mais infrações, houverem sido praticadas, ao mesmo tempo, por várias pessoas reunidas, ou por várias pessoas em concurso, embora diverso o tempo e o lugar, ou por várias pessoas, umas contra as outras".

ajuste prévio; (5.1.2) *concursal*: ocorre quando dois ou mais agentes praticam dois ou mais crimes em conluio e prévio acerto, como com as organizações criminosas; (5.1.3) *reciprocidade*: ocorre quando dois ou mais agentes praticam crimes uns contra os outros, desde que não seja o caso de crime único – como no crime de rixa.

No **Concurso da Defensoria Pública do Mato Grosso (2016, UFMT)**, foi exigido do candidato a classificação da conexão no seguinte caso: "Concomitantemente, diversas pessoas saquearam um estabelecimento comercial sem se conhecerem umas às outras". O gabarito considerou CORRETA a assertiva indicativa da conexão intersubjetiva por simultaneidade, uma vez que foram praticados crimes distintos e inexistente conluio entre os agentes.

(5.2) **Conexão objetiva (material ou lógica)**: quando a ênfase da conexão for a ligação entre os crimes, a conexão será denominada objetiva e terá fundamento no inciso II[708] do art. 76 do CPP, sendo dividida em: (5.2.1) *objetiva teleológica*: ocorrerá quando uma infração penal for praticada para facilitar a ocorrência de outra, ou seja, o primeiro crime foi praticado para, de alguma maneira, viabilizar um segundo. Tal conexão não se aplicará quando incidir o caso de crime único por força do princípio da consunção, pelo qual o crime-meio é absorvido pelo crime-fim; (5.2.2) *consequencial*: ocorrerá quando a motivação do segundo delito decorrer imediatamente do primeiro delito praticado, podendo ocorrer com finalidades de ocultação, garantia de impunidade ou de assegurar vantagem.

(5.3) **Instrumental ou probatória** (art. 76, III, do CPP[709]): ocorrerá quando a conexão decorrer da concepção de que a prova de um crime influenciará diretamente na análise probatória de outro, como é comum, por exemplo, na relação entre o crime de furto e receptação.

A **continência** processual penal pressupõe a unidade de fato e pluralidade de agentes desse mesmo fato, visando à diminuição de tratamento jurídico diferenciado ao mesmo fato. A continência pode ser dividida em duas espécies: (1) **cumulação subjetiva**: ou seja, quando duas ou mais pessoas supostamente

---

[708] CPP, "Art. 76. A competência será determinada pela conexão: [...] II – se, no mesmo caso, houverem sido umas praticadas para facilitar ou ocultar as outras, ou para conseguir impunidade ou vantagem em relação a qualquer delas".

[709] CPP, "Art. 76. A competência será determinada pela conexão: [...] III – quando a prova de uma infração ou de qualquer de suas circunstâncias elementares influir na prova de outra infração".

praticam a mesma infração (art. 77, I, do CPP⁷¹⁰); **(2) cumulação objetiva:** nas hipóteses do art. 77, II⁷¹¹, do CPP.

Definição do juízo competente (foro prevalente): em casos de conexão e continência, faz-se imperioso definir o foro prevalente, motivo pelo qual existem regras para definição do juízo competente entre aqueles nos quais tramitam processos conexos ou em continência – são elas:

(1) na concorrência entre júri e órgãos judiciários comuns: prevalência da competência do júri sobre os demais órgãos de jurisdição comum (art. 78, I, do CPP⁷¹²);

(2) na concorrência entre órgãos jurisdicionais de mesma categoria (art. 78, II, do CPP⁷¹³): há prevalência do lugar no qual foi praticado o crime com pena mais grave **(regra da pena mais grave)** – art. 78, II, *a*, do CPP. Entretanto, (2.1) se os crimes tiverem a mesma pena, o juízo competente será o do lugar no qual ocorreu o maior número de infrações **(regra complementar do maior número de infrações)** – art. 78, II, *b*, do CPP; (2.2) subsidiariamente, quando não cabível a regra da pena mais grave ou do maior número de infrações, far-se-á a definição de competência por prevenção, que é **regra subsidiária** (art. 78, II, *c*, do CPP).

No **Concurso da Defensoria Pública do Pará (2009, FCC)**, o enunciado exigia conhecimento sobre a "determinação da competência por conexão ou continência, no concurso de jurisdições da mesma categoria", indicando como assertiva CORRETA a regra de que, em tais casos, "preponderará a do lugar da infração, à qual for cominada a pena mais grave". A grande atenção do candidato, em questões similares, está em observar a delimitação do enunciado, no caso, voltada ao "concurso de jurisdição de mesma categoria". Desse modo, ainda que existam alternativas juridicamente corretas em questões de múltipla

---

⁷¹⁰ CPP, "Art. 77. A competência será determinada pela continência quando: I – duas ou mais pessoas forem acusadas pela mesma infração".

⁷¹¹ CPP, "Art. 77. A competência será determinada pela continência quando: [...] II – no caso de infração cometida nas condições previstas nos arts. 51, § 1º, 53, segunda parte, e 54 do Código Penal".

⁷¹² CPP, "Art. 78. Na determinação da competência por conexão ou continência, serão observadas as seguintes regras: I – no concurso entre a competência do júri e a de outro órgão da jurisdição comum, prevalecerá a competência do júri".

⁷¹³ CPP, "Art. 78. Na determinação da competência por conexão ou continência, serão observadas as seguintes regras: [...] II – no concurso de jurisdições da mesma categoria: *a*) preponderará a do lugar da infração, à qual for cominada a pena mais grave; *b*) prevalecerá a do lugar em que houver ocorrido o maior número de infrações, se as respectivas penas forem de igual gravidade; *c*) firmar-se-á a competência pela prevenção, nos outros casos".

escolha, a assertiva assinalável seria aquela referente ao conflito de jurisdições de mesma categoria;

(3) no concurso de órgão jurisdicional de categorias diversas: há prevalência da competência para o órgão de maior hierarquia judiciária (art. 78, III, do CPP[714]), baseado na ideia de **hierarquia**. Sobre o tema, é conveniente e oportuna a leitura do **Enunciado Sumular 704 do STF**: "Não viola as garantias do juiz natural, da ampla defesa e do devido processo legal a atração por continência ou conexão do processo do corréu ao foro por prerrogativa de função de um dos denunciados". O referido enunciado já foi objeto de prova no **Concurso da Defensoria Pública de Minas Gerais (2014, FUNDEP),** constando em assertiva considerada CORRETA pela banca, assertiva essa que somente reordenou o entendimento sumulado, confira-se: "De acordo com a jurisprudência dominante do Supremo Tribunal Federal, a atração por continência ou conexão do processo do corréu ao foro por prerrogativa de função de um dos denunciados não viola as garantias do juiz natural, da ampla defesa e do devido processo legal";

(4) na concorrência entre órgãos judiciários de jurisdição especial e comum: cabe aqui a regra da **especialidade**, afastando-se a competência do órgão judiciário comum, em favor do órgão especial (art. 78, IV, do CPP[715]). Por outro lado, deve-se ressaltar que, na concorrência entre órgão jurisdicional comum estadual e órgão jurisdicional comum federal, prevalecerá este último.

Unidade processual – regra e exceções: em **regra**, a conexão e a continência acarretam unidade processual. Entretanto, existem **exceções**: (1) prevalência das jurisdições especializadas militares e da criança e adolescentes (art. 79, I e II, do CPP[716]); (2) caso um corréu seja acometido por doença mental – sendo o caso de suspensão processual (art. 152 do CPP[717]) –, cessará a unidade processual, nos termos do § 1º[718] do art. 79 do CPP; (3) há ainda duas hipóte-

---

[714] CPP, "Art. 78. Na determinação da competência por conexão ou continência, serão observadas as seguintes regras: [...] III – no concurso de jurisdições de diversas categorias, predominará a de maior graduação".

[715] CPP, "Art. 78. Na determinação da competência por conexão ou continência, serão observadas as seguintes regras: [...] IV – no concurso entre a jurisdição comum e a especial, prevalecerá esta".

[716] CPP, "Art. 79. A conexão e a continência importarão unidade de processo e julgamento, salvo: I – no concurso entre a jurisdição comum e a militar; II – no concurso entre a jurisdição comum e a do juízo de menores".

[717] CPP, "Art. 152. Se se verificar que a doença mental sobreveio à infração o processo continuará suspenso até que o acusado se restabeleça, observado o § 2º do art. 149".

[718] CPP, "Art. 79. [...] § 1º Cessará, em qualquer caso, a unidade do processo, se, em relação a algum corréu, sobrevier o caso previsto no art. 152".

ses nas quais a unidade processual não equivalerá à unidade de julgamento (art. 79, § 2º, do CPP[719-720]): (3.1) quando houver corréu que não possa ser julgado à revelia e (3.2) quando houver separação de julgamentos em razão das recusas de jurados formuladas independentemente pelos representantes dos corréus (art. 469 do CPP[721]) – em tais casos, haverá unidade de processo, porém não de julgamento.

Separação facultativa de processos: o art. 80[722] do CPP permite a separação processual facultativa nas seguintes situações: (1) infrações praticadas em circunstâncias (de tempo ou lugar) diferentes: em tais casos, o interesse processual na reunião de processos para julgamento pode não ser relevante para o resultado justo do julgamento, sendo possível a separação processual; (2) excessivo número de acusados e risco de prolongamento da prisão provisória: quando o grande número de acusados puder causar retardamento processual e prolongamento indevido da prisão provisória, a separação processual parece surgir não como mera faculdade, mas sim poder-dever judicial; (3) outros motivos relevantes: trata-se aqui de conceito jurídico indeterminado que, se o juízo entender preenchido no caso concreto, determinará a separação processual.

DICA DO AUTOR : No caso do conceito jurídico indeterminado ("outro motivo relevante") do art. 80 do CPP, faz-se possível também o recurso da analogia e aplicação subsidiária do processo civil em favor da ampla defesa do acusado (art. 5º, LV, da CRFB/88), nos termos possibilitados pelo art. 3º do CPP. Assim sendo, nos casos de inúmeros acusados (a *exemplo* de massacres e chacinas, envolvendo o procedimento do júri), será possível invocar, com base

---

[719] CPP, "Art. 79. [...] § 2º A unidade do processo não importará a do julgamento, se houver corréu foragido que não possa ser julgado à revelia, ou ocorrer a hipótese do art. 461".

[720] O antigo art. 461 citado pelo § 2º do art. 79 do CPP teve sua matéria regulada pelo atual art. 469 – todos do CPP.

[721] CPP, "Art. 469. Se forem 2 (dois) ou mais os acusados, as recusas poderão ser feitas por um só defensor. § 1º A separação dos julgamentos somente ocorrerá se, em razão das recusas, não for obtido o número mínimo de 7 (sete) jurados para compor o Conselho de Sentença. § 2º Determinada a separação dos julgamentos, será julgado em primeiro lugar o acusado a quem foi atribuída a autoria do fato ou, em caso de coautoria, aplicar-se-á o critério de preferência disposto no art. 429 deste Código".

[722] CPP, "Art. 80. Será facultativa a separação dos processos quando as infrações tiverem sido praticadas em circunstâncias de tempo ou de lugar diferentes, ou, quando pelo excessivo número de acusados e para não lhes prolongar a prisão provisória, ou por outro motivo relevante, o juiz reputar conveniente a separação".

no art. 3º do CPP, o § 1º[723] do art. 113 do CPC – obviamente, o requerimento defensivo deverá ser acompanhado da argumentação demonstrativa de que o grande número de acusados prejudicará a ampla defesa no caso concreto.

Manutenção de competência (*perpetuatio jurisdictionis*)[724]: eventualmente, poderá ocorrer de um dos crimes conexos passar por julgamento acarretando desclassificação para outra conduta que não seria mais de competência do juízo, ou mesmo de o acusado ser absolvido, sendo que o fato pendente de análise não seria, inicialmente, de sua competência se considerado isoladamente – em tais casos, será necessário observar o art. 81 do CPP: (1) o juízo permanecerá competente para julgar o crime remanescente (art. 81[725] do CPP), salvo se se tratar de procedimento de competência do Tribunal do Júri, conforme exposto a seguir; (2) por outro lado, nas situações de conexão ou continência envolvendo processos de competência do Tribunal do Júri, será imprescindível a remessa dos autos ao juízo competente para julgamento do fato (art. 81, parágrafo único, do CPP[726]).

No **Concurso da Defensoria Pública do Mato Grosso do Sul (2008, VUNESP)**, o examinador questionou quando teria incidência a regra da *perpetuatio jurisdictionis*, considerando assertiva assinalável os "casos de conexão ou continência"[727].

---

[723] CPC, "Art. 113. [...] § 1º O juiz poderá limitar o litisconsórcio facultativo quanto ao número de litigantes na fase de conhecimento, na liquidação de sentença ou na execução, quando este comprometer a rápida solução do litígio ou dificultar a defesa ou o cumprimento da sentença".

[724] "[...] 1. Proferida sentença de mérito, a absolvição do agravante e a posterior extinção da punibilidade pela prescrição da pretensão punitiva retroativa (pela pena aplicada em concreto) dos delitos que atraíram o julgamento do feito à Justiça Federal não afetam a competência, não a deslocando à Justiça Estadual, aplicando-se a *perpetuatio jurisdictionis*, prevista no artigo 81 do Código de Processo Penal. Súmula n. 83/STJ. [...]" (STJ, AgInt no AREsp 1.328.678/DF, rel. Min. Jorge Mussi, 5ª Turma, j. 19-2-2019, *DJe* 26-2-2019).

[725] CPP, "Art. 81. Verificada a reunião dos processos por conexão ou continência, ainda que no processo da sua competência própria venha o juiz ou tribunal a proferir sentença absolutória ou que desclassifique a infração para outra que não se inclua na sua competência, continuará competente em relação aos demais processos".

[726] CPP, "Art. 81. [...]. Parágrafo único. Reconhecida inicialmente ao júri a competência por conexão ou continência, o juiz, se vier a desclassificar a infração ou impronunciar ou absolver o acusado, de maneira que exclua a competência do júri, remeterá o processo ao juízo competente".

[727] "[...] Processo penal. Conflito de competência. Conexão ou continência. [...]. Instrução concluída. Incorrência do crime. *Perpetuatio jurisdictionis*. Encerrada a instrução, ao cabo da qual o Juízo Federal entende pela incorrência do crime que atraiu a sua competência por conexão, no caso, contrabando, remanesce-lhe o múnus jurisdicional de apreciar as demais capitulações penais, mesmo que originariamente da competência da Justiça Comum Estadual. É o fenômeno da *perpetuatio jurisdictionis*, que segundo o professor José Frederico Marques, apoiando-se em Chiovenda, extrai-se da ideia de que 'a competência adquirida por um juiz, em razão da conexão de causas se perpetua e

Avocação processual: autoridades com *jurisdição prevalente* possuem poder para avocar para si os processos conexos ou em continência que estejam sob a direção de outro órgão jurisdicional, nos termos do art. 82[728] do CPP. Todavia, o próprio CPP determina que – havendo sentença definitiva – tal regra deve ser afastada.

No **Concurso da Defensoria Pública da Bahia (2010, CESPE)** foi apresentado para julgamento o seguinte enunciado: "Júlio e Lauro foram denunciados, em processos distintos, pela prática da mesma infração penal. Nessa situação, a continência pode ser reconhecida em qualquer fase da persecução penal, ainda que um dos processos esteja em sede recursal ou, ainda, na fase de execução penal". Tal questão exigia, claramente, conhecimento do teor do art. 82 do CPP. Por isso, a assertiva é FALSA, por contrariar a redação do art. 82 do CPP, o qual afasta a reunião processual em casos de superveniência de sentença definitiva.

DICA DO AUTOR : É importante registrar o **Enunciado Sumular 235 do STJ**, segundo o qual: "**A conexão não determina a reunião dos processos, se um deles já foi julgado**".

Com efeito, o referido enunciado sumular do STJ é constantemente invocado para fundamentar decisões em discussões sobre competência no processo penal naquele mesmo Tribunal Superior – *vide*, por exemplo, os seguintes casos do STJ: **RHC 80.007/SP**, rel. Min. Jorge Mussi, 5ª Turma, j. 5-12-2017, *DJe* 19-12-2017; **CC 154.407/PR**, rel. Min. Reynaldo Soares da Fonseca, 3ª Seção, j. 11-10-2017, *DJe* 20-10-2017; **CC 153.464/PR**, rel. Min. Reynaldo Soares da Fonseca, 3ª Seção, j. 27-9-2017, *DJe* 2-10-2017; **RHC 44.833/PE**, rel. Min. Gurgel de Faria, 5ª Turma, j. 24-11-2015, *DJe* 18-12-2015.

(6) **Competência por prevenção**: a competência por prevenção tem como pressuposto a concorrência de juízos, teoricamente, igualmente competentes para processar uma mesma causa. Em tais casos, nos termos do art. 83[729] do

---

subsiste ainda que a lide que pertencia originariamente à sua competência, e que atraiu a seu poder de julgar o litígio que tomado isoladamente pertenceria à competência de outro juiz, desaparece por um motivo qualquer; o juiz continua sendo competente para julgar a causa, que prossegue, e sobre a qual tem competência adquirida e não originária'. [...]" (STJ, CC 34.321/RJ, rel. Min. Maria Thereza de Assis Moura, 3ª Seção, j. 14-3-2007, *DJ* 26-3-2007, p. 193).

[728] CPP, "Art. 82. Se, não obstante a conexão ou continência, forem instaurados processos diferentes, a autoridade de jurisdição prevalente deverá avocar os processos que corram perante os outros juízes, salvo se já estiverem com sentença definitiva. Neste caso, a unidade dos processos só se dará, ulteriormente, para o efeito de soma ou de unificação das penas".

[729] CPP, "Art. 83. Verificar-se-á a competência por prevenção toda vez que, concorrendo dois ou mais juízes igualmente competentes ou com jurisdição cumulativa, um deles tiver antecedido aos outros

CPP, será competente aquele juízo praticante do primeiro ato relacionado à causa, ainda que anterior à propositura da denúncia ou queixa da ação penal.

(7) Competência por prerrogativa de função (competência originária dos Tribunais): trata-se aqui de competência originária dos Tribunais (art. 84 do CPP[730]) – ou seja, casos em que, excepcionalmente, o primeiro grau de jurisdição será em Tribunal, que não terá competência recursal para o caso, mas sim, conforme antedito, originária (inicial). Em verdade, a competência por prerrogativa de função é mecanismo de busca do equilíbrio democrático entre os poderes-funções estatais, para manutenção da estabilidade democrática. Por isso existe interesse público[731] na manutenção dos foros por prerrogativa de função. Entretanto, alguns possíveis efeitos negativos têm causado questionamentos sociais e jurídicos sobre tal utilidade, conforme se pontuará ao final deste item.

DICA DO AUTOR: O primeiro parâmetro de aferição do foro por prerrogativa de função deve ser a Constituição – sendo importante a realização de leitura atenta às competências originárias do STF, STJ, TRFs e TJs – arts. 102, I; 105, I; 108, I; 21, X; 96, III. Para facilitar o estudo e aguçar a memória visual, apresenta-se o foro por prerrogativa por tabelas didáticas:

Foro por prerrogativa de função no STF (art. 102, I, da CRFB/88)	
*Espécie de crime	Autoridades
(1) Comum (art. 102, I, *b*, da CRFB/88)	(1.1) **Presidente da República**
	(1.2) **Vice-Presidente**
	(1.3) **Membros do Congresso Nacional**
	(1.4) **Ministros do STF**
	(1.5) **Procurador-Geral da República (PGR)**

---

na prática de algum ato do processo ou de medida a este relativa, ainda que anterior ao oferecimento da denúncia ou da queixa (arts. 70, § 3º, 71, 72, § 2º, e 78, II, *c*)".

[730] CPP, "Art. 84. A competência pela prerrogativa de função é do Supremo Tribunal Federal, do Superior Tribunal de Justiça, dos Tribunais Regionais Federais e Tribunais de Justiça dos Estados e do Distrito Federal, relativamente às pessoas que devam responder perante eles por crimes comuns e de responsabilidade".

[731] "Não como um privilégio da pessoa, mas como uma garantia para o interesse público de ver certas autoridades processadas por órgão de maior categoria que gozariam, em tese, de maior independência e isenção perante a autoridade processada, a Constituição consagrou diversas competências por prerrogativa de função" (NICOLITT, André. *Manual de processo penal*. 6. ed. São Paulo: Revista dos Tribunais, 2016. p. 370-371).

	(2.1) **Ministros de Estado**
(2) Comum e de responsabilidade* (art. 102, I, *c*, da CRFB/88)	(2.2) comandantes (Marinha, Exército e Aeronáutica)
	(2.3) **membros dos Tribunais Superiores**
	(2.4) membros do Tribunal de Contas da União
	(2.5) **chefes de missão diplomática permanente**
*Exceção: art. 52, I, da CRFB/88[732]	

No CPP (art. 86[733]), também existem regras sobre a competência por prerrogativa de foro no STF, regras essas que devem sofrer leitura à luz dos dispositivos constitucionais reguladores da matéria.

Foro por prerrogativa de função no STJ (art. 105, I, *a*, da CRFB/88)	
*Espécie de crime	Autoridades
(1) Comum (art. 105, I, *a*, da CRFB/88)	(1.1) Governadores dos Estados e do DF
(2) Comum e de responsabilidade	(2.1) **Desembargadores dos TJs (estados e DF)**
	(2.2) membros dos Tribunais de Contas (estados e DF)
	(2.3) **membros dos TRFs**
	(2.4) membros dos TREs
	(2.5) **membros dos TRTs**
	(2.6) membros dos Conselhos ou Tribunais de Contas Municipais
	(2.7) **membros do MPU perante os Tribunais**

---

[732] CRFB/88, "Art. 52. Compete privativamente ao Senado Federal: I – processar e julgar o Presidente e o Vice-Presidente da República nos crimes de responsabilidade, bem como os Ministros de Estado e os Comandantes da Marinha, do Exército e da Aeronáutica nos crimes da mesma natureza conexos com aqueles".

[733] CPP, "Art. 86. Ao Supremo Tribunal Federal competirá, privativamente, processar e julgar: I – os seus ministros, nos crimes comuns; II – os ministros de Estado, salvo nos crimes conexos com os do Presidente da República; III – o procurador-geral da República, os desembargadores dos Tribunais de Apelação, os ministros do Tribunal de Contas e os embaixadores e ministros diplomáticos, nos crimes comuns e de responsabilidade".

Foro por prerrogativa de função nos TRFs (art. 108, I, *a*, da CRFB/88)	
Espécie de crime	Autoridades
Crimes comuns e de responsabilidade	(1) Juízes Federais de sua área de jurisdição
	(2) Juízes Militares (Federais) da área de jurisdição
	(3) Juízes do Trabalho de sua área de jurisdição
	(4) Membros do MPU
Observação 1: a competência da Justiça Eleitoral prefere à Jurisdição Federal comum (art. 108, I, *in fine*, da CRFB/88).	
Observação 2: os membros do MPU atuantes junto aos Tribunais serão julgados pelo STJ (art. 105, I, da CRFB/88).	

Foro por prerrogativa de função nos TJS[734] (art. 108, I, *a*, da CRFB/88)	
Espécie de crime	Autoridades
Crimes comuns e de responsabilidade	(1) Prefeitos (art. 29, X, da CRFB/88)
	(2) Juízes (art. 93, III, da CRFB/88)
	(3) Membros do MP (art. 93, III, da CRFB/88)
Observação 1: a competência da Justiça Eleitoral prefere à Jurisdição Estadual ou distrital comum (art. 96, III, *in fine*, da CRFB/88).	

DICA DO AUTOR: A temática da competência criminal é envolta de divergências doutrinárias e jurisprudenciais. Por esse motivo, passa-se à indicação do direito sumular e jurisprudencial atinente à questão.

■ **Conflito entre competência do tribunal do júri e foro por prerrogativa estabelecido em Constituição Estadual**

Em tais casos, prevalece a competência constitucional do Júri. Embora o STF tenha pacificado a questão por meio do **Enunciado Sumular 721**[735], o entendimento foi convertido em enunciado sumular vinculante, conforme transcrito: "A competência constitucional do tribunal do júri prevalece sobre o foro por prerrogativa de função estabelecido exclusivamente pela Constituição estadual" (STF, Enunciado 45 da Súmula vinculante, Plenário, *DJe* 17-4-2015).

---

[734] CPP, "Art. 87. Competirá, originariamente, aos Tribunais de Apelação o julgamento dos governadores ou interventores nos Estados ou Territórios, e prefeito do Distrito Federal, seus respectivos secretários e chefes de Polícia, juízes de instância inferior e órgãos do Ministério Público".

[735] "A competência constitucional do Tribunal do Júri prevalece sobre o foro por prerrogativa de função estabelecido exclusivamente pela Constituição estadual" (STF, Enunciado Sumular 721, public. 13-10-2003).

No **direito jurisprudencial** atinente à competência do Júri, ainda pode ser destacado:

– **Enunciado da Súmula Vinculante 45-STF**: "A competência constitucional do Tribunal do Júri prevalece sobre o foro por prerrogativa de função estabelecido exclusivamente pela Constituição estadual".

– **Enunciado Sumular 603-STF**: "A competência para o processo e julgamento de latrocínio é do Juiz singular e não do Tribunal do Júri".

■ **Justiça Federal e material pornográfico de criança ou adolescente na rede mundial de computadores**

A questão da competência para julgamento do crime do art. 241-A da Lei n. 8.069/90 foi definida pelo STF em repercussão geral[736] e remetida à Justiça Federal, em razão, dentre outros motivos, da **"potencial internacionalidade"** decorrente "do nível de abrangência próprio de sítios virtuais de amplo acesso, bem como da reconhecida dispersão mundial preconizada no art. 2º, I, da Lei n. 12.965/2014, que instituiu o Marco Civil da Internet no Brasil", nos termos do RE 628.624-RG.

■ **Exceção da verdade e competência criminal originária**

O art. 85[737] do CPP é claríssimo no sentido de que o foro por prerrogativa de função de determinada autoridade será o competente para julgar a "exceção da verdade" (art. 139, parágrafo único, do CP[738] c/c art. 523[739] do CPP) oposta

---

[736] "Recurso extraordinário. **Repercussão geral** reconhecida. Penal. Processo penal. Crime previsto no artigo 241-A da Lei 8.069/90 (Estatuto da Criança e do Adolescente). Competência. Divulgação e publicação de imagens com conteúdo pornográfico envolvendo criança ou adolescente. Convenção sobre direitos da criança. Delito cometido por meio da rede mundial de computadores (internet). Internacionalidade. Artigo 109, V, da Constituição Federal. Competência da Justiça Federal reconhecida. Recurso desprovido. [...] 9. Tese fixada: 'Compete à Justiça Federal processar e julgar os crimes consistentes em disponibilizar ou adquirir material pornográfico envolvendo criança ou adolescente (arts. 241, 241-A e 241-B da Lei n. 8.069/1990) quando praticados por meio da rede mundial de computadores'. [...]" (STF, RE 628.624, rel. p/ acórdão Min. Edson Fachin, Tribunal Pleno, j. 29-10-2015).

[737] CPP, "Art. 85. Nos processos por crime contra a honra, em que forem querelantes as pessoas que a Constituição sujeita à jurisdição do Supremo Tribunal Federal e dos Tribunais de Apelação, àquele ou a estes caberá o julgamento, quando oposta e admitida a exceção da verdade".

[738] CP, "Art. 139. [...] Parágrafo único. A exceção da verdade somente se admite se o ofendido é funcionário público e a ofensa é relativa ao exercício de suas funções".

[739] CPP, "Art. 523. Quando for oferecida a exceção da verdade ou da notoriedade do fato imputado, o querelante poderá contestar a exceção no prazo de dois dias, podendo ser inquiridas as testemunhas arroladas na queixa, ou outras indicadas naquele prazo, em substituição às primeiras, ou para completar o máximo legal".

em ação penal privada proposta pela autoridade (com foro por prerrogativa de função) em juízo singular de primeiro grau de jurisdição. Destaque-se que, com o cancelamento do Enunciado 394[740] do STF, a parte final do Enunciado 396[741] do STF perdeu sua aplicabilidade[742].

■ **Foro por prerrogativa de função e cessação do exercício do cargo**

Trata-se de tema complexo, polêmico e sempre atual no Brasil. Contudo, algumas questões estão bem definidas, tais como a inaplicabilidade do foro por prerrogativa após a cessação definitiva do exercício funcional – conforme entendimento sumulado[743] do STF, de modo que este já afastou o foro de magistrados aposentados, conforme *repercussão geral* no RE 549.560.

Após o cancelamento do Enunciado Sumular 394[744] do STF, houve "reação legislativa"[745] por meio da Lei n. 10.628/2002, que alterou o CPP[746] a fim de manter o foro por prerrogativa em ação proposta iniciado após o término do mandato político. Tal medida legislativa foi declarada inconstitucional pelo STF na ADI 2.797.

---

[740] Redação do verbete cancelado: "Cometido o crime durante o exercício funcional, prevalece a competência especial por prerrogativa de função, ainda que o inquérito ou a ação penal sejam iniciados após a cessação daquele exercício" (Enunciado Sumular 394/STF).

[741] "Para a ação penal por ofensa à honra, sendo admissível a exceção da verdade quanto ao desempenho de função pública, prevalece a competência especial por prerrogativa de função, ainda que já tenha cessado o exercício funcional do ofendido" (Enunciado Sumular 396/STF).

[742] *Vide* precedente no qual ex-deputado federal fora denunciado por ter agredido, com um soco no rosto, deputada federal enquanto esta usava a tribuna, sendo-lhe imputadas as condutas do art. 129, *caput*, e art. 140, § 2º, c/c art. 70, todos do CP: STF, AP 315 QO, rel. Min. Moreira Alves, Tribunal Pleno, j. 25-8-1999.

[743] "A competência especial por prerrogativa de função não se estende ao crime cometido após a cessação definitiva do exercício funcional" (Enunciado Sumular 451 do STF).

[744] "Cometido o crime durante o exercício funcional, prevalece a competência especial por prerrogativa de função, ainda que o inquérito ou a ação penal sejam iniciados após a cessação daquele exercício" (Enunciado Sumular 394 do STF, **cancelado** por meio da AP 315 QO, rel. Min. Moreira Alves, Tribunal Pleno, j. 25-8-1999, *DJ* 31-10-2001).

[745] "[...] 1. O novo § 1º do art. 84 CPrPen constitui **evidente reação legislativa** ao cancelamento da Súmula 394 por decisão tomada pelo Supremo Tribunal no Inq 687-QO, 25.8.97, rel. o em. Ministro Sydney Sanches (*RTJ* 179/912), cujos fundamentos a lei nova contraria inequivocamente. [...]" (STF, ADI 2.797, rel. Min. Sepúlveda Pertence, Tribunal Pleno, j. 15-9-2005, *DJ* 19-12-2006, g.n.).

[746] Eis a redação do CPP declarada **inconstitucional** na ADI 2.797: "Art. 84 [...] § 1º A competência especial por prerrogativa de função, relativa a atos administrativos do agente, prevalece ainda que o inquérito ou a ação judicial sejam iniciados após a cessação do exercício da função pública".

DICA DO AUTOR: Sobre o tema, decisão importante foi proferida na Questão de Ordem na **Ação Penal originária 937**, quando foi adotada a *interpretação restritiva* da prerrogativa de foro. Confiram-se as diretrizes extraíveis do julgado:

> [...] III. Conclusão 6. Resolução da questão de ordem com a fixação das seguintes teses: "(i) O foro por prerrogativa de função aplica-se **apenas aos crimes cometidos durante o exercício** do cargo e relacionados às funções desempenhadas; e (ii) **Após o final da instrução processual, com a publicação** do despacho de intimação para apresentação de alegações finais, a competência para processar e julgar ações penais **não será mais afetada** em razão de o agente público vir a ocupar cargo ou deixar o cargo que ocupava, qualquer que seja o motivo". 7. Aplicação da nova linha interpretativa aos processos em curso. Ressalva de todos os atos praticados e decisões proferidas pelo STF e demais juízos com base na jurisprudência anterior. [...] (STF, AP 937 QO, rel. Min. Roberto Barroso, Tribunal Pleno, j. 3-5-2018, *DJe-265* divulg. 10-12-2018, public. 11-12-2018).

Em síntese, a atual posição do STF leva em consideração dois importantes **requisitos cumulativos**: (1) **exercício do cargo** (a prática do fato deve ocorrer durante o período de exercício do cargo); (2) **conexão funcional** (o fato deve ser relacionado ao cargo). Ademais, o STF também delimitou um momento para fixação de competência: "após o final da instrução processual, com a publicação do despacho de intimação para apresentação de alegações finais".

■ **Foro por prerrogativa de função e ação de improbidade administrativa**

Embora a ação de improbidade administrativa (Lei n. 8.429/92) seja ação de **natureza cível** (art. 37, § 4º, da CRFB/88[747]), ela tem certa proximidade com as ações penais – em razão da finalidade punitiva que possuem em comum. Entretanto, por meio da Lei n. 10.628/2002, o legislador federal buscou expandir o foro por prerrogativa de função, delimitado constitucionalmente, às ações de improbidade administrativa, de natureza cível. O **STF**, por meio da **ADI 2.797**, considerou **inconstitucional** tal extensão de foro – conforme trecho transcrito:

> [...] 5. Inconstitucionalidade do § 1º do art. 84 C.Pr.Penal, acrescido pela lei questionada e, por arrastamento, da regra final do § 2º do mesmo artigo,

---

[747] CRFB/88, "Art. 37. [...] § 4º Os atos de improbidade administrativa importarão a suspensão dos direitos políticos, a perda da função pública, a indisponibilidade dos bens e o ressarcimento ao erário, na forma e gradação previstas em lei, sem prejuízo da ação penal cabível".

que manda estender a regra à ação de improbidade administrativa. IV. Ação de improbidade administrativa: extensão da competência especial por prerrogativa de função estabelecida para o processo penal condenatório contra o mesmo dignitário (§ 2º do art. 84 do C.Pr.Penal introduzido pela L. 10.628/2002): declaração, por lei, de competência originária não prevista na Constituição: inconstitucionalidade. [...]" (STF, ADI 2.797, rel. Min. Sepúlveda Pertence, Tribunal Pleno, j. 15-9-2005, *DJ* 19-12-2006).

Em síntese, considerou-se inconstitucional a legislação ordinária processual penal que buscou expandir o foro por prerrogativa de função às ações (cíveis) de improbidade administrativa.

■ Competência da Justiça Militar

A **competência da Justiça Militar da União** segue **critério objetivo**, fixado em razão da ocorrência de crime militar[748], conforme seu conceito legal – motivo pelo qual, em tese, pode julgar cidadãos civis[749] praticantes de crime militar, ao contrário da **Justiça Militar estadual**[750], a qual se submete a duplo critério – ou seja, além da observância do **critério objetivo**, ao **critério subjetivo** (o praticante do crime deve ser agente militar). Desse modo, conhecer o conceito de crime militar – seja ele **crime militar próprio** (catalogado na legislação militar) ou **impróprio** (previsto na legislação não militar) –, estampado no art. 9º do **Código Penal Militar (CPM)**, é deveras relevante aos estudos, razão pela qual segue transcrição legal:

---

[748] CRFB/88, "Art. 124. À Justiça Militar compete processar e julgar os crimes militares definidos em lei. Parágrafo único. A lei disporá sobre a organização, o funcionamento e a competência da Justiça Militar".

[749] "A Constituição Federal estabeleceu importante diferenciação: a Justiça Militar Estadual não julga civil, mas somente *policial militar* e *bombeiro militar* (regra expressa do art. 125, §§ 3º, 4º e 5º). Por sua vez, a Justiça Militar da União, que julga os militares integrantes das Forças Armadas, em certos casos, também poderá julgar o civil. Isso porque o art. 124 da CF/88 estabelece competir à Justiça Militar (da União) processar e julgar os crimes militares definidos em lei" (LENZA, Pedro. *Direito constitucional esquematizado*. 23. ed. São Paulo: Saraiva Educação, 2019. p. 877).

[750] CRFB/88, "Art. 125. [...] § 3º A lei estadual poderá criar, mediante proposta do Tribunal de Justiça, a Justiça Militar estadual, constituída, em primeiro grau, pelos juízes de direito e pelos Conselhos de Justiça e, em segundo grau, pelo próprio Tribunal de Justiça, ou por Tribunal de Justiça Militar nos Estados em que o efetivo militar seja superior a vinte mil integrantes. § 4º Compete à Justiça Militar estadual processar e julgar os militares dos Estados, nos crimes militares definidos em lei e as ações judiciais contra atos disciplinares militares, ressalvada a competência do júri quando a vítima for civil, cabendo ao tribunal competente decidir sobre a perda do posto e da patente dos oficiais e da graduação das praças. § 5º Compete aos juízes de direito do juízo militar processar e julgar, singularmente, os crimes militares cometidos contra civis e as ações judiciais contra atos disciplinares militares, cabendo ao Conselho de Justiça, sob a presidência de juiz de direito, processar e julgar os demais crimes militares".

Art. 9º Consideram-se **crimes militares**, em tempo de paz:

I – os crimes de que trata este Código, quando definidos de modo diverso na lei penal comum, ou nela não previstos, qualquer que seja o agente, salvo disposição especial;

II – os crimes previstos neste Código e os previstos na legislação penal, quando praticados:

a) por militar em situação de atividade ou assemelhado, contra militar na mesma situação ou assemelhado;

b) por militar em situação de atividade ou assemelhado, em lugar sujeito à administração militar, contra militar da reserva, ou reformado, ou assemelhado, ou civil;

c) por militar em serviço ou atuando em razão da função, em comissão de natureza militar, ou em formatura, ainda que fora do lugar sujeito à administração militar contra militar da reserva, ou reformado, ou civil;

d) por militar durante o período de manobras ou exercício, contra militar da reserva, ou reformado, ou assemelhado, ou civil;

e) por militar em situação de atividade, ou assemelhado, contra o patrimônio sob a administração militar, ou a ordem administrativa militar;

III – os crimes praticados por militar da reserva, ou reformado, ou por civil, contra as instituições militares, considerando-se como tais não só os compreendidos no inciso I, como os do inciso II, nos seguintes casos:

a) contra o patrimônio sob a administração militar, ou contra a ordem administrativa militar;

b) em lugar sujeito à administração militar contra militar em situação de atividade ou assemelhado, ou contra funcionário de Ministério militar ou da Justiça Militar, no exercício de função inerente ao seu cargo;

c) contra militar em formatura, ou durante o período de prontidão, vigilância, observação, exploração, exercício, acampamento, acantonamento ou manobras;

d) ainda que fora do lugar sujeito à administração militar, contra militar em função de natureza militar, ou no desempenho de serviço de vigilância, garantia e preservação da ordem pública, administrativa ou judiciária, quando legalmente requisitado para aquele fim, ou em obediência a determinação legal superior.

§ 1º Os crimes de que trata este artigo, quando dolosos contra a vida e cometidos por militares contra civil, serão da competência do Tribunal do Júri.

§ 2º Os crimes de que trata este artigo, quando dolosos contra a vida e cometidos por militares das Forças Armadas contra civil, serão da competência da Justiça Militar da União, se praticados no contexto:

I – do cumprimento de atribuições que lhes forem estabelecidas pelo Presidente da República ou pelo Ministro de Estado da Defesa;

II – de ação que envolva a segurança de instituição militar ou de missão militar, mesmo que não beligerante; ou

III – de atividade de natureza militar, de operação de paz, de garantia da lei e da ordem ou de atribuição subsidiária, realizadas em conformidade com o disposto no art. 142 da Constituição Federal e na forma dos seguintes diplomas legais:

a) Lei n. 7.565, de 19 de dezembro de 1986 – Código Brasileiro de Aeronáutica;

b) Lei Complementar n. 97, de 9 de junho de 1999;

c) Decreto-Lei n. 1.002, de 21 de outubro de 1969 – Código de Processo Penal Militar; e

d) Lei n. 4.737, de 15 de julho de 1965 – Código Eleitoral (Redação dada pela Lei n. 13.491/2017).

Considerando que a redação supratranscrita decorre de alteração legal de 2017, com efeito ampliativo da competência do Judiciário Militar, a leitura do texto legal é importantíssima, mormente por ter sido alvo de concurso – conforme será visto mais adiante.

DICA DO AUTOR: A temática da **competência do Poder Judiciário Militar** foi tratada no **direito jurisprudencial**, sendo também afetada diretamente pela promulgação da **Lei n. 13.491, de 13 de outubro de 2017**, pois esta **ampliou o conceito de crime militar**. Antes da edição da referida lei, o STJ possuía os seguintes verbetes sumulados:

– **Enunciado Sumular 6-STJ**: "Compete à Justiça Comum Estadual processar e julgar delito decorrente de acidente de trânsito envolvendo viatura de polícia militar, salvo se autor e vítima forem policiais militares em situação de atividade" (S3, j. 7-6-1990, *DJ* 15-6-1990).

– **Enunciado Sumular 53-STJ**: "Compete à Justiça Comum Estadual processar e julgar **civil** acusado de prática de crime contra instituições militares estaduais" (S3, j. 17-9-1992).

– **Enunciado Sumular 75-STJ**: "Compete à Justiça Comum Estadual processar e julgar o policial militar por crime de promover ou facilitar a fuga de preso de estabelecimento penal" (S3, j. 15-4-1993, *DJ* 20-4-1993, p. 6769).

– **Enunciado Sumular 78-STJ**: "Compete à **Justiça Militar** processar e julgar policial de corporação estadual, ainda que o delito tenha sido praticado em outra unidade federativa" (S3, j. 8-6-1993, *DJ* 16-6-1993).

– **Enunciado Sumular 90-STJ**: "Compete à **Justiça Estadual Militar** processar e julgar o policial militar pela prática do crime militar, e à comum pela prática do crime comum simultâneo aquele" (S3, j. 21-10-1993, *DJ* 26-10-1993).

– **Enunciado Sumular 172-STJ**: "Compete à Justiça Comum processar e julgar militar por crime de abuso de autoridade, ainda que praticado em serviço" (S3, j. 23-10-1996, *DJ* 31-10-1996).

Por força da superveniência da **Lei n. 13.491/2017**, ampliativa da competência da Justiça Militar, parcela doutrinária, como Aury Lopes Júnior[751] (Enunciado 172/STJ) e Ronaldo Batista Pinto[752] (Enunciados 6, 75 e 175/STJ), têm compreendido pela necessidade de cancelamento de alguns dos supracitados verbetes. Assim, há certa tendência no cancelamento do Enunciado Sumular 172/STJ, em razão de a nova redação do CPM abranger também crimes previstos em leis especiais. A mesma situação pacífica não é visível no verbete 6/STJ, para o qual Aury Lopes[753] entende inexistente o **"interesse militar"**, devendo-se afastar a competência da Justiça militar. Ademais, o STJ possui entendimento no qual ressalta a **"natureza da atividade"** exercida pelo policial militar no momento do fato apurado, tendo afastado a competência do Judiciário Militar em caso de questão relacionada à atribuição não tipicamente militar (lavratura de auto de infração de trânsito[754]).

---

[751] "[...] está superada a Súmula 172 do STJ. [...] Quanto à súmula 172, entendemos que está superada" (LOPES JÚNIOR, Aury. *Direito processual penal*. 15. ed. São Paulo: Saraiva, 2018. p. 255 e 259).

[752] "Súmulas superadas – A partir de tal conclusão, posicionamentos cristalizados em súmulas de tribunais superiores restarão superados. Assim, a *Súmula 172* do Superior Tribunal de Justiça, do seguinte teor: 'Compete à Justiça Comum processar e julgar militar por crime de abuso de autoridade, ainda que praticado em serviço'. Claro: se o inc. II, do art. 9º do Código Penal Militar, com sua nova redação, faz referência à legislação penal *lato sensu*, decerto que abrange o crime de abuso de autoridade, cuja competência para julgamento, nos termos do enunciado da súmula, não mais será da Justiça Comum, mas da Justiça Militar Estadual. Também a *Súmula n. 75*, ainda do *Tribunal da Cidadania*, que tem o seguinte enunciado: 'Compete à Justiça Comum Estadual processar e julgar o policial militar por crime de promover ou facilitar a fuga de preso de estabelecimento penal'. Com a legislação novel, a competência passa para a Justiça Militar Estadual. O mesmo raciocínio vale para a *Súmula n. 6*, do STJ, *in verbis*: 'Compete à Justiça Comum Estadual processar e julgar delito decorrente de acidente de trânsito envolvendo viatura de Polícia Militar, salvo se autor e vítima forem Policiais Militares em situação de atividade'" (PINTO, Ronaldo Batista. Lei 13.491/17 – A ampliação da competência da Justiça Militar e demais consequências. *Migalhas*, 5 dez. 2017. Disponível em: <https://www.migalhas.com.br/dePeso/16,MI270465,41046-Lei+1349117+A+ampli acao+da+competencia+da+Justica+Militar+e+demais>. Acesso em: 28 abr. 2019).

[753] "Trata-se da construção jurisprudencial de natureza subjetiva, que deve ser analisada caso a caso. Sinalizando preocupação como *interesse militar*, cumpre ler a súmula n. 6 do STJ" (LOPES JÚNIOR, Aury. *Direito processual penal*. 15. ed. São Paulo: Saraiva, 2018. p. 259, g.n.).

[754] "[...] Competência. Inserção de dados falsos em multas de trânsito lavradas por policial militar. Conduta que não se amolda ao art. 9º, II, alínea 'c', do Código Penal Militar e nem ao art. 312 do CPM

No **Concurso da Defensoria Pública de São Paulo (2019, FCC)**, a competência do Judiciário Militar foi objeto de questionamento. Narrou-se no enunciado da questão: "Em **operação conjunta de garantia da Lei e da Ordem**, de iniciativa do Presidente da República, com militares do Exército e membro da Polícia Militar estadual, ocorre a **morte de um civil**. Existem indícios da prática de um crime doloso contra a vida, sendo que há suspeita da participação de um soldado do Exército Brasileiro e um soldado da Polícia Militar estadual neste fato". A resposta indicada como CORRETA foi: "[...] a competência para o eventual julgamento é [...] da Justiça Militar da União, para o Militar do Exército, e do Tribunal do Júri, para o Policial Militar estadual". Assim, em tais casos haverá cisão[755] de processos. Isso ocorre em razão da alteração do CPM pela Lei n. 13.491/2017 e da Constituição[756], que remete o assassinato de civil por militar estadual ao Tribunal do Júri.

Já no **Concurso da Defensoria Pública de Minas Gerais (2019, FUNDEP)** a competência do Judiciário Militar também foi objeto de questiona-

---

(falsidade ideológica). Competência da Justiça Comum Estadual. 1. A competência da Justiça Militar para julgamento de delitos praticados por militares contra civis tem por fundamento tanto o art. 125, § 4º, da CF quanto o art. 9º, II, 'c' e 'd', do Código Penal Militar (Decreto-Lei n. 1.001/1969). Essa situação não se alterou substancialmente com o advento da Lei 13.491, de 13-10-2017, que deu nova redação ao inciso II do artigo 9º do Código Penal Militar. Embora a Lei 13.491/2017 tenha ampliado a competência da Justiça militar, passando a deslocar para a Justiça Castrense qualquer crime previsto na Legislação Penal Comum (Código Penal e Leis Esparsas) desde que praticado por militar em serviço, ou no exercício da função, a alínea 'c' do inciso II do art. 9º do CPM continua a exigir que a função desempenhada pelo agente militar tenha natureza militar. 2. A função de controle, fiscalização e cobrança de multas impostas em decorrência de infração de trânsito não é afeta nem às atividades típicas dos militares que compõem os quadros das Forças Armadas, tampouco às atividades típicas dos Policiais Militares. O poder de fiscalização de trânsito urbano atribuído à Polícia Militar deriva de delegação efetuada pelo Departamento Nacional de Trânsito – DETRAN, com fundamento em autorização contida nos arts. 23, III, e 25 do Código de Trânsito Brasileiro, que permitem a órgãos e entidades executivos do Sistema Nacional de Trânsito a faculdade de celebrar convênios delegando atividades a si atribuídas pelo CTB. 3. Ao lavrar autos de infração de trânsito contendo informações inverídicas, o Policial Militar, estando ou não de folga, atua em razão da função, mas desempenha atividade que não possui natureza militar, não se podendo, portanto, caracterizar a conduta como delito de competência da Justiça Castrense, mas, sim, da Justiça Comum Estadual. 4. A conduta também não se amolda ao delito descrito no art. 312 do CPM, já que o tipo penal em questão exige que o fato atente contra a administração ou o serviço militar, no entanto o ente prejudicado pela inserção de dados falsos em multa de trânsito, no caso concreto, foi o GDF. 5. Recurso ordinário provido, para reconhecer a competência da Justiça Comum para processar e julgar a ação penal" (STJ, RHC 93.425/DF, rel. Min. Reynaldo Soares da Fonseca, 5ª Turma, j. 15-5-2018, *DJe* 25-5-2018).

[755] LOPES JÚNIOR, Aury. *Direito processual penal*. 15. ed. São Paulo: Saraiva, 2018. p. 260.

[756] CRFB/88, "Art. 125. [...] § 4º Compete à Justiça Militar estadual processar e julgar os militares dos Estados, nos crimes militares definidos em lei e as ações judiciais contra atos disciplinares militares, ressalvada a competência do júri quando a vítima for civil, cabendo ao tribunal competente decidir sobre a perda do posto e da patente dos oficiais e da graduação das praças".

mento, sendo apontada como incorreta a alternativa: "Havendo conexão entre crime da competência material da jurisdição comum federal e crime da competência material da jurisdição militar estadual, haverá unidade de processo, e o juízo prevalente será o primeiro".

17. SÃO PAULO, RIO DE JANEIRO E SANTA CATARINA SUJEITOS PROCESSUAIS. ESPÍRITO SANTO JUIZ, MINISTÉRIO PÚBLICO, ACUSADO E DEFENSOR. ASSISTENTES E AUXILIARES DA JUSTIÇA. ATOS DE TERCEIROS

Tradicionalmente, diz-se que o processo é ato de três sujeitos – juiz, autor e réu (*"actus trium personarum: judicis, actoris et rei"*). Entre esses três personagens centrais do processo penal denominados **sujeitos principais e essenciais do processo**, pode-se indicar a seguinte classificação: (1) **sujeito imparcial**: juiz; (2) **sujeitos parciais**: acusador (MP) e acusado. Noutro passo, existem ainda os **sujeitos secundários, acessórios ou eventuais** do processo, tais como o assistente de acusação, auxiliares da justiça, peritos etc. A partir do presente momento, serão expostos com maiores detalhes os sujeitos parciais.

■ **O órgão julgador**

O órgão julgador tem como traço diferenciador em relação aos demais a *imparcialidade* e a *equidistância* que deve manter em relação aos demais sujeitos processuais para que, desse modo, o Estado-juiz atue de modo igualitário na tutela dos direitos e liberdades dos cidadãos.

Os órgãos julgadores são investidos dos **poderes jurisdicionais**[757] em sentido amplo: (1) **poderes-meio ou instrumentais**: abrangendo os **ordinatórios** (para movimentação processual) e **instrutórios** (para catalogação de materiais probatórios, a fim de formar sua convicção sobre o objeto processual); (2) **poderes-fim ou jurisdicionais em sentido estrito**: configurados na atuação judicial ao proferir decisões (poder decisório) e de determinar a execução das respectivas decisões (poder executivo).

Além dos poderes jurisdicionais, os juízes possuem **poderes administrativos** com a finalidade de manter a ordem na atividade jurisdicional; é possível aos juízes

---

[757] REIS, Alexandre Cebrian Araújo; GONÇALVES, Victor Eduardo Rios. *Direito processual penal esquematizado*. 7. ed. São Paulo: Saraiva Educação, 2018. p. 360.

exercitar o poder de polícia[758] nas audiências, determinar a realização de julgamentos a portas fechadas[759], requisitar força pública[760], suspender a sessão do júri[761] etc.

A doutrina ainda indica **poderes anômalos**[762] **ou atípicos** configurados na remessa aos autos para o Procurador Geral de Justiça – chefe do MP –, por discordância com o arquivamento do inquérito[763], remessa dos autos ao MP em razão da suposta identificação de crime[764], recebimento de representação[765] do ofendido e requisição de instauração do IP[766].

---

[758] CPP, "Art. 794. A polícia das audiências e das sessões compete aos respectivos juízes ou ao presidente do tribunal, câmara, ou turma, que poderão determinar o que for conveniente à manutenção da ordem. Para tal fim, requisitarão força pública, que ficará exclusivamente à sua disposição".

[759] CPP, "Art. 792. [...] § 1º Se da publicidade da audiência, da sessão ou do ato processual, puder resultar escândalo, inconveniente grave ou perigo de perturbação da ordem, o juiz, ou o tribunal, câmara, ou turma, poderá, de ofício ou a requerimento da parte ou do Ministério Público, determinar que o ato seja realizado a portas fechadas, limitando o número de pessoas que possam estar presentes".

[760] CPP, "Art. 251. Ao juiz incumbirá prover à regularidade do processo e manter a ordem no curso dos respectivos atos, podendo, para tal fim, requisitar a força pública".

[761] São poderes do juiz presidente do Tribunal do Júri segundo o CPP, "Art. 497. São atribuições do juiz presidente do Tribunal do Júri, além de outras expressamente referidas neste Código: I – regular a polícia das sessões e prender os desobedientes; II – requisitar o auxílio da força pública, que ficará sob sua exclusiva autoridade; III – dirigir os debates, intervindo em caso de abuso, excesso de linguagem ou mediante requerimento de uma das partes; IV – resolver as questões incidentes que não dependam de pronunciamento do júri; V – nomear defensor ao acusado, quando considerá-lo indefeso, podendo, neste caso, dissolver o Conselho e designar novo dia para o julgamento, com a nomeação ou a constituição de novo defensor; VI – mandar retirar da sala o acusado que dificultar a realização do julgamento, o qual prosseguirá sem a sua presença; VII – suspender a sessão pelo tempo indispensável à realização das diligências requeridas ou entendidas necessárias, mantida a incomunicabilidade dos jurados; VIII – interromper a sessão por tempo razoável, para proferir sentença e para repouso ou refeição dos jurados; IX – decidir, de ofício, ouvidos o Ministério Público e a defesa, ou a requerimento de qualquer destes, a arguição de extinção de punibilidade; X – resolver as questões de direito suscitadas no curso do julgamento; XI – determinar, de ofício ou a requerimento das partes ou de qualquer jurado, as diligências destinadas a sanar nulidade ou a suprir falta que prejudique o esclarecimento da verdade; XII – regulamentar, durante os debates, a intervenção de uma das partes, quando a outra estiver com a palavra, podendo conceder até 3 (três) minutos para cada aparte requerido, que serão acrescidos ao tempo desta última".

[762] REIS, Alexandre Cebrian Araújo; GONÇALVES, Victor Eduardo Rios. *Direito processual penal esquematizado*. 7. ed. São Paulo: Saraiva Educação, 2018. p. 260.

[763] CPP, "Art. 28. Se o órgão do Ministério Público, ao invés de apresentar a denúncia, requerer o arquivamento do inquérito policial ou quaisquer peças de informação, o juiz, no caso de considerar improcedentes as razões invocadas, fará remessa do inquérito ou peças de informação ao procurador-geral, e este oferecerá a denúncia, designará outro órgão do Ministério Público para oferecê-la, ou insistirá no pedido de arquivamento, ao qual só então estará o juiz obrigado a atender".

[764] CPP, "Art. 40. Quando, em autos ou papéis de que conhecerem, os juízes ou tribunais verificarem a existência de crime de ação pública, remeterão ao Ministério Público as cópias e os documentos necessários ao oferecimento da denúncia".

[765] CPP, "Art. 39. O direito de representação poderá ser exercido, pessoalmente ou por procurador com poderes especiais, mediante declaração, escrita ou oral, feita ao juiz, ao órgão do Ministério

DICA DO AUTOR : Em provas que exijam o senso crítico do examinando – tais como provas orais e dissertativas de Defensoria Pública –, os denominados "poderes anômalos" do juiz devem ser avaliados a partir da perspectiva constitucional da separação rígida de funções no sistema de justiça com lastro no **sistema acusatório**, e, desse modo, deve-se expor o necessário reconhecimento da não recepção pela nova ordem constitucional dos dispositivos com poderes judiciais anômalos, conectados, de alguma maneira, ao interesse ministerial, pois representam **resquícios do sistema inquisitivo**.

Os membros do Poder Judiciário possuem **garantias constitucionais** (art. 95, *caput*, I-III[767]) para a atuação jurisdicional independente: (1) *vitaliciedade*, adquirida em primeiro grau após dois anos de exercício, quando então somente poderá perder o cargo por sentença judicial transitada em julgado – sendo que, anteriormente a tal período, a perda do cargo poderá ocorrer por ordem do tribunal ao qual está vinculado; (2) *inamovibilidade*, impedindo deslocamentos indevidos do local trabalho ou mesmo funcionais, salvo motivo de interesse público, tudo com o objetivo de resguardar a independência judicial e impedir ameaças indevidas à atividade jurisdicional; (3) *irredutibilidade de vencimentos*, como mecanismo de proteção às retaliações financeiras.

Os membros do Poder Judiciário também possuem **vedações constitucionais** (art. 95, parágrafo único[768]) cujos objetivos também serão, ao fim, buscar a

---

Público, ou à autoridade policial. § 1º A representação feita oralmente ou por escrito, sem assinatura devidamente autenticada do ofendido, de seu representante legal ou procurador, será reduzida a termo, perante o juiz ou autoridade policial, presente o órgão do Ministério Público, quando a este houver sido dirigida".

[766] CPP, "Art. 5º Nos crimes de ação pública o inquérito policial será iniciado: [...] II – mediante requisição da autoridade judiciária ou do Ministério Público, ou a requerimento do ofendido ou de quem tiver qualidade para representá-lo".

[767] CRFB/88, "Art. 95. Os juízes gozam das seguintes garantias: I – vitaliciedade, que, no primeiro grau, só será adquirida após dois anos de exercício, dependendo a perda do cargo, nesse período, de deliberação do tribunal a que o juiz estiver vinculado, e, nos demais casos, de sentença judicial transitada em julgado; II – inamovibilidade, salvo por motivo de interesse público, na forma do art. 93, VIII; III – irredutibilidade de subsídio, ressalvado o disposto nos arts. 37, X e XI, 39, § 4º, 150, II, 153, III, e 153, § 2º, I".

[768] CRFB/88, "Art. 95. [...] Parágrafo único. Aos juízes é vedado: I – exercer, ainda que em disponibilidade, outro cargo ou função, salvo uma de magistério; II – receber, a qualquer título ou pretexto, custas ou participação em processo; III – dedicar-se à atividade político-partidária. IV – receber, a qualquer título ou pretexto, auxílios ou contribuições de pessoas físicas, entidades públicas ou privadas, ressalvadas as exceções previstas em lei; V – exercer a advocacia no juízo ou tribunal do qual se afastou, antes de decorridos três anos do afastamento do cargo por aposentadoria ou exoneração".

maior imparcialidade possível dos órgãos jurisdicionais, quais sejam: (1) exercer, ainda que em disponibilidade, outros cargos de funções, salvo a cumulação de cargos com o magistério; (2) receber custas e participação no processo, a qualquer pretexto; (3) exercer atividade político-partidária; (4) receber auxílios ou contribuições de pessoas públicas ou privadas, bem como de pessoas físicas, salvo os casos previstos em lei; (5) proibição ao exercício da advocacia no juízo ou tribunal do qual se afastou antes de decorrido três anos da aposentadoria ou exoneração ("quarentena constitucional").

A legislação processual penal, com a finalidade de preservar a imparcialidade do Poder Judiciário, criou mecanismos para, identificando casos de duvidosa imparcialidade, afastar o membro do judiciário da atuação respectiva. Nesse contexto, são mecanismos para identificação de risco à imparcialidade judicial: o **impedimento** (art. 252 do CPP[769]) e a **suspeição** (art. 254 do CPP[770]), cujo rol legal deve ser objeto de leitura, sendo cabíveis algumas informações adicionais.

O STF vem reconhecendo **nulidade absoluta**[771] pelo descumprimento do rol do art. 252 do CPP relativo aos impedimentos, reconhecendo no dispositivo um **rol taxativo (*numerus clausus*)** e de **"direito estrito"**[772].

---

[769] CPP, "Art. 252. O juiz não poderá exercer jurisdição no processo em que: I – tiver funcionado seu cônjuge ou parente, consanguíneo ou afim, em linha reta ou colateral até o terceiro grau, inclusive, como defensor ou advogado, órgão do Ministério Público, autoridade policial, auxiliar da justiça ou perito; II – ele próprio houver desempenhado qualquer dessas funções ou servido como testemunha; III – tiver funcionado como juiz de outra instância, pronunciando-se, de fato ou de direito, sobre a questão; IV – ele próprio ou seu cônjuge ou parente, consanguíneo ou afim em linha reta ou colateral até o terceiro grau, inclusive, for parte ou diretamente interessado no feito".

[770] CPP, "Art. 254. O juiz dar-se-á por suspeito, e, se não o fizer, poderá ser recusado por qualquer das partes: I – se for amigo íntimo ou inimigo capital de qualquer deles; II – se ele, seu cônjuge, ascendente ou descendente, estiver respondendo a processo por fato análogo, sobre cujo caráter criminoso haja controvérsia; III – se ele, seu cônjuge, ou parente, consanguíneo, ou afim, até o terceiro grau, inclusive, sustentar demanda ou responder a processo que tenha de ser julgado por qualquer das partes; IV – se tiver aconselhado qualquer das partes; V – se for credor ou devedor, tutor ou curador, de qualquer das partes; VI – se for sócio, acionista ou administrador de sociedade interessada no processo".

[771] "Ministro do Superior Tribunal de Justiça que vem a julgar recurso interposto pelo réu condenado em processo no qual esse mesmo magistrado atuou, em momento anterior, como membro do Ministério Público. Inadmissibilidade. Hipótese de impedimento (CPP, art. 252, II). Causa de nulidade absoluta do julgamento. Necessidade de renovação desse mesmo julgamento, sem a participação do ministro impedido. Questão de ordem que se resolve pela concessão, de ofício, de 'habeas corpus' em favor do ora agravante" (STF, AI 706.078 QO, rel. Min. Celso de Mello, 2ª Turma, j. 10-3-2009).

[772] "[...] as causas de impedimento são taxativas e as normas que as enumeram em 'numerus clausus' são de direito estrito. [...]" (STF, HC 73.099, rel. Min. Moreira Alves, 1ª Turma, j. 3-10-1995).

Outra questão é referente à elevação constitucional da proteção à união estável (art. 226, § 3º), instituto não reconhecido à época da edição do CPP, motivo pelo qual há entendimento[773] fazendo incidir o impedimento aplicável ao cônjuge também ao companheiro da união estável.

Para resguardo da imparcialidade do Estado Julgador, além dos institutos do impedimento e da suspeição, há a figura da **incompatibilidade** para julgamentos colegiados. Desse modo, o CPP inviabiliza a participação concomitante em órgãos colegiados de determinadas pessoas com vínculo familiar ou de afinidade, tanto no art. 253[774], referente aos colegiados togados, quanto no art. 448[775], atinente aos jurados do Tribunal do Júri – caso no qual servirá ao júri aquele sorteado em primeiro lugar[776].

Além da incompatibilidade prevista no art. 448 do CPP, os **jurados** do Conselho de Sentença do Tribunal do Júri devem se submeter aos mesmos impedimentos e suspeições dos juízes togados (art. 448, § 2º). Ademais, os jurados possuem vetos específicos à atuação no art. 449[777], os quais incluem a demonstração prévia de ânimo de condenação ou absolvição. Para fins de cômputo do número de jurados para instalação da sessão, os jurados impedidos, suspeitos ou incompatíveis (art. 451).

Como "ninguém pode se valer da própria torpeza", a criação artificiosa de artimanha para gerar suspeição não poderá ensejar o afastamento judicial. Trata-se de um veto legal à **suspeição forjada ou artificiosa** (art. 256 do CPP[778]).

---

[773] REIS, Alexandre Cebrian Araújo; GONÇALVES, Victor Eduardo Rios. *Direito processual penal esquematizado*. 7. ed. São Paulo: Saraiva Educação, 2018. p. 356.

[774] CPP, "Art. 253. Nos juízos coletivos, não poderão servir no mesmo processo os juízes que forem entre si parentes, consanguíneos ou afins, em linha reta ou colateral até o terceiro grau, inclusive".

[775] CPP, "Art. 448. São impedidos de servir no mesmo Conselho: I – marido e mulher; II – ascendente e descendente; III – sogro e genro ou nora; IV – irmãos e cunhados, durante o cunhadio; V – tio e sobrinho; VI – padrasto, madrasta ou enteado. § 1º O mesmo impedimento ocorrerá em relação às pessoas que mantenham união estável reconhecida como entidade familiar".

[776] CPP, "Art. 450. Dos impedidos entre si por parentesco ou relação de convivência, servirá o que houver sido sorteado em primeiro lugar".

[777] CPP, "Art. 449. Não poderá servir o jurado que: I – tiver funcionado em julgamento anterior do mesmo processo, independentemente da causa determinante do julgamento posterior; II – no caso do concurso de pessoas, houver integrado o Conselho de Sentença que julgou o outro acusado; III – tiver manifestado prévia disposição para condenar ou absolver o acusado".

[778] CPP, "Art. 256. A suspeição não poderá ser declarada nem reconhecida, quando a parte injuriar o juiz ou de propósito der motivo para criá-la".

Quanto à dissolução dos impedimentos e suspeições, o art. 255[779] do CPP delimita sua incidência para os casos de dissolução de casamento, sendo cabíveis duas observações: (1) à época de edição do CPP, a união estável não era reconhecida, sendo possível a aplicação extensiva para aplicação da lógica do impedimento incidente sobre o casamento também à união estável; (2) à época de edição do CPP, o casamento se dissolvia somente pela morte, porquanto o divórcio somente sobreviera à ordem jurídica brasileira em 1977, fazendo com que parte da doutrina afirme: "[...] o divórcio não faz cessar a causa de impedimento ou suspeição no tocando ao ex-cônjuge do juiz, já que o vínculo existente entre eles é muito mais estreito que aquele respeitante às pessoas mencionadas no dispositivo"[780].

Uma novidade decorrente da Lei n. 13.964/2019 ("Pacote Anticrime") referente à figura do juiz, como agente imparcial do processo, seria a adoção legal do "**Juiz das Garantias**"[781-782], um importante mecanismo em prol da imparcialidade judicial, evitando contaminações indevidas do juízo julgador do mérito com o clima inquisitivo da investigação, combatendo enviesamentos nocivos à imparcialidade. Apesar do progresso constitucional citado, a implantação do instituto foi suspensa liminarmente pelo STF (ADI 6.298), seguindo ainda pendente de julgamento de mérito até o fechamento da presente edição.

■ O Ministério Público

O Ministério Público (MP), constitucionalmente, é o titular da ação penal (*dominus litis*), atribuição essa conferida constitucionalmente em razão de o órgão ser o guardião da lei e da ordem[783] (*custos legis et iuris*). No processo pe-

---

[779] CPP, "Art. 255. O impedimento ou suspeição decorrente de parentesco por afinidade cessará pela dissolução do casamento que lhe tiver dado causa, salvo sobrevindo descendentes; mas, ainda que dissolvido o casamento sem descendentes, não funcionará como juiz o sogro, o padrasto, o cunhado, o genro ou enteado de quem for parte no processo".

[780] REIS, Alexandre Cebrian Araújo; GONÇALVES, Victor Eduardo Rios. *Direito processual penal esquematizado*. 7. ed. São Paulo: Saraiva Educação, 2018. p. 359.

[781] CPP, "Art. 3º-B. O juiz das garantias é responsável pelo controle da legalidade da investigação criminal e pela salvaguarda dos direitos individuais cuja franquia tenha sido reservada à autorização prévia do Poder Judiciário, competindo-lhe especialmente:".

[782] Sobre o tema, *vide*: RODRIGUES, Nicole Farias. *Juiz das garantias, sistemas processuais e garantismo penal*. Florianópolis: Emais Editora, 2019.

[783] O CPC/2015 traz a renovada visão do Ministério Público como *custos iuris*: "Art. 178. O Ministério Público será intimado para [...] intervir como fiscal da ordem jurídica [...]".

nal, o MP exerce **duas funções** (art. 257[784]) basilares: **(1) parte** em sentido estrito (*dominus litis*); (2) terceiro **interveniente** (*custos legis*).

DICA DO AUTOR : No sistema acusatório, o MP é sujeito *parcial*[785] na defesa de seus *interesses institucionais*, é totalmente separado da figura do julgador, agente imparcial, sendo esse o traço característico da função em um sistema acusatório. Afirmar que o Estado acusador, o *dominus litis*, ainda que na função de *custos legis*, seria imparcial ao perseguir seus interesses institucionais em juízo se recai em um **mito processual penal**[786], uma armadilha que busca promover, inconscientemente, a aproximação por uma falsa autoidentificação do juiz para com o órgão de acusação. A tese do MP imparcial é resquício de ranço inquisitório incompatível com sistema acusatório-constitucional.

Tradicionalmente, o MP surge para evitar a figura do juiz inquisidor (com poderes judicantes e de acusação), pois tal figura é afrontosa à imparcialidade. Portanto, o **MP** é **parte pública** voltada à consecução de seu **interesse institucional** – constitucional e legal –, com vistas a tornar o juízo totalmente independente de interesses acusatório, condenatório e investigativo.

DICA DO AUTOR : Há dois esclarecimentos importantes sobre o MP no processo penal, principalmente nas provas de Defensoria Pública:

(1) **O MP não representa judicialmente a vítima**: o MP não representa a vítima, mas sim seus próprios interesses institucionais de ordem constitucional e legal. Aliás, é vedada a atividade *constitucionalmente* de representação pelo MP (art. 129, XI[787]). Desse modo, tanto o pedido de condenação pelo Ministério não é realizado buscando o interesse da vítima, quanto o pedido absolutório pelo MP não é realizado em representação do acusado. Em verdade, tanto o pedido condenatório quanto o pedido absolutório pelo MP são vinculados à sua missão constitucional de *custos legis et iuris*, mais especificamente de *do-*

---

[784] CPP, "Art. 257. Ao Ministério Público cabe: I – promover, privativamente, a ação penal pública, na forma estabelecida neste Código; e II – fiscalizar a execução da lei".

[785] "Quando o interesse público que o trouxe aos autos foi violado e sucumbiu, o Ministério Público é obrigado a agir ou reagir, em favor da prevalência desse interesse. Isso o torna parte parcial, no sentido técnico ou processual" (MAZZILLI, Hugo Nigro. *Regime jurídico do Ministério Público*. 7. ed. São Paulo: Saraiva, 2013. p. 338-339).

[786] CASARA, Rubens R. R. *Mitologia processual penal*. São Paulo: Saraiva, 2015. p. 153 ss.

[787] CRFB/88, "Art. 129. São funções institucionais do Ministério Público: [...] IX – exercer outras funções que lhe forem conferidas, desde que compatíveis com sua finalidade, sendo-lhe vedada a representação judicial e a consultoria jurídica de entidades públicas".

minus litis, não se tratando, jamais, de representação ministerial da vítima ou do acusado, pois o guardião da lei possui total independência[788] quanto a interesses de tais sujeitos no cumprimento de sua missão. Ao remate do raciocínio, cabe o registro da Lei n. 11.340/2006[789], a qual prevê o direito da vítima a estar representada por advogado ou defensor, de regra, em todos os atos processuais – determinação essa que, implicitamente, consigna claramente que o MP não representa o interesse da vítima, mas sim seu interesse institucional.

(2) **A propositura de ações civis de *ex delicto* em prol de vítimas pobres, em regra, é atividade defensorial**: o art. 68[790] do CPP – que é pré-constitucional –, repassava a legitimidade ao MP para prestação de assistência judiciária[791] ao pobre, buscando seu ressarcimento em razão do delito. Por se tratar de atividade de assistência jurídica, constitucionalmente atribuída à Defensoria Pública (art. 134), deve-se entendê-lo como não recepcionado pela nova ordem constitucional. Entretanto, como a Defensoria Pública ainda se encontra em fase de instalação em muitos estados da federação, o STF optou pela técnica da norma "ainda constitucional", em "**inconstitucionalidade progressiva**" ou

---

[788] *Vide* com esse sentido interpretativo, o STF: "[...]. 1. A assistente de acusação tem legitimidade para recorrer da decisão que absolve o réu nos casos em que o Ministério Público não interpõe recurso. 2. Aplicação da Súmula 210 do Supremo Tribunal Federal: 'O assistente do Ministério Público pode recorrer, inclusive extraordinariamente, na ação penal, nos casos dos arts. 584, § 1º, e 598 do Código de Processo Penal'. 3. A manifestação do promotor de justiça, em alegações finais, pela absolvição da Paciente e, em seu parecer, pelo não conhecimento do recurso não altera nem anula o direito da assistente de acusação recorrer da sentença absolutória. 4. Ordem denegada" (STF, HC 102.085, rel. Min. Cármen Lúcia, Tribunal Pleno, j. 10-6-2010).

[789] Lei n. 11.340/2006 (Lei Maria da Penha), "Art. 27. Em todos os atos processuais, cíveis e criminais, a mulher em situação de violência doméstica e familiar deverá estar acompanhada de advogado, ressalvado o previsto no art. 19 desta Lei. Art. 28. É garantido a toda mulher em situação de violência doméstica e familiar o acesso aos serviços de Defensoria Pública ou de Assistência Judiciária Gratuita, nos termos da lei, em sede policial e judicial, mediante atendimento específico e humanizado".

[790] CPP, "Art. 68. Quando o titular do direito à reparação do dano for pobre (art. 32, §§ 1º e 2º), a execução da sentença condenatória (art. 63) ou a ação civil (art. 64) será promovida, a seu requerimento, pelo Ministério Público".

[791] "[...] 2. No contexto da Constituição de 1988, a atribuição anteriormente dada ao Ministério Público pelo art. 68 C. Pr. Penal – constituindo modalidade de assistência judiciária – deve reputar-se transferida para a Defensoria Pública: essa, porém, para esse fim, só se pode considerar existente, onde e quando organizada, de direito e de fato, nos moldes do art. 134 da própria Constituição e da lei complementar por ela ordenada: até que – na União ou em cada Estado considerado –, se implemente essa condição de viabilização da cogitada transferência constitucional de atribuições, o art. 68 C. Pr. Pen. será considerado ainda vigente: é o caso do Estado de São Paulo, como decidiu o plenário no RE 135328" (STF, RE 147.776, rel. Min. Sepúlveda Pertence, 1ª Turma, j. 19-5-1998).

"em **trânsito para a inconstitucionalidade**". Ou seja, a atribuição do art. 68 do CPP permanece como MP até superveniente[792-793] instalação da Defensoria Pública na unidade jurisdicional, quando então o art. 68 do CPP será considerado efetivamente inconstitucional.

São **princípios constitucionais** do MP (art. 127, § 1º): (1) **unidade**: visualização da "presentação institucional" pela qual cada membro ministerial fala pela instituição, sendo visualizado no contexto de cada ramo do MP; (2) **indivisibilidade**: fundamento para autorizar a substituição entre membros, nos termos legais, sem prejuízo processual qualquer; e **independência funcional**: princípio garantidor da independência e autonomia do membro em suas manifestações livre de amarras formais internas ou externas.

No plano constitucional (art. 128, § 5º, I), os membros do MP também possuem as mesmas **garantias** (vitaliciedade, inamovibilidade e irredutibilidade de subsídios) e **vedações** (art. 128, § 5º, II) dos membros do Poder Judiciário.

Considerando que ninguém poderá ser processado senão pela autoridade competente, deve-se evitar as designações de "acusadores de exceção"[794], casuísticos, motivo pelo qual é sustentada a existência do princípio implícito do promotor natural, velando-se assim pela impessoalidade e independência funcional dos agentes ministeriais[795].

---

[792] "[...] Legitimidade. Ação 'ex delicto'. Ministério Público. Defensoria Pública. Artigo 68 do Código de Processo Penal. Carta da República de 1988. [...]. Inconstitucionalidade progressiva. Viabilização do exercício de direito assegurado constitucionalmente. Assistência jurídica e judiciária dos necessitados. Subsistência temporária da legitimação do Ministério Público. Ao Estado, no que assegurado constitucionalmente certo direito, cumpre viabilizar o respectivo exercício. Enquanto não criada por lei, organizada – e, portanto, preenchidos os cargos próprios, na unidade da Federação – a Defensoria Pública, permanece em vigor o artigo 68 do Código de Processo Penal, estando o Ministério Público legitimado para a ação de ressarcimento nele prevista. Irrelevância de a assistência vir sendo prestada por órgão da Procuradoria-Geral do Estado, em face de não lhe competir, constitucionalmente, a defesa daqueles que não possam demandar, contratando diretamente profissional da advocacia, sem prejuízo do próprio sustento" (STF, RE 135.328, rel. Min. Marco Aurélio, Tribunal Pleno, j. 29-6-1994).

[793] Adotando a tese da "inconstitucionalidade progressiva" do art. 68 do CPP, o STJ acompanha o mesmo raciocínio do STF: EREsp 232.279/SP, rel. Min. Edson Vidigal, Corte Especial, j. 1º-7-2003, *DJ* 4-8-2003, p. 205; REsp 219.815/SP, rel. Min. Carlos Fernando Mathias (juiz federal convocado do TRF-1), 4ª Turma, j. 11-11-2008, *DJe* 24-11-2008.

[794] "[...] 4. A jurisprudência do Supremo Tribunal Federal não admite a figura do chamado promotor de exceção, por incompatibilidade com a ordem constitucional vigente. [...]" (STF, HC 160.213 AgR, rel. Min. Roberto Barroso, 1ª Turma, j. 1º-3-2019).

[795] "[...] 5. Consoante o postulado do promotor natural, a definição do membro do Ministério Público competente para oficiar em um caso deve observar as regras previamente estabelecidas pela

DICA DO AUTOR: No contexto dos concursos de Defensoria Pública, o princípio do promotor natural deve ser visto como garantia constitucional do acusado de não ser processado senão pela autoridade competente. Assim, deve-se defender prejuízo *in re ipsa* em razão da violação da norma constitucional, devendo apontar os prejuízos ladeadores da nulidade em sua fundamentação.

As causas de impedimento e suspeição dos juízes serão aplicadas aos membros do MP (art. 258 do CPP)[796], com finalidade de que tal atuação seja isenta de motivações pessoais.

DICA DO AUTOR: Ao contrário do ocorrido no processo civil, o MP não goza de prazo em dobro no processo penal. Nesse sentido é o entendimento do STJ:

> [...] 1. "**O Ministério Público não goza de prazo em dobro no âmbito penal**, sendo intempestivo o recurso de agravo regimental interposto fora do quinquídio previsto no art. 258 do Regimento Interno do STJ." (AgRg no HC 392.868/MT, rel. Ministro Nefi Cordeiro, **Sexta Turma**, julgado em 6-2-2018, *DJe* 15-2-2018). [...] (STJ, AgInt no REsp 1.658.578/MT, rel. Min. Ribeiro Dantas, 5ª Turma, j. 24-4-2018, *DJe* 2-5-2018).

No âmbito do **STF** (**HC 120.275**, rel. Min. Marco Aurélio, 1ª Turma, j. 15-5-2018), há também precedente vetando o prazo em dobro ao MP em material criminal.

DICA DO AUTOR: Importante observar os ditames do *direito jurisprudencial* sobre o MP, destacando-se:

– **Enunciado Sumular 701-STF**: "No mandado de segurança impetrado pelo Ministério Público contra decisão proferida em processo penal, é obrigatória a citação do réu como litisconsorte passivo" (Sessão Plenária, 24-9-2003).

– **Enunciado Sumular 714-STF**: "É concorrente a legitimidade do ofendido, mediante queixa, e do Ministério Público, condicionada à representação do ofendido, para a ação penal por crime contra a honra de servidor público em razão do exercício de suas funções" (Sessão Plenária, 24-9-2003).

---

instituição para distribuição de atribuições em um determinado foro de atuação, obstando-se a interferência hierárquica indevida da chefia do órgão por meio de eventuais designações especiais [...]" (STF, HC 137.637, rel. Min. Luiz Fux, 1ª Turma, j. 6-3-2018).

[796] CPP, "Art. 258. Os órgãos do Ministério Público não funcionarão nos processos em que o juiz ou qualquer das partes for seu cônjuge, ou parente, consanguíneo ou afim, em linha reta ou colateral, até o terceiro grau, inclusive, e a eles se estendem, no que lhes for aplicável, as prescrições relativas à suspeição e aos impedimentos dos juízes".

– **Enunciado sumular 234-STJ**: "A participação de membro do Ministério Público na fase investigatória criminal não acarreta o seu impedimento ou suspeição para o oferecimento da denúncia" (Terceira Seção, j. 13-12-1999, *DJ* 7-2-2000).

– **Enunciado sumular 604-STJ**: "O mandado de segurança não se presta para atribuir efeito suspensivo a recurso criminal interposto pelo Ministério Público" (Terceira Seção, j. 28-2-2018, *DJe* 5-3-2018).

– "Recurso extraordinário. 2. Repercussão Geral. Reconhecimento. Reafirmação da jurisprudência dominante. 3. Constitucional. **Ministério Público dos Estados e do Distrito Federal e Territórios. Legitimidade para postular perante o STF e o STJ.** [...]. 5. Repercussão geral. A avaliação da legitimidade dos Ministérios Públicos dos Estados para pleitear perante o STF e o STJ é relevante dos pontos de vista político, jurídico e social. Repercussão geral reconhecida. 6. Legitimidade de MPE para postular no STF e no STJ. Os Ministérios Públicos dos Estados e do Distrito Federal e Territórios podem postular diretamente no STF e no STJ, em recursos e meios de impugnação oriundos de processos nos quais o ramo Estadual tem atribuição para atuar. Precedentes. 7. Jurisprudência consolidada do STF no sentido da legitimidade do MPE. Reafirmação de jurisprudência. Precedentes [...]. 8. Fixação de tese: **Os Ministérios Públicos dos Estados e do Distrito Federal têm legitimidade para propor e atuar em recursos e meios de impugnação de decisões judiciais em trâmite no STF e no STJ, oriundos de processos de sua atribuição, sem prejuízo da atuação do Ministério Público Federal.** [...]" (STF, RE 985.392 Repercussão Geral, rel. Min. Gilmar Mendes, j. 25-5-2017).

– "Repercussão geral. Recurso extraordinário representativo da controvérsia. Constitucional. Separação dos poderes. Penal e processual penal. **Poderes de investigação do Ministério Público.** [...]. 4. Questão constitucional com repercussão geral. Poderes de investigação do Ministério Público. Os artigos 5º, incisos LIV e LV, 129, incisos III e VIII, e 144, inciso IV, § 4º, da Constituição Federal, não tornam a investigação criminal exclusividade da polícia, nem afastam os poderes de investigação do Ministério Público. Fixada, em repercussão geral, tese assim sumulada: "**O Ministério Público dispõe de competência para promover, por autoridade própria, e por prazo razoável, investigações de natureza penal, desde que respeitados os direitos e garantias que assistem a qualquer indiciado ou a qualquer pessoa sob investigação do Estado, observadas, sempre, por seus agentes, as hipóteses de reserva constitucional de jurisdição e, também, as prerrogativas profissionais de que se acham investidos, em nosso País, os Advogados (Lei 8.906/94, artigo 7º, notadamente os incisos I, II, III, XI, XIII, XIV e XIX), sem prejuízo da possibilidade – sempre presente no Estado democrático de Direito – do permanente controle jurisdicional dos atos, necessariamente documentados (Súmula Vinculante 14), praticados pelos membros dessa instituição". Maioria. 5. [...]" (STF, RE 593.727, rel. Min. Cezar Peluso, rel. p/ acórdão Min. Gilmar Mendes, Tribunal Pleno, j. 14-5-2015).

Há, por fim, um tema de repercussão geral pendente de resolução envolvendo o MP, o qual deve ser acompanhado com atenção: **RE 660.814-RG**[797].

■ **O acusado (indiciado, processado, réu etc.)**

O acusado é a figura central do processo penal. É o sujeito em torno do qual as garantias processuais são erigidas a fim de se permitir uma análise justa de sua conduta.

No processo penal brasileiro, a **defesa** do processo pode ser **bifurcada**: (1) **autodefesa: opcional** e entendida como aquela realizada por meio do processado, como ocorre no interrogatório e até mesmo pelo exercício do direito ao silêncio; (2) **técnica**: forma defensiva **obrigatória**, é a defesa realizada por profissional técnico (advogado ou defensor público), devidamente habilitado nos termos da Lei.

Atualmente, são coincidentes a maioridade civil e penal. Por tal motivo, não há mais hipótese de nomeação de curador prevista no art. 262[798] do CPP – desnecessidade justificada também em razão de os menores de 18 anos serem inimputáveis para fins penais.

No processo penal, o **direito de defesa é indisponível** e, por isso, a **defesa técnica** é sempre **obrigatória** (art. 261 do CPP[799]), motivo pelo qual, em caso

---

[797] "Constitucional e processual penal. Recurso extraordinário. **Sistema penal acusatório**. Provimento da Corregedoria-Geral de Justiça que determina a **tramitação direta do inquérito policial entre o Ministério Público e a polícia civil**. Inteligência dos artigos 22, I; 128, § 5º; 129, II; e 144, IX; todos da Constituição Federal. **Repercussão geral reconhecida**. 1. Revela especial relevância, na forma do art. 102, § 3º, da Constituição, a questão acerca da possibilidade da tramitação direta do inquérito policial entre o Ministério Público e a Polícia Civil por Provimento da Corregedoria Geral de Justiça. 2. Repercussão geral da matéria reconhecida, nos termos do art. 1.035 do CPC" (STF, RE 660.814-RG, rel. Min. Alexandre de Moraes, j. 7-3-2019).

[798] CPP, "Art. 262. Ao acusado menor dar-se-á curador".

[799] CPP, "Art. 261. Nenhum acusado, ainda que ausente ou foragido, será processado ou julgado sem defensor".

de inércia defensiva na constituição advocatícia, o Poder Judiciário deverá intimar a Defensoria Pública para assumir a defesa ou, em caso de impossibilidade da Defensoria Pública (art. 22, § 1º, do EOAB), nomear advogado dativo (art. 263 do CPP).

■ **O direito ao silêncio como estratégia defensiva na resposta à acusação**

O silêncio é direito do acusado, razão pela qual ele poderá apresentar resposta à acusação de modo sintético e objetivo a fim de não antecipar sua tese defensiva ao membro do MP – tratando-se de estratégia defensiva fundada no direito ao silêncio[800]. Do mesmo modo, o uso fundamentado do silêncio na estratégia deve ser garantido, por isonomia, aos defensores públicos e eventualmente advogados dativos – sendo o caso de interpretação constitucional do parágrafo único[801] do art. 261 do CPP.

■ **A não recepção da condução coercitiva para interrogatório**

Por meio das **ADPFs 444 e 395**[802], o STF considerou não recepcionado (inconstitucionalidade de norma anterior à Constituição) a ideia de "condução coercitiva" para interrogatório, prevista no art. 260[803] do CPP. A posição do

---

[800] "Os cuidados precisam ser redobrados, pois caso o magistrado não se convença acerca da viabilidade da absolvição sumária, o processo irá prosseguir, sendo que o fator surpresa se perdeu, pois a acusação já tem conhecimento de todas as teses que serão levantadas ao longo da instrução, pois antecipadas na defesa preliminar. Acreditamos, portanto, como já assentado, que a apresentação da defesa preliminar é obrigatória, contudo, a profundidade e abrangência do seu conteúdo será definida estrategicamente pelo defensor, e nada impede, a depender da conveniência do caso concreto, que ele opte por apresentar uma peça evasiva, superficial, não havendo de se falar em prejuízo para a defesa" (TÁVORA, Nestor; ALENCAR, Rosmar Rodrigues. *Curso de direito processual penal*. 8. ed. Salvador: JusPodivm, 2013. p. 773-774).

[801] CPP, "Art. 261. [...] Parágrafo único. A defesa técnica, quando realizada por defensor público ou dativo, será sempre exercida através de manifestação fundamentada".

[802] "Decisão: O Tribunal, por maioria e nos termos do voto do Relator, julgou procedente a arguição de descumprimento de preceito fundamental, para pronunciar a não recepção da expressão 'para o interrogatório', constante do art. 260 do CPP, e declarar a incompatibilidade com a Constituição Federal da condução coercitiva de investigados ou de réus para interrogatório, sob pena de responsabilidade disciplinar, civil e penal do agente ou da autoridade e de ilicitude das provas obtidas, sem prejuízo da responsabilidade civil do Estado. O Tribunal destacou, ainda, que esta decisão não desconstitui interrogatórios realizados até a data do presente julgamento, mesmo que os interrogados tenham sido coercitivamente conduzidos para tal ato. Vencidos, parcialmente, o Ministro Alexandre de Moraes, nos termos de seu voto, o Ministro Edson Fachin, nos termos de seu voto, no que foi acompanhado pelos Ministros Roberto Barroso, Luiz Fux e Cármen Lúcia (Presidente). Plenário, 14.6.2018."

[803] CPP, "Art. 260. Se o acusado não atender à intimação para o interrogatório, reconhecimento ou qualquer outro ato que, sem ele, não possa ser realizado, a autoridade poderá mandar conduzi-lo à

STF – além de prevenir o processado em face de constrangimentos desnecessários –, respalda o **direito ao silêncio** e de **não produzir provas contra si mesmo** de todo processado, evitando-se e prevenindo abusos por parte dos agentes do estado – além do uso midiático ou político de tal exposição.

■ Identificação criminal

O CPP[804] dispõe que a impossibilidade de identificação do acusado não impede o andamento do processo penal, sendo possível a retificação da identificação a qualquer tempo.

■ O defensor (privado e público)

Em termos constitucionais, a expressão "defensor" deve ser vista, em princípio, como gênero que abrange as carreiras defensivas do texto constitucional: o advogado público (arts. 131-132), o advogado [privado] (art. 133) e o defensor público (art. 134) – no processo penal ganham relevo estas duas últimas carreiras jurídicas.

Em sentido ainda mais amplo e controverso – como será visto –, a expressão "defensor" pode, em princípio, abranger: (1) advogado constituído ou procurador; (2) advogado dativo; (3) defensor público; (4) defensor *ad hoc*.

Há duas figuras que não deveriam ser tão propaladas no processo penal por contrariarem a convivência das normas constitucionais típicas da advocacia (art. 133) e da Defensoria Pública (art. 134). Com efeito, em um sistema ideal, ou próximo a isso, a parte ou estaria acompanhada de advogado constituído ou de defensor público. Contudo, por força de um "vazio defensorial" (ausência de instalação da Defensoria Pública), a prática forense ainda convive com duas figuras de constitucionalidade duvidosa: (1) **advogado dativo**: considerado aquele nomeado para prestação de assistência jurídica na impos-

---

sua presença. Parágrafo único. O mandado conterá, além da ordem de condução, os requisitos mencionados no art. 352, no que lhe for aplicável".

[804] CPP, "Art. 259. A impossibilidade de identificação do acusado com o seu verdadeiro nome ou outros qualificativos não retardará a ação penal, quando certa a identidade física. A qualquer tempo, no curso do processo, do julgamento ou da execução da sentença, se for descoberta a sua qualificação, far-se-á a retificação, por termo, nos autos, sem prejuízo da validade dos atos precedentes".

sibilidade[805] da Defensoria Pública, seguindo os regramentos do Estatuto da Advocacia[806]. Nesse contexto, tratando-se o advogado de profissional liberal, a tabela da OAB deve ser observada, por força de lei (art. 22, § 1º, do EOAB) e interpretação jurisprudencial[807]; (2) **advogado *ad hoc***: trata-se da nomeação de advogado para um determinado ato ou parte dele[808], pressupondo a (2.1) a intimação prévia e (2.2) ausência injustificada do advogado constituído ou defensor público do acusado.

■ O advogado

O advogado é autoridade profissional indispensável à Administração da Justiça, nos termos constitucionais[809]. Assim, por dicção **constitucional**, o advogado é figura **indispensável** à representação postulatória dos interessados. No nível das **convenções internacionais**, é necessário pontuar que o **direito de escolha do advogado** de confiança é **direito humano** dos processados.

DICA DO AUTOR: É importante destacar alguns pontos do direito jurisprudencial incidente sobre a atuação advocatícia, os quais merecem leitura atenta:

– **Enunciado da Súmula Vinculante 14-STF:** "É direito do defensor, no interesse do representado, ter acesso amplo aos elementos de prova que, já documentados em procedimento investigatório realizado por órgão com competência de polícia judiciária, digam respeito ao exercício do direito de defesa" (Sessão Plenária, 2-2-2009).

---

[805] Lei n. 8.906/94, "Art. 22. [...] § 1º O advogado, quando indicado para patrocinar causa de juridicamente necessitado, no caso de impossibilidade da Defensoria Pública no local da prestação de serviço, tem direito aos honorários fixados pelo juiz, segundo tabela organizada pelo Conselho Seccional da OAB, e pagos pelo Estado".

[806] Lei n. 8.906/94, "Art. 34. Constitui infração disciplinar: [...] XII – recusar-se a prestar, sem justo motivo, assistência jurídica, quando nomeado em virtude de impossibilidade da Defensoria Pública".

[807] "[...] 1. De acordo com entendimento deste Superior Tribunal de Justiça, o defensor dativo nomeado para atuar em feitos criminais tem direito à verba advocatícia a ser fixada em observância aos valores estabelecidos na tabela organizada pelo respectivo Conselho Seccional da Ordem dos Advogados. [...]" (STJ, AgRg no REsp 1.665.140/SC, rel. Min. Maria Thereza de Assis Moura, 6ª Turma, j. 8-8-2017, *DJe* 15-8-2017).

[808] CPP, "Art. 265. [...]§ 2º Incumbe ao defensor provar o impedimento até a abertura da audiência. Não o fazendo, o juiz não determinará o adiamento de ato algum do processo, devendo nomear defensor substituto, ainda que provisoriamente ou só para o efeito do ato".

[809] CPP, "Art. 72. [...] § 2º Se o réu não tiver residência certa ou for ignorado o seu paradeiro, será competente o juiz que primeiro tomar conhecimento do fato".

– **Enunciado Sumular 708-STF**: "É nulo o julgamento da apelação se, após a manifestação nos autos da renúncia do único defensor, o réu não foi previamente intimado para constituir outro" (Sessão Plenária, 24-9-2003).

– **Enunciado Sumular 707-STF**: "Constitui nulidade a falta de intimação do denunciado para oferecer contrarrazões ao recurso interposto da rejeição da denúncia, não a suprindo a nomeação de defensor dativo" (Sessão Plenária, 24-9-2003).

– **Enunciado Sumular 705-STF**: "A renúncia do réu ao direito de apelação, manifestada sem a assistência do defensor, não impede o conhecimento da apelação por este interposta" (Sessão Plenária, 24-9-2003).

DICA DO AUTOR : Quanto à atuação advocatícia, faz-se relevantíssimo o estudo do Estatuto da Advocacia – EOAB **(Lei n. 8.906/94)**, em especial com as alterações promovidas pela Lei n. 13.245, de 12 de janeiro de 2016 (garante participação no procedimento investigativo-policial), e a Lei n. 13.793, de 3 de janeiro de 2019 (garante acesso a processos eletrônicos), com ênfase no **art. 7º** do EOAB, o qual apresenta os direitos advocatícios. O art. 7º da Lei n. 8.906/94 possui especial importância à Defensoria Pública em razão de complementar a atividade.

Deve ser destacada a **excepcional** atuação do advogado dativo na impossibilidade da Defensoria Pública. Desse modo, sendo impossível à Defensoria Pública atuar junto ao juízo em razão de se encontrar em fase de estruturação, ainda se abre a possibilidade de nomeação judicial de **advogado dativo** (art. 263 do CPP[810]). A nomeação judicial de advocacia dativa, contudo, depende da observância dos cuidados jurídicos, a seguir destacados.

DICA DO AUTOR : A **Defensoria Pública** – por seus membros, como autoridades públicas do sistema de justiça constitucional responsáveis pela defesa (igualmente) pública – deve ser **garantia institucional** do direito de escolha do advogado de confiança pelos acusados **(advogado natural**[811]**)**. Assim sendo, se **intimado irregularmente** para representar o acusado – em desconsideração ao

---

[810] CPP, "Art. 263. Se o acusado não o tiver, ser-lhe-á nomeado defensor pelo juiz, ressalvado o seu direito de, a todo tempo, nomear outro de sua confiança, ou a si mesmo defender-se, caso tenha habilitação. Parágrafo único. O acusado, que não for pobre, será obrigado a pagar os honorários do defensor dativo, arbitrados pelo juiz".

[811] Sobre o tema do advogado natural: CASAS MAIA, Maurilio. Os (des)conhecidos princípios do advogado natural e do defensor natural. *Prática Jurídica*, Brasília, n. 174, p. 52-53, set. 2016.

direito de escolha advocatícia –, o defensor público deve apresentar **manifestação institucional** (*custos vulnerabilis*) no sentido de que o juízo deve respeitar o direito de escolha pelo advogado de confiança ou priorizar a intimação do advogado constituído, inclusive invocando o Enunciado Sumular 708[812] do STF, se for o caso. Tal posição evitará violações aos direitos humanos do acusado e constrangimentos da atuação defensorial junto aos Tribunais – consoante decidiu o STJ:

> [...] 1. **Constatada a inércia do advogado constituído** para apresentação de contrarrazões ao apelo do Ministério Público, **o réu deve ser intimado para indicar novo patrono de sua confiança, antes de proceder-se à nomeação de defensor público** ou dativo para o exercício do contraditório. [...]" (STJ, HC 357.488/GO, rel. Min. Rogerio Schietti Cruz, 6ª Turma, j. 6-6-2017, *DJe* 13-6-2017).

DICA DO AUTOR: Para respeito ao advogado constituído de confiança (**advogado natural**), eleito pela parte, algumas regras devem ser seguidas:

Intimações para a prática de atos processuais	
1º	Intimação do advogado constituído (advogado natural).
2º	**Intimação do processado**: em caso de inércia do advogado constituído, deve ocorrer a intimação do processado para possibilitar-lhe o direito humano de escolha do advogado de confiança.
3º	**Intimação do defensor público natural** atuante junto ao órgão jurisdicional, em caso de silêncio ou não constituição de advogado após o passo n. 2.

Por fim, é preciso esclarecer que a nomeação judicial de **advogado dativo** (ou seja, aquele nomeado pelo juiz para defesa do necessitado) é **medida subsidiária e excepcional** ao advogado de confiança e à Defensoria Pública – por vários motivos: (1) o **modelo** de assistência jurídica constitucional é o **público** (via Defensoria Pública); (2) o custeio concomitante de órgão público (Defensoria Pública) e advogado privado nomeado pelo órgão jurisdicional causa **prejuízo** ao **erário e ao contribuinte** pelo duplo (e desnecessário custeio), sendo ato passível de discussão à luz da Lei n. 8.429/92; (3) o respeito à **liberdade profissional do advogado** (art. 7º, I[813], do EOAB) como profissional liberal,

---

[812] "É nulo o julgamento da apelação se, após a manifestação nos autos da renúncia do único defensor, o réu não foi previamente intimado para constituir outro" (Enunciado 708 da Súmula do STF, Sessão Plenária, 24-9-2003).

[813] Lei n. 8.906/94, "Art. 7º São direitos do advogado: I – exercer, com liberdade, a profissão em todo o território nacional".

não recomendado seja compelido a defender quem não tenha interesse, causando prejuízo potencial à livre atuação; (4) respeito à **legalidade**, pois a assistência jurídica estatal cabe ao defensor público (LC n. 80/94) e o advogado somente pode ser compelido à assistência em caso de impossibilidade da Defensoria **(art. 22, § 1º, do EOAB)**[814].

■ **A nomeação judicial de defensor público como atecnia**

A defesa penal é direito indisponível. Por tal, motivo o CPP (art. 261) prevê a impossibilidade de qualquer acusado, em quaisquer condições, ser processado sem defensor. Por esse mesmo motivo, a **inatividade defensiva** – seja em razão do silêncio processual total **(hipossuficiência jurídica)** ou da insuficiência de recursos econômicos **(hipossuficiência econômica)** para a contratação –, aliada à **indisponibilidade do direito à defesa penal**, exige que o **Poder Judiciário** provoque intimando o **Estado defensor** (Defensoria Pública, art. 134 da CRFB/88) para atuação – sendo essa a **interpretação constitucional** possível do art. 263[815] do CPP.

É preciso ressaltar a incompatibilidade técnica legislativa com o texto constitucional: O uso do verbo "nomear"[816] defensor não se coaduna com a realidade constitucional dos defensores públicos, pois a investidura[817] e nomeação[818] defensorial decorre da aprovação em concurso público.

---

[814] Lei n. 8.906/94, "Art. 22. [...] § 1º O advogado, quando indicado para patrocinar causa de juridicamente necessitado, **no caso de impossibilidade da Defensoria Pública** no local da prestação de serviço, tem direito aos honorários fixados pelo juiz, segundo tabela organizada pelo Conselho Seccional da OAB, e pagos pelo Estado".

[815] CPP, "Art. 263. Se o acusado não o tiver, ser-lhe-á nomeado defensor pelo juiz, ressalvado o seu direito de, a todo tempo, nomear outro de sua confiança, ou a si mesmo defender-se, caso tenha habilitação".

[816] Criticando o uso do verbo "nomear" quanto à atuação defensorial de curadoria especial, *vide*: GONZÁLEZ, Pedro; CASAS MAIA, Maurilio. Legitimidade institucional e a nomeação judicial do defensor público como curador especial. *Revista de Direito da Defensoria Pública do Estado do Rio de Janeiro*, Rio de Janeiro, ano 29, n. 27, p. 88-104, dez. 2017.

[817] "Como a investidura decorre expressamente de lei, deverá o magistrado simplesmente determinar a abertura de vista para que o Defensor Público tome ciência da ocorrência de hipótese legal de atuação institucional [...]" (ESTEVES, Diogo; SILVA, Franklyn Roger Alves. A curadoria especial no novo Código de Processo Civil. In: SOUSA, José Augusto Garcia de [coord.]. *Defensoria Pública*. Salvador: JusPodivm, 2015. p. 131).

[818] "[...] a tarefa do Poder Judiciário deve se reduzir à intimação da Defensoria Pública, comunicando-a de que houve a incidência, naquele feito, de uma das hipóteses legais em que a Instituição deve agir. O juiz não deve *nomear* a *Defensoria Pública* para funcionar [...]" (LIMA, Frederico Rodrigues Viana de. *Defensoria Pública*. 2. ed. Salvador: JusPodivm, 2011. p. 199-200).

Obviamente, a atuação da Defensoria Pública, como representante postulatória do acusado inerte, **não impede** que **o acusado constitua advogado de sua confiança a qualquer tempo** – tratando-se de **regra legal**[819] **e convencional**[820].

O "Pacote Anticrime" inseriu o art. 14-A do CPP e o art. 16-A do CPPM, os quais positivam a obrigatoriedade da defesa técnica em prol dos profissionais da segurança pública que permanecerem inertes após intimados acerca da respectiva investigação em razão de vulnerabilidades jurídico-funcionais, razão pela qual tal atividade deve ser atribuída à Defensoria Pública (art. 4º, XI, da LC n. 80/94 c/c art. 134, XIV, da CRFB/88). Contudo, a questão é polêmica e foi tratada no tópico referente ao IP, perpassando também pela análise da *ratio decidendi* da ADI 3.022-STF e eventual *distinguishing* diante do maior risco jurídico da atividade dos agentes de segurança pública e sua consequente vulnerabilidade jurídico-funcional.

■ **O defensor público**

No Brasil, o **modelo constitucional de assistência jurídica** aos necessitados é o **modelo público (art. 134 c/c inc. LXXIV do art. 5º da CRFB/88)**, com finalidade de assegurar maiores garantias aos processados em geral. Em princípio[821], o membro da Defensoria Pública poderá se manifestar processualmente de duas maneiras:

(1) **representante postulatório,** quando atua no lugar do advogado privado da parte que não possuía condições econômicas **(hipossuficiente econômico)** ou permaneceu inerte no prazo para apresentação de resposta à acusação **(hipossuficiência jurídica);**

(2) **terceiro interveniente (*custos vulnerabilis*)**[822], quando apresenta **mani-**

---

[819] CPP, "Art. 263. Se o acusado não o tiver, ser-lhe-á nomeado defensor pelo juiz, **ressalvado o seu direito de, a todo tempo, nomear outro de sua confiança,** ou a si mesmo defender-se, caso tenha habilitação".

[820] CADH, "Art. 8 [...] 2. [...] d. direito do acusado de defender-se pessoalmente ou de ser assistido por um defensor de sua **escolha** e de comunicar-se, livremente e em particular, com seu defensor".

[821] Para outros aprofundamentos, além deste livro, no que se refere à atuação da Defensoria Pública em favor da vítima, *vide* ainda: ESTEVES, Diogo; SILVA, Franklyn Roger Alves. A assistência jurídica da Defensoria Pública no processo penal – múltiplas funções. A atuação da Defensoria Pública na assistência jurídica criminal. In: SILVA, Franklyn Roger Alves. *O processo penal contemporâneo e a perspectiva da Defensoria Pública*. Belo Horizonte: CEI, 2020. p. 97-122.

[822] Sobre o tema, conferir ainda: (1) GONÇALVES FILHO, Edilson Santana; ROCHA, Jorge Bheron; CASAS MAIA, Maurilio. *Custos vulnerabilis*: a Defensoria Pública e o equilíbrio nas relações político-jurídicas dos vulneráveis. Belo Horizonte: CEI, 2020; (2) CASAS MAIA, Maurilio. No-

festações institucionais, em nome e no interesse da própria Defensoria Pública – a exemplo da manifestação defensorial quando a intimação judicial do defensor público para representação ocorre em usurpação do papel do advogado constituído pela parte. A intervenção defensorial pode ser deflagrada por: (1) **iniciativa defensorial** oficiosa; (2) por **intimação judicial** *ex officio*, quando o juízo detectar indícios de interesses defensoriais na causa *sub judice*; (3) por **requerimento da parte** por seu representante advogado[823] ou mesmo defensor público, postulando a intimação do defensor público atuante em grau distinto para assumir a condição de interveniente. Por fim, ressalte-se que a intervenção defensorial deve ser exercida eticamente[824] com respeito à autonomia, beneficência e não maleficência em relação ao vulnerável destinatário da atuação, prestigiando o contraditório[825] da parte vulnerável, por seu advogado natural, se houver.

No **STJ**[826], a intervenção *custos vulnerabilis*, pela DPU, foi admitida em **recurso repetitivo**, a fim de estimular precedentes em favor das categorias vulneráveis e direitos humanos. Tratando-se de recurso repetitivo, o precedente também interessa ao direito processual penal, como pode ser relevante indicativo a decisão monocrática do ministro Sebastião Reis Júnior no **HC Coletivo 568.693**, de 1º de abril de 2020, da qual se destaca:

> (...) depreende-se do exposto acima **que é cabível** a admissão da Defensoria Pública da União como *custos vulnerabilis* nos casos em que há **formação de precedentes em favor dos vulneráveis e dos direitos humanos**. *In casu*, como já ressaltado, trata-se da defesa de presos – que praticaram atos de menor gra-

---

vas intervenções da Defensoria Pública: *custos vulnerabilis* e o excepcional *amicus communitatis* no direito processual penal. In: SILVA, Franklyn Roger Alves (org.). *O processo penal contemporâneo e a perspectiva da Defensoria Pública*. Belo Horizonte: CEI, 2020. p. 125-159.

[823] Tal posição foi defendida ao lado de modelos e peças processuais especialmente voltadas à advocacia no seguinte trabalho: CASAS MAIA, Maurilio; ROCHA, Jorge Bheron. Direito processual penal: peças penais. In: MINAGÉ, Thiago M. (org.). *Petições de uso frequente*. Florianópolis: Tirant lo Blanch, 2019. p. 375 e p. 461.

[824] CASAS MAIA, Maurilio. Novas intervenções da Defensoria Pública: *custos vulnerabilis* e o excepcional *amicus communitatis* no direito processual penal. In: SILVA, Franklyn Roger Alves (org.). *O processo penal contemporâneo e a perspectiva da Defensoria Pública*. Belo Horizonte: CEI, 2020. p. 125-159.

[825] "[...] III – requeiram a intimação da parte, por seu advogado constituído, quanto à manifestação defensorial como *custos vulnerabilis* apresentada nos autos, em respeito ao contraditório da parte destinatária da intervenção institucional; IV – manifestem-se pela imprescindibilidade da intimação do advogado constituído, uma vez que a intimação institucional da Defensoria Pública, na qualidade de terceiro interveniente como *custus vulnerabilis*, não supre a ausência de intimação do advogado constituído pela parte; [...]" (Recomendação Geral CGDP 028, de 3-12-2019, Corregedora Lívia Souza Bittencourt, DPE-ES, *Diário Oficial* 5-12-2019).

[826] STJ, EDcl no REsp 1.712.163/SP, rel. Min. Moura Ribeiro, 2ª Seção, j. 25-9-2019, *DJe* 27-9-2019.

vidade – que não possuem condições financeiras de saldar o valor estipulado a título de fiança e por isso permanecem presos (ainda que em período reconhecido como de pandemia). Ora, a vulnerabilidade econômica do grupo social que aqui se avulta é patente, mas, além dela, trata-se, também, de **pessoas em vulnerabilidade social**. No mais, também não há dúvida de que ao tratar de prisão de pessoas em **vulnerabilidade econômica e social** em presídios com **superlotação e insalubridade em tempos de COVID-19**, estamos tratando de **direitos humanos,** vez que se defende, aqui, a **liberdade como direito civil** e também a **liberdade real advinda dos direitos sociais**. Assim, defiro o pedido da Defensoria Pública da União para atuar no feito como *custos vulnerabilis*.

A partir do conceito[827] expressamente adotado pelo STJ e da doutrina paradigma[828] também citada no inteiro teor do julgado, percebe-se ser possível, em tese, ampla atuação da Defensoria Pública em processos coletivos ou individuais que afetem ao interesse institucional da Defensoria Pública.

É preciso ficar claro que o papel interventivo em prol do interesse institucional e público primário em defesa dos vulneráveis, como *custos vulneráveis*, não se confunde com o papel reservado ao advogado e muito menos com aquele reservado ao MP, no que a jurisprudência do Tribunal de Justiça do Amazonas tem sido extremamente clara e por isso merecem leitura atenta e reflexiva:

> Direito processual penal. Embargos de declaração em agravo em revisão criminal. Tentativa abusiva de rediscussão da matéria. Esclarecimentos. **Defen-**

---

[827] "[...] 'custos vulnerabilis' representa uma forma interventiva da Defensoria Pública em nome próprio e em prol de seu interesse institucional (constitucional e legal) – atuação essa subjetivamente vinculada aos interesses dos vulneráveis e objetivamente aos direitos humanos – representando a busca democrática do progresso jurídico-social das categorias mais vulneráveis no curso processual e no cenário jurídico-político" (CASAS MAIA, Maurilio. Legitimidades institucionais no Incidente de Resolução de Demandas Repetitivas [IRDR] no direito do consumidor: Ministério Público e Defensoria Pública: similitudes & distinções, ordem & progresso. *Revista dos Tribunais*, São Paulo, v. 986, p. 45, dez. 2017).

[828] "[...] A expressão 'custos vulnerabilis', cujo emprego vem sendo defendido pela própria Defensoria Pública, é pertinente para descrever o entendimento aqui robustecido. Seu emprego e difusão têm a especial vantagem de colocar lado a lado – como deve ser em se tratando de funções essenciais à administração da justiça – esta modalidade interventiva a cargo da Defensoria Pública e a tradicional do Ministério Público. O 'fiscal dos vulneráveis', para empregar a locução no vernáculo, ou, o que parece ser mais correto diante do que corretamente vem sendo compreendido sobre a legitimidade ativa da Defensoria Pública no âmbito do 'direito processual coletivo', o 'fiscal dos direitos vulneráveis', deve atuar, destarte, sempre que os direitos e/ou interesses dos **processos (ainda que individuais)** justifiquem a oitiva (e a correlata consideração) do **posicionamento institucional da Defensoria Pública**, inclusive, mas não apenas, nos processos formadores ou modificadores dos indexadores jurisprudenciais, tão enaltecidos pelo Código de Processo Civil. **Trata-se de fator de legitimação decisória indispensável e que não pode ser negada a qualquer título**. [...]" (BUENO, Cassio Scarpinella. *Curso sistematizado de direito processual civil*: teoria geral do direito processual civil: parte geral do Código de Processo Civil. 9. ed. São Paulo: Saraiva Educação, 2018. v. 1. p. 219).

soria Pública COMO "terceiro interveniente" pró-defesa (teoria ferrajoliana e "custos vulnerabilis"). **Órgão de suporte defensivo. Ausência de prejuízo à advocacia como representante postulatória e ao Ministério Público, como "custos legis".** Embargos rejeitados. 1. Ausência de prejuízo às missões do Ministério Público e da representação postulatória advocatícia. A Defensoria Pública como "custos vulnerabilis" é **"órgão de suporte defensivo"** – com apoio no **princípio da fraternidade** aplicado ao direito processual penal (Min. Reynaldo da Fonseca – STJ) para diminuir o risco de erros frente à falibilidade humana; "custos vulnerabilis" não é representante postulatório e muito menos é "custos legis". 2. Ministério Público. "Custos legis et dominus litis". **Possibilidade de humano e inconsciente viés de confirmação ("confirmation bias") para manutenção do êxito ministerial na decisão transitada em julgado. Risco. Abrandamento democrático. "Custos vulnerabilis"**. A divergência de mérito entre órgãos autônomos confirma a necessidade da participação dos órgãos públicos autônomos do sistema de justiça penal. Conflito de mérito entre as posições defensoriais e ministeriais. Personalidade judiciária penal. Importância e utilidade ao debate democrático, bem como à formação de precedentes, sem prejuízo às missões constitucionais de cada órgão. 3. Embargos rejeitados (TJAM, ED em Agr. Reg. em Rev. Criminal 0006382-60.2019.8.04.0000, rel. Anselmo Chíxaro, Câmaras Reunidas, j. 18-12-2019, registro 19-12-2019).

Direito processual penal. Agravo regimental em revisão criminal. Democratização processual penal. Oitivas do "custos legis" (Ministério Público) e do "custos vulnerabilis" (Defensoria Pública). **Democracia institucional na formação de precedentes nos tribunais.** Ministério Público e Defensoria Pública. Igual essencialidade. Missões constitucionais distintas. Recurso não conhecido. [...] 2. Irrecorribilidade. Analogia (CPP, art. 3º) ao art. 138 do CPC. Doutrina. Despacho determinando as oitivas do Ministério Público e da Defensoria Pública. Movimentação processual em prol da democrática formação de precedentes. Ausência de prejuízo concreto às partes. 3. **Função ministerial de "custos legis". Preservação garantida. Ausência de prejuízo. Interesse recursal. Inexistência. Ministério Público ouvido. Vinculação institucional-temática da Defensoria Pública à função defensiva e aos interesses dos vulneráveis ("custos vulnerabilis") sem prejuízo à intervenção ministerial. Distinção de missões constitucionais.** 4. Risco democrático. Finalidade institucional. Ministério Público. Fiscal da ordem jurídica e do regime democrático (CF/1988, art. 127). Ausência de interesse recursal. Inexistência de direito a ser a única instituição pública com direito de "falar" nos autos. Recurso que, se provido, conduziria ao "totalitarismo ministerial" no processo ofendendo a missão ministerial de proteção do regime democrático. Perigo de fragilização da democracia processual por ação do "custos legis". Contrariedade aos interesses constitucional do recorrente, acima de pautas corporativas ausência de interesse recursal. [...] (TJAM, Agravo Regimental em Revisão Criminal 0003697-80.2019.8.04.0000, rel. Des. Ernesto Anselmo Chíxaro, Câmaras Reunidas, j. 25-9-2019, registro 25-9-2019, g.n.).

Processo penal e direito constitucional. Revisão criminal. Defensoria Pública. Essencialidade constitucional. Intervenção processual. "Custos vulnerabilis". Possibilidade constitucional e legal. **Missão institucional. Vulnerabilidade processual. Abrandamento. Instrumento de equilíbrio processual e paridade** entre órgão de acusação estatal e defesa. Amplificação do contraditório e formação de precedentes em favor de categorias vulneráveis. 1. A Defensoria Pública é função essencial à Justiça (art. 134, CF), cabendo-lhe ser expressão e instrumento do regime democrático na defesa dos direitos humanos e das necessidades da população necessitada. 2. A intervenção de "custos vulnerabilis" da Defensoria Pública é decorrência da vocação constitucional da Defensoria Pública para com as categorias vulneráveis e é harmônica com o **histórico** de nascimento da carreira no âmbito da Procuradoria Geral de Justiça (PGJ) no século passado no Rio de Janeiro, sendo esse o modelo público de assistência jurídica adotado na Constituição de 1988. 3. **A intervenção da Defensoria Pública visa ao seu interesse constitucional**, em especial à amplificação do contraditório em favor dos vulneráveis necessitados face à ordem jurídica, viabilizando **ampla participação democrática na formação de precedentes**, inclusive penais. 3. Em Revisão Criminal, por simetria e isonomia, a manifestação defensorial deve corresponder ao mesmo patamar hierárquico do Ministério Público, enquanto titular da Acusação Pública. Por essa razão, a intimação para intervenção ocorrerá na pessoa do chefe da defesa pública, o Defensor Público Geral, no caso concreto (TJ-AM, Revisão Criminal n. 4001877-26.2017.8.04.0000, Decisão Monocratica, rel. Des. Ernesto Anselmo Chíxaro, p. 39-46, j. 8-3-2018, g.n.).

Também no mesmo esforço diferenciador, evento realizado na OAB/AM ("*I Colóquio Amazonense da Advocacia e Defensoria Pública*"), entre advogados e defensores públicos, gerou os seguintes enunciados sobre a relação entre *custos vulnerabilis* e advocacia, os quais merecem leitura e podem ser debatidos principalmente em fases orais ou dissertativas em concursos de ingresso na Defensoria Pública. Destacam-se aqui os enunciados voltados ao direito processual penal:

– **Enunciado 1**: "É direito da parte vulnerável, por seu advogado constituído, o contraditório diante da manifestação institucional de *custos vulnerabilis*".

– **Enunciado 2**: "A intimação da Defensoria Pública como *custos vulnerabilis* não supre e nem convalida a ausência de intimação da parte por seu advogado constituído".

– **Enunciado 3**: "O requerimento fundamentado do advogado do vulnerável pela oitiva da Defensoria Pública como *custos vulnerabilis* não prejudica e nem desprestigia sua atividade de representante postulatório, devendo ser vista como instrumento de advocacia estratégica".

– **Enunciado 4**: "O advogado constituído da parte vulnerável pode requerer a oitiva da Defensoria Pública quando entender presente interesse institucional da Defensoria Pública como *custos vulnerabilis*, a partir da legitimidade constitucional e legal do Estado Defensor, em especial da LC n. 80/1994, art. 4º, XI".

– **Enunciado 5**: "Nas causas perante juízos ou tribunais, o advogado do vulnerável poderá postular a intervenção da Defensoria Pública fundamentado na existência de vulnerabilidade concreta ou na violação de direitos humanos lesiva ao seu cliente, bem como indicando a possível repercussão negativa do caso sobre os interesses público-institucionais primários da Defensoria Pública ou na formação de precedentes no órgão monocrático ou colegiado".

– **Enunciado 6**: "No Direito Processual Penal, como mecanismo de reequilíbrio da relação Estado-cidadão, a Defensoria Pública *custos vulnerabilis* realiza intervenção pró-defesa, como Estado Defensor, sob pena de nulidade das manifestações lesivas à ampla defesa, recomendando-se a abstenção em caso de impossibilidade de contribuição com a defesa do vulnerável".

– **Enunciado 7**: "No Direito Processual Penal, a intervenção *custos vulnerabilis* não se presta ao apoio à acusação, devendo eventuais atuações em favor da vítima necessitada ocorrerem pelos mecanismos existentes, tais como representação postulatória da vítima na assistência de acusação ou ação penal privada subsidiária da pública, bem como *amicus curiae* ou a excepcional legitimação extraordinária de amiga da comunidade – *amicus communitatis* (CDC, art. 80 c/c art. 82, III)".

– **Enunciado 8**: "O advogado constituído que compreender estar diante de grave violação de direitos humanos, arbitrariedades lesivas à ampla defesa ou que seu cliente esteja abarcado por outras formas de vulnerabilidade ocasionadoras do interesse institucional da Defensoria Pública poderá se dirigir, por escrito ou oralmente, diretamente ao defensor público natural da causa a fim de expor seus fundamentos, aplicando-se, por analogia, o inciso VIII e inciso XI do art. 7º do Estatuto da Advocacia".

– **Enunciado 9**: "O membro da Defensoria Pública possui autonomia e independência funcional para definir se há ou não hipótese de intervenção *custos vulnerabilis*, devendo tão somente se abster de manifestações gravosas ao vulnerável presente no processo e que ensejou sua intimação para eventual atuação".

– **Enunciado 10**: "Enquanto perdurar o estado de coisas inconstitucionais do subfinanciamento orçamentário da Defensoria Pública e não for a mesma estruturada proporcionalmente à sua demanda, com preenchimento integral de cargos e similaridade à estrutura funcional do Ministério Público Fiscal, o excesso de demandas em prol do necessitado econômico configurará justa causa para que o membro da Defensoria Pública priorize a essa categoria dos vulneráveis econômicos, deixando de intervir como *custos vulnerabilis* nas causas individuais em que o vulnerável esteja devidamente representado por advogado".

Por outro lado, outras posições processuais penais são possíveis à Defensoria Pública, tais como *amicus curiae*, mais reiterada na prática defensorial nacional, *amicus communitatis* em formação de precedentes ou em excepcional legitimação extraordinária penal, sendo possível que se voltem, de alguma maneira, ao interesse das vítimas[829], como foi esclarecido neste livro tópico referente à assistência de acusação, ao qual se remete o leitor interessado no tema.

■ **Princípios institucionais**

São princípios institucionais da Defensoria Pública (art. 13, § 4º, da CRFB/88): **unidade**: a instituição Defensoria Pública é una dentro do âmbito de cada ramo e braço federativo da Defensoria Pública; **indivisibilidade**: a indivisibilidade é medida permissiva da substituição entre seus membros sem prejuízo ao assistido e ao andamento processual; **independência funcional**: os defensores públicos possuem independência funcional, a fim de resguardá-los de ingerências indevidas, internas ou externas à instituição.

É preciso ressaltar ainda que o **defensor público natural**[830] é aquele investido por concurso público (investidura) e com atuação institucional previamente definida, tudo visto como decorrência do regime das "**autoridades proces-**

---

[829] Para mais detalhes: CASAS MAIA, Maurilio. Novas intervenções da Defensoria Pública: *custos vulnerabilis* e o excepcional *amicus communitatis* no direito processual penal. In: SILVA, Franklyn Roger Alves (org.). *O processo penal contemporâneo e a perspectiva da Defensoria Pública*. Belo Horizonte: CEI, 2020. p. 125-159.

[830] Sobre o tema e com indicação de outras referências: CASAS MAIA, Maurilio. Os (des)conhecidos princípios do advogado natural e do defensor natural. *Prática Jurídica*, Brasília, n. 174, p. 52-53, set. 2016.

suais naturais"[831] e como **direito-garantia**[832] do usuário do serviço defensorial, evitando-se que designações casuísticas, seja pelo chefe do Estado defensor ou por autoridades judiciárias, mitiguem a ampla defesa do assistido defensorial.

■ **Prerrogativas do defensor público**

Os defensores públicos possuem prerrogativas para exercício de seu papel institucional. Em especial, deve ser observada a Lei Orgânica Nacional da Defensoria Pública (LONDP) – sendo recomendável a leitura dos seguintes **artigos: 44** (Defensoria Pública da União – DPU), **89** (Defensoria Pública Distrital) **128** (Defensorias Públicas Estaduais), destacando-se as seguintes prerrogativas:

Intimação pessoal: os defensores públicos não podem ser intimados por meio de Diário Oficial (impresso ou eletrônico).

Prazos em dobro: no processo penal, todos os prazos da Defensoria Pública devem ser contados em dobro – somente a ela se aplicando tal medida[833].

Postular sem procuração: tratando-se de reação de direito público entre Estado defensor e assistido defensorial, a necessidade de mandato procuratório para representação postulatória é afastada, salvo em casos nos quais se exijam poderes especiais[834].

Negativa de atuação fundamentada: com fundamento na independência funcional dos membros da Defensoria Pública, o defensor público, diante de demandas jurídicas manifestamente incabíveis ou inconvenientes ao interesse da parte patrocinada, pode deixar de atuar no caso. Em tais casos, a medida deve ser comunicada ao respectivo defensor público geral.

DICA DO AUTOR: Quando houver indeferimento defensorial de atendimentos relacionados a processos judiciais em trâmite e com prazos em fluência, have-

---

[831] CRFB/98, "Art. 5º [...] LIII – ninguém será processado nem sentenciado senão pela autoridade competente".

[832] LC n. 80/94, "Art. 4º-A. São direitos dos assistidos da Defensoria Pública, além daqueles previstos na legislação estadual ou em atos normativos internos: [...] IV – o patrocínio de seus direitos e interesses pelo defensor natural".

[833] **Regimes diferentes**: no **processo penal**, somente a Defensoria Pública possui todos os prazos em dobro. No **processo civil**, contudo, o regime do prazo duplicado da Defensoria Pública (LC n. 80/94) foi estendido às demais carreiras públicas do Sistema de Justiça – advogados públicos e membros do Ministério Público. Ainda assim, os prazos defensoriais dobrados alcançam não somente os processos judiciais, como também os feitos administrativos.

[834] *Vide* LC n. 80/94 nos arts.: 44, XI (DPU); 89, XI (DP-DF); e 128, XI (DPEs).

rá notório risco à prática de ato pela parte assistida, revelando assim sua **vulnerabilidade processual**[835] em decorrência de expediente defensorial com lastro na independência funcional. Em tais casos, além da **comunicação administrativa** (e urgente) ao chefe institucional da Defensoria Pública, é interessante para melhor resguardar o interessado (e o próprio membro defensorial) a invocação intraprocessual, por **analogia ao art. 28 do CPP**[836], viabilizando o oficiar judicial ao **defensor público geral** para que este reavalie o caso e, sendo cabível, designe[837] **defensor público *longa manus***, até porque a parte interessada tem direito a ver o indeferimento de atuação revisto (**revisão de indeferimento**[838]) e não ser prejudicado em seus direitos. Nesses casos, eventuais delongas administrativas devem ser apresentadas como **justa causa** à **devolução de prazo** para a parte assistida da Defensoria Pública, por se tratar de fato alheio a esta, uma "força maior"[839] a ela.

Manifestação por meio de cota: há autorização normativa para que o defensor público se manifeste por cota[840], ou seja, mediante escritos interpostos nas páginas dos autos.

Paridade de tratamento: o cargo isolado de defensor público nasceu no âmbito da Procuradoria-Geral de Justiça do Rio de Janeiro por meio da lei estadual n. 2.188, de 21 de julho de 1954[841], ao lado dos promotores públicos,

---

[835] Sobre o tema "vulnerabilidade processual", *vide*: TARTUCE, Fernanda. *Igualdade e vulnerabilidade no processo civil*. Rio de Janeiro: Forense, 2012.

[836] Nesse sentido, conferir: ROSA, Alexandre Morais da. *Guia do processo penal conforme a teoria dos jogos*. 5. ed. Florianópolis: Emais, 2019. p. 467.

[837] Tal como regra prevista para a Defensoria Pública da União na LC n. 80.994: "Art. 8º São atribuições do Defensor Público-Geral, dentre outras: [...] XV – designar membro da Defensoria Pública da União para exercício de suas atribuições em órgão de atuação diverso do de sua lotação ou, em caráter excepcional, perante Juízos, Tribunais ou Ofícios diferentes dos estabelecidos para cada categoria".

[838] LC n. 80/94, "Art. 4º-A. São direitos dos assistidos da Defensoria Pública, além daqueles previstos na legislação estadual ou em atos normativos internos: [...] III – o direito de ter sua pretensão revista no caso de recusa de atuação pelo Defensor Público".

[839] CPP, "Art. 798. [...] § 4º Não correrão os prazos, se houver impedimento do juiz, força maior, ou obstáculo judicial oposto pela parte contrária".

[840] LC 80/14, Art. 44, IX (Defensoria da União); 89, IX (defensoria distrital); 128, IX (defensoria estadual).

[841] Para uma análise histórica da Defensoria Pública: (1) ROCHA, Jorge Luís. *História da Defensoria Pública e da Associação dos defensores públicos do Estado do Rio de Janeiro*. Rio de Janeiro: Lumen Juris, 2004; (2) ESTEVES, Diogo; SILVA, Franklyn Roger Alves. *Princípios institucionais da Defensoria Pública*. 2. ed. Rio de Janeiro: Forense, 2017; (3) ROCHA, Bheron. O histórico do arcabouço normativo da Defensoria Pública: da assistência judiciária à assistência defensorial internacional. In: ANTUNES, Maria João; SANTOS, Claudia Cruz; Amaral, Cláudio do Prado (coord.). *Os novos atores da justiça penal*. Coimbra: Almedina, 2016. p. 265-315.

motivo pelo qual o *método histórico*[842-843] de interpretação deve ser utilizado para se permitir as dimensões jurídicas da Defensoria Pública e sua atuação. Assim registrado, a legislação prevê a paridade de tratamento merecida por defensores públicos em relação aos magistrados e demais funções essenciais à justiça, repercutindo em diversas questões, tais como o assento paritário, a seguir brevemente exposto.

Assento paritário: o Estado defensor deve possuir dignidade e tratamento similar ao Estado acusador (MP), compreendendo-se também, na referida questão paritária, o assento[844] em mesmo plano[845] e, por isonomia, em equidistância e igual acessibilidade.

Oitiva como testemunha especial: as oitivas de defensores públicos devem ser realizadas em dia, hora e local ajustados anteriormente junto à autoridade competente.

DICA DO AUTOR: **Os direitos e prerrogativas do advogado** são aplicáveis na atividade do defensor público de defesa de seu assistido? Sim. Pelo método hermenêutico do **diálogo das fontes**, a **LC n. 80/94** deve dialogar com o Estatuto da Advocacia **(Lei n. 8.906/94)**, a fim de que defensores públicos exerçam com efetividade a defesa das garantias dos cidadãos. Nesse sentido, decidiu o STJ:

> [...] 6. À vista dessas premissas, e promovendo o necessário **diálogo das fontes**, tem-se que o **Estatuto da Advocacia não é de todo inaplicável aos Defensores Públicos**, dada a similitude com a advocacia privada das atividades que realizam. Dessa forma, **impensável afastar, por exemplo, a in-**

---

[842] CASAS MAIA, Maurilio. O modelo constitucional de assistência jurídica (Defensoria Pública) e o sistema federativo: defensorias municipais? O caso da ADPF 279. *Revista dos Tribunais*, São Paulo, v. 987, p. 127-158, jan. 2018.

[843] Sobre o histórico da Defensoria Pública com impacto na sua autonomia e atribuições, *vide*: CASAS MAIA, Maurilio. A singularidade da Defensoria Pública para a autonomia institucional pós-88: uma promessa constituinte e um débito histórico (quase) quitado. In: ROCHA, Bheron; CASAS MAIA, Maurilio; BARBOSA, Rafael Vinheiro Monteiro (org.). *Autonomia e Defensoria Pública*: aspectos constitucionais, históricos e processuais. Salvador: JusPodivm, 2017. v. 1. p. 57-78.

[844] Sobre o tema da disposição cênica e obtenção de outras referências, *vide*: CASAS MAIA, Maurilio. A inconstitucionalidade do "assento ministerial privilegiado" por ofensa à isonomia na disposição cênica processual e o papel constitucional da Defensoria Pública em favor dos segmentos sociais vulneráveis (*custos vulnerabilis*). In: PASSADORE, Bruno de Almeida; COSTA, Renata Tavares da; OLIVEIRA, Vitor Eduardo Tavares. *O Tribunal do Júri e a Defensoria Pública*. Florianópolis: Tirant lo Blanch, 2018. p. 55-68.

[845] LC n. 80/94, "Art. 4º [...] § 7º Aos membros da Defensoria Pública é garantido sentar-se no mesmo plano do Ministério Público".

violabilidade por atos e manifestações (art. 2º, § 3º, da Lei 8.906/1994) ou o sigilo da comunicação (art. 7º, III). Entretanto, por todas as diferenças, aceita-se regime díspar previsto em legislação especial. [...] (STJ, REsp 1.710.155, rel. Min. Herman Benjamin, j. 1º-3-2018).

Tal aplicação complementar, em diálogo das fontes, tem por objetivo a defesa efetiva dos assistidos da Defensoria Pública. Contudo, deve-se registrar que ao defensor público não é exigida a manutenção nos quadros da Ordem dos Advogados do Brasil, nos termos do entendimento prevalecente no STJ:

> [...] 2. **O Superior Tribunal de Justiça firmou o entendimento de que não é necessária a inscrição na Ordem dos Advogados do Brasil para que os defensores públicos exerçam suas atividades.** Ficou esclarecido que a carreira está sujeita a regime próprio e a estatutos específicos, submetendo-se à fiscalização disciplinar por órgãos próprios, e não pela OAB, necessitando de aprovação prévia em concurso público, sem a qual, ainda que possua inscrição na Ordem, não é possível exercer as funções do cargo, além de não haver necessidade da apresentação de instrumento do mandato em sua atuação. 3. Acrescentou-se, ainda, que **a Constituição Federal não previu a inscrição na OAB como exigência para exercício do cargo de Defensor Público**. Ao revés, impôs a vedação da prática da advocacia privada. Precedente: REsp 1.710.155/CE, rel. Min. Herman Benjamin, Segunda Turma, julgado em 1º-3-2018, *DJe* 2-8-2018. [...] (STJ, AgInt no REsp 1.670.310/SP, rel. Min. Og Fernandes, 2ª Turma, j. 26-2-2019, *DJe* 11-3-2019).

Ademais, não obstante os concursos para a Defensoria Pública prestigiem e reconheçam a aptidão demonstrada para exercício da advocacia com a exigência de prévia aprovação no exame da OAB, a inscrição somente é exigida "até a posse"[846], momento a partir do qual a capacidade postulatória defensorial decorre somente de sua missão constitucional e sua posse no cargo após regular concurso público, nos termos da LC n. 80/94: "Art. 4º [...] § 6º **A capacidade postulatória do Defensor Público decorre exclusivamente de sua nomeação e posse no cargo público**".

---

[846] LC n. 80/94, "Art. 26. O candidato, no momento da inscrição, deve possuir registro na Ordem dos Advogados do Brasil, ressalvada a situação dos proibidos de obtê-la, e comprovar, no mínimo, dois anos de prática forense, devendo indicar sua opção por uma das unidades da federação onde houver vaga. [...] § 2º Os candidatos proibidos de inscrição na Ordem dos Advogados do Brasil comprovarão o registro até a posse no cargo de Defensor Público".

Assistência de acusação

A assistência do MP, ou simplesmente assistência de acusação, é parte eventual ou contingencial no processo penal. Tem **legitimidade**[847-848] para a assistência de acusação: (1) o ofendido; (2) o representante legal do ofendido. Em caso de morte ou de ausência declarada do ofendido, a legitimidade sucede[849] para: (3) cônjuge; (4) ascendente; (5) descendente; (6) ou irmão. Por outro lado, há vedação legal no sentido de que não há legitimidade do corréu para intervir como assistente ministerial[850].

O **procedimento** para ingresso da assistência de acusação possui suas peculiaridades. Quanto ao **tempo** adequado para sua postulação, assistência caberá em qualquer momento antes do trânsito em julgado da sentença. O CPP (art. 269), porém, alerta que o assistente "receberá a causa no estado em que se achar". Uma vez formulado o requerimento, o MP será ouvido acerca deste, e sua manifestação não possuirá caráter vinculante quanto ao juízo (art. 272 do CPP). Admitindo-se ou não a assistência, a decisão judicial é considerada **irrecorrível**[851], motivo pelo qual a jurisprudência admite impetração de **mandado de segurança** impugnativo de decisão judicial, desde que existente prova pré-constituída do direito líquido e certo à assunção do papel assistencial. Após regular intimação, em caso de inércia injustificada[852] do assistente acusatório, o processo seguirá independentemente de nova intimação do assistente.

São **faculdades processuais** do assistente[853]: (1) propor meios de prova,

---

[847] CPP, "Art. 268. Em todos os termos da ação pública, poderá intervir, como assistente do Ministério Público, o ofendido ou seu representante legal, ou, na falta, qualquer das pessoas mencionadas no art. 31".

[848] CPP, "Art. 31. No caso de morte do ofendido ou quando declarado ausente por decisão judicial, o direito de oferecer queixa ou prosseguir na ação passará ao cônjuge, ascendente, descendente ou irmão".

[849] Entre os referidos legitimados, há ordem legal de preferência no CPP: "Art. 36. Se comparecer mais de uma pessoa com direito de queixa, terá preferência o cônjuge, e, em seguida, o parente mais próximo na ordem de enumeração constante do art. 31, podendo, entretanto, qualquer delas prosseguir na ação, caso o querelante desista da instância ou a abandone".

[850] CPP, "Art. 270. O corréu no mesmo processo não poderá intervir como assistente do Ministério Público".

[851] CPP, "Art. 273. Do despacho que admitir, ou não, o assistente, não caberá recurso, devendo, entretanto, constar dos autos o pedido e a decisão".

[852] CPP, "Art. 271. [...] § 2º O processo prosseguirá independentemente de nova intimação do assistente, quando este, intimado, deixar de comparecer a qualquer dos atos da instrução ou do julgamento, sem motivo de força maior devidamente comprovado".

[853] CPP, "Art. 271. Ao assistente será permitido propor meios de prova, requerer perguntas às testemunhas, aditar o libelo e os articulados, participar do debate oral e arrazoar os recursos interpostos pelo Ministério Público, ou por ele próprio, nos casos dos arts. 584, § 1º, e 598".

sobre os quais o juiz decidirá após ouvir o MP (art. 270, § 1º); (2) "aditar" libelos e articulados; (3) participar de debates orais[854-855], inclusive no procedimento do júri[856]; (4) arrazoar seus próprios recursos e recursos ministeriais, podendo interpor, inclusive, apelação supletiva[857]; (5) formulação de quesitos ao perito e indicação de assistente técnico[858].

No procedimento do júri, há previsão expressa da intimação do assistente de acusação acerca da decisão de pronúncia[859].

Quanto à sua independência no tangente às manifestações ministeriais, segundo STJ, o assistente de acusação teria ampla legitimidade para permanecer[860] em atividade acusatória contrariamente ao MP, embora não se tenha aceito a mesma autonomia ao assistente para se posicionar em favor da defesa[861] e contra a pretensão acusatória do MP.

---

[854] CPP, "Art. 403. [...] § 2º Ao assistente do Ministério Público, após a manifestação desse, serão concedidos 10 (dez) minutos, prorrogando-se por igual período o tempo de manifestação da defesa".

[855] Do mesmo modo no "processo sumário": "Art. 534. As alegações finais serão orais, concedendo-se a palavra, respectivamente, à acusação e à defesa, pelo prazo de 20 (vinte) minutos, prorrogáveis por mais 10 (dez), proferindo o juiz, a seguir, sentença. [...] § 2º Ao assistente do Ministério Público, após a manifestação deste, serão concedidos 10 (dez) minutos, prorrogando-se por igual período o tempo de manifestação da defesa".

[856] CPP, "Art. 411. [...] § 6º Ao assistente do Ministério Público, após a manifestação deste, serão concedidos 10 (dez) minutos, prorrogando-se por igual período o tempo de manifestação da defesa".

[857] CPP, "Art. 598. Nos crimes de competência do Tribunal do Júri, ou do juiz singular, se da sentença não for interposta apelação pelo Ministério Público no prazo legal, o ofendido ou qualquer das pessoas enumeradas no art. 31, ainda que não se tenha habilitado como assistente, poderá interpor apelação, que não terá, porém, efeito suspensivo. Parágrafo único. O prazo para interposição desse recurso será de quinze dias e correrá do dia em que terminar o do Ministério Público".

[858] CPP, "Art. 159. [...] § 3º Serão facultadas ao Ministério Público, ao assistente de acusação, ao ofendido, ao querelante e ao acusado a formulação de quesitos e indicação de assistente técnico".

[859] CPP, "Art. 420. A intimação da decisão de pronúncia será feita: [...] II – ao defensor constituído, ao querelante e ao assistente do Ministério Público, na forma do disposto no § 1º do art. 370 deste Código".

[860] "[...] 1. Não obstante a existência de posicionamentos, no âmbito doutrinário e jurisprudencial, que questionam a própria constitucionalidade da assistência à acusação, o Supremo Tribunal Federal reconhece a higidez do instituto processual, inclusive com amplo alcance, admitindo sua projeção não somente para as hipóteses de mera suplementação da atividade acusatória do órgão ministerial, como pacificamente aceito pelos Tribunais em casos de inércia do *Parquet*, mas também para seguir o assistente da acusação atuando no processo em fase recursal, mesmo em contrariedade à manifestação expressa do Ministério Público quanto à sua conformação com a sentença absolutória. [...]" (STJ, RMS 43.227/PE, rel. Min. Gurgel de Faria, 5ª Turma, j. 3-11-2015, *DJe* 7-12-2015).

[861] "[...] 1. Nos termos expressos do art. 268 do Código de Processo Penal, a assistência no processo penal se dá na condição de assistente do Ministério Público. Por essa razão, não possui o assistente autonomia processual, estando subordinado à atuação do Parquet. 2. Se o assistente não mais concorda com a acusação, pode livremente se manifestar nesse sentido. Contudo, deve ter ciência de

A questão sobre a possibilidade de o assistente de acusação divergir da manifestação ministerial absolutória e buscar prosseguir na demanda criminal é tormentosa e desafia a titularidade constitucional da ação penal atribuída ao *dominus litis*, o MP.

DICA DO AUTOR: O STJ admite a representação processual do assistente de acusação pela Pública mesmo quando o acusado também esteja sendo representado por defensor público. Em tais casos, cada polo processual deve ser representado por defensores públicos distintos[862], tratando-se aqui da **colisão de interesses** entre vulneráveis. Adotando solução similar, segue julgado do STJ merecedor de transcrição e leitura:

> Recurso ordinário em mandado de segurança. **Atuação da Defensoria Pública como assistente de acusação: possibilidade.** Desnecessidade de norma regulamentar estadual autorizando o exercício de tal função. **Inexistência de empecilho a que a Defensoria represente, no mesmo processo, vítima e réu. Direito de acesso universal à justiça. 1. Nos termos do art. 4º, XV, da Lei Complementar 80/1994, é função da Defensoria Pública, entre outras, patrocinar ação penal privada e a subsidiária da pública.** Sob esse prisma, mostra-se importante a tese recursal, pois, se a função acusatória não se contrapõe às atribuições institucionais da Defensoria Pública, o mesmo ocorre com o exercício da assistência à acusação. Precedentes. [...] Assim sendo, **ainda que não houvesse disposição regulamentar estadual autorizando expressamente a atuação da defensoria pública como assistente de acusação, tal autorização derivaria tanto da teoria dos poderes implícitos**, quanto das normas legais e constitucionais já mencionadas, todas elas concebidas com o escopo de possibilitar o bom desempenho da função constitucional atribuída à Defensoria Pública. 4. **Não existe empecilho a que a Defensoria Pública represente, concomitantemente, através de Defensores distintos, vítimas de um delito, habilitadas no feito como assistentes de acusação, e réus no mesmo processo**, pois tal atuação não configura conflito de interesses, assim como não configura conflito de interesses a atuação do Ministério Público no mesmo feito como parte e *custos legis*, podendo oferecer opiniões divergentes sobre a mesma causa. **Se assim não fosse, a alternativa restante implicaria reconhecer que caberia à

---

que seu ato terá o efeito jurídico-processual de ser entendido como renúncia implícita à sua condição de assistente do Ministério Público, por ser com ela incompatível. [...]" (STJ, RMS 32.235/PE, rel. Min. Sebastião Reis Jr., 6ª Turma, j. 25-3-2014, *DJe* 11-4-2014).

[862] LC n. 80/94, "Art. 4º-A. São direitos dos assistidos da Defensoria Pública, além daqueles previstos na legislação estadual ou em atos normativos internos: [...] V – a atuação de Defensores Públicos distintos, quando verificada a existência de interesses antagônicos ou colidentes entre destinatários de suas funções".

Defensoria Pública escolher entre vítimas e réus num mesmo processo os que por ela seriam representados, excluindo uns em detrimento de outros. Em tal situação, o resultado seria sempre o de vedação do acesso à Justiça a alguns, resultado que jamais se coadunaria com os princípios basilares de igualdade e isonomia entre cidadãos que norteiam a Constituição, inclusive na forma de direitos e garantias fundamentais (art. 5º, *caput*, CF) que constituem cláusula pétrea (art. 60, § 4º, IV, da CF). [...] (STJ, RMS 45.793/SC, rel. Min. Reynaldo Soares da Fonseca, 5ª Turma, j. 7-6-2018, *DJe* 15-6-2018).

Outro ponto relevante: a partir da lógica de criação do instituto[863] e inspiração ferrajoliana[864], **a posição processual de *custos vulnerabilis* processual penal é incompatível com o papel de assistência de acusação**, por dois motivos básicos: (1) seu fundamento é reequilibrar os poderes entre defesa privada, Estado acusador e Estado-juiz, e não aprofundar tal desequilíbrio; (2) a intervenção de *custos vulnerabilis* é autônoma, embora seus interesses sejam vinculados **ao vulnerável que, na relação processual penal, é o acusado**[865] e afligido pelo poder punitivo estatal.

Eventualmente, principalmente nos **processos de formação de precedentes vinculantes grupos de vítimas** – tais como o Incidente de Resolução de Demandas Repetitivas (IRDR) e recursos repetitivos –, **vulneráveis no direito material**, pode-se cogitar a atuação defensorial como *amicus curiae*[866] ou de amiga da comunidade vulnerável (*amicus communitatis*[867] ou *amicus communitas*)[868]. Porém, em nenhum desses casos a Defensoria Pública teria

---

[863] Eis a primeira referência ao termo: CASAS MAIA, Maurilio. *Custos vulnerabilis* constitucional: o Estado defensor entre o REsp n. 1.192.577-RS e a PEC n. 4/14. *Revista Jurídica Consulex*, Brasília, ano XVIII, n. 417, p. 56, jun. 2014.

[864] CASAS MAIA, Maurilio. Luigi Ferrajoli e o Estado defensor enquanto magistratura postulante e *custos vulnerabilis*. *Revista Jurídica Consulex*, Brasília, ano XVIII, v. 425, p. 56-58, out. 2014.

[865] GRINOVER, Ada Pellegrini. Legitimação da Defensoria Pública à ação civil pública. In: GRINOVER, Ada Pellegrini; BENJAMIN, Antônio Herman; WAMBIER, Teresa Arruda Alvim; VIGORITI, Vincenzo. *Processo coletivo*: do surgimento à atualidade. São Paulo: Revista dos Tribunais, 2014. p. 457-474.

[866] CPC, "Art. 138. O juiz ou o relator, considerando a relevância da matéria, a especificidade do tema objeto da demanda ou a repercussão social da controvérsia, poderá, por decisão irrecorrível, de ofício ou a requerimento das partes ou de quem pretenda manifestar-se, solicitar ou admitir a participação de pessoa natural ou jurídica, órgão ou entidade especializada, com representatividade adequada, no prazo de 15 (quinze) dias de sua intimação".

[867] Sobre o papel defensorial de amigo da comunidade e sua distinção quanto ao *amicus curiae*, *vide*: CASAS MAIA, Maurilio. Legitimidades institucionais no Incidente de Resolução de Demandas Repetitivas (IRDR) no direito do consumidor: Ministério Público e Defensoria Pública: similitudes e distinções, ordem e progresso. *Revista dos Tribunais*, São Paulo, v. 986, p. 27-61, dez. 2017.

[868] Expressão criada pelo professor da Faculdade de Direito da Universidade Federal do Amazonas, Daniel Gerhard.

assumido propriamente a assistência de acusação – instituto para os qual o STJ[869] já apresentou posição de legitimidade mais restrita. De toda forma, convém alertar que, para além da função de *representante processual-postulatório* do assistente de acusação, a Defensoria Pública deve tomar toda cautela para não servir de mero reforço ao desumano instrumental punitivo[870] ao buscar assumir outras posições processuais que não sejam a de representação processual ou *custos vulnerabilis* defensivo do processo penal.

Em prol da vítima no processo penal, não se pode deixar de comentar sobre uma excepcional[871] forma de **legitimação extraordinária penal**[872] de "amiga da comunidade" (*amicus communitatis*[873]), a partir do art. 80[874] do CDC[875-876],

---

[869] "[...] Penal e processo penal. Recurso em mandado de segurança. 1. Assistente de acusação. Ingresso indeferido. Ausência de legitimidade. Crime do art. 356 do Código Penal. Sonegação de papel ou objeto de valor probatório. Crime contra a Administração da Justiça. Pessoa jurídica que não é a vítima. 2. Bem jurídico tutelado. 3. Art. 268 do CPP. Rol taxativo. Precedentes desta Corte. [...] 3. Nos termos do art. 268 do CPP, **a legitimidade para figurar como assistente de acusação é restrita ao ofendido, ao seu representante legal ou, na falta, ao seu cônjuge, ascendente, descendente ou irmão. Dessa forma, a elasticidade que se pretende imprimir ao instituto da assistência contraria o sistema acusatório** e o princípio constitucional da duração razoável do processo, causando, ainda, desequilíbrio na relação processual. Em consequência, não se vislumbra, na hipótese, o direito líquido e certo invocado na impetração. Precedentes do STJ. [...]" (STJ, RMS 55.901/SP, rel. Min. Nefi Cordeiro, rel. p/ acórdão Min. Reynaldo Soares da Fonseca, 3ª Seção, j. 14-11-2018, *DJe* 19-12-2018).

[870] Vale a seguinte leitura crítica: CACICEDO, Patrick. Crítica científica a "Legitimação não tradicional da ação penal": Defensoria Pública e a tutela de direitos por meio do direito penal – uma recusa. *Revista Brasileira de Direito Processual Penal*, Porto Alegre, v. 3, n. 1, p. 414, jan./abr. 2017.

[871] CASAS MAIA, Maurilio. Novas intervenções da Defensoria Pública: *custos vulnerabilis* e o excepcional *amicus communitatis* no direito processual penal. In: SILVA, Franklyn Roger Alves (org.). *O processo penal contemporâneo e a perspectiva da Defensoria Pública*. Belo Horizonte: CEI, 2020, p. 125-159.

[872] Para outros detalhes: idem, ibidem.

[873] O uso da expressão "amigo da comunidade", aplicado à Defensoria Pública, é indicado ao professor Daniel Gerhard: GERHARD, Daniel; CASAS MAIA, Maurilio. O defensor-hermes, o *amicus communitas*: a representação democrática dos necessitados de inclusão discursiva. *Informativo Jurídico In Consulex*, Brasília, v. 22, p. 11-12, jun. 2015.

[874] CDC, "Art. 80. No processo penal atinente aos crimes previstos neste código, bem como a outros crimes e contravenções que envolvam relações de consumo, poderão intervir, como **assistentes** do Ministério Público, os legitimados indicados no art. 82, inciso III e IV, aos quais também é facultado **propor ação penal subsidiária**, se a denúncia não for oferecida no prazo legal".

[875] Para aprofundamentos: (1) SILVA, Franklyn Roger Alves. Legitimação não tradicional da ação penal – a tutela de bens jurídicos por outras instituições públicas. *Revista Brasileira de Direito Processual Penal*, Porto Alegre, v. 3, n. 1, p. 367-404, jan.-abr. 2017; (2) ESTEVES, Diogo; SILVA, Franklyn Roger Alves. *Princípios institucionais da Defensoria Pública*. 3. ed. Rio de Janeiro: Forense, 2018; (3) CACICEDO, Patrick. Crítica científica a "Legitimação não tradicional da ação penal": Defensoria Pública e a tutela de direitos por meio do direito penal – uma recusa. *Revista Brasileira de Direito Processual Penal*, Porto Alegre, v. 3, n. 1, p. 414, jan./abr. 2017.

[876] Tudo em razão da **aplicabilidade à Defensoria Pública do inciso III do art. 82 do CDC**, conforme entendimento do STJ: REsp 555.111/RJ, rel. Min. Castro Filho, 3ª Turma, j. 5-9-2006, *DJ*

estendida a outros direitos coletivos (art. 21 da Lei n. 7.347)[877], combinada com a legitimidade em prol do vulnerável da LC n. 80/94 (art. 4º, XI) e a aplicação subsidiária do CPC (art. 18). No Amazonas[878], a lógica foi aplicada em razão de **atuação processual penal deficitária** do MP em obter o afastamento cautelar de médico com diversas acusações de supostas violências obstétricas – assim, a Defensoria Pública atuaria com uma excepcional legitimação penal extraordinária em favor da **comunidade de vítimas vulneráveis** – quais sejam: mulheres vítimas de violência obstétrica.

DICA DO AUTOR: Embora seja questão tormentosa na teoria jurídica, pode-se questionar a possibilidade de instituições assumirem a posição de assistência de acusação para perseguirem alguma forma de interesse institucional. Em alguns casos, há autorização legal para tanto: (1) **Comissão de Valores Mobiliários**: nos crimes contra o sistema financeiro, a Lei n. 7.492/86[879] autoriza a atuação na assistência de acusação pela Comissão de Valores Mobiliários e pelo Banco Central do Brasil; (2) **órgãos públicos interessados** (federais, estaduais ou municipais): nos crimes de responsabilidade de prefeitos e vereadores, o Decreto-lei n. 201/67[880] permite aos órgãos interessados na perquirição criminal de atos praticados por prefeitos e vereadores ingressarem nos autos como assistentes de acusação; (3) **entidades, órgãos da administração e**

18-12-2006, p. 363; AgRg no AgRg no Ag 656.360/RJ, rel. Min. Paulo de Tarso Sanseverino, 3ª Turma, j. 15-3-2011, *DJe* 24-3-2011.

[877] Nesse sentido: CASAS MAIA, Maurilio. Novas intervenções da Defensoria Pública: *custos vulnerabilis* e o excepcional *amicus communitatis* no direito processual penal. In: SILVA, Franklyn Roger Alves (org.). *O processo penal contemporâneo e a perspectiva da Defensoria Pública*. Belo Horizonte: CEI, 2020. p. 125-159.

[878] DEFENSORIA PÚBLICA DO AMAZONAS. DPE-AM vai atuar na acusação em processo contra médico e consegue nova decisão para mantê-lo afastado. Notícia de 15-4-2019. Disponível em: <https://www.defensoria.am.def.br/single-post/2019-4-15/DPE-AM-vai-atuar-na-acusa%C3%A7%C3%A3o-em-processo-contra-m%C3%A9dico-e-consegue-nova-decis%C3%A3o-para-mant%C3%AA-lo-afastado?q=275-lista-7608-Corregedoria>. Acesso em: 8 out. 2019.

[879] Lei n. 7.492/86, "Art. 26. [...] Parágrafo único. Sem prejuízo do disposto no art. 268 do Código de Processo Penal, aprovado pelo Decreto-lei n. 3.689, de 3 de outubro de 1941, será admitida a assistência da Comissão de Valores Mobiliários – CVM, quando o crime tiver sido praticado no âmbito de atividade sujeita à disciplina e à fiscalização dessa Autarquia, e do Banco Central do Brasil quando, fora daquela hipótese, houver sido cometido na órbita de atividade sujeita à sua disciplina e fiscalização".

[880] Decreto-lei n. 201/67, "Art. 2º [...] § 1º Os órgãos federais, estaduais ou municipais, interessados na apuração da responsabilidade do Prefeito, podem requerer a abertura do inquérito policial ou a instauração da ação penal pelo Ministério Público, bem como intervir, em qualquer fase do processo, como assistente da acusação".

associações: o Código de Defesa do Consumidor (CDC – Lei n. 8.078/90[881-882]) permite às entidades e órgãos da Administração, às associações (com observância de pertinência temática e pré-constituída há pelo menos um ano[883]) a atuação como assistentes de acusação quando o processo versar sobre a defesa do consumidor.

DICA DO AUTOR: Há **direito sumulado** tratando da assistência de acusação, os verbetes do **STF** merecem leitura:

– **Enunciado 208**: "O assistente do Ministério Público não pode recorrer, extraordinariamente, de decisão concessiva de *habeas corpus*".

– **Enunciado 210**: "O assistente do Ministério Público pode recorrer, inclusive extraordinariamente, na ação penal, nos casos dos arts. 584, § 1º, e 598 do Cód. de Proc. Penal".

– **Enunciado 448**: "O prazo para o assistente recorrer, supletivamente, começa a correr imediatamente após o transcurso do prazo do Ministério Público".

Por fim, deve ressaltar a distinção importante com efeito na contagem de prazos para interposição de recursos a partir da ocorrência de habilitação ou não no processo da assistência de acusação: "[...] **Se o Assistente está habilitado no processo**, o prazo para recorrer é de cinco dias, não se aplicando à hipótese o parágrafo único do artigo 598 do CPP, devendo ser intimado da sentença. **Se o Assistente não estiver habilitado no processo**, aplica-se o disposto no parágrafo único do artigo 598 do CPP, sendo o prazo para interposição do recurso de quinze dias e correrá do dia em que terminar o do Ministério Público. Precedentes do STF" (STF, HC 69.439, rel. Min. Néri da Silveira, 2ª Turma, j. 27-10-1992, *DJ* 27-11-1992).

---

[881] Lei n. 8.078/90, "Art. 80. No processo penal atinente aos crimes previstos neste código, bem como a outros crimes e contravenções que envolvam relações de consumo, poderão intervir, como assistentes do Ministério Público, os legitimados indicados no art. 82, inciso III e IV, aos quais também é facultado propor ação penal subsidiária, se a denúncia não for oferecida no prazo legal".

[882] Lei n. 8.078/90, "Art. 82. Para os fins do art. 81, parágrafo único, são legitimados concorrentemente: [...] III – as entidades e órgãos da Administração Pública, direta ou indireta, ainda que sem personalidade jurídica, especificamente destinados à defesa dos interesses e direitos protegidos por este código; IV – as associações legalmente constituídas há pelo menos um ano e que incluam entre seus fins institucionais a defesa dos interesses e direitos protegidos por este código, dispensada a autorização assemblear".

[883] Com efeito, a Lei n. 8.078/90 (CDC) permite ao juízo o afastamento da pré-constituição há pelo menos um ano: "Art. 82. [...] § 1º O requisito da pré-constituição pode ser dispensado pelo juiz, nas ações previstas nos arts. 91 e seguintes, quando haja manifesto interesse social evidenciado pela dimensão ou característica do dano, ou pela relevância do bem jurídico a ser protegido".

■ Funcionários, peritos e intérpretes

Os "funcionários da Justiça" e os "peritos e intérpretes" são tratados com brevidade pelo CPP (arts. 270-281), sendo imperioso destacar:

(1) as regras sobre suspeição dos juízes estendem-se aos serventuários e servidores do Poder Judiciário (art. 274), bem como aos tradutores (art. 281) e peritos (art. 280), estando os peritos – mesmo os "não oficiais" –, sujeitos à disciplina judiciária (art. 275);

(2) a nomeação do perito é de exclusiva competência do juiz, não sendo lícita a intervenção da parte (art. 276);

(3) salvo "escusa atendível"[884], "justa causa"[885], o perito é obrigado a aceitar o encargo judicial, devendo cumprir seus deveres sob pena de multa, sendo mira potencial de condução coercitiva em caso de ausência[886] injustificada;

(4) o CPP (art. 279) proíbe a participação como perito dos seguintes sujeitos: "I – os que estiverem sujeitos à interdição de direito mencionada nos incisos I e IV[887] do art. 69 do Código Penal; II – os que tiverem prestado depoimento no processo ou opinado anteriormente sobre o objeto da perícia; III – os analfabetos e os menores de 21 anos".

18. SÃO PAULO E SANTA CATARINA O DIREITO DE DEFESA. AUTODEFESA E DEFESA TÉCNICA

Quando a Constituição Federal assegura aos litigantes, em processo judicial ou administrativo, e aos acusados em geral, a **ampla defesa**, entende-se que a proteção deve abranger o direito à **defesa técnica** (processual ou específica) e

---

[884] CPP, "Art. 277. O perito nomeado pela autoridade será obrigado a aceitar o encargo, sob pena de multa de cem a quinhentos mil-réis, salvo escusa atendível".

[885] CPP, "Art. 277. [...] Parágrafo único. Incorrerá na mesma multa o perito que, sem justa causa, provada imediatamente: *a*) deixar de acudir à intimação ou ao chamado da autoridade; *b*) não comparecer no dia e local designados para o exame; *c*) não der o laudo, ou concorrer para que a perícia não seja feita, nos prazos estabelecidos".

[886] CPP, "Art. 278. No caso de não comparecimento do perito, sem justa causa, a autoridade poderá determinar a sua condução".

[887] Tais dispositivos se encontram **revogados**, sendo os artigos equivalentes mais próximos na atuação redação do CP: "Art. 47. As penas de interdição temporária de direitos são: I – proibição do exercício de cargo, função ou atividade pública, bem como de mandato eletivo; II – proibição do exercício de profissão, atividade ou ofício que dependam de habilitação especial, de licença ou autorização do poder público".

à **autodefesa** (material ou genérica), havendo entre elas relação de complementariedade.

■ Autodefesa

Autodefesa é aquela exercida pelo próprio acusado, diferenciando-se da defesa técnica por ser disponível.

De modo a assegurar o exercício da autodefesa, o acusado deve ser citado pessoalmente, pelo menos em regra. Caso não seja encontrado, e somente depois de esgotadas todas as diligências para tal, será possível a sua citação por edital com o prazo de quinze dias.

A autodefesa se manifesta no processo através de: (1) *direito de audiência*: pode ser entendido como o direito que o acusado tem de apresentar ao juiz da causa a sua defesa, pessoalmente. Tal direito se materializa através do interrogatório, cujo entendimento majoritário é de que possui natureza jurídica de meio de defesa; (2) *direito de presença*: assegura-se ao acusado, ao lado de seu defensor, acompanhar os atos de instrução, auxiliando-o na realização da defesa, sendo obrigatória a intimação do defensor e do acusado para todos os atos do processo; (3) *capacidade postulatória autônoma do acusado*: ocorre quando o acusado tem capacidade postulatória independente de seu advogado. Ocorre, por exemplo, na impetração de *habeas corpus* (art. 654, *caput*, do CPP), interposição de recurso (art. 577, *caput*, do CPP).

■ Defesa técnica

Defesa técnica é aquela exercida por profissional da advocacia, dotado de capacidade postulatória, seja advogado constituído, nomeado ou defensor público.

A defesa técnica é necessária, irrenunciável, plena e efetiva. Sendo necessária e irrenunciável, ainda que o acusado, desprovido de capacidade postulatória, queira ser processado sem defesa técnica e mesmo na condição de revel, deve o juiz providenciar um defensor técnico[888], que, em regra, é o defensor público, em decorrência do **modelo público-constitucional de assistência jurídica**, adotado no Brasil.

---

[888] CCP, "Art. 261. Nenhum acusado, ainda que ausente ou foragido, será processado ou julgado sem defensor. Parágrafo único. A defesa técnica, quando realizada por defensor público ou dativo, será sempre exercida através de manifestação fundamentada".

Caso o processo tenha curso sem o acompanhamento por defensor ou advogado, estará eivado de nulidade absoluta por afronta à garantia da ampla defesa (art. 564, III, *c*, do CPP). Nesse sentido, o STJ declarou nulo um julgamento por falta de defesa técnica em sentido material, entendendo que, embora o advogado estivesse presente na sessão de julgamento, inexistiu defesa efetiva[889].

DICA DO AUTOR: De acordo com o Pacto de São José da Costa Rica, toda pessoa acusada de delito tem direito a se defender pessoalmente ou de ser assistida por um defensor de sua escolha (art. 8, n. 2, "d", da CADH). Sugere-se que o texto seja interpretado da seguinte forma: se o acusado é profissional da advocacia, poderá exercer a sua própria defesa técnica. Não o sendo, deverá ser assistido por advogado ou defensor público. Dessa forma, se o acusado não é dotado de capacidade postulatória, não pode redigir pessoalmente sua defesa técnica, salvo exceções legais, como a impetração de *habeas corpus*.

Entende-se que um dos desdobramentos da ampla defesa é o direito que o acusado tem de escolher o seu próprio advogado. Logo, não sendo possível ao defensor constituído prosseguir no patrocínio da causa penal, incumbe ao juiz ordenar a intimação do réu para que este, querendo, constitua novo patrono. Antes de realizada a intimação ou enquanto não ultrapassado o prazo nela assinalado, não é lícito ao juiz nomear defensor dativo sem expressa aquiescência do réu[890].

A defesa técnica deve ser plena e efetiva, não bastando a presença formal do defensor. Nesse sentido, a Lei n. 10.792/2003 acrescentou o parágrafo único ao art. 261 do CPP, de modo a exigir que a defesa técnica, quando realizada por defensor público ou dativo, seja sempre exercida por manifestação fundamentada.

DICA DO AUTOR: Em questão da prova objetiva de **Concurso para ingresso na Defensoria Pública de São Paulo (2015, FCC)**, foi colocada a seguinte situação hipotética: Adriano e Márcio fazem parte do grupo "Brigadas Marrons", movimento formado, em sua maioria, por estudantes universitários que defendem o fim do Estado brasileiro e a implementação de uma comunidade estatal inédita, alicerçada sobre os ideais do movimento. As táticas do grupo se baseiam em depredação de ônibus e metrôs da cidade de São Paulo. Em certa data, Adriano e Márcio foram presos em fla-

---

[889] STJ, HC 102.226/SC, rel. Min. Og Fernandes, j. 3-2-2011 (*Informativo* 461 do STJ).
[890] Nesse sentido: STF, 1ª Turma, HC 67.755/SP, rel. Min. Celso de Mello, *DJ* 11-9-1992.

grante, e, após, denunciados pela suposta prática dos crimes x, y e z, previstos no Código Penal. Citados, Adriano e Márcio não constituíram defensor, tendo deixado de apresentar resposta à acusação. Da prisão, fizeram chegar à imprensa a seguinte declaração: "Não reconhecemos nenhum órgão da justiça. Seremos, nós mesmos, nossos defensores, mesmo sem sermos advogados". Convenção Americana de Direito Humanos: "Artigo 8. 2 [...] Durante o processo, toda pessoa tem direito, em plena igualdade, às seguintes garantias mínimas: [...] d) direito do acusado de defender-se pessoalmente ou de ser assistido por um defensor de sua escolha e de comunicar-se, livremente e em particular, com seu defensor; e) direito irrenunciável de ser assistido por um defensor proporcionado pelo Estado, remunerado ou não, segundo a legislação interna, se o acusado não se defender ele próprio, nem nomear defensor dentro do prazo estabelecido pela lei". Diante da situação hipotética descrita, e com base no dispositivo normativo previsto na CADH, citado acima, o examinador queria que o candidato marcasse a alternativa que dispunha que a Defensoria Pública atuará na defesa de Adriano e Márcio por mandato constitucional.

19. SÃO PAULO E SANTA CATARINA INTERROGATÓRIO

■ **Conceito**

É o ato processual por meio do qual o juiz ouve o acusado sobre seus dados qualificativos e sobre a imputação que lhe é feita. Nesse momento, o acusado tem a oportunidade de se dirigir diretamente ao juiz, podendo exercer seu direito constitucional ao silêncio, confessar ou apresentar a sua versão sobre os fatos que recaem sobre a sua pessoa.

Desta feita, o interrogatório é o momento em que o acusado exerce a sua autodefesa, não sendo possível ao magistrado exercer postura de combate contra o acusado, contrapondo-o, por exemplo. A avaliação de todos os elementos e todas as provas deve ser realizada *a posteriori*.

■ **Natureza jurídica**

Meio de prova: típico do sistema inquisitorial, o acusado, considerado objeto de prova, não pode deixar de responder às indagações que lhe forem feitas, não podendo invocar o direito ao silêncio.

Natureza mista: é meio de prova e de defesa. É essencialmente meio de defesa, podendo funcionar com meio de prova quando e se o acusado decidir responder às perguntas formuladas.

Meio de defesa: o acusado não é obrigado a responder a qualquer indagação feita pelo juiz por força do direito ao silêncio (art. 5º, LXIII, da CRFB/88)[891], e, como não pode sofrer qualquer restrição em virtude de tal fato, é possível concluir que o interrogatório é meio de defesa. O viés do interrogatório como meio de defesa se torna mais concreto em virtude dos seguintes aspectos: (1) proibição de uso do silêncio como contrário ao acusado; (2) o interrogatório é o último ato da instrução probatória, possibilitando que o acusado seja ouvido após a colheita de toda prova oral; (3) caráter facultativo de comparecimento do acusado perante o juiz; (4) obrigatoriedade da presença do defensor técnico no interrogatório; (5) entrevista pessoal e reservada com o defensor antes do ato do interrogatório.

■ **Momento para realização do interrogatório**

Considerado meio de defesa, o interrogatório passou a ser o último ato da instrução processual no procedimento comum, a partir da Lei n. 11.791/2008.

No entanto, havia grande celeuma em relação aos procedimentos especiais nos quais o interrogatório continuava sendo o primeiro ato da instrução probatória, como por exemplo no procedimento da Lei Antidrogas (art. 57 da Lei n. 11.343/2006), no procedimento da Lei de Licitações (art. 104 da Lei n. 8.666/93) e no procedimento ordinário do processo penal militar[892].

DICA DO AUTOR: O STF firmou orientação no julgamento do HC 127.900/AM no sentido de que o rito processual para o **interrogatório**, previsto no art. 400 do CPP, deve ser aplicado a todos os procedimentos regidos por leis especiais, porquanto a Lei n. 11.719/2008, que deu nova redação ao art. 400 do CP, prepondera sobre as disposições em sentido contrário previstas em lei especial, por se tratar de lei posterior mais benéfica ao acusado. Em razão da modulação dos efeitos da decisão, a nova compreensão somente é aplicada aos

---

[891] CRFB/88, "Art. 5º [...] LXIII – o preso será informado de seus direitos, entre os quais o de permanecer calado, sendo-lhe assegurada a assistência da família e de advogado".

[892] No HC 127.900, o Plenário do STF concluiu que a exigência de realização do interrogatório ao final da instrução criminal também é aplicável no âmbito do processo penal militar.

processos em que a instrução não tenha se encerrado até a publicação da ata daquele julgamento (11-3-2016).

■ Da Condução coercitiva para interrogatório

De acordo com o art. 260 do CPP, se o acusado não atender à intimação para o interrogatório, reconhecimento ou qualquer ato que, sem ele, não possa ser realizado, a autoridade poderá mandar conduzi-lo a sua presença.

Conforme já exposto em tópico anterior, por meio das **ADPFs 444 e 395**[893], o STF considerou não recepcionado (inconstitucionalidade de norma anterior à Constituição) a ideia de "condução coercitiva" para interrogatório, prevista no art. 260[894] do CPP. A posição do STF – além de prevenir o processado em face de constrangimentos desnecessários –, respalda o **direito ao silêncio** e de **não produzir provas contra si** mesmo de todo processado, evitando-se e prevenindo abusos por parte dos agentes do estado – além do uso midiático ou político de tal exposição.

No **Concurso da Defensoria Pública do Estado de São Paulo (2019, FCC)** foi considerada VERDADEIRA a afirmativa que dispunha que a condução coercitiva "não foi recepcionada pela Constituição de 1988, pois representa restrição à liberdade de locomoção e viola a presunção de não culpabilidade".

■ Características do interrogatório

Ato personalíssimo: deve ser exercido pessoalmente. No caso de o réu ser pessoa jurídica, é interrogado o preposto.

---

[893] "Decisão: O Tribunal, por maioria e nos termos do voto do Relator, julgou procedente a arguição de descumprimento de preceito fundamental, para pronunciar a **não recepção da expressão 'para o interrogatório'**, constante do art. 260 do CPP, e declarar a incompatibilidade com a Constituição Federal **da condução coercitiva de investigados ou de réus para interrogatório, sob pena de responsabilidade** disciplinar, civil e penal do agente ou da autoridade e de ilicitude das provas obtidas, sem prejuízo da responsabilidade civil do Estado. O Tribunal destacou, ainda, que esta decisão não desconstitui interrogatórios realizados até a data do presente julgamento, mesmo que os interrogados tenham sido coercitivamente conduzidos para tal ato. Vencidos, parcialmente, o Ministro Alexandre de Moraes, nos termos de seu voto, o Ministro Edson Fachin, nos termos de seu voto, no que foi acompanhado pelos Ministros Roberto Barroso, Luiz Fux e Cármen Lúcia (Presidente). Plenário, 14.6.2018."

[894] CPP, "Art. 260. Se o acusado não atender à intimação para o interrogatório, reconhecimento ou qualquer outro ato que, sem ele, não possa ser realizado, a autoridade poderá mandar conduzi-lo à sua presença. Parágrafo único. O mandado conterá, além da ordem de condução, os requisitos mencionados no art. 352, no que lhe for aplicável".

Ato em contraditório: com a alteração do art. 188 do CPP pela Lei n. 10.792/2003, não há dúvidas de que o interrogatório passou a ser um ato contraditório, o que possibilita a interferência das partes, por exemplo, a possibilidade de o defensor fazer perguntas ao réu de forma a acentuar alguma linha de defesa. É possível também que a defesa dos corréus formule perguntas por ocasião do interrogatório[895].

Ato assistido tecnicamente: a presença de advogado é indispensável à validade do ato[896].

Ato oral: em regra, as perguntas serão respondidas oralmente. No caso de mudo, as perguntas serão feitas oralmente e respondidas por escrito. No caso de surdo, as perguntas serão feitas por escrito e respondidas oralmente. No caso de surdo-mudo, as perguntas serão formuladas e respondidas por escrito. Quando o interrogando não saiba ler ou escrever, atuará um intérprete (art. 192 do CPP).

Ato individual e protegido pelo direito ao silêncio: consoante regra do art. 191 do CPP, havendo mais de um acusado, eles serão interrogados separadamente. E o silêncio do interrogando não importa em confissão e nem pode ser interpretado em prejuízo da defesa, de acordo com o art. 186, parágrafo único, do CPP. O acusado pode restar silente em relação a todas as perguntas ou não responder a algumas que possam ser prejudiciais a sua defesa.

DICA DO AUTOR: Consoante o art. 5º, LXIII, da CRFB/88, o exercício do direito ao silêncio não pode resultar qualquer prejuízo ao acusado. Logo, deve se entender como não recepcionada a parte final do art. 198 do CPP[897], que

---

[895] Confira-se trecho do HC 1.807.03/MG, 6ª Turma do STJ, rel. Min. Maria Thereza de Assis Moura: "Na espécie, o magistrado de primeiro grau negou o direito de formulação de perguntas ao advogado do corréu, aduzindo que nos termos da lei, os esclarecimentos somente poderiam ser prestados ao Defensor do próprio interrogando. Tal compreensão, todavia, desrespeita a cláusula do devido processo legal, aparelhada pelo direito ao contraditório, que, na feliz síntese de Joaquim Canuto Mendes de Almeida, corporifica ciência bilateral dos atos e termos processuais e a possibilidade de contrariá-los". No mesmo sentido, entendendo pela violação do devido processo legal na hipótese, o precedente HC 115.714/SP, 1ª Turma do STF, rel. Min. Marco Aurélio, j. 16-12-2014.

[896] Dispõe o art. 185 do CPP que "O acusado que comparecer perante a autoridade judiciária, no curso do processo penal, será qualificado e interrogado **na presença de seu defensor**, constituído ou nomeado".

[897] "Art. 198. O silêncio do acusado não importará confissão, mas poderá constituir elemento para a formação do convencimento do juiz."

dispõe que o silêncio do acusado pode constituir elemento para a formação de convencimento do juiz – conforme já entendeu o STF[898].

Questão pertinente ao direito ao silêncio foi objeto do **Concurso da Defensoria Pública do Distrito Federal (2019, CEBRASPE):** "Na sessão de julgamento pelo plenário do júri, Manoel, estando presente, tem direito de permanecer calado em seu interrogatório; no entanto, nos debates orais, o acusador poderá fazer uso do argumento de que 'Quem cala, consente!'". Conforme espelhos de respostas, tem-se: JUSTIFICATIVA DA BANCA – ERRADO: Se Manoel comparecer à sessão de julgamento em plenário do júri, poderá permanecer calado em seu interrogatório (garantia constitucional previsto no art. 5º da CRFB/88). Entretanto, o acusador NÃO PODE afirmar, nos debates orais, que "quem cala, consente", pois não pode fazer referência ao silêncio do acusado em prejuízo deste, consoante regra expressa no art. 478, II[899], do CPP e na esteira do art. 186 do CPP.

Com efeito, o STJ[900] apresenta entendimento no sentido de que a nulidade prevista no inciso II do art. 478 do CPP dependeria da exploração desse tema em plenário e não de "mera referência" para que se caracterizasse o prejuízo à defesa e a consequente nulidade. Contudo, considerando que o Júri é procedimento no qual a **convicção íntima** é regra, inexistindo mecanismo de controle da fundamentação da posição do jurado, principalmente nas provas dissertativas de Defensoria Pública, é recomendável a crítica à posição retromencionada do STJ em razão da impossibilidade de certificação da influência (ou não) da menção ao silêncio pelo órgão de acusação na convicção dos jurados, caracterizando-se como **prova impossível** a exigência de prejuízo para

---

[898] "Interrogatório. Acusado. Silêncio. **A parte final do artigo 186 do Código de Processo Penal,** no sentido de o silêncio do acusado poder se mostrar contrário aos respectivos interesses, **não foi recepcionada pela Carta de 1988,** que, mediante o preceito do inciso LVIII do artigo 5º, dispõe sobre o direito de os acusados, em geral, permanecerem calados. [...]" (STF, RE 199.570, rel. Min. Marco Aurélio, 2ª Turma, j. 16-12-1997).

[899] CPP, "Art. 478. Durante os debates as partes **não** poderão, sob pena de nulidade, fazer referências: [...] **II – ao silêncio do acusado** ou à ausência de interrogatório por falta de requerimento, **em seu prejuízo**".

[900] "*Habeas corpus*. Homicídio duplamente qualificado. Júri. **Menção ao silêncio do réu** na fase inquisitorial no Plenário. **Exploração da tese em desfavor do réu não demonstrada.** [...]. 1. A menção ao silêncio do acusado, em seu prejuízo, no Plenário do Tribunal do Júri, é procedimento vedado pelo art. 478, II, do CPP. No entanto, a mera referência ao silêncio do acusado, sem a exploração do tema, não enseja a nulidade. Precedente. 2. Na hipótese, não é possível extrair dos elementos constantes dos autos se houve ou não a exploração, pela acusação em plenário, do silêncio do réu em seu desfavor. [...]" (STJ, HC 355.000/SP, rel. Min. Rogerio Schietti Cruz, 6ª Turma, j. 13-8-2019, *DJe* 27-8-2019).

além da derrota defensiva. Desse modo, criticamente, a referência negativa da acusação ao exercício do direito ao silêncio pela defesa deve caracterizar nulidade por ofensa do inciso II do art. 478 do CPP, com presunção de prejuízo, sob pena de exigência de prova impossível à defesa, como caracterizado pelo STF (HC 69.142[901]; HC 84.835; RHC n. 85.443) em debates similares sobre a inexigibilidade da **prova impossível do prejuízo para a defesa**.

Ato bifásico: o interrogatório é dividido em duas partes: sobre a pessoa do acusado e sobre os fatos. Na primeira parte, também chamada de "**pregressamento**", o acusado será perguntado sobre dados pessoais, e na segunda parte sobre a imputação que lhe é feita.

Ato público: em regra, deve ser observada a publicidade do interrogatório, como em todos os atos processuais, em obediência ao disposto no art. 5º, LX, c/c art. 93, IX, da CRFB/88, no entanto, em hipóteses excepcionais pode ser decretado o segredo de justiça, quando se justifica restrição da publicidade por defesa da intimidade, interesse social no sigilo e imprescindibilidade à segurança do Estado e da sociedade.

■ **Local de realização do interrogatório**

Em regra, em caso de réu solto, o interrogatório é realizado na sala de audiências do fórum. Quanto ao acusado preso, há três formas de se realizar o interrogatório: (1) pessoalmente, dentro do presídio em que se encontra; (2) por videoconferência; (3) pessoalmente, no fórum (de acordo com o art. 185, § 7º, do CPP), será requisitada a apresentação do réu preso.

■ **Interrogatório por videoconferência**

O art. 185, § 2º, do CPP regulamenta a possibilidade de interrogatório por videoconferência, ressaltando que a realização de qualquer ato por videoconferência é excepcional.

---

[901] Embora aplicada à frustração do direito à sustentação oral, é nítido que "provas impossíveis" do prejuízo decorrente de violação da lei não podem ser impostas à defesa: "Ampla defesa: frustração do direito a sustentação oral no julgamento da apelação. Viola a garantia da ampla defesa o julgamento de apelação criminal, não obstante já deferido o pedido de adiamento formulado pelo defensor do acusado. **Frustrado, assim, o direito da parte** à sustentação oral, **é nulo o julgamento, não cabendo reclamar para declará-lo a prova impossível de que**, se utilizada aquela oportunidade legal de defesa, **outra teria sido a decisão do recurso**" (STF, HC 69.142, rel. Min. Sepúlveda Pertence, 1ª Turma, j. 11-2-1992, *DJ* 10-4-1992).

Para que o ato seja realizado por videoconferência, é indispensável que o juiz aponte sua necessidade e os motivos concretos, e desde que a medida seja necessária para atender uma das finalidades previstas, de forma taxativa, em seus incisos: prevenir risco à segurança pública, quando houver, por exemplo, fundado receio de fuga; em razão de enfermidade; coação à vítima ou testemunha; ou responder à gravíssima questão de ordem pública.

Da decisão que determinar a realização de interrogatórios por videoconferência, as partes serão intimadas com dez dias de antecedência (art. 185, § 3º, do CPP).

■ **Direito de entrevista prévia e reservada com o defensor**

O art. 185, § 5º, do CPP[902] dispõe expressamente sobre o direito de entrevista prévia entre o acusado e seu defensor[903].

20. SÃO PAULO E SANTA CATARINA QUESTÕES E PROCESSOS INCIDENTES

■ **Questões prejudiciais**

As **questões prejudiciais** são matérias cuja conclusão afetará diretamente o julgamento final da causa, ou seja, questões prejudiciais são **pressupostos lógicos** da análise do mérito da causa. Tais questões possuem características básicas: (1) **dependência lógica**, pois o mérito somente poderá ser resolvido após a análise da resolução da questão prejudicial, sendo esse o motivo de se falar que a questão prejudicial tem (2) **anterioridade lógica** ao mérito, além de possuir (3) **autonomia**, como questão passível de enfrentamento em processo autônomo; (4) de análise **obrigatória**, em razão da dependência retromencionada.

---

[902] CPP, "Art. 185. [...] § 5º Em qualquer modalidade de interrogatório, **o juiz garantirá ao réu o direito de entrevista prévia e reservada com o seu defensor**; se realizado por videoconferência, fica também garantido o acesso a canais telefônicos reservados para comunicação entre o defensor que esteja no presídio e o advogado presente na sala de audiência do Fórum, e entre este e o preso".

[903] Art. 44, VII, da LC n. 80/94, com redação dada pela LC n. 132/2009, é prerrogativa dos membros da Defensoria Pública da União: "comunicar-se, pessoal e reservadamente, com seus assistidos, ainda quando esses se acharem presos ou detidos, mesmo incomunicáveis, tendo livre ingresso em estabelecimentos policiais, prisionais e de internação coletiva, independentemente de prévio agendamento". E de acordo com o art. 128, VI, do mesmo diploma, é prerrogativa dos membros da Defensoria Pública do Estado "comunicar-se, pessoal e reservadamente, com seus assistidos, ainda quando estes se acharem presos ou detidos, mesmo incomunicáveis, tendo livre ingresso em estabelecimentos policiais, prisionais e de internação coletiva, independentemente de prévio agendamento".

Assim, ao se falar em questão prejudicial no processo penal, pressupõe-se sempre a existência de duas espécies de questões: (1) questão prejudicial ou subordinante e a (2) questão prejudicada ou subordinada. Pode-se visualizar a questão pelo seguinte quadro:

Questão prejudicial (subordinante)	Questão prejudicada (subordinada)
Exemplo: exceção da verdade	Exemplo: apuração da calúnia

A questão prejudicial comporta diversas classificações:

Quanto à **obrigatoriedade de suspensão** e **grau de subordinação** do processo penal:

(1) **obrigatória (devolutiva absoluta)**: em tais casos, haverá suspensão obrigatória da demanda penal, como ocorre com a pendência de questão cível relativa ao estado das pessoas[904];

(2) **facultativa (devolutiva relativa)**: ocorre quando a infração penal dependente de questão pendente em juízo cível[905] for prejudicial às conclusões do juízo criminal, observados os seguintes pressupostos: questão de difícil solução e não verse sobre direito cuja lei civil limite. Em tais casos, o juízo fixará o prazo da suspensão – será um **prazo judicial**, portanto –, o qual é **prorrogável** fundamentadamente, não sendo a demora imputável à parte. Caso o prazo expire, sem decisão cível, o poder decisório retornará ao juízo criminal[906]. Se, por outro lado, o juízo cível proferir decisão no prazo suspensivo, o juízo criminal deverá exercer seu poder decisório respeitando a conclusão cível acerca da questão prejudicial.

---

[904] CPP, "Art. 92. Se a decisão sobre a existência da infração depender da solução de controvérsia, que o juiz repute séria e fundada, sobre o **estado civil das pessoas**, o curso da ação penal ficará **suspenso** até que no juízo cível seja a controvérsia dirimida por sentença passada em julgado, sem prejuízo, entretanto, da inquirição das testemunhas e de outras provas de natureza urgente".

[905] CPP, "Art. 93. Se o reconhecimento da existência da infração penal depender de decisão sobre questão diversa da prevista no artigo anterior, da competência do juízo cível, e se neste houver sido proposta ação para resolvê-la, o juiz criminal **poderá**, desde que essa questão seja de difícil solução e não verse sobre direito cuja prova a lei civil limite, suspender o curso do processo, após a inquirição das testemunhas e realização das outras provas de natureza urgente".

[906] CPP, "Art. 93. [...] § 1º O juiz marcará o prazo da suspensão, que poderá ser razoavelmente prorrogado, se a demora não for imputável à parte. Expirado o prazo, sem que o juiz cível tenha proferido decisão, o juiz criminal fará prosseguir o processo, retomando sua competência para resolver, de fato e de direito, toda a matéria da acusação ou da defesa".

Com efeito, a **suspensão** processual, obrigatória ou facultativa, poderá[907] ser decretada a **requerimento** da parte ou *ex officio* pelo juízo – sempre fundamentadamente (art. 5º, LXXVIII, da CRFB/88).

Observe-se que seja lá qual for o grau de subordinação ou a hipótese suspensiva (obrigatória ou facultativa), em caso de **urgência**, será possível a **produção antecipada da prova** (arts. 92 e 93, ambos *in fine*, do CPP) durante a suspensão processual – devendo, obviamente, tal decisão ser concretamente fundamentada (art. 93, IX, da CRFB/88).

Quanto ao **grau de influência**, a questão prejudicial pode ser: (1) **total**: essa forma abrangente de questão prejudicial afeta o elemento do tipo penal. Dessa forma, a conclusão sobre a referida questão acarretará a existência ou inexistência de crime; (2) **parcial**: nesse formato, a questão prejudicial afetará tão somente questões circunstanciais ao fato típico, sem lhe prejudicar quanto à tipicidade.

Quanto à distinção ou semelhança de naturezas entre a questão prejudicial e de mérito: (1) **homogênea**: também denominada imperfeita ou comum, ocorrem quando a questão prejudicial é também de índole penal; (2) **heterogêneas**: conhecida ainda como perfeita ou jurisdicional, ocorrerá quando a questão prejudicial for atinente à matéria não criminal (ex.: direito civil).

■ Recorribilidade

Caso a suspensão processual[908] seja denegada, não será cabível recurso – tratando-se de **decisão irrecorrível**. Se, por outro lado, for decretada a suspensão, a impugnação ocorrerá por **recurso em sentido estrito**[909].

■ Interesse institucional do MP na demanda cível

Referentemente às questões prejudiciais, o CPP autoriza expressamente o MP a intervir ou impulsionar os processos cíveis prejudiciais[910], quando vinculados à respectiva missão institucional. Tal possibilidade ocorre em razão do

---

[907] CPP, "Art. 94. A suspensão do curso da ação penal, nos casos dos artigos anteriores, será decretada pelo juiz, de ofício ou a requerimento das partes".
[908] CPP, "Art. 93. [...] § 2º Do despacho que denegar a suspensão não caberá recurso".
[909] CPP, "Art. 581. Caberá recurso, no sentido estrito, da decisão, despacho ou sentença: [...]XVI – que ordenar a suspensão do processo, em virtude de questão prejudicial".
[910] Para casos de suspensão processual obrigatória, dispõe o CPP, "Art. 92. [...] Parágrafo único. Se for o crime de ação pública, o Ministério Público, quando necessário, promoverá a ação civil ou prosseguirá na que tiver sido iniciada, com a citação dos interessados".

interesse institucional do MP como *custos legis et iuris* (guardião da Lei e da Ordem Jurídica), e também do direito fundamental à **razoável duração processual**[911] (art. 5º, LXXVIII, da CRFB/88).

■ Exceções processuais penais

As exceções serão autuadas em apartado dos autos principais[912] e, em regra, não suspendem o andamento da ação penal. Segundo o art. 95[913] do CPP, são formas de exceção: de suspeição; de incompetência de juízo; de litispendência; de ilegitimidade de parte; e de coisa julgada.

■ Exceção de suspeição

Em razão da necessidade da imparcialidade na atuação judicial, a arguição de suspeição[914] tem precedência[915] sobre as demais. Trata-se de uma questão cujo conhecimento deve ocorrer, inclusive, *ex officio* pela autoridade judiciária[916].

Caso o juízo não reconheça sua suspeição oficiosamente, a parte deverá requerê-la por escrito – observando-se que (1) ou seu procurador terá poderes especiais ou (2) a própria parte deverá assinar a exceção (art. 98 do CPP[917]), apresentando suas provas documentais e/ou rol de testemunhas no mesmo petitório.

---

[911] CPP, "Art. 93. [...] § 3º Suspenso o processo, e tratando-se de **crime de ação pública**, incumbirá ao Ministério Público intervir imediatamente na causa cível, para o fim de **promover-lhe o rápido andamento**".

[912] CPP, "Art. 111. As exceções serão processadas em autos apartados e não suspenderão, em regra, o andamento da ação penal".

[913] CPP, "Art. 95. Poderão ser opostas as exceções de: I – suspeição; II – incompetência de juízo; III – litispendência; IV – ilegitimidade de parte; V – coisa julgada".

[914] CPP, "Art. 254. O juiz dar-se-á por suspeito, e, se não o fizer, poderá ser recusado por qualquer das partes: I – se for amigo íntimo ou inimigo capital de qualquer deles; II – se ele, seu cônjuge, ascendente ou descendente, estiver respondendo a processo por fato análogo, sobre cujo caráter criminoso haja controvérsia; III – se ele, seu cônjuge, ou parente, consanguíneo, ou afim, até o terceiro grau, inclusive, sustentar demanda ou responder a processo que tenha de ser julgado por qualquer das partes; IV – se tiver aconselhado qualquer das partes; V – se for credor ou devedor, tutor ou curador, de qualquer das partes; VI – se for sócio, acionista ou administrador de sociedade interessada no processo".

[915] CPP, "Art. 96. A arguição de suspeição precederá a qualquer outra, salvo quando fundada em motivo superveniente".

[916] CPP, "Art. 97. O juiz que espontaneamente afirmar suspeição deverá fazê-lo por escrito, declarando o motivo legal, e remeterá imediatamente o processo ao seu substituto, intimadas as partes".

[917] CPP, "Art. 98. Quando qualquer das partes pretender recusar o juiz, deverá fazê-lo em petição assinada por ela própria ou por procurador com poderes especiais, aduzindo as suas razões acompanhadas de prova documental ou do rol de testemunhas".

Uma vez apresentada a exceção de suspeição do excipiente-recusante, poderá o juiz: (1) reconhecer-se suspeito – sustando a marcha processual e determinando a juntada da exceção aos autos –, ordenando a remessa a seu substituto legal[918]; (2) negar a suspeição alegada, determinando a atuação em apartado da exceção de suspeição, caso no qual apresentará sua resposta – a qual poderá instruir com provas e indicação de testemunhas –, remetendo os autos em 24 horas ao órgão competente para julgamento[919].

Se a parte contrária reconhecer a procedência da suspeição, poderá requerer a sustação do andamento do processo principal[920] até o julgamento da exceção de incompetência.

No órgão jurisdicional competente, o relator deverá analisar, **preliminarmente**, a **relevância da arguição** e, assim, poderá fundamentadamente (art. 93, IX, da CRFB/88): (1) reconhecer, preliminarmente, a relevância da arguição, quando determinará a "citação" das partes, marcando dia e hora para inquirição de testemunhas e julgamento[921]; (2) caso, liminarmente, o relator detecte a manifesta improcedência, a exceção será rejeitada de pronto[922].

Quando a exceção de incompetência for julgada **procedente**[923], observar-se-á: (1) a nulidade dos atos do processo; (2) em caso de erro inescusável pelo juízo, ele próprio será condenado ao pagamento de custas.

Por outro lado, sendo a exceção julgada **improcedente**[924]: (1) sendo constada a má-fé ("malícia"), o excipiente ficará sujeito à multa.

---

[918] CPP, "Art. 99. Se reconhecer a suspeição, o juiz sustará a marcha do processo, mandará juntar aos autos a petição do recusante com os documentos que a instruam, e por despacho se declarará suspeito, ordenando a remessa dos autos ao substituto".

[919] CPP, "Art. 100. Não aceitando a suspeição, o juiz mandará autuar em apartado a petição, dará sua resposta dentro em três dias, podendo instruí-la e oferecer testemunhas, e, em seguida, determinará sejam os autos da exceção remetidos, dentro em vinte e quatro horas, ao juiz ou tribunal a quem competir o julgamento".

[920] CPP, "Art. 102. Quando a parte contrária reconhecer a procedência da arguição, poderá ser sustado, a seu requerimento, o processo principal, até que se julgue o incidente da suspeição".

[921] CPP, "Art. 100. [...] § 1º Reconhecida, preliminarmente, a relevância da arguição, o juiz ou tribunal, com citação das partes, marcará dia e hora para a inquirição das testemunhas, seguindo-se o julgamento, independentemente de mais alegações".

[922] CPP, "Art. 100. [...] § 2º Se a suspeição for de manifesta improcedência, o juiz ou relator a rejeitará liminarmente".

[923] CPP, "Art. 101. Julgada procedente a suspeição, ficarão nulos os atos do processo principal, pagando o juiz as custas, no caso de erro inescusável; [...]".

[924] CPP, "Art. 101. [...]; rejeitada, evidenciando-se a malícia do excipiente, a este será imposta a multa de duzentos mil-réis a dois contos de réis".

A oposição de exceção de suspeição pode ser apresentada também em desfavor do (1) membro do MP[925], (2) peritos, (3) intérpretes, (4) serventuários e (5) demais funcionários da justiça – quando o juiz decidirá de plano e sem recurso[926]. Contra os **jurados**, por outro lado, a suspeição será arguida **oralmente**, e decidida de plano pelo presidente do Tribunal do Júri – nos termos do art. 106 do CPP[927]. Por outro lado, em relação às autoridades policiais, estas devem se autodeclarar suspeitas, mas há disposição legal expressa no sentido de que não cabe a alegação de suspeição da autoridade policial nos autos de inquérito[928].

No STF e nos Tribunais[929], os relatores devem se autodeclarar suspeitos nos autos, remetendo o feito à nova distribuição. Os revisores, por outro lado, devem remeter a seu substituto. Os demais membros dos Tribunais, porém, declararão em sessão de julgamento a respectiva suspeição.

■ Exceção de incompetência

O CPP (art. 108[930]) autoriza a oposição de exceção de incompetência de dois modos: **verbal** (quando será reduzida a termo – § 2º[931] do art. 108 do CPP) ou **escrito** – sendo coincidente o **prazo** para defesa e para a referida exceção. Procedimentalmente, o MP será ouvido antes que a decisão seja proferida.

---

[925] CPP, "Art. 104. Se for arguida a suspeição do órgão do Ministério Público, o juiz, depois de ouvi-lo, decidirá, sem recurso, podendo antes admitir a produção de provas no prazo de três dias".

[926] CPP, "Art. 105. As partes poderão também arguir de suspeitos os peritos, os intérpretes e os serventuários ou funcionários de justiça, decidindo o juiz de plano e sem recurso, à vista da matéria alegada e prova imediata".

[927] CPP, "Art. 106. A suspeição dos jurados deverá ser arguida oralmente, decidindo de plano do presidente do Tribunal do Júri, que a rejeitará se, negada pelo recusado, não for imediatamente comprovada, o que tudo constará da ata".

[928] CPP, "Art. 107. Não se poderá opor suspeição às autoridades policiais nos atos do inquérito, mas deverão elas declarar-se suspeitas, quando ocorrer motivo legal".

[929] CPP, "Art. 103. No Supremo Tribunal Federal e nos Tribunais de Apelação, o juiz que se julgar suspeito deverá declará-lo nos autos e, se for revisor, passar o feito ao seu substituto na ordem da precedência, ou, se for relator, apresentar os autos em mesa para nova distribuição. § 1º Se não for relator nem revisor, o juiz que houver de dar-se por suspeito, deverá fazê-lo verbalmente, na sessão de julgamento, registrando-se na ata a declaração. § 2º Se o presidente do tribunal se der por suspeito, competirá ao seu substituto designar dia para o julgamento e presidi-lo. § 3º Observar-se-á, quanto à arguição de suspeição pela parte, o disposto nos arts. 98 a 101, no que lhe for aplicável, atendido, se o juiz a reconhecer, o que estabelece este artigo. § 4º A suspeição, não sendo reconhecida, será julgada pelo tribunal pleno, funcionando como relator o presidente. § 5º Se o recusado for o presidente do tribunal, o relator será o vice-presidente".

[930] CPP, "Art. 108. A exceção de incompetência do juízo poderá ser oposta, verbalmente ou por escrito, no prazo de defesa".

[931] CPP, "Art. 108. [...] § 2º Recusada a incompetência, o juiz continuará no feito, fazendo tomar por termo a declinatória, se formulada verbalmente".

Quando a declinatória de competência for aceita, os autos serão remetidos ao juízo competente, onde analisará a ratificação dos atos anteriores[932]. Reconhecida a **incompetência**, será cabível **recurso em sentido estrito**[933]. Se, por outro lado, não for aceita a argumentação da exceção, o processo prosseguirá sob a presidência do juízo. No caso de **indeferimento** do pleito de exceção de incompetência, tratando-se de decisão irrecorrível, será cabível *habeas corpus*.

Em caso de descoberta superveniente de causa de incompetência do juízo, este deverá reconhecer de ofício ou por requerimento da parte[934].

■ Exceção de litispendência e coisa julgada

Nos termos do art. 110[935] do CPP, os procedimentos da exceção de incompetência serão aplicáveis subsidiariamente às exceções de litispendência, ilegitimidade e coisa julgada – sendo que a interposição deverá ocorrer de maneira conjunta[936] quando for oposta mais de uma dessas exceções.

A exceção de coisa julgada deve recair sobre a questão efetivamente decidida em sentença (art. 110, § 2º, do CPP[937]) – ou, para dizer o óbvio, não faz coisa julgada o que não é julgado.

■ Incompatibilidade ou impedimento

Quando a autoridade pública (Juízo, MP, serventuários, funcionários da justiça, peritos ou intérpretes) detectar causas de incompatibilidade ou impedimento deverá reconhecer *ex officio*[938]. Por outro lado, quando a autoridade for

---

[932] CPP, "Art. 108. [...] § 1º Se, ouvido o Ministério Público, for aceita a declinatória, o feito será remetido ao juízo competente, onde, ratificados os atos anteriores, o processo prosseguirá".

[933] CPP, "Art. 581. Caberá recurso, no sentido estrito, da decisão, despacho ou sentença: [...] II – que concluir pela incompetência do juízo".

[934] CPP, "Art. 109. Se em qualquer fase do processo o juiz reconhecer motivo que o torne incompetente, declará-lo-á nos autos, haja ou não alegação da parte, prosseguindo-se na forma do artigo anterior".

[935] CPP, "Art. 110. Nas exceções de litispendência, ilegitimidade de parte e coisa julgada, será observado, no que lhes for aplicável, o disposto sobre a exceção de incompetência do juízo".

[936] CPP, "Art. 110. [...] § 1º Se a parte houver de opor mais de uma dessas exceções, deverá fazê-lo numa só petição ou articulado".

[937] CPP, "Art. 110. [...] § 2º A exceção de coisa julgada somente poderá ser oposta em relação ao fato principal, que tiver sido objeto da sentença".

[938] CPP, "Art. 112. O juiz, o órgão do Ministério Público, os serventuários ou funcionários de justiça e os peritos ou intérpretes abster-se-ão de servir no processo, quando houver incompatibilidade ou impedimento legal, que declararão nos autos. Se não se der a abstenção, a incompatibilidade ou impedimento poderá ser arguido pelas partes, seguindo-se o processo estabelecido para a exceção de suspeição".

omissa, as partes poderão opor a incompatibilidade ou impedimento, a qual será processada pelo mesmo procedimento da exceção de suspeição.

■ **Conflitos de competência**

Existindo conflito e debates sobre a competência judicial, a parte interessada poderá levantar a questão por meio de exceção[939] ou os juízos envolvidos poderão suscitar os conflitos de competência (negativos ou positivos). Observe-se que o CPP (arts. 113-117) denomina de conflito de jurisdição aquilo que na verdade seria conflito de competência.

Quanto à **legitimidade,** podem suscitar o conflito[940]: (1) a parte interessada; (2) o MP (atuante junto a qualquer dos órgãos em conflito); (3) quaisquer juízes ou tribunais em causa.

Há **conflitos de competência**[941]: (1) **positivo**: quando dois ou mais juízos apontam-se como competentes para uma causa, caso em que o relator do conflito **poderá suspender**[942] o processo. Com ou sem suspensão, serão requisitadas informações para as autoridades em conflito, no prazo assinado pelo relator do conflito[943]; (2) **negativo**: quando dois ou mais juízes se entendem como incompetentes para determinada causa – caso em que as autoridades judiciais, oficiosamente, poderão suscitar o conflito nos próprios autos[944]; (3) sobre a **unidade de juízo**: quando houver controvérsia sobre a reunião ou separação de processos.

Em termos procedimentais, o juízo suscitante deve apresentar **representação** ao Tribunal competente e, caso suscitado pela parte interessada, a exceção de com-

---

[939] CPP, "Art. 113. As questões atinentes à competência resolver-se-ão não só pela exceção própria, como também pelo conflito positivo ou negativo de jurisdição".

[940] CPP, "Art. 115. O conflito poderá ser suscitado: I – pela parte interessada; II – pelos órgãos do Ministério Público junto a qualquer dos juízos em dissídio; III – por qualquer dos juízes ou tribunais em causa".

[941] CPP, "Art. 114. Haverá conflito de jurisdição: I – quando duas ou mais autoridades judiciárias se considerarem competentes, ou incompetentes, para conhecer do mesmo fato criminoso; II – quando entre elas surgir controvérsia sobre unidade de juízo, junção ou separação de processos".

[942] CPP, "Art. 116. [...] § 2º Distribuído o feito, se o conflito for positivo, o relator poderá determinar imediatamente que se suspenda o andamento do processo".

[943] CPP, "Art. 116. [...] § 3º Expedida ou não a ordem de suspensão, o relator requisitará informações às autoridades em conflito, remetendo-lhes cópia do requerimento ou representação. § 4º As informações serão prestadas no prazo marcado pelo relator".

[944] CPP, "Art. 116. [...] § 1º Quando negativo o conflito, os juízes e tribunais poderão suscitá-lo nos próprios autos do processo".

petência será apresentada mediante **requerimento** (art. 116 do CPP[945]), sempre expondo os fundamentos e os documentos lastreadores do pleito. Os órgãos jurisdicionais hierarquicamente superiores aos juízos envolvidos no conflito terão competência para julgá-lo. Após o recebimento da representação ou requerimento, será ouvido o Procurador-Geral do Ministério Público[946] e julgará o conflito na primeira sessão possível, a fim de garantir razoável duração processual (art. 5º, LXXVIII, da CRFB/88). Finalizado o julgamento acerca da competência, serão executadas as medidas necessárias ao processamento pelo juízo natural competente[947].

Por fim, o CPP (art. 117[948]) possui previsão de uma medida **avocatória**, pela qual o STF poderá avocar processos de sua competência que tramitem em jurisdição de menor grau. Contudo, tal previsão deve ser realizada de acordo com o princípio do juízo natural e com as regras de competência, de modo que a avocatória somente se aplicaria a casos de competência do próprio STF, evitando-se a usurpação de competência e restaurando a efetividade ao juízo natural.

■ **Restituição de coisas apreendidas**

Comumente, nas atividades policiais e execução de ordens judiciais, coisas são apreendidas. Em tais casos, abre-se a possibilidade de que eventual **interessado** ingresse com um **incidente de restituição de coisas apreendidas**. O requerimento de restituição e a decisão sobre o tema antes do trânsito em julgado devem observar se tais coisas "interessam" ao processo (art. 118 do CPP[949]). Assim, a **utilidade ao processo** ou – na dicção do CPP –, o "**interesse**" ao processual, é o **conceito jurídico indeterminado** a ser preenchido para aferição da possibilidade de devolução da coisa ao requerente.

---

[945] CPP, "Art. 116. Os juízes e tribunais, sob a forma de representação, e a parte interessada, sob a de requerimento, darão parte escrita e circunstanciada do conflito, perante o tribunal competente, expondo os fundamentos e juntando os documentos comprobatórios".

[946] CPP, "Art. 116. [...] § 5º Recebidas as informações, e depois de ouvido o procurador-geral, o conflito será decidido na primeira sessão, salvo se a instrução do feito depender de diligência".

[947] CPP, "Art. 116. [...] § 6º Proferida a decisão, as cópias necessárias serão remetidas, para a sua execução, às autoridades contra as quais tiver sido levantado o conflito ou que o houverem suscitado".

[948] CPP, "Art. 117. O Supremo Tribunal Federal, mediante avocatória, restabelecerá a sua jurisdição, sempre que exercida por qualquer dos juízes ou tribunais inferiores".

[949] CPP, "Art. 118. Antes de transitar em julgado a sentença final, as coisas apreendidas não poderão ser restituídas enquanto interessarem ao processo".

Outro ponto relevante à devolução da coisa apreendida é a **inexistência de dúvidas sobre o direito** do reclamante da devolução (art. 120 do CPP[950]).

Havendo **certeza** sobre o direito do requerente, a decisão cabe tanto à **autoridade administrativo-policial**, quanto à **autoridade judicial** (art. 120 do CPP). Entretanto, em caso de dúvidas, o poder decisório cabe somente ao Poder Judiciário (art. 120, § 1º, do CPP).

Entretanto, havendo **dúvidas** – quando a decisão caberá **exclusivamente ao juízo criminal** (art. 120, § 1º, *in fine*, do CPP) –, abre-se a possibilidade ao seguinte procedimento: (1) atuação em apartado do pedido de restituição; (2) concessão de cinco dias para produção probatória; (3) oitiva do MP (art. 120, § 3º, do CPP).

Se coisa a ser restituída, a requerimento do reclamante, foi **apreendida com 3º (terceiro) de boa-fé**, a devolução somente poderá ser processada pela autoridade judicial – vetado à autoridade administrativo-policial –, nos termos do § 2º[951] do art. 120 do CPP. Em tais casos, a autoridade judicial, recebido o pleito devolutivo do reclamante: (1) determinará a autuação em apartado; (2) concederá vista ao terceiro pelo prazo de dois dias para apresentação de suas razões; (3) em contraditório, o reclamante da coisa terá também dois dias para manifestação; (4) será ouvido o MP.

Por outro lado, apesar dos esforços probatórios dos interessados para solver a dúvida acerca do direito sobre a coisa apreendida, a **dúvida do juízo** poderá **persistir**. Em tais casos, o juízo remeterá os interessados ao **juízo cível** (art. 120, § 5º, do CPP[952]), designando depositário, o qual eventualmente será o terceiro anteriormente detentor da coisa, se "pessoa idônea".

DICA DO AUTOR: Competência, mesmo em um simples requerimento de devolução de coisa apreendida, é detalhe importante. Assim, para facilitação da aprendizagem, tem-se a seguinte tabela de **competência para análise do pedido de restituição de coisa apreendida**:

---

[950] CPP, "Art. 120. A restituição, quando cabível, poderá ser ordenada pela autoridade policial ou juiz, mediante termo nos autos, desde que não exista dúvida quanto ao direito do reclamante".

[951] CPP, "Art. 120. [...] § 2º O incidente autuar-se-á também em apartado e só a autoridade judicial o resolverá, se as coisas forem apreendidas em poder de terceiro de boa-fé, que será intimado para alegar e provar o seu direito, em prazo igual e sucessivo ao do reclamante, tendo um e outro dois dias para arrazoar".

[952] CPP, "Art. 120. [...] § 4º Em caso de dúvida sobre quem seja o verdadeiro dono, o juiz remeterá as partes para o juízo cível, ordenando o depósito das coisas em mãos de depositário ou do próprio terceiro que as detinha, se for pessoa idônea".

Competência em incidente de devolução de coisa apreendida	
Casos	Autoridade decisória
Certeza quanto ao direito do reclamante	Administrativo-policial ou judicial
Dúvida quanto ao direito do reclamante	Judicial criminal
Coisas apreendidas com 3º (terceiro) de boa-fé	Judicial criminal
Continuidade da dúvida	Judicial cível (art. 120, § 4º, do CPP)

Coisas deterioráveis: em se tratando de coisas apreendidas facilmente deterioráveis, o juízo poderá, fundamentadamente, determinar[953]: (1) **leilão judicial** e depósito dos valores obtidos com a venda; (2) ou **entregar ao terceiro**, anteriormente detentor, se for pessoa idônea e assinar o respectivo termo de responsabilidade.

Coisas não restituíveis: o art. 119[954-955] do CPP c/c o inciso II[956] do art. 91 do CP determinam não serem restituíveis: (1) "instrumentos do crime, desde que consistam em coisas cujo fabrico, alienação, uso, porte ou detenção **constitua fato ilícito**"; (2) "**produto** do crime ou de qualquer bem ou valor que constitua proveito **auferido** pelo agente **com a prática do fato criminoso**".

Coisa provento infracional: quando se tratar de apreensão de coisa obtida a partir dos proventos da infração – **após o trânsito em julgado** –, o juiz **(oficiosamente ou a requerimento do interessado)** determinará a avaliação e a

---

[953] CPP, "Art. 120. [...] § 5º Tratando-se de coisas facilmente deterioráveis, serão avaliadas e levadas a leilão público, depositando-se o dinheiro apurado, ou entregues ao terceiro que as detinha, se este for pessoa idônea e assinar termo de responsabilidade".

[954] CPP, "Art. 119. As coisas a que se referem os arts. 74 e 100 do Código Penal não poderão ser restituídas, mesmo depois de transitar em julgado a sentença final, salvo se pertencerem ao lesado ou a terceiro de boa-fé".

[955] Os antigos arts. 74 e 100 do CP guardam equivalência com a perda em favor da união – atualmente art. 91, II, do CP.

[956] CP, "Art. 91. São efeitos da condenação: [...] II – a perda em favor da União, ressalvado o direito do lesado ou de terceiro de boa-fé: *a)* dos instrumentos do crime, desde que consistam em coisas cujo fabrico, alienação, uso, porte ou detenção constitua fato ilícito; *b)* do produto do crime ou de qualquer bem ou valor que constitua proveito auferido pelo agente com a prática do fato criminoso".

venda em leilão público (art. 133 do CPP[957]), nos termos determinados pelo art. 121[958] do CPP.

Perda em favor da União: pela anterior redação do art. 122[959], nos casos de previsão da perda em favor da união – observado o decurso de noventa dias após o trânsito em julgado da sentença condenatória –, o juiz decretaria a referida perda e determinaria a venda em leilão público, recolhendo os valores ao Tesouro Nacional, resguardados os valores devidos a lesados e terceiros de boa-fé. O atual art. 122, contudo, com redação[960] dada pelo **Pacote Anticrime**, passou a ter redação mais breve e a remeter ao art. 133, sendo esmiuçado mais à frente.

Bens não reclamados: em caso de (1) bens não reclamados (ou não pertencerem ao processado) e quando (2) não for cabível a perda em favor da união, residualmente, será aplicável a regra do art. 123[961] do CPP. Ou seja, (3) noventa dias após o trânsito em julgado da sentença final (condenatória ou absolutória), os objetos serão vendidos em leilão, sendo o saldo disponibilizado ao juízo de ausentes.

Instrumentos do crime: os instrumentos do crime – alvo da perda em favor da União[962] –, a depender de sua utilidade terão dois destinos[963] possíveis: inutilização; recolhimento ao museu criminal (em caso de utilidade).

---

[957] CPP, "Art. 133. Transitada em julgado a sentença condenatória, o juiz, de ofício ou a requerimento do interessado, determinará a avaliação e a venda dos bens em leilão público".

[958] CPP, "Art. 121. No caso de apreensão de coisa adquirida com os proventos da infração, aplica-se o disposto no art. 133 e seu parágrafo".

[959] CPP, "Art. 122. Sem prejuízo do disposto nos arts. 120 e 133, decorrido o prazo de 90 dias, após transitar em julgado a sentença condenatória, o juiz decretará, se for caso, a perda, em favor da União, das coisas apreendidas (art. 74, II, *a* e *b*, do Código Penal) e ordenará que sejam vendidas em leilão público. Parágrafo único. Do dinheiro apurado será recolhido ao Tesouro Nacional o que não couber ao lesado ou a terceiro de boa-fé".

[960] CPP, "Art. 122. Sem prejuízo do disposto no art. 120, as coisas apreendidas serão alienadas nos termos do disposto no art. 133 deste Código" (Redação dada pela Lei n. 13.964, de 2019).

[961] CPP, "Art. 123. Fora dos casos previstos nos artigos anteriores, se dentro no prazo de 90 dias, a contar da data em que transitar em julgado a sentença final, condenatória ou absolutória, os objetos apreendidos não forem reclamados ou não pertencerem ao réu, serão vendidos em leilão, depositando-se o saldo à disposição do juízo de ausentes".

[962] CP, "Art. 91. São efeitos da condenação: [...] II – a perda em favor da União, ressalvado o direito do lesado ou de terceiro de boa-fé: *a)* dos instrumentos do crime, desde que consistam em coisas cujo fabrico, alienação, uso, porte ou detenção constitua fato ilícito; *b)* do produto do crime ou de qualquer bem ou valor que constitua proveito auferido pelo agente com a prática do fato criminoso".

[963] CPP, "Art. 124. Os instrumentos do crime, cuja perda em favor da União for decretada, e as coisas confiscadas, de acordo com o disposto no art. 100 do Código Penal, serão inutilizados ou recolhidos a museu criminal, se houver interesse na sua conservação".

Obras de arte ou bens de relevante valor cultural ou artísticos: a Lei n. 13.964/2019 ("Pacote Anticrime") inseriu no CPP o art. 124-A[964], passando a possibilitar que o perdimento de obras de arte ou de bens de relevante valor cultural ou artístico tenha como beneficiário museus públicos, quando não houver vítima determinada.

■ **Medidas assecuratórias**

Em relação à vítima e seus descendentes, um dos mais importantes efeitos da sentença condenatória penal é a decorrente certeza jurídica sobre o dever do condenado de indenizar os danos decorrentes do crime[965]. Em muitos desses casos, pode ser relevante que se lance mão de **medidas assecuratórias** a fim de se resguardar o resultado processual útil, tanto quanto aos interesses ressarcitórios da vítima, quanto aos interesses punitivos do Estado em destituir o condenado de produtos do crime. As medidas assecuratórias têm **abrangência ampla** para alcançar – além dos valores equivalentes ao ressarcimento do dano – as penas pecuniárias e as despesas processuais[966]. Além disso, sendo possível a perda de bens e valores equivalentes ao produto ou proveito do crime – mas não sendo estes encontrados ou estando no exterior, será possível lançar mão de medidas assecuratórias para posterior decretação de perda[967-968].

---

[964] CPP, "Art. 124-A. Na hipótese de decretação de perdimento de obras de arte ou de outros bens de relevante valor cultural ou artístico, se o crime não tiver vítima determinada, poderá haver destinação dos bens a museus públicos".

[965] CP, "Art. 91. São efeitos da condenação: I – tornar certa a obrigação de indenizar o dano causado pelo crime".

[966] CPP, "Art. 140. As garantias do ressarcimento do dano alcançarão também as despesas processuais e as penas pecuniárias, tendo preferência sobre estas a reparação do dano ao ofendido".

[967] CP, Art. 91. [...] § 1º Poderá ser decretada a perda de bens ou valores equivalentes ao produto ou proveito do crime quando estes não forem encontrados ou quando se localizarem no exterior. § 2º Na hipótese do § 1º, as medidas assecuratórias previstas na legislação processual poderão abranger bens ou valores equivalentes do investigado ou acusado para posterior decretação de perda" (Incluído pela Lei n. 12.694/2012).

[968] Acresce-se, para conhecimento, nova regra inserida pelo "Pacote Anticrime" no CPP: "Art. 91-A. Na hipótese de condenação por infrações às quais a lei comine pena máxima superior a 6 (seis) anos de reclusão, poderá ser decretada a perda, como produto ou proveito do crime, dos bens correspondentes à diferença entre o valor do patrimônio do condenado e aquele que seja compatível com o seu rendimento lícito. § 1º Para efeito da perda prevista no *caput* deste artigo, entende-se por patrimônio do condenado todos os bens: I – de sua titularidade, ou em relação aos quais ele tenha o domínio e o benefício direto ou indireto, na data da infração penal ou recebidos posteriormente; e II – transferidos a terceiros a título gratuito ou mediante contraprestação irrisória, a partir do início da atividade criminal. § 2º O condenado poderá demonstrar a inexistência da incompatibilidade ou a procedência lícita do patrimônio. § 3º A perda prevista neste artigo deverá ser requerida expres-

■ Sequestro

No processo penal (art. 125 do CPP[969]), o **sequestro** é medida destinada ao bloqueio de **bens imóveis** adquiridos pelo indiciado com **provento da infração** – mesmo na hipótese de transferência para terceiro. Tratando-se, portanto, de bem imóvel, o juiz determinará a inscrição no respectivo registro de imóveis[970], a fim de resguardar a maior segurança jurídica possível aos envolvidos e eventuais interessados.

Em relação a **bens móveis**, o sequestro somente será cabível **subsidiariamente** (art. 132 do CPP[971]), caso **não cabível busca e apreensão** (arts. 240-250 do CPP) – medida prevista no Capítulo XI do Título VII do Livro I do Estatuto Processual Penal.

Trata-se de requerimento autuado em apartado (art. 129 do CPP). Para seu eventual deferimento – nos termos do art. 126[972] do CPP –, far-se-ão necessários **"indícios veementes da proveniência ilícita"** do bem a ser alvo de sequestro judicial.

Há autorização legal (art. 127 do CPP[973]) para o **decreto judicial** *ex officio* do sequestro pelo Juízo, sendo deferida a **legitimidade** para o requerimento de sequestro, indicam-se: (1) MP (por requerimento); (2) ofendido (por requerimento); (3) delegado de polícia (por representação).

DICA DO AUTOR: Embora reconhecendo a autorização normativa (principalmente para as provas objetivas) para a ocorrência de **sequestro penal oficio-**

---

samente pelo Ministério Público, por ocasião do oferecimento da denúncia, com indicação da diferença apurada. § 4º Na sentença condenatória, o juiz deve declarar o valor da diferença apurada e especificar os bens cuja perda for decretada. § 5º Os instrumentos utilizados para a prática de crimes por organizações criminosas e milícias deverão ser declarados perdidos em favor da União ou do Estado, dependendo da Justiça onde tramita a ação penal, ainda que não ponham em perigo a segurança das pessoas, a moral ou a ordem pública, nem ofereçam sério risco de ser utilizados para o cometimento de novos crimes" (Incluído pela Lei n. 13.964, de 2019).

[969] CPP, "Art. 125. Caberá o sequestro dos bens imóveis, adquiridos pelo indiciado com os proventos da infração, ainda que já tenham sido transferidos a terceiro".

[970] CPP, "Art. 128. Realizado o sequestro, o juiz ordenará a sua inscrição no Registro de Imóveis".

[971] CPP, "Art. 132. Proceder-se-á ao sequestro dos bens móveis se, verificadas as condições previstas no art. 126, não for cabível a medida regulada no Capítulo XI do Título VII deste Livro".

[972] CPP, "Art. 126. Para a decretação do sequestro, bastará a existência de indícios veementes da proveniência ilícita dos bens".

[973] CPP, "Art. 127. O juiz, de ofício, a requerimento do Ministério Público ou do ofendido, ou mediante representação da autoridade policial, poderá ordenar o sequestro, em qualquer fase do processo ou ainda antes de oferecida a denúncia ou queixa".

so – ainda aceita na prática penal –, em caso de **questão discursiva** que permita **análise crítica** desse poder oficioso, deve-se questionar a **não recepção** pela Constitucional do poder oficioso do Juízo Penal, permissivo ao juiz atuar como inquisidor, em desrespeito à rígida separação constitucional de funções do Sistema de Justiça, lastreadora do **processo de partes**, no **sistema adversarial e acusatório** brasileiro.

Ainda com enfoque em **questões discursivas** que exijam **senso crítico** do candidato, deve-se observar que – ao contrário do MP e do ofendido que formulam **requerimentos** diretamente à autoridade judiciária – o delegado de polícia tão somente **representa,** pois não tem capacidade postulatória em sentido estrito e não pertence ao sistema de justiça (sendo autoridade administrativa do sistema de segurança pública). Por esse motivo, seria importante submeter o pleito representativo do delegado à posição do *dominus litis* constitucional **(MP)** da ação penal para ratificação da representação, a fim de respeitar a repartição de funções do sistema de justiça, além de submeter tal pleito ao **contraditório** por parte da defesa. Deve-se, assim, questionar-se criticamente qualquer visão supressora do papel ministerial (titular da ação penal) na avaliação da juridicidade, conveniência e oportunidade do pleito de sequestro e supressora do contraditório defensivo, quando este não for prejudicial à efetividade da demanda – o que deve ser devidamente fundamentado.

■ **Embargos de terceiro contra o sequestro**

Terceiros prejudicados pelo sequestrado poderão opor embargos de terceiro (art. 129 do CPP[974]). Nos termos do art. 130[975] do CPP, possuem **legitimidade** ainda para a oposição de **Embargos contra o sequestro:** (1) **acusado** (art. 130, I), desde que alegando não ter adquirido o bem com proventos da infração; (2) **terceiro** adquirente onerosamente com **boa-fé** (art. 130, II). Em tais casos, a decisão dos embargos somente poderá ser proferida após o trânsito em julgado da sentença condenatória (art. 130, parágrafo único, do CPP[976]).

---

[974] CPP, "Art. 129. O sequestro autuar-se-á em apartado e admitirá embargos de terceiro".

[975] CPP, "Art. 130. O sequestro poderá ainda ser embargado: I – pelo acusado, sob o fundamento de não terem os bens sido adquiridos com os proventos da infração; II – pelo terceiro, a quem houverem os bens sido transferidos a título oneroso, sob o fundamento de tê-los adquirido de boa-fé".

[976] CPP, "Art. 130. [...] Parágrafo único. Não poderá ser pronunciada decisão nesses embargos antes de passar em julgado a sentença condenatória".

Em síntese, os embargos de terceiro criminais são uma medida apropriada para impugnação de sequestro judicial de bens imóveis com fundamento no fato de terem resultado de proventos da infração. Por esse motivo, o acusado não[977] pode se valer de tais embargos – como faria nos termos do inc. I do art. 130 do CPP, alegando não se tratar de bem adquirido como provento da infração –, para impugnar o arresto liminar (art. 136 do CPP), porquanto a finalidade deste seja servir de ato preparatório da hipoteca legal e assim preservar interesses patrimoniais da vítima, finalidade distinta do sequestro.

■ **Levantamento do sequestro**

O sequestro possui três hipóteses legais de levantamento (art. 131 do CPP[978]): (1) não propositura da ação penal no prazo de sessenta dias a contar da conclusão da diligência; (2) se o terceiro adquirente caucionar (der garantia) o juízo que garanta o valor equivalente à perda em favor da União; (3) Extinção da punibilidade ou absolvição do processado, devidamente transitada em julgado.

Com o advento do **"Pacote Anticrime"**, em caso de superveniente trânsito em julgado da sentença condenatória (art. 133 do CPP[979]), o juiz (oficiosamente ou a requerimento) determinará avaliação e venda em Leilão público do bem objeto de perdimento, sendo os valores repassados ao lesado ou terceiro de boa-fé – se devido –, ou recolhido aos Cofres Públicos (§ 1º), mais especificamente o Fundo Penitenciário Nacional (FPN), caso lei especial não fixe outro destino (§ 2º).

Outra novidade do **"Pacote Anticrime"**, a partir do art. 133-A, é a possibilidade de o perdimento beneficiar órgãos públicos da segurança pública ou não. A partir das novas regras do "Pacote Anticrime", constatado o interesse público, nos termos do art. 133-A[980] do CPP, o juízo competente poderá auto-

---

[977] STJ, RMS 14.465/SC, rel. Min. Arnaldo Esteves Lima, 5ª Turma, j. 15-3-2005, *DJ* 9-5-2005, p. 433.

[978] CPP, "Art. 131. O sequestro será levantado: I – se a ação penal não for intentada no prazo de sessenta dias, contado da data em que ficar concluída a diligência; II – se o terceiro, a quem tiverem sido transferidos os bens, prestar caução que assegure a aplicação do disposto no art. 74, II, *b*, segunda parte, do Código Penal; III – se for julgada extinta a punibilidade ou absolvido o réu, por sentença transitada em julgado".

[979] CPP, "Art. 133. Transitada em julgado a sentença condenatória, o juiz, de ofício ou a requerimento do interessado ou do Ministério Público, determinará a avaliação e a venda dos bens em leilão público cujo perdimento tenha sido decretado" (Redação dada pela Lei n. 13.964/2019).

[980] CPP, "Art. 133-A. O juiz poderá autorizar, constatado o interesse público, a utilização de bem sequestrado, apreendido ou sujeito a qualquer medida assecuratória pelos órgãos de segurança pública previstos no art. 144 da Constituição Federal, do sistema prisional, do sistema socioeducativo,

rizar o uso do bem sequestrado, apreendido ou sujeito a medida assecuratória nas atividades funcionais dos seguintes entes: (1) órgãos da segurança pública (art. 144 da CRFB/88); (2) órgãos do sistema prisional; (3) órgãos do sistema socioeducativo; (4) Força Nacional de Segurança Pública; (5) Instituto Geral de Perícias. Contudo, poderá ocorrer dilatação do rol (§ 2º) para alcançar outros órgãos públicos, desde que exista *interesse público*. Noutro passo, há direito à prioridade de utilização pelo órgão de segurança participante da investigação ou repressão da infração penal (§ 1º[981]).

Na dicção do § 3º[982] do art. 133-A do CPP, haverá isenção ao órgão beneficiário e custodiante quanto a multas, encargos e tributos – a serem cobrados do anterior responsável –, sendo ordenada pelo juízo ao órgão competente a expedição do respectivo certificado provisório e licenciamento quando se tratar de veículo, embarcação ou aeronave a ser utilizado pelo órgão público. Com o trânsito em julgado da sentença penal condenatória contendo o perdimento de bens, o juízo competente determinará a transferência definitiva da propriedade ao órgão beneficiário custodiante do bem (art. 133-A, § 4º).

■ **Hipoteca legal**

A **hipoteca legal** é medida assecuratória destinada a resguardar os **interesses da vítima**, possuindo lastro também no Código Civil (art. 1.489, III[983]). Por outro lado, a **legitimidade** caberá ao ofendido (art. 134 do CPP) ou, na morte do ofendido, aos seus herdeiros (art. 1.489, III, do CC/2002).

A hipoteca legal sobre imóveis do indiciado pode ser requerida em qualquer fase do processo, sendo seus requisitos relacionados à certeza de materialidade e autoria, nos termos do art. 134[984] do CPP.

---

da Força Nacional de Segurança Pública e do Instituto Geral de Perícia, para o desempenho de suas atividades" (Incluído pela Lei n. 13.964/2019).

[981] CPP, "Art. 133-A. [...] § 1º O órgão de segurança pública participante das ações de investigação ou repressão da infração penal que ensejou a constrição do bem terá prioridade na sua utilização".

[982] CPP, "Art. 133-A. [...] § 3º Se o bem a que se refere o *caput* deste artigo for veículo, embarcação ou aeronave, o juiz ordenará à autoridade de trânsito ou ao órgão de registro e controle a expedição de certificado provisório de registro e licenciamento em favor do órgão público beneficiário, o qual estará isento do pagamento de multas, encargos e tributos anteriores à disponibilização do bem para a sua utilização, que deverão ser cobrados de seu responsável" (Incluído pela Lei n. 13.964, de 2019).

[983] CC/2002, "Art. 1.489. A lei confere hipoteca: [...] III – ao ofendido, ou aos seus herdeiros, sobre os imóveis do delinquente, para satisfação do dano causado pelo delito e pagamento das despesas judiciais".

[984] CPP, "Art. 134. A hipoteca legal sobre os imóveis do indiciado poderá ser requerida pelo ofendido em qualquer fase do processo, desde que haja certeza da infração e indícios suficientes da autoria".

O **requerimento de especialização da hipoteca legal** deve observar alguns requisitos (art. 135[985], § 1º, do CPP): (1) correrá em autos apartados (art. 138[986]); (2) estimativa do valor da responsabilidade; (3) designação dos imóveis (ou imóvel) destinados à especialização de hipoteca, acompanhada da respectiva estimativa; (4) a petição deve ser acompanhada das provas que fundam a responsabilidade penal do ofensor, ao menos a indicação das referidas provas; (5) a petição deve apresentar a relação de imóveis que o responsável possuir, além daquele indicado como objeto da especificação; (6) a petição deve apresentar prova do domínio.

O juízo competente determinará que se proceda ao arbitramento da responsabilidade e também à avaliação dos bens a serem especializados em hipoteca legal (art. 135 do CPP) – medidas essas a serem realizadas por avaliador judicial ou, na falta deste, por perito nomeado pelo juiz, podendo consultar os autos do processo respectivo (art. 135, § 2º, do CPP[987]).

Após o arbitramento e avaliação[988], as partes serão ouvidas no prazo de dois dias, sendo-lhe lícito a correção (fundamentada – nos termos do art. 93, IX, da CRFB/88), quando excesso ou deficiente.

Em atendimento ao postulado da **proporcionalidade** – em especial ao corolário da necessidade, evitando restrições desnecessárias –, o juízo determinará a inscrição da hipoteca observando o limite da responsabilidade (art. 135, § 4º, do CPP[989]).

Após a condenação, haverá liquidação definitiva dos valores. Em tais casos, será possível requerer **novo arbitramento** (art. 135, § 5º, do CPP[990]) e **reforço**

---

[985] CPP, "Art. 135. Pedida a especialização mediante requerimento, em que a parte estimará o valor da responsabilidade civil, e designará e estimará o imóvel ou imóveis que terão de ficar especialmente hipotecados, o juiz mandará logo proceder ao arbitramento do valor da responsabilidade e à avaliação do imóvel ou imóveis. § 1º A petição será instruída com as provas ou indicação das provas em que se fundar a estimação da responsabilidade, com a relação dos imóveis que o responsável possuir, se outros tiver, além dos indicados no requerimento, e com os documentos comprobatórios do domínio".

[986] CPP, "Art. 138. O processo de especialização da hipoteca e do arresto correrão em auto apartado".

[987] CPP, "Art. 135. [...] § 2º O arbitramento do valor da responsabilidade e a avaliação dos imóveis designados far-se-ão por perito nomeado pelo juiz, onde não houver avaliador judicial, sendo-lhe facultada a consulta dos autos do processo respectivo".

[988] CPP, "Art. 135. [...] § 3º O juiz, ouvidas as partes no prazo de dois dias, que correrá em cartório, poderá corrigir o arbitramento do valor da responsabilidade, se lhe parecer excessivo ou deficiente".

[989] CPP, "Art. 135. [...] § 4º O juiz autorizará somente a inscrição da hipoteca do imóvel ou imóveis necessários à garantia da responsabilidade".

[990] CPP, "Art. 135. [...] § 5º O valor da responsabilidade será liquidado definitivamente após a condenação, podendo ser requerido novo arbitramento se qualquer das partes não se conformar com o arbitramento anterior à sentença condenatória".

da hipoteca (art. 1.490 do CC/2002[991]), caso se revele insuficiente após a indicação de novo *quantum*.

O **levantamento da hipoteca legal** ocorrerá após o trânsito em julgado de sentença absolutória ou extintiva da punibilidade (art. 141 do CPP[992]).

O responsável poderá afastar a hipoteca legal se ofertar garantia, nos termos possibilitados pelo CPP (art. 135, § 6º[993]). Ademais, em se buscando suplemento no Código Civil (art. 1.491[994]), seria possível a substituição da hipoteca legal por outras garantias.

Finalizado o processo, os autos da hipoteca serão remetidos ao juízo cível[995].

Uma última observação: há possibilidade de **arresto liminar de bens imóveis** (art. 136 do CPP), o qual será revogado, se acaso não for proposto em quinze dias o processo de inscrição da hipoteca legal.

■ **Arresto**

Quando o responsável pela reparação do ofendido **não possuir bens imóveis – ou o valor destes seja insuficiente à reparação –**, os **bens móveis (suscetíveis de penhora)** poderão ser arrestados, nas mesmas hipóteses em que cabível a hipoteca legal (art. 137 do CPP[996]) e correndo em autos apartados (art. 138 do CPP[997]).

---

[991] CC/2002, "Art. 1.490. O credor da hipoteca legal, ou quem o represente, poderá, provando a insuficiência dos imóveis especializados, exigir do devedor que seja reforçado com outros".

[992] CPP, "Art. 141. O arresto será levantado ou cancelada a hipoteca, se, por sentença irrecorrível, o réu for absolvido ou julgada extinta a punibilidade".

[993] CPP, "Art. 135. [...] § 6º Se o réu oferecer caução suficiente, em dinheiro ou em títulos de dívida pública, pelo valor de sua cotação em Bolsa, o juiz poderá deixar de mandar proceder à inscrição da hipoteca legal".

[994] CC/2002, "Art. 1.491. A hipoteca legal pode ser substituída por caução de títulos da dívida pública federal ou estadual, recebidos pelo valor de sua cotação mínima no ano corrente; ou por outra garantia, a critério do juiz, a requerimento do devedor".

[995] CPP, "Art. 143. Passando em julgado a sentença condenatória, serão os autos de hipoteca ou arresto remetidos ao juiz do cível (art. 63)".

[996] CPP, "Art. 137. Se o responsável não possuir bens imóveis ou os possuir de valor insuficiente, poderão ser arrestados bens móveis suscetíveis de penhora, nos termos em que é facultada a hipoteca legal dos imóveis".

[997] CPP, "Art. 138. O processo de especialização da hipoteca e do arresto correrão em auto apartado".

Tratando-se de **bens fungíveis de fácil deterioração**, será possível a realização de leilão público ou entrega em depósito a terceiro idôneo (§ 1º⁹⁹⁸ do art. 137 c/c § 5º⁹⁹⁹ do art. 120 do CPP).

Procedimentalmente, é possível ainda se falar em **arresto liminar**¹⁰⁰⁰ **de imóveis**, o qual poderá ser revogado se não for procedido, no **prazo** de quinze dias, ao processo de inscrição da hipoteca legal. Contra o arresto liminar de imóveis não é cabível os Embargos de Terceiros criminais do art. 130, I, do CPP, o qual é cabível contra decisão de sequestro de imóveis – sentido no qual decidiu o STJ:

> Penal e processual penal. **Embargos previstos no art. 130, inciso I, do CPP. Via inidônea para impugnar o sequestro decretado com base no art. 136 do mesmo diploma.** Recurso improvido. 1. A via impugnativa dos embargos, prevista no art. 130 do CPP, é cabível no caso de o sequestro recair sobre bens imóveis adquiridos com os proventos da infração, medida constritiva prevista no art. 125 do mesmo diploma processual. 2. Mostra-se **inviável o oferecimento dos embargos previstos no art. 130, I, do CPP, contra o sequestro prévio a que se refere o art. 136 do CPP**, que tem natureza de garantia à hipoteca legal (art. 134 do CPP) e que atinge quaisquer bens imóveis do réu para assegurar posterior especialização e inscrição desses bens. [...] (STJ, RMS 14.465/SC, rel. Min. Arnaldo Esteves Lima, 5ª Turma, j. 15-3-2005, *DJ* 9-5-2005, p. 433).

DICA DO AUTOR: O prazo de quinze dias referido no art. 136 se refere tão somente à possibilidade de revogação do arresto provisório ou liminar, não representando prazo de caducidade para exercício do direito à especialização da hipoteca – ditou o STJ: "[...] 4. O que o **artigo 136** do Código de Processo Penal determina é que o arresto provisório só terá validade durante 15 dias, **não se tratando de prazo de caducidade** para o exercício do direito à **especialização da hipoteca** [...]" (STJ, REsp 1.275.234/RS, rel. Min. Maria Thereza de Assis Moura, 6ª Turma, j. 15-10-2013, *DJe* 24-10-2013).

O **depósito e administração** dos bens arrestados estão sujeitos ao regime processual civil¹⁰⁰¹. Ademais, a partir das **rendas** provenientes dos bens arresta-

---

⁹⁹⁸ CPP, "Art. 137. [...] § 1º Se esses bens forem coisas fungíveis e facilmente deterioráveis, proceder-se-á na forma do § 5º do art. 120".

⁹⁹⁹ CPP, "Art. 120. [...] § 5º Tratando-se de coisas facilmente deterioráveis, serão avaliadas e levadas a leilão público, depositando-se o dinheiro apurado, ou entregues ao terceiro que as detinha, se este for pessoa idônea e assinar termo de responsabilidade".

¹⁰⁰⁰ CPP, "Art. 136. O arresto do imóvel poderá ser decretado de início, revogando-se, porém, se no prazo de 15 (quinze) dias não for promovido o processo de inscrição da hipoteca legal".

¹⁰⁰¹ CPP, "Art. 139. O depósito e a administração dos bens arrestados ficarão sujeitos ao regime do processo civil".

dos, valores poderão ser arbitrados[1002] em favor do indiciado e de sua família, a fim de se manter a subsistência pessoal a familiar deles.

O levantamento do arresto se dará em caso de superveniente sentença absolutória ou extintiva da punibilidade[1003].

Finalizado o processo, os autos do arresto serão remetidos ao juízo cível[1004].

■ **Inconstitucionalidade progressiva?**

Segundo o art. 142[1005] do CPP, a hipoteca legal (art. 134 do CPP) ou o arresto (art. 137 do CPP) devem ser promovidos pelo MP em caso de interesse da Fazenda Pública ou se o ofendido requerer e for pobre. Da mesma forma, sendo necessário requerer as medidas de hipoteca legal, arresto liminar (art. 136 do CPP) e arresto no juízo cível, o art. 144[1006] do CPP também remete a tarefa ao MP.

DICA DO AUTOR: Os arts. 142 e 144 do CPP não observam e nem respeitam o papel do MP (arts. 127-130 da CRFB/88) – o qual não pode representar outrem e muito menos realizar consultoria ao Poder Público (art. 129, IX, da CRFB/88[1007]). Além disso, os dispositivos ignoram as missões constitucionais da advocacia pública (arts. 131-132 da CRFB/88) e da Defensoria Pública (art. 134 da CRFB/88) – pois somente a estes últimos, na esfera pública, cabe velar pelo interesse da Fazenda Pública e do necessitado, respectivamente. Portanto, tais dispositivos devem ser vistos em **inconstitucionalidade progressiva**, de modo que, onde existir instalada Defensoria Pública, a este órgão caberá a representação do necessitado. Em verdade, tratando-se de dispositivos pré-constitucionais, na verdade se trataria de

---

[1002] CPP, "Art. 137. [...] § 2º Das rendas dos bens móveis poderão ser fornecidos recursos arbitrados pelo juiz, para a manutenção do indiciado e de sua família".

[1003] CPP, "Art. 141. O arresto será levantado ou cancelada a hipoteca, se, por sentença irrecorrível, o réu for absolvido ou julgada extinta a punibilidade".

[1004] CPP, "Art. 143. Passando em julgado a sentença condenatória, serão os autos de hipoteca ou arresto remetidos ao juiz do cível (art. 63)".

[1005] CPP, "Art. 142. Caberá ao Ministério Público promover as medidas estabelecidas nos arts. 134 e 137, se houver interesse da Fazenda Pública, ou se o ofendido for pobre e o requerer".

[1006] CPP, "Art. 144. Os interessados ou, nos casos do art. 142, o Ministério Público poderão requerer no juízo cível, contra o responsável civil, as medidas previstas nos arts. 134, 136 e 137".

[1007] CPP, "Art. 129. São funções institucionais do Ministério Público: [...] IX – exercer outras funções que lhe forem conferidas, desde que compatíveis com sua finalidade, sendo-lhe **vedada a representação judicial e a consultoria jurídica de entidades públicas**".

não recepção. Entretanto, STF e STJ vêm tratando casos similares como inconstitucionalidade progressiva.

■ **Alienações antecipadas**

A Lei n. 12.694, de 24 de julho de 2012[1008], dispôs sobre o "julgamento colegiado em primeiro grau de jurisdição" voltado à apuração de crimes praticados por organizações criminosas. Tal legislação também promoveu alterações no CPP, a fim de regular a venda antecipada de bens apreendidos.

O procedimento de alienação antecipada se destina a dois grupos de bens apreendidos (art. 144-A do CPP[1009]): (1) bens sujeitos a qualquer grau de deterioração ou depreciação; (2) bens cuja manutenção acarrete dificuldade.

Preferencialmente, a venda dos bens será realizada por **leilão eletrônico**[1010]. Na primeira sessão do leilão, o valor de venda respeitará o valor fixado em **avaliação judicial** (observados os casos de **cotação oficial**[1011]) – entretanto, em segundo leilão, realizado em até dez dias após o primeiro, a venda poderá ocorrer em preço inferior ao valor da avaliação, porém não inferior a 80% (oitenta por cento) de tal valor[1012]. Em caso de veículos[1013], o adquirente ficará desonerado de quitar tributos passados, sem prejuízo de execução fiscal contra o devedor originário.

[1008] Para conhecimento do estudante, as hipóteses de cabimento do julgamento colegiado foram ampliadas pela Lei n. 13.964/2019 ("Pacote Anticrime"), conforme o novo art. 1º-A da Lei n. 12.694/2012.

[1009] CPP, "Art. 144-A. O juiz determinará a alienação antecipada para preservação do valor dos bens sempre que estiverem sujeitos a qualquer grau de deterioração ou depreciação, ou quando houver dificuldade para sua manutenção".

[1010] CPP, "Art. 144-A. [...] § 1º O leilão far-se-á preferencialmente por meio eletrônico".

[1011] CPP, "Art. 144-A. [...] § 6º **O valor dos títulos da dívida pública, das ações das sociedades e dos títulos de crédito negociáveis** em bolsa será o da **cotação oficial** do dia, provada por certidão ou publicação no órgão oficial".

[1012] CPP, "Art. 144-A. [...] 2º Os bens deverão ser vendidos pelo valor fixado na avaliação judicial ou por valor maior. Não alcançado o valor estipulado pela administração judicial, será realizado novo leilão, em até 10 (dez) dias contados da realização do primeiro, podendo os bens ser alienados por valor não inferior a 80% (oitenta por cento) do estipulado na avaliação judicial".

[1013] CPP, "Art. 144-A. [...] § 5º No caso da alienação de **veículos, embarcações ou aeronaves**, o juiz ordenará à autoridade de trânsito ou ao equivalente órgão de registro e controle a **expedição de certificado** de registro e licenciamento em favor do arrematante, ficando este **livre** do pagamento de multas, encargos e tributos anteriores, **sem prejuízo** de execução fiscal em relação ao antigo proprietário".

O **produto da alienação** permanecerá depositado em conta vinculada ao juízo até a finalização processual – terá como destino final[1014]: (1) a **conversão em renda** para a Fazenda Pública (União, Estado ou DF), em caso de condenação; (2) a **devolução** ao processado, em caso de absolvição.

Quando o numerário apreendido estiver em moeda estrangeira, será determinada sua conversão em moeda nacional[1015] para depósito em conta judicial vinculada ao juízo.

■ **Incidente de falsidade**

A arguição da falsidade documental deve ocorrer **por escrito** pelo interessado e será autuada em **autos apartados** (art. 145 do CPP[1016]). A manifestação da parte contrária **(resposta)** será possibilitada no prazo de **48 horas**. Em seguida, as partes terão três dias – em prazo sucessivo – para que requeiram as provas que entendam pertinentes, cabendo ao juízo decidir sobre as diligências necessárias. Sendo a falsidade reconhecida: (1) o documento será desentranhado; (2) os autos do incidente serão enviados ao MP juntamente com o documento falso.

DICA DO AUTOR: Dois pontos normativos merecem atenção cuidadosa, tanto na prática, quanto em provas: (1) a arguição de falsidade realizada por procurador exige poderes especiais (art. 146 do CPP[1017]); (2) a decisão de falsidade no incidente criminal não acarreta coisa julgada impeditiva de ulterior atividade processual civil ou penal (art. 148 do CPP[1018]).

[1014] CPP, "Art. 144-A. [...] § 3º O produto da alienação ficará depositado em conta vinculada ao juízo até a decisão final do processo, procedendo-se à sua conversão em renda para a União, Estado ou Distrito Federal, no caso de condenação, ou, no caso de absolvição, à sua devolução ao acusado".

[1015] CPP, "Art. 144-A. [...] § 4º Quando a indisponibilidade recair sobre dinheiro, inclusive moeda estrangeira, títulos, valores mobiliários ou cheques emitidos como ordem de pagamento, o juízo determinará a conversão do numerário apreendido em moeda nacional corrente e o depósito das correspondentes quantias em conta judicial".

[1016] CPP, "Art. 145. Arguida, por escrito, a falsidade de documento constante dos autos, o juiz observará o seguinte processo: I – mandará autuar em apartado a impugnação, e em seguida ouvirá a parte contrária, que, no prazo de 48 horas, oferecerá resposta; II – assinará o prazo de três dias, sucessivamente, a cada uma das partes, para prova de suas alegações; III – conclusos os autos, poderá ordenar as diligências que entender necessárias; IV – se reconhecida a falsidade por decisão irrecorrível, mandará desentranhar o documento e remetê-lo, com os autos do processo incidente, ao Ministério Público".

[1017] CPP, "Art. 146. A arguição de falsidade, feita por procurador, exige poderes especiais".

[1018] CPP, "Art. 148. Qualquer que seja a decisão, não fará coisa julgada em prejuízo de ulterior processo penal ou civil".

Incidente de sanidade mental

A **dúvida** (art. 149 do CPP) sobre a integridade mental do processado dará ensejo à instauração do Incidente de Sanidade Mental (ISM). Uma vez que imputabilidade dos processados é essencial para seguimento processual penal, o ISM se reveste de suma importância para a perquirição penal.

Legitimidade: nos termos do art. 149[1019] do CPP, são legitimados a requerer o ISM: (1) MP; (2) defensor representante (público ou privado); (3) curador; (4) ascendentes; (5) descendentes; (6) irmão; (7) cônjuge; (8) autoridade policial[1020], esta última somente na fase de inquérito e via representação (e não requerimento).

Nos termos do mesmo art. 149 do CPP, o **juízo** também poderá instaurar o ISM **oficiosamente**. Tal situação acontece em razão de a tradição jurídica brasileira considerar **indisponíveis** os **direitos do incapaz** – indisponibilidade essa que também vincula o MP, e os demais órgãos públicos, por exemplo, a autoridade policial (art. 149, § 1º, do CPP), que poderá representar ao juiz no sentido de realização do exame.

Momento e procedimento: após a instauração do ISM – oficiosamente, a requerimento ou por representação –, em **qualquer fase** do inquérito ou processo penal.

O ISM será **autuado em apartado**[1021], mas somente será apensado aos autos principais após a apresentação do laudo. Haverá também **suspensão processual**[1022] em razão da instauração do ISM. **Excepcional** e fundamentadamente (art. 93, IX, da CRFB/88), as diligências potencialmente prejudicadas por adiamento poderão ser realizadas no período de suspensão. Na decisão de instauração do ISM, o juízo deverá proceder à inclusão processual da **curadoria processual** do examinando (art. 149, § 2º, do CPP).

[1019] CPP, "Art. 149. Quando houver dúvida sobre a integridade mental do acusado, o juiz ordenará, de ofício ou a requerimento do Ministério Público, do defensor, do curador, do ascendente, descendente, irmão ou cônjuge do acusado, seja este submetido a exame médico-legal".

[1020] CPP, "Art. 149. [...] § 1º O exame poderá ser ordenado ainda na fase do inquérito, mediante representação da autoridade policial ao juiz competente".

[1021] CPP, "Art. 153. O incidente da insanidade mental processar-se-á em auto apartado, que só depois da apresentação do laudo, será apenso ao processo principal".

[1022] CPP "Art. 149. [...] § 2º O juiz nomeará curador ao acusado, quando determinar o exame, ficando suspenso o processo, se já iniciada a ação penal, salvo quanto às diligências que possam ser prejudicadas pelo adiamento".

O **exame** ao processado examinado[1023] deverá durar – em respeito à razoável duração processual (art. 5º, LXXVIII, da CRFB/88) –, o **prazo** de 45 dias, salvo demonstração da necessidade de prazo superior pelos peritos[1024]. Caso não ocorra prejuízo à razoável duração processual e ao bom andamento processual, para facilitação do exame, há autorização de entrega dos autos aos peritos[1025].

Caso se constante que a inimputabilidade existia à época do crime, o processado receberá o tratamento conferido aos inimputáveis no processo penal (art. 151 do CPP[1026-1027]), nos termos do art. 26[1028] do CP. Contudo, há situações em que o problema mental ocorre após o crime durante a fase de conhecimento processual – quando haverá suspensão processual[1029] –, e outras em que a insanidade sobrevém no curso pena – esta última situação será regulada por meio da Lei n. 7.210/84, a Lei de Execução Penal (LEP)[1030], bem como o art. 154[1031] c/c art. 682[1032] do CPP.

[1023] Em relação ao examinando, durante o exame, dispõe o CPP: "Art. 150. Para o efeito do exame, o acusado, se estiver preso, será internado em manicômio judiciário, onde houver, ou, se estiver solto, e o requererem os peritos, em estabelecimento adequado que o juiz designar".

[1024] CPP, "Art. 150. [...] § 1º O exame não durará mais de quarenta e cinco dias, salvo se os peritos demonstrarem a necessidade de maior prazo".

[1025] CPP, "Art. 150. [...] § 2º Se não houver prejuízo para a marcha do processo, o juiz poderá autorizar sejam os autos entregues aos peritos, para facilitar o exame".

[1026] CPP, "Art. 151. Se os peritos concluírem que o acusado era, ao tempo da infração, irresponsável nos termos do art. 22 do Código Penal, o processo prosseguirá, com a presença do curador".

[1027] Na redação antiga do CP – em artigo anacrônico ao contexto mas ainda citado no art. 151 do CPP –, os inimputáveis eram tratados como "irresponsáveis": "Art. 22. É isento de pena o agente que, por doença mental ou desenvolvimento mental incompleto ou retardado, era, ao tempo da ação ou da omissão, inteiramente incapaz de entender o caráter criminoso do fato ou de determinar-se de acordo com esse entendimento".

[1028] CP, "Art. 26. É isento de pena o agente que, por doença mental ou desenvolvimento mental incompleto ou retardado, era, ao tempo da ação ou da omissão, inteiramente incapaz de entender o caráter ilícito do fato ou de determinar-se de acordo com esse entendimento. Parágrafo único. A pena pode ser reduzida de um a dois terços, se o agente, em virtude de perturbação de saúde mental ou por desenvolvimento mental incompleto ou retardado não era inteiramente capaz de entender o caráter ilícito do fato ou de determinar-se de acordo com esse entendimento".

[1029] CPP, "Art. 152. Se se verificar que a doença mental sobreveio à infração o processo continuará suspenso até que o acusado se restabeleça, observado o § 2º do art. 149. § 1º O juiz poderá, nesse caso, ordenar a internação do acusado em manicômio judiciário ou em outro estabelecimento adequado. § 2º O processo retomará o seu curso, desde que se restabeleça o acusado, ficando-lhe assegurada a faculdade de reinquirir as testemunhas que houverem prestado depoimento sem a sua presença".

[1030] LEP (Lei n. 7.210/84), "Art. 108. O condenado a quem sobrevier doença mental será internado em Hospital de Custódia e Tratamento Psiquiátrico".

[1031] CPP, "Art. 154. Se a insanidade mental sobrevier no curso da execução da pena, observar-se-á o disposto no art. 682".

[1032] CPP, "Art. 682. O sentenciado a que sobrevier doença mental, verificada por perícia médica, será internado em manicômio judiciário, ou, à falta, em outro estabelecimento adequado, onde lhe seja

Curadoria processual penal: uma vez instaurado o ISM, o juízo deverá providenciar curador ao examinado (art. 149, § 2º, do CPP). O CPP é omisso quanto à designação do referido curador processual (e não de direito material), motivo pelo qual se acredita na necessidade de suplementação pelo CPC – conforme se esclarece a seguir.

DICA DO AUTOR: No atual estágio do ordenamento jurídico brasileiro, têm-se a possibilidade legítima de se falar em **curadoria defensorial**, pois a normativa delega à defensoria pública a missão da curadoria de cunho processual (curadoria especial) – conforme dispõe a LC n. 80/94 (art. 4º, XVI[1033]) e como possibilita a aplicação subsidiária (art. 3º do CPP) do CPC (art. 72, parágrafo único[1034]) ao processo penal. Assim, não se trata de curadoria (de direito) material, mas sim de **curadoria processual**, voltada à tutela do possível inimputável nos autos em que intimada a Defensoria Pública para tanto.

---

assegurada a custódia. § 1º Em caso de urgência, o diretor do estabelecimento penal poderá determinar a remoção do sentenciado, comunicando imediatamente a providência ao juiz, que, em face da perícia médica, ratificará ou revogará a medida. § 2º Se a internação se prolongar até o término do prazo restante da pena e não houver sido imposta medida de segurança detentiva, o indivíduo terá o destino aconselhado pela sua enfermidade, feita a devida comunicação ao juiz de incapazes".

[1033] LC n. 80/94, "Art. 4º São funções institucionais da **Defensoria Pública**, dentre outras: [...] XVI – exercer a **curadoria especial** nos casos previstos em lei".

[1034] CPC, "Art. 72. O juiz nomeará **curador especial** ao: I – incapaz, se não tiver representante legal ou se os interesses deste colidirem com os daquele, enquanto durar a incapacidade; II – réu preso revel, bem como ao réu revel citado por edital ou com hora certa, enquanto não for constituído advogado. **Parágrafo único.** A curatela especial será exercida pela **Defensoria Pública**, nos termos da lei".

REFERÊNCIAS

ALVES, Leonardo Barreto Moreira. *Processo penal*: parte geral. 7. ed. Salvador: JusPodivm, 2017.

AVENA, Norberto Cláudio Pâncaro. *Processo penal.* 9. ed. Rio de Janeiro: Forense. São Paulo: Método, 2017.

ÁVILA, Humberto. *Teoria dos princípios*: da definição à aplicação dos princípios jurídicos. 4. ed. São Paulo: Malheiros, 2005.

BADARÓ, Gustavo Henrique. *Juiz natural no processo penal.* São Paulo: Revista dos Tribunais, 2014.

BARROSO, Luís Roberto; BARCELLOS, Ana Paula de. O começo da história: a nova interpretação constitucional e o papel dos princípios no direito brasileiro. In: BARROSO, Luís Roberto (org.). *A nova interpretação constitucional*: ponderação, direitos fundamentais e relações privadas. 2. ed. Rio de Janeiro: Renovar, 2006. p. 327-378.

BASTOS PITOMBO, Cleunice. *Da busca e apreensão no processo penal.* São Paulo: Revista dos Tribunais, 2005.

BERTOCINI, Mateus Eduardo Siqueira Nunes; TORRES, Rafael Lima. Direito processual penal e a teoria da perda de uma chance probatória: aplicação da teoria na apreciação das provas. In: XXIV Congresso Nacional do Conpedi – UFMG/FUMEC/Dom Helder Câmara. *Processo penal e Constituição.* Florianópolis: CONPEDI, 2015. v. 1. p. 248-263.

BIFFE JR., João; LEITÃO JR., Joaquim. *Concursos públicos*: terminologia e teorias inusitadas. São Paulo: Método, 2017.

BONATO, Gilson. *Devido processo legal e garantias processuais penais.* Rio de Janeiro: Lumen Juris, 2003.

BOTTINO, Thiago. *O direito ao silêncio na jurisprudência do STF.* Rio de Janeiro: Elsevier, 2009.

BUENO, Cassio Scarpinella. *Curso sistematizado de direito processual civil*: teoria geral do direito processual civil: parte geral do Código de Processo Civil. 9. ed. São Paulo: Saraiva Educação, 2018. v. 1.

BULGALHO, Nelson Roberto. Processo penal: conceitos básicos. In: PRADO, Luiz Regis (coord.). *Direito processual penal*: parte I. São Paulo: Revista dos Tribunais, 2009. p. 33-36.

CACICEDO, Patrick. Crítica científica a "legitimação não tradicional da ação penal": Defensoria Pública e a tutela de direitos por meio do direito penal – uma recusa. *Revista Brasileira de Direito Processual Penal*, Porto Alegre, v. 3, n. 1, jan./abr. 2017.

CARVALHO, Salo de. As reformas parciais no processo penal brasileiro. In: CARVALHO, Amilton Bueno de; CARVALHO, Salo de. *Reformas penais em debate*. Rio de Janeiro: Lumen Juris, 2005.

CASARA, Rubens R. R. *Mitologia processual penal*. São Paulo: Saraiva, 2015.

CASAS MAIA, Maurilio. A inconstitucionalidade do "assento ministerial privilegiado" por ofensa à isonomia na disposição cênica processual e o papel constitucional da Defensoria Pública em favor dos segmentos sociais vulneráveis (*custos vulnerabilis*). In: PASSADORE, Bruno de Almeida; COSTA, Renata Tavares da; OLIVEIRA, Vitor Eduardo Tavares. *O tribunal do júri e a Defensoria Pública*. Florianópolis: Tirant lo Blanch, 2018. p. 55-68.

_____. A separação de poderes no Brasil hoje. *Revista de Direito Constitucional e Internacional*, São Paulo, v. 104, p. 15-36, nov./dez. 2017.

_____. A singularidade da Defensoria Pública para a autonomia institucional pós-88: uma promessa constituinte e um débito histórico (quase) quitado. In: ROCHA, Bheron; CASAS MAIA, Maurilio; BARBOSA, Rafael Vinheiro Monteiro (org.). *Autonomia e Defensoria Pública*: aspectos constitucionais, históricos e processuais. Salvador: JusPodivm, 2017. v. 1. p. 57-78.

_____. *Custos vulnerabilis* constitucional: o Estado defensor entre o REsp n. 1.192.577-RS e a PEC n. 4/14. *Revista Jurídica Consulex*, Brasília, ano XVIII, n. 417, jun. 2014.

_____. Luigi Ferrajoli e o Estado defensor enquanto magistratura postulante e *custos vulnerabilis*. *Revista Jurídica Consulex*, Brasília, ano XVIII, v. 425, p. 56-58, out. 2014.

_____. Legitimidades institucionais no Incidente de Resolução de Demandas Repetitivas (IRDR) no direito do consumidor: Ministério Público e Defensoria Pública: similitudes e distinções, ordem e progresso. *Revista dos Tribunais*, São Paulo, v. 986, p. 27-61, dez. 2017.

_____. Novas intervenções da Defensoria Pública: *custos vulnerabilis* e o excepcional *amicus communitatis* no direito processual penal. In: SILVA,

Franklyn Roger Alves (org.). *O processo penal contemporâneo e a perspectiva da Defensoria Pública*. Belo Horizonte: CEI, 2020.

_____. O modelo constitucional de assistência jurídica (Defensoria Pública) e o sistema federativo: defensorias municipais? O caso da ADPF 279. *Revista dos Tribunais*, São Paulo, v. 987, p. 127-158, jan. 2018.

_____. Os (des)conhecidos princípios do advogado natural e do defensor natural. *Prática Jurídica*, Brasília, n. 174, p. 52-53, set. 2016.

CASAS MAIA, Maurilio; ROCHA, Jorge Bheron. Direito processual penal: peças penais. In: MINAGÉ, Thiago M. (org.). *Petições de uso frequente*. Florianópolis: Tirant lo Blanch, 2019. p. 331-464.

CASAS MAIA, Maurilio; ROCHA, Jorge Bheron. Telemedicina, prontuário eletrônico e atualização do Código de Defesa do Consumidor: a tutela da hipervulnerabilidade eletrônica do paciente e de sua personalidade virtual. *Revista de Direito do Consumidor*, v. 89, p. 303-319, set./out. 2013.

CHOUKR, Fauzi Hassan. *Iniciação ao processo penal*. Florianópolis: Empório do Direito, 2017.

CINTRA, Antônio Carlos de Araújo; GRINOVER, Ada Pellegrini; DINAMARCO, Cândido Rangel. *Teoria geral do processo*. 19. ed. São Paulo: Malheiros, 2003.

COPETTI NETO, Alfredo. *Democracia constitucional sob o olhar do garantismo jurídico*. Florianópolis: Empório do Direito, 2016.

DERMECIAN, Pedro Henrique; MALULY, Jorge Assaf. *Curso de processo penal*. Rio de Janeiro: Forense, 2005.

DIDIER JR., Fredie. *Curso de direito processual civil*: introdução ao direito processual civil, parte geral do processo de conhecimento. Salvador: JusPodivm, 2018.

DUCLERC, Elmir. *Por uma teoria do processo penal*. Florianópolis: Empório do Direito, 2015.

DINAMARCO, Cândido Rangel; LOPES, Bruno Vasconcelos Carrilho. *Teoria geral do novo processo civil*. 2. ed. São Paulo: Malheiros, 2017.

ESTEVES, Diogo; SILVA, Franklyn Roger Alves. A assistência jurídica da Defensoria Pública no processo penal – múltiplas funções: a atuação da Defensoria Pública na assistência jurídica criminal. In: SILVA, Franklyn Roger Alves. *O processo penal contemporâneo e a perspectiva da Defensoria Pública*. Belo Horizonte: CEI, 2020. p. 97-122.

ESTEVES, Diogo; SILVA, Franklyn Roger Alves. A curadoria especial no novo Código de Processo Civil. In: SOUSA, José Augusto Garcia de (coord.). *Defensoria Pública*. Salvador: JusPodivm, 2015.

ESTEVES, Diogo; SILVA, Franklyn Roger Alves. *Princípios institucionais da Defensoria Pública*. 2. ed. Rio de Janeiro: Forense, 2017.

ESTEVES, Diogo; SILVA, Franklyn Roger Alves. *Princípios institucionais da Defensoria Pública*. 3. ed. Rio de Janeiro: Forense, 2018.

FERRAJOLI, Luigi. *Direito e razão*: teoria do garantismo penal. 4. ed. São Paulo: Revista dos Tribunais, 2014.

GERHARD, Daniel; CASAS MAIA, Maurilio. O defensor-hermes, o *amicus communitas*: a representação democrática dos necessitados de inclusão discursiva. *Informativo Jurídico In Consulex*, Brasília, v. 22, jun. 2015.

GIACOMOLLI, Nereu José. *O devido processo penal*. 3. ed. São Paulo: Atlas, 2016.

GOMES, Helio. *Medicina legal*. 33. ed. Atualizado por Hygino Hercules. Rio de Janeiro: Freitas Bastos, 2004.

GOMES, Marcos; CASAS MAIA, Maurilio; SILVA, Rachel. *Inquérito aberto por Toffoli para apurar ameaças ao STF viola sistema acusatório*. Disponível em: <https://www.conjur.com.br/2019-abr-18/opiniao-inquerito-aberto-toffoli-viola-sistema-acusatorio>. Acesso em: 19 maio 2019.

GONÇALVES FILHO, Edilson Santana; ROCHA, Jorge Bheron; CASAS MAIA, Maurilio. *Custos vulnerabilis*: a Defensoria Pública e o equilíbrio nas relações político-jurídicas dos vulneráveis. Belo Horizonte: CEI, 2020.

GONZÁLEZ, Pedro; CASAS MAIA, Maurilio. Legitimidade institucional e a nomeação judicial do defensor público como curador especial. *Revista de Direito da Defensoria Pública do Estado do Rio de Janeiro*, Rio de Janeiro, ano 29, n. 27, p. 88-104, dez. 2017.

GRECO FILHO, Vicente. *Manual de processo penal*. 4. ed. São Paulo: Saraiva, 1997.

GRINOVER, Ada Pellegrini; GOMES FILHO, Antônio Magalhães; FERNANDES, Antonio Scarance. *As nulidades no processo penal*. 11. ed. São Paulo: Revista dos Tribunais, 2009.

GRINOVER, Ada Pellegrini; GOMES FILHO, Antônio Magalhães; FERNANDES, Antonio Scarance. Legitimação da Defensoria Pública à ação civil pública. In: GRINOVER, Ada Pellegrini; BENJAMIN, Antônio Herman; WAMBIER, Teresa Arruda Alvim; VIGORITI, Vincenzo. *Processo coletivo*: do surgimento à atualidade. São Paulo: Revista dos Tribunais, 2014. p. 457-474.

HESSE, Konrad. *A força normativa da Constituição*. Trad. Gilmar Ferreira Mendes. Porto Alegre: Sergio Antônio Fabris editor, 1991.

JARDIM, Afrânio Silva. *Direito processual penal*. 11. ed. Rio de Janeiro: Forense, 2002.

JARDIM, Afrânio Silva; AMORIM, Pierre Souto Maior Coutinho de. *Primeiras impressões sobre a Lei 13.964/19, aspectos processuais*. Disponível em: <https://www.migalhas.com.br/depeso/318477/primeiras-impressoes-sobre-a-lei-13964-19-aspectos-processuais>. Acesso em: 26 mar. 2020.

KHALED JR., Salah. *Ambição da verdade no processo penal*: uma introdução. 2. ed. Rio de Janeiro: Lumen Juris, 2018.

KNIJNIK, Danilo. A trilogia Olmstead-Katz-Kyllo: o art. 5º da Constituição Federal do século XXI. In: SILVA, Ângelo Roberto Ilha da. *Temas de direito penal, criminologia e processo penal*. Porto Alegre: Livraria do Advogado, 2015.

LENZA, Pedro. *Direito constitucional esquematizado*. 23. ed. São Paulo: Saraiva Educação, 2019.

LIMA, Frederico Rodrigues Viana de. *Defensoria Pública*. 2. ed. Salvador: JusPodivm, 2011.

LIMA, Renato Brasileiro de. *Manual de processo penal*: volume único. 5. ed. Salvador: JusPodivm, 2017.

_____. *Manual de processo penal*: volume único. 8. ed. São Paulo: JusPodivm, 2020.

LOPES JÚNIOR, Aury. *Direito processual penal*. 15. ed. São Paulo: Saraiva Educação, 2018.

_____. *Introdução crítica ao processo penal*: fundamentos da instrumentalidade garantista. 2. ed. Rio de Janeiro: Lumen Juris, 2005.

LOPES JÚNIOR, Aury; JOSITA, Higyna. Questões polêmicas do acordo de não persecução penal. *Conjur*, 6 mar. 2020. Disponível em: <https://www.conjur.com.br/2020-mar-06/limite-penal-questoes-polemicas-acordo-nao-persecucao-penal>. Acesso em: 25 mar. 2020.

MANCUSO, Rodolfo de Camargo. *Teoria geral do processo*. Rio de Janeiro: Forense, 2018.

MARTINES, Fernando. Gasto desnecessário: Defensoria do Amazonas critica súmula do STJ e defende prescrição virtual. *Consultor Jurídico*, 7 maio 2018. Disponível em: <https://www.conjur.com.br/2018-mai-07/defensoria-am-critica-sumula-stf-defende-prescricao-virtual>. Acesso em: 5 maio 2019.

MARTINS, Sergio Pinto. *Teoria geral do processo*. 2. ed. São Paulo: Saraiva, 2017.

MAZZILLI, Hugo Nigro. *Regime jurídico do Ministério Público*. 7. ed. São Paulo: Saraiva, 2013.

MOREIRA, Rômulo de Andrade. *O acordo de não persecução penal*. Disponível em: <http://www.justificando.com/2020-1-31/o-acordo-de-nao-persecucao-penal/>. Acesso em: 26 mar. 2020.

_____. *Uma crítica à teoria geral do processo*. Florianópolis: Empório do Direito, 2015.

NICOLITT, André. *Manual de processo penal*. 6. ed. São Paulo: Revista dos Tribunais, 2016.

NUCCI, Guilherme de Souza. *Manual de processo penal e execução penal*. 13. ed. Rio de Janeiro: Forense, 2016.

_____. *Pacote Anticrime comentado*. Rio de Janeiro: Forense, 2020.

OLIVEIRA, Patrícia Elias Cozzolino de. *A legitimidade exclusiva da Defensoria Pública na prestação de assistência jurídica gratuita*. São Paulo: Verbatim, 2018.

OLIVEIRA, Thiago Belotti de. A defesa técnica no processo penal comum e militar: a ampla defesa na primeira etapa da persecução penal – art. 14-A do CPP e art. 16-A do CPPM. In: SILVA, Franklyn Roger Alves. *O processo penal contemporâneo e a perspectiva da Defensoria Pública*. Belo Horizonte: CEI, 2020. p. 353-374.

PACELLI, Eugênio. *Curso de processo penal*. 21. ed. São Paulo: Atlas, 2017.

PAIVA, Caio. *Audiência de custódia e o processo penal brasileiro*. 3. ed. Belo Horizonte: CEI, 2018.

PINTO, Ronaldo Batista. Lei 13.491/17 – A ampliação da competência da Justiça Militar e demais consequências. *Migalhas*, 5 dez. 2017. Disponível em: <https://www.migalhas.com.br/dePeso/16,MI270465,41046-Lei+1349117+A+ampliacao+da+competencia+da+Justica+Militar+e+demais>. Acesso em: 28 abr. 2019.

PRADO, Geraldo. *Sistema acusatório*: a conformidade constitucional das leis processuais penais. 3. ed. Rio de Janeiro: Lumen Juris, 2005.

_____. *Prova penal e sistema de controles epistêmicos*: a quebra da cadeia de custódia das provas obtidas por métodos ocultos. São Paulo: Marcial Pons, 2014.

RANGEL, Paulo. *Direito processual penal*. 8. ed. Rio de Janeiro: Lumen Juris, 2004.

REIS, Alexandre Cebrian Araújo; GONÇALVES, Victor Eduardo Rios. *Direito processual penal esquematizado*. 7. ed. São Paulo: Saraiva Educação, 2018.

ROCHA, Bheron. O histórico do arcabouço normativo da Defensoria Pública: da assistência judiciária à assistência defensorial internacional. In: ANTUNES, Maria João; SANTOS, Claudia Cruz; AMARAL, Cláudio do Prado (coord.). *Os novos atores da justiça penal*. Coimbra: Almedina, 2016. p. 265-315.

ROCHA, Jorge Luís. *História da Defensoria Pública e da Associação dos Defensores Públicos do Estado do Rio de Janeiro*. Rio de Janeiro: Lumen Juris, 2004.

RODRIGUES, Nicole Farias. *Juiz das garantias, sistemas processuais e garantismo penal*. Florianópolis: Emais Editora, 2019.

ROSA, Alexandre Morais da. *Garantismo jurídico e controle de constitucionalidade material*: aportes hermenêuticos. Rio de Janeiro: Lumen Juris, 2011.

_____. *Guia do processo penal conforme a teoria dos jogos*. 4. ed. Florianópolis: Empório do Direito, 2017.

_____. *Guia do processo penal conforme a teoria dos jogos*. 5. ed. Florianópolis: Emais, 2019.

ROSA, Alexandre Morais da; RUDOLFO, Fernanda Mambrini. A teoria da perda de uma chance probatória aplicada ao processo penal. *Revista Brasileira de Direito*, Passo Fundo, v. 13, n. 3, p. 455-471, set./dez. 2017.

SANTIAGO, Nestor Eduardo Araruna; CASAS MAIA, Maurilio. O garantismo penal, o encarcerado vulnerável e a intervenção da Defensoria Pública na execução penal: *custos vulnerabilis*? *Revista Brasileira de Ciências Criminais*, São Paulo, v. 152, p. 173-209, fev. 2019.

SANTIAGO, Nestor Eduardo Araruna; CAVALCANTE SEGUNDO, Antônio de Holanda. Íntima convicção, veredictos dos jurados e o recurso de apelação com base na contrariedade à prova dos autos: necessidade de compatibilidade com um processo de base garantista. *Revista Brasileira de Ciências Criminais*, São Paulo, v. 116, p. 149-172, set./out. 2015.

SANTIAGO, Nestor Eduardo Araruna; CHAVES, Luciano Athayde. A prospectividade da alteração da jurisprudência como expressão do constitucionalismo garantista: uma análise expansiva do art. 927, § 3º, do CPC. *Revista do Processo*, São Paulo, v. 259, set. 2016.

SANTOS, Marcos Paulo Dutra. *Colaboração (delação) premiada*. 3. ed. Salvador: JusPodivm, 2019.

SÃO PAULO. Defensoria Pública do Estado de São Paulo. *Em razão da pandemia de Covid-19, Defensoria pede ao STF que seja determinada prisão domiciliar a mulheres já condenadas que sejam gestantes ou mães de crianças de até 12 anos*. Disponível em: <https://www.defensoria.sp.def.br/dpesp/Conteudos/Noticias/NoticiaMostra.aspx?idItem=88534&idPagina=3086>. Acesso em: 26 mar. 2020.

SCHOTT, Alexandre Viana. *Ação penal (privada) em face da institucionalização do conflito*. Curitiba: Juruá, 2008.

SCHÜNEMANN, Bernd. *Estudos de direito penal, direito processual penal e filosofia do direito*. Coordenação Luís Greco. São Paulo: Marcial Pons, 2013.

SILVA, Franklyn Roger Alves. Legitimação não tradicional da ação penal – a tutela de bens jurídicos por outras instituições públicas. *Revista Brasileira de Direito Processual Penal*, Porto Alegre, v. 3, n. 1, p. 367-404, jan./abr. 2017.

SILVA, Viviani Ghizoni da; SILVA, Philipe Benoni Melo e; ROSA, Alexandre Morais da. *Fishing expedition e encontro fortuito na busca e na apreensão*: um dilema oculto do processo penal. Florianópolis: Emais, 2019.

STRECK, Lenio Luiz. O que é isto, – livre convencimento motivado e livre apreciação da prova? In: NUNES, Dierle; LEITE, George Salomão; STRECK, Lenio. *O fim do livre convencimento motivado*. Florianópolis: Tirant Lo Blanch, 2018. p. 11-26.

TARTUCE, Fernanda. *Igualdade e vulnerabilidade no processo civil*. Rio de Janeiro: Forense, 2012.

TÁVORA, Nestor; ALENCAR, Rosmar Rodrigues. *Curso de direito processual penal*. 8. ed. Salvador: JusPodivm, 2013.

TÁVORA, Nestor; ALENCAR, Rosmar Rodrigues. *Curso de direito processual penal*. 10. ed. Salvador: JusPodivm, 2015.

TÁVORA, Nestor; ALENCAR, Rosmar Rodrigues. *Curso de direito processual penal*. 12. ed. Salvador: JusPodivm, 2017.

TOURINHO FILHO, Fernando da Costa. *Processo penal*. 26. ed. São Paulo: Saraiva, 2004. v. 1.

TROIS NETO, Paulo Mário Canabarro. *Direito à não autoincriminação e direito ao silêncio*. Porto Alegre: Livraria do Advogado, 2011.

VALLE, Juliano Keller do. *Paradoxos penais*: ensaio sobre o arbítrio estatal *versus* garantismo. Florianópolis: Empório do Direito, 2015. v. I.

WOJCIECHOWSKI, Paola Bianchi; ROSA, Alexandre Morais da. *Vieses da justiça*: como as heurísticas e vieses operam nas decisões penais e a atuação contraintuitiva. Florianópolis: EModara, 2018.